Klaus-Dieter Tangermann (Hrsg.)
Demokratisierung in Mittelamerika

Klaus-Dieter Tangermann, geb. 1947, studierte Politologie und Geschichte in Marburg, Berlin und Madrid; Mitbegründer und bis 1985 Redaktionsmitglied der taz; danach Redaktionsmitglied der PROKLA, 1992-1997 Stiftungsvertreter des grün-nahen Buntstift in Mittelamerika, seit 1997 für die GTZ in Kamerun.

Klaus-Dieter Tangermann (Hrsg.)

Demokratisierung in Mittelamerika

Demokratische Konsolidierungen unter
Ausschluß der Bevölkerung

WESTFÄLISCHES DAMPFBOOT

Gedruckt mit Unterstützung der buntstift e.V., Berlin

Die Deutsche Bibliothek – CIP-Einheitsaufnahme
Demokratisierung in Mittelamerika : demokratische Konsolidierungen in Mittelamerika / Klaus-Dieter Tangermann (Hrsg.). - 1. Aufl. - Münster : Westfälisches Dampfboot, 1998
ISBN 3-89691-425-1

1. Auflage Münster 1998
© 1998 Verlag Westfälisches Dampfboot, Münster
Alle Rechte vorbehalten
Umschlag: Lütke · Fahle · Seifert, Münster
Druck: Rosch-Buch Druckerei GmbH, Scheßlitz
Gedruckt auf säurefreiem Papier.
ISBN 3-89691-425-1

Inhalt

Einleitung 7

Klaus-D. Tangermann
Mittelamerikas ungefestigte Demokratien 11

Víctor Hugo Acuña Ortega
Autoritarismus und Demokratie in Mittelamerika:
Die „longue durée" 44

Manuel Rojas Bolaños
Die Konsolidierung der Demokratie in Mittelamerika:
Eine schwierige Aufgabe 70

Manuel Rojas Bolaños
Zehn Jahre nach Esquipulas II (1987) 109

Cristina Eguizábal und Juany Guzmán León
Frau und Politik in Mittelamerika:
Der Weg zur Demokratisierung 116

Rolando Rivera
Soziale Konzertation und regionale Integration:
Eine neue Art sozialer Partizipation? 146

Luis H. Serra Vázquez
Eine eigentümliche Demokratisierung:
Nicaragua in den 80er Jahren 176

Ivana Ríos Valdés
Die politische Partizipation der Bevölkerung in Nicaragua:
Die Veränderungen von 1990 bis 19941 213

Die Autorinnen und Autoren 242

Einleitung

Das vorliegende Buch enthält die Ergebnisse mehrjähriger Untersuchungen zum Thema „Die Demokratisierung in Mittelamerika und die Einbeziehung der benachteiligten Bevölkerungsschichten". Uns interessierte die Frage nach der Tiefenwirkung, den die vergleichsweise neuen mittelamerikanischen Demokratien mittlerweile erlangt haben und wo die Hindernisse für die Vertiefung der Demokratie liegen.

Die politische Diskussion in Mittelamerika dreht sich in den letzten Jahren zunehmend um das Problem der Regierbarkeit, wohingegen die Vertiefung der Demokratie viel weniger thematisiert wird. In manchen Ländern wird bereits die Gefahr der Unregierbarkeit beschworen, wenn nicht dieses oder jenes geschähe, um diese abzuwenden. Offenbar, so kann man daraus schließen, haben die neuen Demokratien die an sie gerichteten Ansprüche nicht erfüllt, denn sonst wäre die Rede eher von Konsolidierung der Demokratie als von Unregierbarkeit. Was also kennzeichnet die Demokratien in ihrer erst 15-jährigen Existenz? Welche Entwicklung haben sie genommen, daß heute Demokratisierung und Regierbarkeit nicht mehr als Ursache und Wirkung gedacht werden, sondern daß für die Unregierbarkeit gerade die Ausweitung der Demokratie verantwortlich gemacht wird? Wie kommt es, daß mit Regierbarkeit nicht mehr die Ausweitung der Demokratie, sondern ihre Begrenzung assoziiert wird?

Die besondere Art und Weise, in der die mittelamerikanischen Demokratien in den 80er Jahren entstanden sind, hat tiefe Narben in den nachfolgenden politischen Systemen hinterlassen.[1] Die Ablösung der Militärregimes und der Übergang zur Demokratie hatte in Form von ausgehandelten Übergängen (transiciones pactadas) stattgefunden. D.h. die Entstehung der neuen Demokratien gründete auf einem Kompromiß unter den etablierter Eliten statt auf einem gesellschaftlichen Interessenskonsens, in den die Opposition einbezogen gewesen wäre. Die Erwartung der Bevölkerung auf stärkere Beteiligung am politischen Entscheidungsprozeß wurde mit Ausnahme der Einführung sauberer Wahlen enttäuscht. Die dringendsten wirtschaftlichen und sozialen Probleme blieben seither ungelöst. Der Mangel an Akzeptanz der Gesellschaft gegenüber den neuen demokratischen Regimes gefährdet diese möglicherweise stärker als die traditionellen und fortwirkenden autoritären Einflüsse durch das Militär und andere undemokratische Strömungen.

Doch nicht nur hier liegt die Wurzel für die neuerdings spürbare Gefährdung der parlamentarisch-repräsentativen Regimes. Sie liegt auch in der Etablierung eines Demokratiemodells, des liberalen, in Ländern, in denen die Demokratie keine Tradition hat. Dieses relativ restriktive Modell setzt eine gewisse Adaptation von Werten durch die Bevölkerung voraus, um funktionieren zu können. Mit Ausnahme von Costa Rica gelten diese Werte in Mittelamerika bislang höchstens in rudimentärer Weise. Es ist nur verständlich, daß die Bevölkerung nach Jahrzehnten autoritärer Diktaturen unter Demokratie die direkte Realisierung ihrer Interessen versteht. Gerade dieses partizipative Element ist jedoch der liberalen parlamentarisch-repräsentativen Demokratie fremd. Die Aneignung der Werte der liberalen Demokratie ist nur in einem langen historischen Prozeß möglich, der offenbar nicht über Nacht nachgeholt werden kann.

Wenn auch die Akzeptanz des demokratischen Prinzips durch die Bevölkerung der entscheidende Maßstab für die Konsolidierung der Demokratie ist, so ist sie doch nicht der einzige. Im Gegensatz zur Demokratie steht der Autoritarismus. Die Zukunft der Demokratien hängt nicht zuletzt vom Gewicht der überkommenen autoritären Traditionen ab. An der sandinistischen Revolution zeigte sich, daß autoritäre Traditionen nicht auf das rechte politische Lager beschränkt sind, sondern die Linke ihnen gleichermaßen verhaftet ist.

Der Fortbestand des Autoritarismus ist eine der Ursachen für den Ausschluß der Bevölkerung vom politischen Entscheidungsprozeß und der rigiden institutionellen und normativen Struktur des Staates. Wie sehr autoritäre Tendenzen sich durchsetzen können, hängt unter Bedingungen der Demokratie nicht zuletzt von der Stärke der organisierten Interessen in der Gesellschaft ab. Hier hat sich in den letzten Jahren eine erhebliche Veränderung gezeigt. Die aktuellen Wirtschaftspolitiken haben die sozialen Organisationen erheblich geschwächt. Damit hat sich die Artikulationsmöglichkeit gesellschaftlicher Interessen vermindert und das konsensuale Element in den politischen Entscheidungen ist zurückgegangen.

Die Ausweitung der Demokratie ist in Mittelamerika unter den gegebenen wirtschaftlichen Bedingungen also ein schwieriges Unterfangen. Besonders der verarmte Bevölkerungsteil wird das politische System danach beurteilen, wieweit es in der Lage ist, seine wirtschaftliche Situation zu verbessern. Der Einfluß der nationalen Politiken auf die internationalen wirtschaftlichen Rahmenbedingungen ist jedoch relativ gering. Die Demokratien Mittelamerikas können viele der Faktoren, von denen ihre Chance zur Konsolidierung abhängt, gar nicht beeinflussen, werden aber für diese Faktoren gleichermaßen verantwortlich gemacht.

Die mittelamerikanischen Demokratien sind von einem Mangel an Verknüpfung von Gesellschaft und Staat gekennzeichnet. Mit dem Ziel, gesellschaftliche Interessen in den politischen Entscheidungsprozeß einzubringen, sind in den letzten Jahren neue Vertretungen gesellschaftlicher Kollektivinteressen entstanden, vor allem auf supranationaler Ebene: regionale Gewerkschaftskoordinationen, Bauernvereinigungen und neuerdings auch Organisationen der Zivilgesellschaft. Sie können zwar die Schwäche der Zivilgesellschaft in jedem einzelnen Land nicht kompensieren, stellen aber ein Instrument dar, der Globalisierung der wirtschaftlichen und sozialen Bedingungen regional zu begegnen.

Das vorliegende Buch handelt von den Schwierigkeiten bei der Konsolidierung der Demokratien. Im ersten Kapitel zeichnet der Herausgeber die Reduktion des Demokratieverständnisses in der aktuellen politiktheoretischen Diskussion nach und stellt die Theorien über die mittelamerikanischen Demokratien dar. Dabei vertritt er die These, daß ohne Einbeziehung unmittelbar partizipativer Politikformen, die von den neuen Regimes nicht vorgesehen ist, die demokratische Konsolidierung in Mittelamerika nicht gelingen kann.

Der daran anschließende Text von *Víctor Hugo Acuña* arbeitet aus historischer Perspektive diejenigen strukturellen Elemente der longue durée heraus, auf die sich die autoritären Regimes Mittelamerikas seit Ende des letzten Jahrhunderts gestützt haben, wozu nicht zuletzt auch die Unterstützung durch die Bevölkerung gehörte. Dabei wird deutlich, wie stark auch noch gegenwärtig der Einfluß dieser Elemente auf die Errichtung der Demokratien in Mittelamerika wirkt und deren Konsolidierung beeinflußt.

Im darauffolgenden Text referiert *Manuel Rojas Bolaños* die Struktur der mittelamerikanischen Demokratien und beschreibt ihre Ähnlichkeiten und Unterschiede. In seiner Untersuchung der Reichweite der Demokratien treten die institutionellen Faktoren zu Tage, die die Vertiefung der Demokratien behindern.

Cristina Eguizábal und *Juany Guzmán* zeigen in ihrem Text, daß das politische System nicht geschlechtsneutral wirkt, sondern Frauen besondere Bedingungen für eine Beteiligung und Nutzung setzt. Sie haben zu diesem Zweck zahlreiche politische Funktionsträgerinnen interviewt und präsentieren einen Überblick über das Selbstverständnis von Frauen und deren geschlechtsspezifisch reflektierte Innenansicht der demokratischen Systeme.

Rolando Rivera beschreibt die mangelnde Verknüpfung von Gesellschaft und Staat als Mangel an wirksamen Vermittlungsinstanzen zwischen den beiden Größen. Er stellt den Aufbau neuer Artikulationsinstanzen gesellschaftlicher Kollektivinteressen vor, die auf diesen Mangel antworten. Auf supranationaler Ebene entstanden in den letzten Jahren regionale Koordinationen von Gewerkschaften, Bauernvereinigungen und zuletzt auch von Organisationen der Zivilgesellschaft. Nur mit regionalen Koordinationen nationaler Bewegungen scheint es noch möglich zu sein, einer Wirtschaftspolitik zu begegnen, die selber längst in größeren als nationalen Räumen operiert. Wieweit diese Organe die Funktion erfüllen können, gesellschaftliche Interessen gegenüber dem Staat erfolgreich zu vertreten, ist eine Frage der Anerkennung, die diese genießen.

Mit der sandinistischen Revolution (1979-1990) hat es auf wirtschaftlicher, sozialer und institutioneller Ebene den Versuch einer grundlegenden Alternative gegeben. Wieweit die Gesellschaft dabei auch demokratisiert wurde, untersucht *Luis Serra* in seinem Beitrag. Er kommt zu dem Schluß, daß weniger von selbstbestimmter Beteiligung am politischen Entscheidungsprozeß denn von gelenkter Mobilisierung als Partizipationsersatz gesprochen werden muß. Dennoch ist nach 12 Jahren Revolution nicht zu verkennen, daß in diesen Jahren die Voraussetzungen für eine politisch vergleichsweise sehr selbstbewußte Bevölkerung gelegt worden ist, die sich hierin von den Nachbarländern unterscheidet.

Im abschließenden Artikel untersucht *Ivana Ríos* den komplizierten Prozeß der Einführung der liberalen Demokratie in Nicaragua nach dem Wahlsieg Violeta Barrios' 1990. Der wichtigste Hebel zur Durchsetzung dieses Systems ist die Wirtschaftspolitik mit ihren dramatischen Folgen. Durch sie verändern sich die Sozialstruktur und mit ihr die politischen Kräfteverhältnisse, die überhaupt erst die Durchsetzung ermöglichen. Die Etablierung einer breiten Demokratie in der sandinistischen Zeit hätte sicherlich die verhältnismäßig problemlose Durchsetzung des gegenwärtigen eingeschränkten Demokratiemodells erschwert.

In der Entstehung dieser Untersuchungen wurden die Ergebnisse immer wieder zur gemeinsamen Diskussion gestellt, so daß von einem in Teilen kollektiven Arbeistsprozeß gesprochen werden kann. Im Rahmen dieses von der den Grünen in Deutschland nahestehenden Stiftung BUNTSTIFT (mittlerweile in der Heinrich-Böll-Stiftung aufgegangen) finanzierten Projekts ist ein erster Teil der Untersuchungen 1994 veröffentlicht worden. Er behandelt die Lage der bäuerlichen Bevölkerung in Mittelamerika (Tangermann/Ríos 1994). Die hier vorliegenden Texte sind zumeist 1995 geschrieben worden, mit Ausnahme des Nachtrags zum Text von Manuel Rojas und dem Artikel des Herausgebers, die beide 1997 entstanden.

Anmerkung

1 Gemeint sind Guatemala, Honduras und El Salvador, natürlich nicht Costa Rica mit seiner langen demokratischen Tradition. Nicaragua teilt die autoritäre Vorgeschichte der übrigen Länder Mittelamerikas. Die Einführung der liberalen Demokratie erfolgte hier jedoch knapp 10 Jahre später, nach der Wahlniederlage der Sandinisten 1990.

Klaus-D. Tangermann
Mittelamerikas ungefestigte Demokratien[1]

1. Einleitung

Als in den 80er Jahren die Militärregimes im südlichen Amerika zusammenbrachen, wurde auch in Mittelamerika – wenngleich aus anderen Motiven – die Stunde der Demokratie eingeläutet. Das Militär zog sich von der politischen Bühne zurück und mittlerweile werden die mittelamerikanischen Übergänge zur Demokratie allgemein als gelungen angesehen. Doch kann bei genauerer Betrachtung entgegen dieser optimistischen Wahrnehmung von einer Konsolidierung der jungen Demokratien noch keine Rede sein. Neuere Untersuchungen haben inzwischen belegt, daß breite Bevölkerungskreise die neuen Regimes offenbar noch immer als Fremdkörper wahrnehmen, der auf Desinteresse und sogar Ablehnung stößt. Ein Grund hierfür ist möglicherweise darin zu suchen, daß die in den Transitionen eingeführten institutionellen und normativen Requisiten der Demokratie kaum mit den politischen Artikulationsformen korrespondieren, die sich in den jeweiligen Gesellschaften außerhalb des staatlichen institutionellen Rahmens traditionell herausgebildet haben. Denn die Artikulation eines erheblichen Teils gesellschaftlicher Kollektivinteressen findet in mehr oder weniger unmittelbaren politischen Handlungsformen mit stark kollektiv-partizipatorischen Elementen statt und nicht in den für liberale Demokratien typischen eher symbolischen Repräsentationsformen. Das nunmehr demokratisch erneuerte Institutionengefüge in den meisten Ländern Mittelamerikas schenkt diesen historisch gewachsenen – und oft erkämpften – Repräsentationsformen demgegenüber keine oder höchstens sehr geringe Aufmerksamkeit.
So ist es nicht verwunderlich, daß die auf zentralstaatlicher Ebene implementierte symbolische Form politischen Handelns und die damit einhergehende Beschränkung politischer Partizipation auf den Wahlakt kaum zu einer politischen Integration in den Gesellschaften beiträgt, stattdessen jedoch den Ausschluß von der politischen Entscheidungssphäre festigt. Der aufgrund seiner wirtschaftlich und sozial prekären Lage ohnehin geschwächte demokratische Souverän sieht sich dadurch um seine politischen Einflußmöglichkeiten gebracht.

In Mittelamerika[2] stehen sich also unterschiedliche Repräsentationsfiguren gegenüber, zwischen denen kaum eine Vermittlung existiert. Die demokratischen Regimes in der Region erweisen sich als unangepaßt und – wie es scheint – konsolidierungsunfähig, da sie ein breites Spektrum der Artikulationsformen gesellschaftlicher Interessen aus der politischen Sphäre ausblenden. Nachdem die Sandinisten 1979 in Nicaragua die Diktatur der Somozas beseitigt und ein revolutionäres Regime errichtet hatten, verschwanden ab Anfang der 80er Jahre die Militärregimes in der ganzen Region. Die nahezu zeitgleiche Einführung der Demokratie in Guatemala, Honduras und El Salvador weist auf die nicaraguanische Revolution zurück und hatte vor allem externe Gründe. Von der damaligen US-Regierung unter Präsident Reagan wurde das Regime der Sandinisten als eine Bedrohung für die Stabilität in der Region angesehen, und so initiierte die US-Regierung – ähnlich wie sie es nach der kubanischen Revolution mit der kontinentalen „Allianz für den Fortschritt" getan hatte – eine regionale Anstrengung für mehr Demokratie und erreichte in den drei erwähnten Ländern den baldigen Rückzug der Militärs von der politischen Bühne.[3]

Nach der Wahlniederlage der Sandinisten 1990 wurde in Nicaragua ein ähnliches demokratisches Regime errichtet wie in den Nachbarländern. Damit bestehen seit 1990 in ganz Mittelamerika liberale Demokratien. Dennoch ist der Zustand dieser Demokratien sehr unterschiedlich. Die vier (relativ) neuen Demokratien, Guatemala, Honduras, El Salvador und Nicaragua, gehören nach „Freedom House" in die mittlere Gruppe der politischen Systeme, werden also weder den 76 „freien", noch den 53 „nicht freien", sondern der Gruppe der 62 „teilweise freien" Länder zugeordnet. Sie werden nicht als konsolidiert angesehen. Nur im Fall Costa Rica kann von einer gefestigten Demokratie gesprochen werden. Diese gründet sich auf eine längere demokratische Tradition, eine gerechtere Einkommensverteilung, einen höheren Lebensstandard und eine höhere Akzeptanz der Bevölkerung.[4] Im folgenden sollen die Ursachen untersucht werden, die den Rest Mittelamerikas in eine andere Richtung gelenkt haben: Warum ist es bislang nicht gelungen, in diesen Ländern die Demokratie zu konsolidieren? Wo liegen die Schwierigkeiten?

Zunächst soll bei der Verfolgung dieser Fragen auf einige wichtige Untersuchungen eingegangen werden (Kap. 2), und zwar auf modernisierungstheoretische, transitionstheoretische und konsolidierungstheoretische Ansätze. Da sich bei einer Durchsicht dieser Interpretationsversuche meines Erachtens zeigt, daß sie viele zur Klärung dieser Fragen wichtige Themen gar nicht berühren, führe ich im folgenden einige Aspekte an, die mir für eine solche Klärung von Bedeutung zu sein scheinen, aber in den vorliegenden Studien kaum vorkommen (Kap. 3). Auch zum Thema der Parteien erscheint es mir notwendig, einige ergänzende Bemerkungen zu machen und die Frage nach ihrer Repräsentativität und Integrationsleistung zu stellen (Kap. 4). Mit der anschließenden Darstellung der geringen Akzeptanz, die die politischen Regimes einschließlich der Parteien in der Bevölkerung finden (Kap. 5), stoßen wir auf das eigentliche Problem für die Konsolidierung der demokratischen Regimes: Die Bevölkerung scheint bloß symbolische Handlungsoptionen, wie sie das neue demokratische Institutionengefüge bereithält, abzulehnen und es vorzuziehen, sich in anderen politischen Handlungsformen zu artikulieren (Kap. 6). Abschließend werden nicht-symbolische Handlungsoptionen diskutiert, die in einem komplementären Verhältnis zu den repräsentativ-parlamentarischen stehen (Kap. 7).

2. Theoretische Annäherungen und ihre Grenzen

Die vorliegenden theoretischen Annäherungen an Mittelamerikas neue Demokratien kreisen – grob zusammengefaßt – um drei hauptsächliche Fragerichtungen. Da ist zunächst die aus der Modernisierungstheorie bekannte makrosoziologisch orientierte Grundfrage: Welches sind die Voraussetzungen, die in einer Gesellschaft erfüllt sein müssen, damit Demokratie möglich wird? Hierbei werden die Chancen für die Entstehung und die Festigung der Demokratie in Abhängigkeit vom Entwicklungsstand des jeweiligen Landes gesehen, wobei der wirtschaftlichen Entwicklung das entscheidende Gewicht zugemessen wird. Dieser makrosoziologische Ansatz trägt deutlich deterministische Züge.
Den zweiten Komplex bildet die Untersuchung der Transformationsprozesse, d.h. der Modalitäten der institutionellen und normativen Übergänge vom autoritären zum demokratischen Regime. Die Fragerichtung versteht sich als Gegensatz zur „makrohistorischen komparativen Soziologie", der auch der modernisierungstheoretische Ansatz zugerechnet wird, in dem – so die Kritik – „Geschichte stattfindet, ohne daß irgend jemand jemals irgend etwas tut" (Przeworski 1991: 96). Die transitionsorientierte Forschung vollzieht den Wechsel von der sozialstrukturellen zur akteurszentrierten Perspektive. Ihr besonderes Interesse gilt den Veränderungen auf der staatlichen Ebene und dem hierauf bezogenen Handeln der Akteure. Die demokratische Qualität dieser Handlungen wird als konstituierend für das Gelingen oder Scheitern der nachfolgenden Demokratie angesehen.
Aus der Transitionsforschung hat sich eine dritte Richtung herausentwickelt, die sich den Problemen der Konsolidierung widmet (Bos 1994). Dieses Thema wurde in bezug auf Mittelamerika aktuell, als sich abzeichnete, daß trotz der als geglückt angesehenen Transitionen die demokratische Konsolidierung der neuen Regimes nicht gelingen wollte. Obgleich dieser Ansatz thematisch und methodisch eng an die Transitionsforschung anknüpft, erscheint er mir einer gesonderten Darstellung wert, weil er den Punkt markiert, an dem die vorliegenden Ansätze aus konzeptionellen Gründen ihr Thema nicht mehr bewältigen können.[5] Hier gelangen die Interpretationen an die Grenzen, die sie sich durch ihre Beschrän-

kung auf das Institutionen- und Normengefüge selber setzen, wie ich im folgenden nachzuzeichnen versuche.

2.1 Modernisierungstheoretisch inspirierte Interpretationen

Wenn wie heutzutage weitverbreitet unter Demokratie ein bestimmtes Institutionengefüge, ein Regelsystem, kurz (wie schon seit Schumpeter): eine Methode verstanden wird, gilt sie als eine politische Organisationsform, die prinzipiell allgemeingültig und unabhängig vom jeweiligen Kontext realisierbar ist[6]: Demnach wird Demokratie möglich, wenn bestimmte Voraussetzungen erreicht sind.[7]
In seiner klassischen Studie „Political Man" von 1959 fragt Lipset nach den Voraussetzungen für die Demokratie und kommt zu dem Ergebnis, daß diese hauptsächlich in der wirtschaftlichen Entwicklung zu sehen seien. Er hatte diese anhand von vier Indikatoren untersucht: Reichtum, Industrialisierung, Verstädterung und Erziehung. Damals stellte er fest, daß in den demokratischen Ländern diese vier Faktoren sämtlich höher entwickelt waren als in den nicht-demokratischen (Lipset 1993: 45). Er kehrte dann die Interpretation seiner Ergebnisse um und definierte so die Entwicklung dieser vier Faktoren als Bedingung für die Demokratie. Noch 35 Jahre später findet er seine Ergebnisse von 1959 durch neue Entwicklungen bestätigt:

„Die Vergleiche der politischen Strukturen mit dem Niveau der Pro-Kopf-Einkommen belegen, daß Ende der 80er Jahre diese Beziehung noch stärker ausgeprägt ist als in den 50er Jahren" (Lipset et al. 1994: 49).

Als wichtigster Maßstab für Demokratie gilt in der neuen Untersuchung weiterhin das Pro-Kopf-Einkommen (Lipset et al. 1994: 13). Ähnlich dem Vorgehen in der Studie von 1959 schließt Lipset aus der Feststellung, derzufolge die entwickelten Länder demokratischer seien, daß Länder mit geringer kapitalistischer Entwicklung kaum Chancen auf demokratische Entwicklung aufweisen:

„Die Daten zeigen, daß die Perspektiven wirtschaftlichen Reichtums und infolgedessen das Demokratisierungspotential in gering entwickelten Ländern wenig erfolgversprechend sind" (Lipset et al. 1994: 16).

Auf Mittelamerika bezogen wäre daraus zu folgern, daß die Chancen auf eine gefestigte Demokratie angesichts der gegebenen wirtschaftlichen Entwicklung schlecht stünden. Vergleichbare Korrelationen von wirtschaftlicher Entwicklung und Demokratie werden häufig aufgestellt[8] und manche Autoren halten derartige Postulate gar für inzwischen durchgesetzt.[9] Wenngleich auch die empirische Feststellung nicht zu bestreiten ist, daß wirtschaftlich entwickelte Länder häufiger über demokratische Regimes verfügen als gering entwickelte und auch der Umkehrschluß belegbar ist, so äußern andere Autoren Zweifel, ob auf der allgemeinen Ebene von Voraussetzungen überhaupt Aussagen über Demokratie zu machen sind.

2.2 Übergänge zur Demokratie

Mit der Betrachtung der Transitionsprozesse wendet sich das Interesse den Einzelheiten der historischen Umbrüche zu. Wie in den modernisierungstheoretischen Ansätzen ist auch hier ein komparatistischer Ansatz dominant, der um vorwiegend institutionenbezogene generalisierungsfähige Indikatoren bemüht ist. Anders aber als in der Modernisierungstheorie erscheinen hier die politischen Akteure als die relevanten Größen für die Chance der Errichtung demokratischer Regimes. Der Perspektivwechsel von der Diskussion allgemeiner Vorbedingungen hin zum Blick auf den konkreten Ablauf des Umbaus autoritärer Regimes und auf die Akteure stellt einen Fortschritt in der Analyse der konstitutiven Faktoren der Demokratie dar (Schmitter 1993: 3 f.; Bos 1994: 105), wie ebenso die Annahme, daß den Spezifika des jeweiligen Übergangs eine prägende Bedeutung für die Gestaltung der Demokratie zukommt.
Aber die stark staatskonzentrierte Perspektive, mit der der Institutionen- und Wertewandel im Verlauf des demokratischen Aufbaus betrachtet wird[10], hat Folgen für das Bild vom politischen Akteur. Als ein solcher gilt nämlich nur, wer am institutionellen und normativen Wandel teilnimmt, also in der Regel am staatlichen Handeln beteiligt ist (Bos 1994). Das Augenmerk beschränkt sich somit weitgehend auf den Kreis der institutionell handelnden Eliten. Was sich dabei erweist, ist die Begrenztheit der Aussagekraft der deskriptiv-komparativen staatsbezogenen Indikatoren. Denn wie sich in einigen Untersuchungen der Umbrüche offenbart, wird hier der politische Akteur nur zur Hälfte wahrgenommen. Die übersehene andere Hälfte besteht in den nicht-institutionellen Kräften.[11] Wichtige – insbesondere kollektive – Akteure von prägender Bedeutung für die Demokratie befinden sich außerhalb des staatlich induzierten und untersuchten Transitionsbereichs. Die Beschränkung auf die staatliche Sphäre erschwert die Wahrnehmung solcher Kräfte, die für die demokratische Konsolidierung von großer Bedeutung sein können.

2.3 Probleme der Konsolidierung

Aus der Untersuchung der Transitionsprozesse lassen sich offenbar keine hinreichenden Kriterien über die Chancen einer demokratischen Konsolidierung entwickeln. Die ungeklärten Fragen lauten: Wo liegen die gesellschaftlichen Hindernisse für die Konsolidierung? Und: Verfügen die Länder Mittelamerikas überhaupt über die Möglichkeiten, ihre demokratischen Regimes zu konsolidieren und worin bestehen diese? Welche sozialen Akteure kommen in Frage?
Seit Beginn der 90er Jahre rücken diese Fragen in den Vordergrund und damit auch die Untersuchung der gesellschaftlichen Konstellationen in den jeweiligen Ländern. Vor allem die nicht-mittelamerikanische Diskussion bleibt dabei wei-

terhin der definitorischen Anstrengung um allgemeingültige Kriterien verhaftet, die für die demokratische Konsolidierung Voraussetzung seien.[12] Thematisiert werden vor allem die einer Konsolidierung hinderlichen Elemente wie institutionelle Mängel, autoritäre Relikte, überkommene Strukturen. Demgegenüber bleiben die einer demokratischen Konsolidierung förderlichen Faktoren – gesellschaftliche Akteure, Traditionen, kulturelle Gegebenheiten, an denen anzuknüpfen wäre – bemerkenswerterweise bis zum heutigen Tag jenseits der Betrachtung. Das mag am liberaldemokratischen Demokratieverständnis mit seiner Institutionenorientiertheit liegen, dem die meisten der nicht aus der mittelamerikanischen Region stammenden Untersuchungen verpflichtet sind (Bos 1994: 101). Die liberale Demokratieforschung tut sich offensichtlich schwer mit der Anerkennung nicht-institutioneller Faktoren für die Konsolidierung demokratischer Regimes, denn sie kann solche nur funktional in bezug auf die Funktionsfähigkeit der institutionellen Instrumente der Demokratie würdigen.

3. Ausgangspunkte für die Demokratisierungsdiskussion

Die bisher referierten Ergebnisse von nicht-mittelamerikanischen AutorInnen weisen zugleich eine auffällige Diskrepanz zu den Beiträgen aus Mittelamerika selbst auf, die eine intensivere Beschäftigung mit den jeweiligen gesellschaftlichen Konstellationen in den einzelnen Ländern aufweisen. Allerdings beziehen sich die wichtigsten dieser Beiträge ihrerseits kaum auf die allgemeine demokratietheoretische Diskussion außerhalb Mittelamerikas. Angesichts des kommunikativen Grabens zwischen der mittelamerikanischen und der außerregionalen Diskussion erscheint mir sinnvoll, einige wesentliche Gesichtspunkte der mittelamerikanischen Forschung zu erwähnen und in einen Bezug zur allgemeinen Debatte zu stellen.

Ich will im weiteren auf fünf meines Erachtens in der allgemeinen Debatte zu Unrecht übergangene Aspekte aufmerksam machen, wobei der wichtigste Punkt die Frage betrifft, ob der seinen erkannten Interessen gemäß bewußt handelnde Staatsbürger, auf den sich die Demokratie gründen soll, überhaupt existiert. Diese Punkte werden in der mittelamerikanischen Diskussion hervorgehoben und ihre Vernachlässigung kann nicht ohne Folgen für die Interpretation der Demokratisierungen bleiben.

Über diese hier behandelten Aspekte hinaus sind noch einige weitere zu nennen, die aber nicht ausgeführt werden können, ohne daß ihnen deshalb geringeres Gewicht zuzumessen wäre. Einer davon ist der Verlust der nationalen Souveränität der Staaten Mittelamerikas, der vor allem auf wirtschaftspolitischem Gebiet stattgefunden hat.[13] Für die Stabilisierung – oder Schwächung – eines politischen Regimes ist die Wirtschaftspolitik aber von entscheidender Bedeutung. Einen anderen Aspekt bilden die kulturellen, ethnischen und organisatorischen Traditionen der jeweiligen Bevölkerungen. Am eindrücklichsten springt die Frage der Anerkennung autochthoner Formen in Guatemala ins Auge.[14]

3.1 Zwei Demokratisierungen

Den Schlüssel für das Verständnis der Demokratisierung in Mittelamerika, die in den 80er Jahren begann, bildet die Feststellung, daß dieser Prozeß keineswegs kontinuierlich verlaufen ist, sondern tiefe Brüche aufweist, so daß von *zwei Demokratisierungen* gesprochen werden kann, eine in den 80er und eine in den 90er Jahren, namentlich im Hinblick auf zwei Länder, El Salvador und Guatemala. Bei der ersten kamen in diesen beiden Ländern die Unterschichten als politische Akteure nicht vor, sie drückte keinen gesellschaftlichen Kompromiß aus und hatte nichts mit der Vorstellung gemein, hier stritten gesellschaftliche Akteure um die Einführung und Vertiefung der Demokratie. Tatsächlich kam die Demokratisierung des politischen Systems von oben, und zwar in Folge erheblichen US-amerikanischen Drucks. Während der nahezu synchronen Einführung der Demokratie in Honduras, El Salvador und Guatemala in den 80er Jahren waren diese Länder mehr oder weniger im Kriegszustand[15] und die Transitionen erfolgten unter Kontrolle der Streitkräfte. Entsprechend begrenzt war die Reichweite der Demokratisierung. Sie beschränkte sich auf wenige institutionelle und einige normative Bestandteile eines demokratischen Staatswesens (weitgehend unverändert blieben das Justizwesen, der beherrschende Einfluß der Streitkräfte, der Polizeien etc.) sowie auf die Neustrukturierung und selektive Zulassung politischer Akteure zum demokratischen System, wovon der Großteil der Opposition ausgeschlossen blieb.[16] Die Transitionen der 80er Jahre waren *nicht* vornehmlich auf die Demokratisierung der Gesellschaft gerichtet und hatten nicht die Stärkung, sondern die Schwächung der gesellschaftlichen Träger eines demokratischen Prozesses zum Ziel. Die Installierung der Demokratie war als eine Art Aufstandsprävention *gegen* die jeweiligen Gesellschaften gerichtet, wie am deutlichsten das salvadorianische Beispiel der frühen 80er Jahre zeigt (Bonner 1984: 181 ff.). Die Bemühungen der Opposition um eine Vertiefung des Demokratisierungsprozesses sind von den autoritären Demokratien unterbunden worden. In El Salvador und Guatemala hat diese Art von autoritär implementierter Demokratie nicht zur politischen Integration, sondern zur Polarisierung, nicht zur Beendigung, sondern eher zur Verlängerung des Krieges beigetragen.

In El Salvador hat der zwölf Jahre währende Bürgerkrieg schließlich das autoritäre Modell der 80er Jahre zum Einsturz gebracht und ein neues auf die Tagesordnung gesetzt. So hat keine graduelle Erweiterung der Demokratie, sondern erst der Bruch mit dem autoritären demokratischen System die Möglichkeit für einen Neubeginn freigesetzt. Über die kathartische Wirkung eines solchen tiefen Einschnitts für einen demokratischen Neubeginn bemerkt Merkl:

„Um einen starken demokratischen Mythos zu erzeugen, der die Entwicklung der Demokratie in der Zukunft beflügelt, ist wahrscheinlich viel eher ein schreckliches Ereignis erforderlich wie ein Krieg, eine ausländische Intervention oder eine gewaltsame Revolution mit anschließendem Zusammenbruch eines autoritären Systems als ein gradueller Übergang" (Merkl 1994: 83-84).

Das Ende der autoritären und das Fundament einer neuen Demokratie in El Salvador ist mit dem Friedensschluß zwischen Regierung und FMLN im Januar 1992 gelegt worden und möglicherweise wird der Friedensschluß in Guatemala von 1996 eine ähnliche Funktion haben. Erst vom Zeitpunkt der Verhandlungen über das Friedensabkommen an begann die Opposition in beiden Ländern einen nennenswerten Einfluß zu erlangen. Der Guerrilla wurde – und von dieser vermittelt auch der zivilen Opposition – eine gewisse Mitgestaltungskompetenz zugebilligt. Damit ist nicht gesagt, daß es den bis dahin oppositionellen gesellschaftlichen Kräften bisher gelungen wäre, an den politischen Entscheidungen in umfangreichem Maß teilzunehmen. Zwar sind nach 1992 in El Salvador – in Honduras schon in den 80er Jahren – zwei für die Demokratie konstitutive Elemente eingeführt worden, und zwar ein öffentlicher Raum, in dem der repressions- und angstfreie politische Diskurs möglich wird, und – langsam – die Schaffung einer Rechtsstaatlichkeit, die diesen Raum zu schützen vermag. Doch ist hervorzuheben, daß diese Elemente immer noch unter Bedingungen der Ausnahmesituation militärischer Befriedungen, allerdings unter Aufsicht der Vereinten Nationen erstritten wurden, die Ausdruck eines temporär veränderten politischen Kräfteverhältnisses waren.[17] Wieweit durch die mittlerweile eingetretene Normalisierung der Bedingungen auch wieder traditionelle Kräfteverhältnisse in den Vordergrund treten, bleibt abzuwarten. Aufgrund der Bedingungen ihrer Einführung sind Rechtsstaatlichkeit, öffentlicher Raum und andere demokratische Fortschritte keineswegs so unangefochten, wie sie scheinen mögen. Nicht nur in El Salvador, sondern auch in Guatemala und in Honduras wirkt sich die Tatsache, daß auch die Errichtung der zweiten Demokratie nicht auf den Triumph einer gesellschaftlichen Bewegung gegründet ist, negativ auf den demokratischen Gehalt und die Stabilität der Institutionen und Normen aus.

3.2 Reichweite der zweiten Demokratisierungen

Die Demokratien Mittelamerikas – Ausnahme Costa Rica – zeichnen sich durch ihre geringe gesellschaftliche Tiefe aus. Die demokratischen Veränderungen beschränken sich auf die staatliche Sphäre im engeren Sinne und haben auf der Ebene der Institutionen (saubere Wahlen, Parteienkonkurrenz, Regierungswechsel, Justizreform usw.) und auf der der Normen (reale Gewaltenteilung, Menschenrechte, Meinungs- und Versammlungsfreiheit usw.) stattgefunden, was zusammengenommen keine geringen Veränderungen sind. Eine Verbindung von Gesellschaft und Staat scheinen sie jedoch nicht zu bewirken. Mechanismen der Konsultation oder gar Möglichkeiten der Partizipation am politischen Entscheidungsprozeß gibt es für nicht-parlamentarische Organisationen bislang nicht. Demgemäß fehlen institutionelle Wege zur Lösung sozialer Konflikte, was eine häufig gewalttätige Austragung der Konflikte nach sich zieht und die Gesellschaften enorm polarisiert. Im Mangel an Vermittlungsmechanismen von Gesellschaft und Staat setzt sich die überkommene Abdrängung der Gesellschaft von der politischen Sphäre fort. Die integrative Kraft des demokratischen Institutionen- und Normengefüges ist entsprechend gering. Das einzige Instrument zur Herstellung der politischen Integration bleiben die Wahlen.

3.3 *Neu*errichtung statt *Wieder*errichtung der Demokratie

In den meisten Studien über lateinamerikanische Transitionen werden südamerikanische Erfahrungen mit der *Wieder*errichtung der Demokratie reflektiert. Dementsprechend bezeichnet Konsolidierung dort einen Prozeß, der sich weitgehend auf eine bestehende gesellschaftliche Akzeptanz des demokratischen Institutionen- und Regelwerks stützen kann. In Mittelamerika bezeichnet Konsolidierung dagegen einen mühseligeren Prozeß. Es geht hier nicht um die Wieder-, sondern die *Neu*errichtung der Demokratie. Der Rückgriff auf eine – durch die autoritären Regimes nur unterbrochene – historische Akzeptanz des demokratischen Regimes ist hier ausgeschlossen. Wird das übersehen, werden die Schwierigkeiten für die Konsolidierung der Demokratie leicht unterschätzt.

3.4 Die politischen Regimes

Nach den von äußeren Interessen induzierten Regimewechseln war besonders außerhalb Mittelamerikas die Neigung verbreitet, eine effektive Repräsentativität schon dann als gegeben zu unterstellen, als die ersten sauberen Wahlen abgehalten worden waren, also ab Anfang der 80er Jahre. Jedoch hat das repräsentative Prinzip in den meisten Ländern Mittelamerikas kaum eine Tradition. Wenn in Darstellungen diesem eine Funktionsfähigkeit in Analogie zu den entwickelten Demokratien unterstellt wird, ist eines der zentralen Probleme bereits ausgeklammert: die mangelnde Repräsentativität der Parteien und des politischen Systems insgesamt. Angesichts der langen autoritären Vorgeschichte ist hier die Frage relevant, ob die gewählten Kandidaten tatsächlich den Wählerwillen repräsentieren, also repräsentativ sind. In einigen Ländern etwa ist gerade diese Annahme völlig unberechtigt, so in Guatemala und bis 1994 auch in El Salvador.

Auch die Unterstellung, die Parlamente fungierten als der Ort der über die Parteien vermittelten Einflußnahme gesellschaftlicher Interessen auf die Politik der Exekutive, führt in die Irre. Wie in den meisten lateinamerikanischen Ländern erfüllen auch in Mittelamerika die Parlamente diese Funktion nur unzureichend. Es handelt sich um zentralistische Präsidialdemokratien, in denen der vom Volk direkt gewählte Präsident mit der Autorität ausgestattet ist, Politik weitgehend nach eigenem Ermessen zu realisieren, während die Parlamente eine geringe Rolle spielen. Anders als in parlamentarischen Demokratien und in einigen präsidialen Systemen, wie den USA, wird die Exekutive von der Legislative nicht oder kaum kontrolliert. Die Stellung des Präsidenten ist über die anderer Staatsorgane hinausgehoben. Autoritäre Regierungspraktiken werden der Exekutive geradezu in den Schoß gelegt.[18] Die Geringschätzung des von den Parlamentsfraktionen repräsentierten Wählerwillens ist somit Wesensbestandteil dieser politischen Systeme. Die Parteien haben auf die von ihnen an die Macht getragene Exekutive noch nicht einmal Einfluß, was in diesem Fall auch für die sonstige Ausnahme Costa Rica zutrifft (für Costa Rica siehe Rojas 1994; allgemein: O'Donnell 1994: 18 ff.). Die üblichen Annahmen in Bezug auf Repräsentativität und Parlament weisen den Institutionen Partei und Parlament Funktionen zu, die diese nicht ausfüllen können.

3.5. Demokratien ohne demokratischen Souverän. Die schwache Präsenz des Staatsbürgers (citoyen, ciudadano)

Die größte Beschränkung für die demokratische Konsolidierung liegt im Fehlen eines demokratischen Souveräns. Die Bevölkerung ist im Besitz der formalen staatsbürgerlichen Attribute im Sinne des citoyen, doch verfügt ein Großteil von ihr nicht über die dazugehörige politische Artikulationsfähigkeit.

Obgleich in modernen Demokratien in bezug auf politische Einflußnahme nicht vom einzelnen Bürger, sondern von Verbänden als den politischen Subjekten ausgegangen wird, so muß dennoch das einzelne Individuum, auch wenn es nur in organisierter Form politisch einflußfähig werden kann, über diejenigen Eigenschaften verfügen, die es als Bürger überhaupt erst konstituieren, um seine Interessen vernünftig einbringen zu können. Diese Eigenschaften bestehen nicht nur aus dem formalen Rechtsstatus, sondern auch aus der individuellen Kompetenz zur politischen Ar-

tikulation sowie angesichts der gegebenen Verbandsorientiertheit der Demokratien auch aus einer kollektiven Handlungsmöglichkeit.
Die Ausübung des Bürgerstatus als Fundament für eine funktionierende Demokratie hat dreierlei zur Voraussetzung, a. den Rechtsstaat, b. eine öffentliche Sphäre und c. materielle Mindestbedingungen, die auch kulturelle und informationelle Möglichkeiten einschließen. Es ist vor allem diese letztere Bedingung, die für die Bevölkerungsmehrheit in Mittelamerika nicht erfüllt ist. Es handelt sich um Gesellschaften, in denen ein erheblicher Bevölkerungsanteil strukturell aus den Marktbeziehungen ausgeschlossen ist, in denen mehr als zwei Drittel der Bevölkerung in Armut und die Hälfte gar in extremer Armut lebt, in denen hohe Arbeitslosigkeiten und noch höhere Unterbeschäftigungen herrschen, in denen öffentliche Dienstleistungen wie Gesundheit und Erziehung für die arme Bevölkerung kaum noch zur Verfügung stehen.[19] Die bloße Gewährung des Status eines bürgerlichen Rechtssubjekts macht die Individuen noch lange nicht zu Bürgern im praktischen Sinne[20], weil es ihnen nicht nur an

„Gütern und materiellen Dingen fehlt, sondern weil sie darüberhinaus insofern politisch *machtlos* sind, als sie nicht über die psychologisch-kulturellen Bedingungen verfügen, um eine Selbstwahrnehmung ihrer gesellschaftlichen Lage zu entwickeln und dementsprechend die organisierte politische Verteidigung ihrer eigenen Interessen zu betreiben", stellt Torres-Rivas fest und fragt weiter: „Welche staatsbürgerlichen Eigenschaften können unter derartigen materiellen und kulturellen Gegebenheiten entstehen oder gefestigt werden, welche politische Demokratie kann man damit aufbauen?" (Torres-Rivas 1992: 138).

Diejenigen mittelamerikanischen Bürger, die als Staatsbürger nur formal existieren, stellen in jedem Land, mit Ausnahme Costa Ricas, bei weitem die Bevölkerungsmehrheit.[21] Diese mehrheitlichen Individuen in Mittelamerika, die den Unterschichten angehören, sind zwar Staatsbürger, aber sie sind im Rahmen der gegebenen Demokratien politisch handlungsunfähige Staatsbürger. Die mittelamerikanischen Demokratien sind weitgehend *Demokratien ohne Staatsbürger.*[22] Daher besteht wenig Grund zur Hoffnung auf eine Konsolidierung der Demokratie, wahrscheinlicher ist das Gegenteil.

4. Die Parteien

Vertretung und Vermittlung gesellschaftlicher Interessen in der staatlichen Sphäre ist in Mittelamerika exklusiv den Parteien vorbehalten. Die Parteien tragen auf diese Weise zur politischen Integration bei – doch aufgrund dieses institutionellen Monopols zur Kanalisierung gesellschaftlicher Interessen behindern sie zugleich. Eine Repräsentation nicht-parteiförmig organisierter kollektiver Interessen ist innerhalb des institutionellen Systems der Demokratien nicht vorgesehen, sondern wird in den vorpolitischen Raum abgedrängt, in der Regel auf die

Straße. Nicht-parteiförmige Organe der Zivilgesellschaft bleiben von der politischen Mitgestaltung ausgeschlossen.

Die Repräsentativität der Parteien ist in den meisten Fällen gering, auch handelt es sich nicht um Mitgliederparteien. Ihre Funktion ist eher eine von 'Wahlstimmen-Sammelstellen' (Offe 1980: 32). Nur in wenigen Ausnahmen sind die Parteien Mittelamerikas politischer Ausdruck breiter gesellschaftlicher Strömungen, in der Mehrheit handelt es sich um Klientelparteien (Rojas 1995: 122). Zum Fortbestand dieses Zustands haben die langen Verbote oppositioneller Parteien unter den Militärregimes beigetragen, mit denen das repräsentierte politische Spektrum stets eng begrenzt gehalten wurde. In den wenigen Fällen der Zulassung oppositioneller Parteien taten – besonders im El Salvador der 70er Jahre – die Wahlfälschungen ein übriges, um die Distanz der Bürger zum Parteiensystem insgesamt zu fördern. Oppositionelle Interessen wurden so immer mehr im illegalen oder halblegalen Raum, aber nicht durch Parteien, organisiert. Das wirkt heute noch in schwachen Parteistrukturen nach. Das Parteiensystem kann die ihm zugedachte Rolle der politischen Repräsentation verschiedener gesellschaftlicher Sektoren gegenüber dem Staat nur unzulänglich erfüllen (vgl. Maihold 1994: 212 ff.).

Die Krise der mittelamerikanischen Parteien hat zum anderen mit ihrer schwachen Stellung im präsidentiellen System zu tun. Die Parlamentsparteien sind deswegen in der Mitgestaltung der Regierungspolitik nicht sehr aktiv und spielen bei der Lösung nationaler Probleme kaum eine Rolle. Viele von ihnen konzentrieren statt dessen Interesse und Aktivität stärker auf den Staatsapparat und seine Ressourcen mit dem Ziel der Befriedigung ihrer Partikularinteressen (Torres-Rivas 1990b: 58 ff; O'Donnell 1994: 20). Weit verbreitete Phänomene wie Korruption und Nepotismus durch die Parteien innerhalb der staatlichen Institutionen haben in deren Funktionsbeschneidung in Präsidialdemokratien eine ihrer Wurzeln.

Torres-Rivas macht für die 'Unregierbarkeit' einiger Gesellschaften, etwa der Nicaraguas, einen 'Parteienexzeß' dieser klientelistischen Notabelnparteien verantwortlich, in dem diese sich in „parteipolitischem Kannibalismus und gegenseitiger Selbstzerfleischung" ergehen (Torres-Rivas 1994: 63).[23] Selbst in der stabilsten Demokratie Mittelamerikas, in Costa Rica, haben die Parteien Schwierigkeiten, eine politische Kontinuität über die Wahlperioden hinaus aufrechtzuerhalten (Rojas 1995: 123).

Aus der mittelamerikanischen Parteienlandschaft heben sich jedoch zwei Parteien ab. Die beiden aus der Guerrilla hervorgegangenen Linksparteien FSLN (Nicaragua) und FMLN (El Salvador) sind Mitgliederparteien[24], deren Anhang vorwiegend den verarmten unteren Bevölkerungsschichten entstammt. Beide Parteien, die zugleich über bestimmenden Einfluß in den größten Gewerkschaften in ihren Ländern verfügen, haben die Vertretung der Interessen dieser Schichten auf ihre Fahnen geschrieben.

FSLN und FMLN erklären, eine möglichst breite Einbeziehung der Bevölkerung in den politischen Entscheidungsprozeß anzustreben. Grundsätzlich soll die Beteiligung der Bürger nicht auf die Parteien beschränkt bleiben, sondern weitere gesellschaftliche Organisationen umfassen. Sie soll über den Rahmen der liberalen Parteiendemokratie hinausgehen und auf die Aufhebung der Trennung zwischen Gesellschaft und politischer Sphäre zielen.[25]
In der Praxis ist dieses Modell schon bald gescheitert. Die FSLN ist nach den Wahlen 1984 von ihrem Konzept einer umfassenden gesellschaftlichen Partizipation an den Entscheidungen zu dem der umfassenden Delegation der Entscheidungsmacht übergangen, wie es das parlamentarisch-repräsentative Modell vorsieht und auch die FMLN hat sich im Zuge ihrer Integration in das politische System El Salvadors ab 1992 umorientiert. Dennoch haben beide Parteien programmatisch an der Vertretung der Interessen der verarmten Bevölkerungsschichten festgehalten, nicht zuletzt wohl deswegen, weil diese rechnerisch die Bevölkerungsmehrheit ausmachen. Dieses Festhalten bewirkte heftige innerparteiliche Kontroversen. Die diskutierte Alternative bestand im Wechsel zu einer klassen- bzw. schichtenübergreifenden Politik mit dem Ziel, das Wählerreservoir der politischen Mitte zu erreichen, um damit die Wahlchancen zu verbessern. Die Wahlniederlage in Nicaragua 1990 hatte ja gezeigt, daß sich die rechnerische Mehrheit keineswegs automatisch in eine elektorale umsetzt. Diese Option unterlag jedoch in beiden Parteien und konstituierte sich fortan als eigene Partei.[26]
Wie schwierig jedoch eine Vertretung dieser Interessen im Rahmen des Parlaments ist, selbst wenn es sich um die der gesellschaftlichen Mehrheit handelt, zeigt sich an der Politik der FSLN seit ihrem Machtverlust 1990. Im parlamentarischen Verhandlungsprozeß kann sie als oppositionelle Partei die Interessen ihrer Klientel nicht oder nur geringfügig durchsetzen und ist zu Kompromissen gezwungen. Dadurch gerät sie wiederholt mit der Erwartungshaltung ihrer Wählerbasis in Konflikt und sieht sich dem Vorwurf des 'Verrats' ausgesetzt. Um sich ihrer sozialen Basis zu versichern, verleiht sie deren Anliegen durch außerparlamentarische Aktionen Nachdruck[27], was sich jedoch als zweischneidig erweist, da diese sich gegen die parlamentarische Arbeit und damit gegen demokratisch zustandegekommene Entscheidungen richten. Mit solchen Aktionen entwertet die FSLN vor den Augen ihrer Basis diese Entscheidungen und unterminiert damit zugleich ihre eigene parlamentarische Arbeit. Enthält so einerseits der Versuch der außerparlamentarischen Durchsetzung dieser Interessen ein hohes politisches Risiko für die FSLN als parlamentarischer Partei und erweist sich andererseits, daß dies innerhalb des parlamentarischen Rahmens ebenfalls nicht gelingt[28], so offenbart sich ein Dilemma im Hinblick auf die Vertretung von Unterschichtsinteressen. Im Rahmen parlamentarischer Politik scheint eine solche Interessensvertretung nur um den Preis des Verlusts der sozialen Basis möglich zu sein, während die

außerparlamentarische Interessensartikulation eine Gefährdung für die parlamentarischen Handlungsmöglichkeiten darstellt. Noch genießen die großen Parteien der Linken aufgrund ihres zweigleisigen Handelns eine relativ breite Zustimmung in der Bevölkerung, doch steht außer Frage, daß die parlamentarische Option – allein schon aus elektoralen Gründen – die Oberhand gewinnen wird. Als Folge davon findet eine Repräsentation von Unterschichtsinteressen durch die Linksparteien zunehmend in nur noch symbolischer Weise statt.

In El Salvador ist das nicht anders: Nach ihrer Integration in das parlamentarische System haben die beiden Linksparteien FMLN und PD[29] angesichts des Fortbestehens überkommener vordemokratischer Kräfte die Verteidigung der Regierbarkeit des demokratischen Regimes zur obersten Priorität deklariert, wie die übrigen Parteien auch. Für die beiden bislang stark an den Interessen ihrer Basis orientierten Parteien hat das zur Folge, daß statt der Verteidigung der Interessen ihrer sozialen Klientel nunmehr die Regierbarkeit (gobernabilidad) des Landes zur Scheidelinie zwischen Freund und Feind wird. Der seit langem andauernde organisierte Protest gegen die Anpassungs- und Stabilisierungspolitik der Regierung gilt ihnen daher nicht mehr als legitimes und parlamentarisch zu vertretendes Anliegen, sondern er

„wird von der Regierung und der Linken als wichtiger Baustein der Unregierbarkeit aufgefaßt. In dieser Phase der Befriedung (gemeint ist 1993-94, KDT) und Errichtung der Demokratie wird die auch früher übliche gewerkschaftliche Mobilisierung von jenen Linken und Rechten abgelehnt, die die neue soziale und politische Ordnung zu stützen versuchen" (Guido Béjar 1995: 166).[30]

Im Maße, wie diese Parteien zunehmend auf die Vertretung besonderer Interessen verzichten und die Bindung an ihre traditionelle soziale Basis nur noch zu elektoralen Zwecken aktivieren, wandelt sich die ehemals postulierte Wahrnehmung der Unterschichtsinteressen in deren bloße symbolische Repräsentation. Für diese Schichten bedeutet das umgekehrt, daß sie die Repräsentation ihrer Interessen in der politische Sphäre, wie sie in den ersten Nachkriegsjahren in El Salvador von der FMLN und in den ersten Jahren nach dem Machtwechsel in Nicaragua von der FSLN wahrgenommen worden war, allmählich verlieren.

5. Demokratien ohne Akzeptanz

Bisher wurde die Frage der Demokratie in Mittelamerika anhand von Entstehungsfaktoren, Institutionen und Organisationen behandelt. Im folgenden Kapitel sollen die Meinungen und Haltungen der Menschen vorgestellt werden, von denen die Festigung demokratischer Verhältnisse letztlich abhängt. Damit sind im Unterschied zur Transitions- und Konsolidierungsforschung nicht die politischen Akteure und ihre mehr oder weniger demokratischen Auffassungen gemeint, sondern die Bevölkerung und ihre Haltung zu den demokratischen Regimes. Wie die folgenden Umfrageergebnisse belegen, ist das Vertrauen in die jungen Demokratien gering. In *Nicaragua* hat sich dieses Vertrauen nach der Transformation des sandinistischen Systems in eine liberale Demokratie (1990) drastisch verringert (CID-Gallup 1992: 5, 11 f.). Ein Jahr nach dem Wechsel, 1991, war etwas über die Hälfte der Bevölkerung der Meinung, daß die Regierung ihre Interessen nicht vertrete; 1992 war dies bereits bei 72% der Fall und zwei Drittel waren der Ansicht, daß auch die Parteien sich nicht um die Lösung der Probleme der Bevölkerung kümmerten (I.E.N. 1993: 8). Der repräsentative Aspekt der Demokratie stieß auf komplette Ablehnung: 98% (!) der Befragten meinten, damit „wirkliche Demokratie" herrsche, müsse „das Volk zu wichtigen Entscheidungen konsultiert und an der Problemlösung beteiligt werden" (I.E.N. 1993: 15; Delgado 1994: 308). Von einer Akzeptanz des Grundprinzips der parlamentarischen Repräsentation, der Delegation der Entscheidungskompetenz, ist hier nichts zu erkennen. In *Guatemala* bietet sich ein ähnliches Bild. Eine umfragegestützte Studie konstatiert eine „allgemeine Enttäuschung (…) im Hinblick auf die Instrumente der formalen Demokratie (und) noch mehr im Hinblick auf die politischen Institutionen und die staatlichen Organe." Nur 11,4% der Befragten sehen im Wählervotum einen geeigneten Mechanismus, die Probleme des Landes zu lösen (Gálvez 1995: 94 ff.). Von allen Ländern Mittelamerikas weist Guatemala die höchste Wahlabstinenz auf. Während in den anderen Ländern die jeweiligen Wahlbeteiligungen als ausreichende Legitimation angesehen werden, deutet die rund 70%ige Abstinenz in Guatemala darauf hin, daß hier das politische System nicht als legitime Interessensvertretung akzeptiert ist (Torres-Rivas 1991: 11; Jonas 1994). Diese Vermutung scheint besonders deshalb berechtigt, weil die Abstinenz trotz Regierungs- und sogar Regimewechseln nicht abgenommen, sondern im Gegenteil von Wahl zu Wahl zugenommen hat.[31]

Die Daten für *El Salvador* sind nicht weniger aufschlußreich. Auch hier betrachtet eine Mehrheit der Bürger Wahlen, die ja immerhin das einzige Instrument der Bürger zur politischen Einflußnahme darstellen, nicht als taugliches Instrument. 54,9% meinen, diese verliefen nie oder nur selten sauber (Briones/Ramos 1995: 279). Die Institutionen kommen nicht besser davon. Drei Fünftel der Bevölkerung (60,2%) halten das Justizwesen für „immer oder häufig ungerecht" und etwa ebenso viele (59,2%) lehnen Parteien ab, da sie ihre Interessen nicht vertreten sehen, und 43,6% haben kein Vertrauen in das Parlament. Knapp die Hälfte (47,1%) ist der Ansicht, die Regierung handele nie oder nur selten zum Wohle der Bevölkerung (Briones/Ramos 1995: 256f.).

Auf zwei Ergebnisse zu El Salvador sei noch hingewiesen. Zum einen, daß negative Auffassungen bei den besser Informierten weiter verbreitet sind als bei den weniger Informierten. Das verweist auf den erstaunlichen Zusammenhang, daß „die höchsten Indizes für Vertrauen an ebenso hohe Indizes von Unkenntnis über die entsprechenden Instanzen geknüpft (sind)." Zustimmung und Vertrauen in die demokratischen Institutionen entspringen also eher der Unkenntnis als demokratischer Überzeugung (Briones/Ramos 1995: 262). Zum anderen besteht eine vergleichbare Korrelation in Bezug auf die Schulbildung. Je niedriger diese ist, desto weniger interessieren sich die Befragten für Politik, haben keine Meinung oder äußern sich nicht. Kritik am politischen System ist in dieser Bevölkerungsgruppe, die zugleich über die geringsten Einkommen verfügt, am wenigsten ausgeprägt. Bemerkenswert sind diese Untersuchungen auch deshalb, weil sie schichtenspezifische Aussagen ermöglichen. Die untersten sozialen Gruppen sehen ihre bedrückendsten Probleme im wirtschaftlichen Bereich, gefolgt von sozialen Problemen, während politische an letzter Stelle stehen (ebd.). Das ist auch nicht überraschend, wenn man in Rechnung stellt, daß sich an ihrer wirtschaftlichen Not nach dem Friedensabkommen nichts gebessert hat, sondern eher das Gegenteil eintrat.[32]

Im einzigen Land mit vergleichsweise langer demokratischer Tradition, *Costa Rica*, wird zwar das Vorgehen der staatlichen Institutionen erstaunlicherweise ähnlich negativ beurteilt. Hier sind 59,3% der Bevölkerung der Auffassung, die Parteien verträten nicht die Interessen der Bürger, 50,2% sind der Meinung, das Parlament verdiene nicht das Vertrauen der Bevölkerung und 46% halten das Justizwesen für nicht gerecht.[33] Doch gibt es einen entscheidenden Unterschied zu den übrigen Ländern Mittelamerikas in der Bewertung der Wahlen und der Exekutive: 82,5% halten die Wahlen für sauber und 55,8% meinen, die Regierung „arbeite für das Wohl des Landes." Die Wahlbeteiligung liegt hier im Durchschnitt bei über 80% (Sojo 1995: 154 ff.).

Zusammenfassend läßt sich sagen, daß die Bevölkerung Mittelamerikas – mit Ausnahme Costa Ricas – die Institutionen und Handlungen der demokratischen Regimes mehrheitlich nicht für vertrauenswürdig hält. Die Ergebnisse beziehen sich auf das zentralstaatliche Institutionen- und Normengefüge und das Regierungshandeln. Die Bevölkerung sieht sich von diesen Instanzen nicht vertreten. Damit erweist sich die Repräsentation gesellschaftlicher Interessen in den demokratischen Institutionen als fehlgeschlagen. Die Funktionsweise der neuen Demokratien beruht offensichtlich weniger darauf, daß diese von demokratischen Individuen getragen als von „apathischen" geduldet werden.

Man kann annehmen, daß in Gesellschaften mit vergleichbaren sozioökonomischen Daten wie in Mittelamerika die Akzeptanz gleich welchen politischen Systems ebenfalls nicht sehr hoch sein wird. Hinzu kommt die geringe Neigung oder Fähigkeit der jungen Demokratien, die wirtschaftliche Lage der armen Bevölkerungsmehrheit zu verbessern, was eher die Enttäuschung als die Zustimmung gefördert hat. Ohne eine Verbesserung des Lebensniveaus ist eine demokratische Konsolidierung schwer vorstellbar.[34] Die Staaten Mittelamerikas haben das von der Modernisierungstheorie angegebene Einkommensniveau als Schwelle zur Möglichkeit von Demokratie inzwischen erreicht, doch als wichtiger für eine Stabilisierung der Demokratie erweisen sich Faktoren wie Verteilungsgerechtigkeit und die Schaffung institutioneller Repräsentationsmechanismen für die Unterschichtsinteressen. Die Umfragen haben gezeigt, daß die für entwickelte Demokratien typische auf Wahlen beschränkte Repräsentation die Bevölkerung nicht anspricht.

6. Akzeptanz nicht-delegativer Repräsentationsformen

Erst wenn wir die Ebene des staatlichen Institutionen- und Normengefüges und des Regierungshandelns verlassen und uns unteren Politikebenen zuwenden, die statt symbolischen Handelns die Chance zur praktischen Einflußname versprechen, finden wir eine weniger ablehnende Haltung zur Politik vor.
Der Wechsel von der zentralstaatlichen Politikebene zur dezentralen, lokalen oder gremialen beinhaltet zugleich eine andere Blickrichtung. Haben wir in der bisherigen Darstellung das Augenmerk auf die politischen Systeme und ihre Schwierigkeiten mit der demokratischen Konsolidierung gerichtet, sozusagen von oben geblickt, so schauen wir jetzt aus der anderen Richtung, nämlich von den politischen Handlungsformen her, in denen sich die Interessen besonders desjenigen Bevölkerungsteils ausdrücken, der sich von der zentralstaatlichen Politikebene ausgeschlossen fühlt.
Es ist insbesondere die Lokalpolitik, an die andere Politikerwartungen gerichtet werden. Eine ähnlich hohe Ablehnung wie die der zentralen staatlichen Institutionen erfahren die lokalen nicht. Einige formelle staatliche Institutionen der Lokalpolitik erfreuen sich sogar einer deutlich höheren Wertschätzung. Diese Anerkennung wächst ihnen im Unterschied zu den zentralstaatlich orientierten Institutionen aus dem Grund zu, weil sie die Artikulation partikularer Interessen in nicht-delegativer Form zulassen. Sie bieten direkte Partizipationsmöglichkeiten an und ermöglichen die Erfahrung eigener Einflußnahme. Dasselbe gilt für informelle Institutionen der Zivilgesellschaft. In beiden Fällen handelt es sich um unmittelbare Politikformen im Unterschied zum symbolischen politischen Handeln.
Einer Studie über El Salvador zufolge ist die Partizipation an lokaler institutioneller Politik auf dem Land überraschenderweise hoch, während sie in größeren Gemeinden (ab 40.000 Einwohner) sehr gering ist.[35] In den Städten ist demgegenüber eine höhere Beteiligung an der zentralstaatlichen Politik als auf dem Land

ermittelt worden. Es zeigt sich hier im Vergleich mit den Haltungen zur zentralstaatlichen Politikebene ein umgekehrtes Resultat. Es läßt sich sagen, daß dort, wo die eigene Beteiligung die Chance auf Einflußnahme verspricht, d.h. vor allem auf dem Land und in kleinen Gemeinden, die Partizipation vergleichsweise hoch ist. Wo diese Chance nicht besteht, ist sie niedrig. Die Studie konstatiert eine enge Korrelation zwischen einer positiven Einschätzung der politischen Leistungen auf lokaler Ebene und einer positiven Haltung zur zentralstaatlichen Politik, die über die Partizipationserfahrung auf der lokalen Ebene vermittelt ist (Seligson/Córdova 1995: 31) Das ist außerordentlich bemerkenswert, besagt es doch nichts anderes, als daß die positive oder negative Haltung zur zentralstaatlichen Politik und den staatlichen Instanzen von der Bewertung der Politik auf der lokalen Ebene geprägt ist.

Ein erheblicher Bevölkerungsteil, namentlich der Unterschichten, bildet sich seine Meinung gegenüber dem demokratischen Regime und zur Demokratie überhaupt auf lokaler Ebene, wobei dies um so mehr der Fall ist, wo die Partizipation an der lokalen Politik hoch ist.[36] Hier zeigt sich eine spezifische Konstitutionsvariante politischer Haltungen, die bislang für El Salvador nachgewiesen ist, aber – mit der eventuellen Ausnahme Costa Ricas – so ähnlich auch in den anderen Ländern Mittelamerikas angenommen werden kann: Die Haltung zum politischen System insgesamt konstituiert sich nicht so sehr über die Bewertung der zentralstaatlichen politischen Sphäre, sondern nimmt den „Umweg" lokaler Politikerfahrung.

Hinter dieser für etablierte Demokratien eher untypischen Bedeutung der lokalen Politikebene kommt ein grundsätzliches Phänomen zum Vorschein: Anders als in konsolidierten Demokratien kommt in Mittelamerika der Ebene des symbolischen politischen Handelns kaum eine integrative Funktion zu, statt dessen konstituieren bei der Mehrheit der Bevölkerung direktere Formen politischer Erfahrung die Haltung zur zentralstaatlichen Politiksphäre und bilden damit das Fundament für die Akzeptanz oder Ablehnung der politischen Regimes.

Die zitierten Studien lassen die hohe Bedeutung erkennen, die unmittelbaren Partizipationsformen für den Konsolidierungsprozeß demokratischer Regimes insgesamt zukommt, was in den vorherrschenden Demokratietheorien bislang gerade verneint wird. Entscheidend ist offenbar, daß die Partizipation am politischen Entscheidungsprozeß stattfindet und nicht nur an der periodischen Elitenauswahl, der – wie die Ergebnisse der Studie zeigen – keine Konsolidierungsfunktion zukommt.[37]

Die direkte Politikform tendiert im Gegensatz zum atomisierenden Charakter symbolischer Politik zu kollektiven Haltungen. Im staatlichen institutionellen Rahmen erhält diese Politikform einen besonderen Charakter. Während nämlich andere direkte Formen partikularer Interessensartikulation, etwa gewerkschaftliche, im Kern darin bestehen, Einzelinteressen zu kollektiven Partikularinteressen zu bündeln, geschieht im Rahmen staatlicher Institutionen wie der Lokalpolitik etwas anderes: In der Vermittlung unterschiedlicher Positionen bilden sich überpartikulare Kompromisse und Haltungen heraus.[38] Seligson und Córdoba haben entsprechende Ergebnisse ermittelt: In Gegenden mit hoher Partizipation besteht eine Korrelation mit Indizes hoher Toleranz und anderen demokratischen Eigenschaften (Seligson/Córdova 1995: 28 f).

Von den erwähnten Umfragen scheinen mir besonders drei Aspekte von besonderer Bedeutung zu sein: Zunächst zeigen die Ergebnisse, in welch erstaunlich hohem Maße die zentralstaatlichen Institutionen und das Regierungshandeln der demokratischen Regimes noch zehn Jahre nach ihrer Einführung und fünf Jahre nach der Befriedung der Region in der Bevölkerung auf Ablehnung stoßen. Zum anderen zeigen sie eine deutlich andere politische Einstellung der Bürger, sobald es um die Politikebene geht, die diesen über symbolisches Handeln hinaus reale Partizipationschancen bietet. Dort ist besonders hervorzuheben, daß es diese partizipativen Erfahrungen sind, die erheblich zur Konstitution der Einstellung zur lokalen wie zur zentralstaatlichen Politikebene beitragen und die Entstehung demokratischer Haltungen fördern. Und schließlich die Schlußfolgerung, daß weder die zentralstaatlichen Institutionen und Normen, noch das wichtigste Instrument symbolischer Partizipation an politischen Entscheidungen, die Wahlen, eine nennenswerte integrative Funktion haben. Damit setzt sich die soziale Spaltung der Gesellschaft unvermittelt auf der politischen Ebene in die Trennung von Gesellschaft und politischer Entscheidungssphäre fort. Das läßt die Schlußfolgerung zu, daß die politische Integration der Gesellschaft ohne Einbeziehung gesellschaftlich akzeptierter Repräsentations- und Partizipationsmechanismen nicht möglich zu sein scheint.

7. Partizipative Politikformen

Ein breites Spektrum gesellschaftlicher Interessen ist in Mittelamerika nicht parlamentarisch, sondern außerparlamentarisch repräsentiert, so in Gewerkschaften, Kleinbauern- und Landarbeiterbewegungen, Unternehmer- und Selbständigenverbänden, Nachbarschafts-, Ökologie-, Frauenbewegungen und vielen mehr. Viele dieser Interessensorgane verfügen über eine erhebliche soziale Basis und üben einen starken Einfluß auf das politische Leben aus. Die Schwäche der Parteien und der Mangel an Vermittlungsmechanismen zwischen Staat und Gesellschaft[39] hat dazu geführt, daß diesen Organisationen traditionell die Repräsentation der kollektiven Interessen gegenüber der staatlichen Sphäre zugewachsen ist. Der wesentliche Aspekt in diesem Zusammenhang ist, daß diese politischen Instanzen vorwiegend in nicht-delegativen Partizipations- und Repräsentationsformen agieren. Dabei ist zu betonen, daß Politik in Mittelamerika in erheblichem Maße in diesen unmittelbareren Formen stattfindet. An drei Beispielen sollen Wirkungsbereich und Grenzen partizipativer Politikformen vorgestellt werden. Zwei von ihnen sind im lokalpolitischen Bereich angesiedelt und das dritte entstammt dem Bereich kollektiver Interessensvertretungen.

Der erste Bereich, der sich für politisches Handeln in nicht-delegativen Formen anbietet, ist die schon erwähnte lokale Politik im staatlich-institutionellen Rahmen. Die Form politischer Partizipation ist hier weitgehend direkt. Sie bezieht sich im wesentlichen auf das Rathaus oder die Munizipalverwaltung und kanalisiert politische Interessen in die staatliche Sphäre.

Neben dieser institutionellen Lokalpolitik bestehen in Mittelamerika zahlreiche weitere lokalpolitische Ansätze, die nicht vorrangig auf die institutionelle Einbringung von Interessen, sondern auf ein „empowerment" der Bevölkerung unabhängig von den staatlichen lokalen Instanzen abzielen. Dabei werden nach einer Verständigung über die drängendsten Probleme in den jeweiligen Gemeinden Handlungsoptionen entwickelt, deren potentielle Wirkung vor allem von der Zahl der Beteiligten abhängt. Derart auf Partizipation gegründete lokale Initiativen sind oftmals bald in der Lage, auf die institutionelle Lokalpolitik einzuwirken, diese zu beeinflussen und sich in institutionelle Lokalpolitik auf starker partizipativer Grundlage zu verwandeln.[40]

Als drittes Feld für partizipative Handlungsoptionen sind die sehr einflußreichen kollektiven Interessensorgane (ländliche und Arbeiterorganisationen, soziale Bewegungen usw.) zu nennen, die die hauptsächlichen Artikulationsinstanzen der Unterschichten darstellen und unter denen die Organisationen von Klein- und Mittelbauern das größte Gewicht haben. Diese Organe bündeln die vielen Einzel- zu Kollektivinteressen auf weitgehend partizipativer Grundlage.

Allerdings sind weder die lokalen politischen Organe noch die Kollektivorganisationen auf den lokalen Raum beschränkt. Beide verfügen über regionale oder auch nationale Koordinationen. Auf der Ebene dieser höheren Repräsentationsstufen besteht die Möglichkeit direkter Partizipation nicht mehr und es werden delegative Politikformen notwendig. Die nicht-delegative Partizipationsform stößt also schnell an ihre Grenzen und bleibt im wesentlichen auf die unteren organisatorischen Ebenen beschränkt. Sie erweist sich nicht nur als lokal, sondern auch thematisch beschränkt, da die Begrenztheit des lokalen Rahmens für die Behandlung darüber hinausgehender allgemeiner politischen Fragen nicht geeignet ist. Obgleich diese lokalen politischen Organe und Kollektivorganisationen auf höheren Koordinationsebenen nur noch die delegative Repräsentation zulassen, kommt ihnen im Unterschied zur zentralstaatlichen Sphäre delegativer Politik eine hohe Repräsentativität zu. Denn die Repräsentierten betrachten sie als die Vertretung jener Interessen, für die sie sich auf unterer organisatorischer Ebene selbst eingesetzt haben. Es kommt hinzu, daß hier das delegative Prinzip zumeist nicht in der parlamentarisch-repräsentativen Striktheit angewendet wird, wo der Delegierte faktisch als bevollmächtigter Treuhänder der Repräsentierten fungiert und deren „Interessen nach eigenem Gutdünken interpretieren kann" (Bobbio 1988: 41). Sondern der Delegierte verfügt in diesen Organen zumeist nur über Vertretungs- und in wesentlich geringerem Maße über Verhandlungsmacht und unterliegt einem stärkeren imperativen Druck. Die delegative Repräsentation bewahrt auf diese Weise einen gewissen Anschein von Unmittelbarkeit.

Die höheren Koordinationsebenen allerdings, vor allem die nationalen und supranationalen, unterliegen derselben Gefahr des Legitimationsverlusts, die weiter vorn anhand der Linksparteien geschildert wurde. Hier sind die Repräsentationswege zu lang und eine Kontrolle durch den Repräsentierten ist kaum noch möglich. Die Repräsentativität solcher Organe nimmt in der Regel immer dann ab, wenn über die Entscheidungsfindung keine Transparenz herrscht, wodurch der Repräsentierte seine Interessen nicht mehr wiedererkennen kann.

Es zeigt sich hier, daß die Repräsentation breiter gesellschaftlicher Interessen im politischen Entscheidungsprozeß eine tatsächlich äußerst fragile Angelegenheit ist. Es ist nicht nur das liberale Demokratiemodell, das eine solche Repräsentation nicht vorsieht, sondern auch die interne Verfaßtheit der Vertretungsorgane selbst konterkariert häufig das Bemühen um eine Einbeziehung der Unterschichtsinteressen. Wenn eine interne Demokratie fehlt, verlieren die Verbände ihre Glaubwürdigkeit und damit die Unterschichten die Artikulationsmöglichkeit für ihre Kollektivinteressen. Die interne Demokratie, die sich auf Instrumente wie Rechenschaftslegung, Transparenz und Sauberkeit bei der Auswahl des Führungspersonals gründet (Rivera 1995: 244 ff.), ist somit eine unverzichtbare Bedingung für die Repräsentation breiter gesellschaftlicher Interessen. Tatsächlich ist in Mittelamerika in vielen dieser Organisationen und auch der Dachverbände eine Diskussion über interne Demokratisierung ausgebrochen.

Wie die partizipative Form der Lokalpolitik, so kann auch die nicht-delegative Politik der Interessenverbände nicht die parlamentarisch-repräsentative Politik ersetzen. Die organisatorische Beschränkung partizipativer Politik auf untere Politikebenen sowie ihre thematische Begrenztheit weisen ihr die Rolle einer komplementären, aber keineswegs nebensächlichen politischen Handlungsoption zu. Im Gegenteil: Sie scheint das Rückgrat im Prozeß der Konsolidierung der mittelamerikanischen Demokratien darzustellen. Mit ihrer Ausblendung ist der Konsolidierungsprozeß selbst in Frage gestellt, wie die zitierten Daten belegen. Da aber in den mittelamerikanischen Demokratien die Integration nicht-delegativer Interessensrepräsentation nicht vorgesehen ist, scheint die Konsolidierung noch keineswegs auf gefestigten Bahnen zu verlaufen.

Anmerkungen

1 Eine ursprüngliche Version dieses Textes ist aus dem Forschungsprojekt „Die Demokratisierungen in Mittelamerika und die Einbeziehung der unteren Bevölkerungsschichten" hervorgegangen (vgl. Tangermann/Ríos 1994 und Tangermann 1995), das von 1992-95 in Nicaragua durchgeführt und von BUNTSTIFT (eine der drei inzwischen in der Heinrich-Böll-Stiftung aufgegangenen grün-nahen Stiftungen) gefördert wurde. Der vorliegende Text ist die überarbeitete Version einer deutschen Fassung (Tangermann 1996).

2 Mit Mittelamerika sind hier im traditionellen Verständnis die fünf Länder Guatemala, Honduras, El Salvador, Nicaragua und Costa Rica gemeint.

3 Obgleich im Fall von El Salvador kein Zweifel an der Rolle der USA als treibender Kraft hinter dem Rückzug der Militärs von der politischen Bühne besteht, heißt das jedoch keineswegs, daß allein äußere Faktoren die Einführung der Demokratie bewirkt haben. Im Falle Guatemalas scheinen beispielsweise externe und interne Gründe gleichermaßen wirksam gewesen zu sein. Die Interessen der US-Regierung, in El Salvador eine demokratische Regierung mit dem Ziel zu etablieren, der US-amerikanischen Unterstützung der salvadorianischen Streitkräfte einen Anschein von Legitimation zu verschaffen, zugleich der Ausstrahlung des nicaraguanischen Beispiels zu begegnen sowie mit der Ablösung der Militärs in Honduras eine bessere Legitimation für die Führung des Contra-Kriegs gegen Nicaragua zu erreichen, verband sich mit dem Interesse der guatemaltekischen Militärs, wieder Wirtschafts- und Militärhilfe aus den USA zu erhalten, wozu ebenfalls die Einführung der Demokratie angebracht war (Flora/Torres-Rivas 1989: 40). Darüberhinaus mögen weitere endogene Gründe eine Rolle gespielt haben, die Lechner als Faktoren für den Rückzug der Militärs in Südamerika nennt: Die soziale Integration durch den Markt fand in Mittelamerika kaum statt und so stellte die Demokratie den Versuch dar, eine politische Integration zu bewerkstelligen, die mit den repressiven Methoden der Militärherrschaft besonders ab Mitte der 70er Jahre nicht mehr gelang (Lechner 1993: 70; 1994: 34). Insgesamt ist aber weitgehend unstrittig, daß endogene Ursachen in Mittelamerika vergleichsweise weniger relevant waren als bei der Wiedererrichtung der südamerikanischen Demokratien. Die mittelamerikanischen Demokratien der 80er Jahre sind eher verhängt denn erstritten worden. Die Einführung der Demokratie fand dann auch – anders als in Südamerika – weitgehend unter Ausschluß der oppositionellen demokratischen Bewegungen der jeweiligen Länder statt (Torres-Rivas 1990a; 1990b; Lungo 1993; Samour 1994).

4 Legt man das – neuere – erweiterte Verständnis von Mittelamerika zugrunde, sind noch zwei konsolidierte Demokratien zu nennen, Belize und Panamá (Freedom House, Jahresbilanz 1995, Washington, zit. nach: Frankfurter Allgemeine Zeitung 19. 12. 1995).

5 So Schmitter 1993: 3; Linz/Stepan 1996: 14 f.; zur Kritik siehe: O'Donnell 1996

6 In Schumpeters klassischen Worten: „Die Demokratie ist eine politische *Methode*, das heißt: eine gewisse Art institutioneller Ordnung, um zu politischen – legislativen und administrativen – Entscheidungen zu gelangen, und daher unfähig, selbst

ein Ziel zu sein. (…) Die demokratische Methode ist diejenige Ordnung der Institutionen zur Erreichung politischer Entscheidungen, bei welcher einzelne die Entscheidungsbefugnis vermittels eines Konkurrenzkampfes um die Stimmen des Volkes erwerben. (…) Demokratie bedeutet lediglich, daß das Volk die Möglichkeit hat, die Männer, die es beherrschen sollen, zu akzeptieren oder abzulehnen. (…) Demokratie ist die Herrschaft des Politikers" (Schumpeter 1993: 384, 428, 452). Dazu bemerkt Habermas: „Demokratie gilt fortan als eine bestimmte politische Methode; ihre Einrichtungen erscheinen formal als ein System möglichen Gleichgewichts; und am Ende brauchen nur die Gleichgewichtsbedingungen zureichend erkannt zu werden, um den Apparat sachgemäß zu steuern. Diese sozialtechnische Auffassung unterstellt die Demokratie als ein Modell, das sich vom realen Prozeß ihres gesellschaftlichen Ursprungs ablösen und, Anpassungen eingerechnet, auf beliebige Situationen übertragen läßt" (Habermas 1977: 10).

7 Dieses institutionen- und normenzentrierte Demokratieverständnis benennt als Bezugsrahmen explizit die liberale Demokratie und schließt umfassendere oder überhaupt andere Demokratievorstellungen ausdrücklich aus, darunter auch solche, die neben den individuellen kollektive Rechte, besonders wirtschaftliche und soziale, stärker in den Vordergrund stellen (beispielhaft: Diamond, Linz, Lipset 1990: 3).

8 S. Diamond/Linz/Lipset 1990: 9 ff. oder Diamond 1992: 106: „1. There is a strong positive relationship between democracy and socioeconomic development (…). 2. This relationship is casual at least in one direction; Higher levels of socioeconomic development generate a significant higher probability of democratic government."

9 So schreibt Johannes Berger in dem der Modernisierungstheorie gewidmeten Heft des „Leviathan" zur sogenannten Lipset-These („*Democracy is related to the state of economic development. The more well-to-do a nation, the greater the chances that it will sustain democracy"*): „Wenn ich recht sehe, darf diese Annahme heute im wesentlichen als bestätigt gelten" (Berger 1996a: 11; 1996b: 57). Tatsächlich jedoch kann von einer einhelligen Auffassung über die Art des Zusammenhangs von wirtschaftlicher Entwicklung und Demokratie keine Rede sein, im Gegenteil. Immer öfter werden allgemeine Aussagen über eine solche Beziehung für untauglich gehalten. Die Äußerungen zum Thema werden differenzierter (Karl 1990; Karl/Schmitter 1991) oder bestreiten gar jeglichen Zusammenhang. So fragt Tetzlaff: „Ist Demokratie eine Folge oder eine Voraussetzung für wirtschaftliches Wachstum und gesamtgesellschaftliche Entwicklung? Die Antwort der vergleichenden Sozialforschung lautet: Es gibt keine eindeutige Korrelation zwischen den beiden Größen" (Tetzlaff 1992: 12) und Beyme stellt fest: „Inzwischen ist die Einsicht gewachsen, daß es keine fixierbaren Prärequisiten der Demokratie gibt" (Beyme 1994: 153).

10 Einer der wichtigsten Transitionsforscher, Przeworski, merkt selbstkritisch an, aufgrund der Fixierung auf den Staat den Zusammenhang zwischen den nunmehr umgebauten politischen Systemen und der Demokratie nicht gesehen zu haben. „Beim zweiten Thema (neoliberale Staatszerstörung, KDT) haben wir über die Demokratisierungsprozesse gesprochen, ohne das Verhältnis von Staat und Demokratie zu erkennen. Ich erinnere mich, als Guillermo (O'Donnell, KDT) über dieses Problem zu sprechen begann, erschrak ich und dachte: wir haben 15 Jahre über nichts anderes

als den Staat geredet und hinter dem Wort „Staat" ist er verschwunden. Immerhin haben wir 15 Jahre nur über die Transitionen und die Demokratie gesprochen. Wenn wir dieses Verhältnis untersuchen, so kommen wir heute, wie ich glaube, zu folgendem Schluß: Es gibt keine Demokratie ohne Staat" (Alarcón et al. 1994: 105).

11 Die Transitionsvereinbarungen in Nicaragua wurden beispielsweise erheblich von den großen Streikbewegungen beeinflußt, die auf die Wahlniederlage der Sandinisten folgten (Ríos 1995).

12 Schmitter 1993: 3; Linz/Stepan 1996: 14 f.; O'Donnell 1996. Letzterer legt beispielsweise die Dahlsche Polyarchie-Definition zugrunde, in der sieben Kriterien angeführt werden (Dahl 1992: 268): „1. Wahl des politischen Personals, 2. freie und gerechte Wahlen, 3. umfassendes aktives Wahlrecht, 4. passives Wahlrecht, 5. Redefreiheit, 6. freie Informationsmöglichkeit, 7. Versammlungsfreiheit." O'Donnell ergänzt diese Kriterien noch um einige weitere (O'Donnell 1996: 35). Linz und Stepan dagegen formulieren als Kriterien für Konsilidierung zunächst ein funktionierendes Institutionengefüge und darüber hinaus: „1. freie und lebendige zivile Gesellschaft, 2. relativ unabhängige politische Gesellschaft, 3. Rechtsstaatlichkeit, 4. der demokratischen Regierung dienende staatliche Bürokratie und 5. institutionalisierte ökonomische Sphäre" (Linz/Stepan 1996: 17). Die meisten dieser Faktoren erwähnt auch Karl, ergänzt sie um das Kriterium eines zivilen Befehls über die Streitkräfte, und nimmt darüber hinaus die Frage nach den gesellschaftlichen Hemmnissen der Konsolidierung mit auf (Karl 1990: 2). Eine Untersuchung des gesellschaftlichen Demokratiepotentials in den jeweiligen Ländern und ihre Einbeziehung und in die demokratietheoretische Diskussion scheint demgegenüber bislang nicht angestellt worden zu sein.

13 Am deutlichsten gilt das für Nicaragua, s. Acevedo 1993a und 1993b

14 Dort sind 1996 erstmals die politischen Organisationen der indigenen Völker massiv in die staatlichen Institutionen eingezogen und haben nach den Kommunalwahlen 90 der 330 Munizipien übernommen. Zur jüngeren organisatorischen Entwicklung der Mayas siehe Bastos/Camus 1995.

15 El Salvador befand sich mitten im Bürgerkrieg, in Guatemala waren zu diesem Zeitpunkt die bereits 20 Jahre andauernden bürgerkriegsähnlichen Auseinandersetzungen in einen Ausrottungsfeldzug durch die Regierung übergegangen und in Honduras ging der Umbau des Landes in einen US-Militärstützpunkt und in ein Aufmarschgebiet der antisandinistischen Contra vonstatten.

16 Bendel/Krennerich 1996. Auf den Ausschluß der Opposition bei den Übergängen der 80er Jahre weisen fast alle mittelamerikanischen Autoren hin, siehe etwa Torres-Rivas 1990a, 1990b; Lungo 1993; Samour 1994. In der theoretischen Debatte wurden die Demokratien der 80er Jahre als *beschränkte Demokratien, Demokratien von geringer Intensität* (democracias restringidas, democracias de baja intensidad, Torres-Rivas) oder als *Fassadendemokratien*, (democracias de fachada, Solórzano) bezeichnet.

17 In El Salvador war das Instrument der zivilen Einflußnahme der „Foro de Concertación Económica y Social", der in den Friedensverhandlungen auf Druck der FMLN eingerichtet worden war; in Guatemala die „Asamblea de la Sociedad Civil" und in

Nicaragua geschah dies im Rahmen der Verhandlungen um die Übergabe der Regierungsgewalt von den Sandinisten an die konservative Präsidentin Chamorro. Alle drei Versuche zielten auf eine Einbeziehung der Zivilgesellschaft in die Verhandlungen über den Aufbau des neuen Regimes. Zu El Salvador: Barba 1994: 106 ff.; zu Guatemala: Asamblea de la Sociedad Civil 1995 und zu Nicaragua: Ríos 1995.

18 Am Beispiel Guatemalas bezeichnet Gálvez das Präsidialregime als „Quelle der Unregierbarkeit" (Gálvez 1995: 32).

19 Der unter der Armutsgrenze lebende Bevölkerungsanteil lag im mittelamerikanischen Durchschnitt 1985 bei 71,7%. Er betrug in Guatemala 82,6%; in El Salvador 86,9%; in Honduras 78,8%; in Nicaragua 68,7%; in Costa Rica 28,1% und in Panamá 40,0% (FLACSO 1995: 104). Der Schwerpunkt der Armut liegt traditionell in ländlichen Gebieten. 1985 lebten auf dem Land 83% der Bevölkerung in Armut, in städtischen Gebieten 58%. In den 80er Jahren hat eine starke Pauperisierung in der Region stattgefunden. Die Wachstumsrate der Armut lag doppelt so hoch wie die der Bevölkerung. Diese neue Armutswelle ist ein vornehmlich städtisches Phänomen. Die Einkommensverteilung ist in Mittelamerika – außer Costa Rica – sehr ungleich: 1980 verfügte das ärmste Bevölkerungsfünftel über knapp 4% des regionalen Einkommens, während das reichste Fünftel 57% vereinnahmte (Menjívar/ Trejos 1992: 10, 34, 70, 74). In den folgenden Jahren ist der Anteil des untersten Fünftels weiter zurückgegangen: In El Salvador (1990-91) auf 3,5%; in Guatemala (1989) auf 2,1%, in Honduras (1989) auf 2,7% und lag in Nicaragua (1993) bei 4,2% (Vilas 1996: 471).

20 Ein erwerbs- und damit einkommensloser oder im informellen Sektor sein Überleben suchender Bürger verfügt zweifellos über sehr eingeschränkte Möglichkeiten, sich zu informieren, ein politisches Interesse zu entwickeln und sich schließlich am organisierten politischen Meinungsaustausch zu beteiligen. Da seine über familiäre Beziehungen hinausgehende soziale Integration abnimmt, hat er immer weniger die Chance, sich an kollektivem politischen Handeln zu beteiligen. Folgenreich ist daneben, daß die Menschen ohne Erwerbsarbeit, Unterbeschäftigte, die große Zahl der im sogenannten „informellen Sektor" Aktiven und Kleinstunternehmer (microempresarios) von politischen oder gewerkschaftlichen Organisationen kaum noch erreicht werden und infolgedessen ihrer kollektiven politischen Handlungsoptionen verlustig gehen.

21 Zahlreiche Untersuchungen in westlichen Industrieländern haben ergeben, daß (liberal)demokratische Werte in den unteren Bevölkerungsklassen – und dort besonders unter der unpolitischen Mehrheit – weniger verbreitet sind als in den gebildeteren Schichten und dort vor allem bei den politisch interessierten Eliten. Die Unvollkommenheit des Bürgerstatus in den Unterschichten dient in konservativen politischen Theorien als Beleg für das Postulat, daß die Funktionsfähigkeit der Demokratie wesentlich von diesen Eliten abhängt und durch erweiterte Bürgerbeteiligung eher gefährdet als gestärkt wird. Dementsprechend wird die Teilnahme an Wahlen als ausreichende Beteiligung am politischen Entscheidungsprozeß angesehen.

22 O'Donnell spricht von „Demokratien mit Staatsbürgerschaften von geringer Intensität" (O'Donnell 1993: 75 ff.).

23 Beispiel Nicaragua: Zu den Präsidentschafts-, Parlaments- und Kommunalwahlen 1996 traten 33 Parteien an. Um das Präsidentenamt bewarben sich 23 Kandidaten. Nahezu jede politische Strömung trat in mehrere Parteien aufgespalten und diese wiederum mit eigenem Präsidentschaftskandidaten an. Die Gründe für diese Zersplitterung wiederholen sich in ganz Mittelamerika: Sie liegen erstens im Partikularinteresse des jeweiligen Wirtschaftsclan- bzw. Sippenchefs, staatliche Pfründe für die eigene Klientel zu nutzen; in Verfolgung dieses Ziels sind Parteispaltungen nichts Unübliches. Zweitens liegen sie im Mangel an Bereitschaft zu Kooperation und Unterordnung vor allem in der Eroberung der Spitzenposition, der deutlich machistische Züge trägt. Nicaraguas Konservative haben sich allein aus diesem Grund in den letzten Jahren mehrfach gespalten. Ebenso ist die Bildung einer politischen Mitte aus mehreren Parteien an ebendiesem Verhalten gescheitert.

24 Die FSLN hat 336.000 Mitglieder, wie die Einschreibungskampagne im Frühjahr 1995 ergab. Damit ist sie eine der größten Parteien Lateinamerikas. (Nicaragua hat eine Bevölkerung von knapp viereinhalb Millionen.) Die FMLN ist erheblich kleiner.

25 Das sollte so aussehen: „Demokratie heißt nicht nur Wahlen. Es ist sehr viel mehr. Für einen Revolutionär, einen Sandinisten bedeutet es *Beteiligung* des Volkes an den politischen, wirtschaftlichen, sozialen und und kulturellen Angelegenheiten. Je mehr die Bevölkerung daran teilnimmt, um so demokratischer sind diese Angelegenheiten. Die Demokratie beginnt im wirtschaftlichen Bereich, wenn die sozialen Ungleichheiten aufhören zu bestehen, wenn die Arbeiter und Bauern ihr Lebensniveau verbessern. Dann entsteht die wirkliche Demokratie, vorher nicht. Sind diese Ziele erst einmal erreicht, dehnt sie sich sofort auf andere Bereiche aus, erstreckt sich auf das Feld der Regierung: das Volk beeinflußt dann seine Regierung, bestimmt seine Regierung. In einer späteren Phase bedeutet Demokratie die Beteiligung der Arbeiter an der Leitung der Fabriken, Landwirtschaftsbetriebe, Kooperativen und sozialen Einrichtungen. Zusammenfassend gesagt ist Demokratie die Einmischung der Massen in alle Aspekte des gesellschaftlichen Lebens." (Barricada, 24. 8. 1980) Diese radikale Demokratieauffassung vertrat noch ein Jahr nach dem Sieg Humberto Ortega, der sandinistische Verteidigungsminister. Die nicaraguanische Revolution hatte ein Demokratiekonzept wieder auf die Tagesordnung gerufen, das in seiner Radikalität in Amerika seit der kubanischen Revolution nicht mehr in Angriff genommen worden war (Tangermann 1981).

26 In El Salvador in den Partido Democrático, PD, und in das Movimiento de Renovación Sandinista, MRS, in Nicaragua. Das von beiden anvisierte Wählerreservoir der Mitte ist sehr klein, dementsprechend auch die Wählerbasis beider Parteien.

27 Nach ihrer Wahlniederlage 1990 hat sie mehrfach zu diesem Mittel gegriffen und vor allem Managua tage-, manchmal wochenlang paralysiert. Siehe Ríos 1995.

28 Bobbio beschreibt sehr eindringlich die Unverträglichkeit von parlamentarischem Prinzip mit der Repräsentation von Partikularinteressen (Bobbio 1988: 35-63).

29 Der Partido Demócrata ist aus den beiden FMLN-Abspaltungen und ehemaligen Guerrillaorganisationen ERP (Expresión Renovadora del Pueblo) und RN (Resisten-

cia Nacional) sowie der Sozialdemokratie MNR (Movimiento Nacional Revolucionario) entstanden.

30 Besonders deutlich ist die Aufgabe des klientelbezogenen zugunsten des Gesamtinteresses in der Abwehr jener sozialen Bewegungen festzustellen, die die Erfüllung der im Friedensabkommen – das ja die Grundlage der neuen Demokratie darstellt – vereinbarten staatlichen Leistungen wie Land, Kredite, Ausbildung oder Beschäftigung einfordern. Die Proteste nehmen häufig militante Formen an. „Regierung und Oppositionsparteien haben diese Formen sozialen Ausdrucks als Bausteine der Unregierbarkeit und sogar der Destabilisierung der neuen 'demokratischen Ordnung' im Aufbau betrachtet. Angesichts dieser Probleme verlangen sie nach höherer Effizienz der Polizei und nehmen zustimmend zur Kenntnis, daß sich die Streitkräfte (...) an Sicherheitsaufgaben beteiligen, wovon sie durch das Friedensabkommen gerade ausgeschlossen worden waren" (Guido Béjar 1995: 168).

31 Die Wahlbeteiligung ist zwischen 1982 und 1991 von weniger als der Hälfte der Wahlbevölkerung auf weniger als ein Drittel zurückgegangen (Torres-Rivas 1991: 11, 14 f.). Bei den letzten Präsidentschaftswahlen (erste Runde, November 1995) lag die Wahlabstinenz (der Eingeschriebenen) bei 54%, in der zweiten Runde (Januar 1996) bei 63%. Nur rund 70% der Berechtigten hatten sich einschreiben lassen (envío 167: 23 f.). Von allen staatlichen Institutionen genießt in Guatemala das Parlament die geringste Wertschätzung, gefolgt vom Justizwesen und den Parteien, während der Exekutive etwas mehr vertraut wird: Ganze 11,7% geben an, Vertrauen in das Parlament zu haben, 13,1% in das Justizwesen, nur 13,9% vertrauen den politischen Parteien und 35,8% der Regierung (Gálvez 1995: 102).

32 Trotz der Befriedung der Region und der Einführung der Demokratie mit dem Versprechen einer Besserung haben sich seither die sozioökonomischen Bedingungen, die in den 70er Jahren zu den revolutionären Auseinandersetzungen geführt haben, nicht verbessert, sondern im Gegenteil in mancher Hinsicht sogar verschlechtert, wie in der Einkommensverteilung (siehe Fußnote 22).

33 Hierin drückt sich eine neue Tendenz aus. Seit Beginn der 90er Jahre nehmen die negativen Urteile zu. Während 1988 die Frage, ob das Justizwesen Vertrauen verdiene, noch von 43% bejaht wird, gilt das 1994 nur noch für 27%. Ähnlich die Auffassung über das Parlament: 1988 sind 28% der Meinung, es „tauge nichts". 1994 hat sich deren Anzahl auf 41% erhöht (Sojo 1995: 159).

34 Diese Aussage scheint von Meinungsumfragen insofern bestätigt zu werden, als selbst die tiefgreifenden politischen Veränderungen der letzten Jahre in der Hälfte der Bevölkerung offenbar keinen Eindruck hinterlassen haben. Die hier angeführten Daten stammen vom Anfang 1994, also zwei Jahre nach Beginn des Transformationsprozesses in El Salvador. Bereits drei Jahre zuvor, Anfang 1991 und damit ein Jahr vor dem Friedensabkommen, waren nahezu die gleichen Ergebnisse ermittelt worden (Briones/Ramos 1995: 258 f.). So ist zu vermuten, daß der mittlerweile vier Jahre währende Transformationsprozeß die Wahrnehmung des politischen Systems nicht verändert hat, wie auch eine Umfrage von Ende 1995 belegt (IUDOP- UCA 1995). Auf die 1994 gestellte Frage, ob in El Salvador Demokratie und wirkliche politische Freiheit bestehe oder ob alles so geblieben sei wie vor dem Friedensab-

kommen, antwortete knapp die Hälfte (46%), es sei alles so wie früher. 42% meinten, es existiere Demokratie (Briones/Ramos 1995: 245).

35 Die Untersuchung wurde 1994 im Auftrag des Büros für Wohnungs- und Stadtentwicklung des USAID mit dem Ziel durchgeführt, die lokale Partizipation und die Haltung gegenüber den Lokalverwaltungen zu ermitteln. Die zugrundeliegenden Meinungsumfragen wurden in allen fünf Ländern Mittelamerikas angestellt. Unter Partizipation wird Teilnahme an Sitzungen der lokalen Regierungen verstanden. In einigen Ländern Mittelamerikas (Honduras, El Salvador, Nicaragua) finden mehrmals jährlich derartige Sitzungen als „cabildos abiertos" (offene Bürgerversammlungen der ganzen Gemeinde) statt. Die Beteiligung während zwölf Monaten (1994-95) lag im mittelamerikanischen Durchschnitt bei 11,3%. In El Salvador lag sie deutlich höher (Wahljahr 1994). Während die Partizipation in vom Krieg nicht berührten Gebieten und in Städten allerdings sehr gering war, lag sie in ländlichen Gebieten erheblich höher und erreichte in den Gegenden, in denen die Unterstützung für die FMLN am höchsten ist, über 50% bei Frauen und mehr als zwei Drittel bei Männern (Seligson/Córdoba 1995: 23 ff).

36 In der erwähnten Untersuchung wird keine Korrelation zwischen Partizipation als solcher und Unterstützung des politischen Systems hergestellt, aber eine solche zwischen Partizipation und positiver Leistung der Lokalregierung etabliert, wobei die Erfahrung von der Wirkung des eigenen Handelns von Bedeutung ist. In den Gegenden, in denen die Partizipation an der lokalen Politik am höchsten ist – besonders Gebiete mit großer FMLN-Wählerbasis – fällt die Bewertung der Leistungen der Lokalregierung am positivsten aus. An dieser Korrelation von Zufriedenheit mit den Leistungen der lokalen Politik und Unterstützung des politischen Systems, Toleranz und demokratischen Normen zeigt sich, daß eine positive Haltung zum System bei einem Großteil der BürgerInnen dort wurzelt, wo ein unmittelbarer Einfluß auf politische Entscheidungen besteht. Die Partizipation ist in Mittelamerika nicht durchgängig gleich hoch. Sie ist auf lokaler Ebene in El Salvador höher als in den Nachbarländern (Seligson/Córdova 1995: 26).

37 An welchem Ort sonst als an dem, wo dem Individuum eine aktive Teilnahme ermöglicht wir, sollte denn das Fundament für die Konsolidierung der jungen Demokratien entstehen? Almond und Verba hatte schon 1965 festgestellt: "…the belief in one'scompetence is a key political attitude." (Almond/Verba 1965, zit. n. Pateman 1990: 46).

38 So auch Barber: Die öffentlichen Zwecke – wie er sie nennt – „werden buchstäblich im Akt der öffentlichen Partizipation geformt und durch gemeinsame Beratung wie gemeinsames Handeln geschaffen, wobei eine besondere Rolle spielt, daß sich der Gehalt und die Richtung von Interessen ändert, sobald sie partizipatorischen Prozessen dieser Art ausgesetzt sind" (Barber 1994: 148).

39 Gewerkschaften und andere Organisationen erarbeiten seit längerem konkrete Vorschläge zur Behebung des „Mangels an wirksamen Vermittlungsinstanzen zwischen Gesellschaft und Staat" (Rivera 1995: 246). Dabei geht es um institutionelle Strukturen, nachdem in den Vorjahren Erfahrungen mit ersten Verhandlungsforen in Form „nationaler Forderungskataloge der Zivilgesellschaft (gemacht worden sind), so in

Guatemala (Instancia Nacional de Consejo; Asamblea de Sectores Civiles) und in Honduras (Plataforma de Lucha, Coordinadora de Organizaciones Populares)" (Rivera 1995: 241). 1994 ist eine Instanz geschaffen worden, die eine mittelamerikanische Koordination der Zivilgesellschaften anstrebt, die „Iniciativa Civil para la Integración Centroamericana", ICIC. In jedem Land nehmen Organisationen von Bauern- bis zu ökologischen Organisationen daran teil und koordinieren auf supranationaler Ebene ihre Forderungen und Vorschläge. Auch hier ist eines der Themen die Schaffung institutioneller Vermittlungsmechanismen zwischen Gesellschaft und Staat (ICIC 1996).

40 In Mittelamerika kommt den Munizipien traditionell eine geringe institutionelle Bedeutung zu. Die politischen Parteien verfügen in der Regel über kein lokalpolitisches Konzept. Die zentralstaatliche Politik gegenüber den Munizipien trägt zumeist paternalistische Züge und wird weitgehend ohne Einbeziehung der Bevölkerung implementiert. Die systematische Bedeutung des Lokalen als Ort für empowerment hat erst die Ende der 80er Jahre enstandene Kommunalbewegung entdeckt. Empowerment-orientierte Bewegungen haben sich inzwischen in ganz Mittelamerika gebildet und verfügen über diverse Koordinationen. Zu Nicaragua: Desarrollo Municipal 1996.

Literatur

Acevedo Vogl, Adolfo José (1993a): *El pozo sin fondo del ajuste. Nicaragua y el Fondo Monetario Internacional.* Managua (CRIES-Latino Editores)

Acevedo Vogl, Adolfo José (1993b): *Algunas implicaciones del ESAF y el ERC-II para el país y la sociedad nicaragüense.* Managua (CRIES)

Alarcón, Víctor, Guillermo O'Donnell, Adam Przeworski (1994): Democracia sustentable. In: *Espacios*, Nr. 1, julio-septiembre. San José. (FLACSO Costa Rica). S. 104-107

Almond und Verba (1965): *The Civic Culture*

Asamblea de la Sociedad Civil (1995): *Propuestas para la paz. Documentos.* Guatemala. (FLACSO Guatemala)

Barba, Jaime (1994): Probabilidad de la democracia en El Salvador [1992]. In: Jaime Barba (comp.), *La democracia hoy.* San Salvador. (Istmo). S. 103-123

Barber, Benjamin (1994): *Starke Demokratie. Über die Teilhabe am Politischen.* Berlin (Rotbuch)

Bastos, Santiago; Manuela Camus (1995): *Abriendo caminos. Las organizaciones mayas desde el Nobel hasta el Acuerdo de Derechos Indígenas.* Guatemala (FLACSO)

Bendel, Petra; Michael Krennerich (1996): Zentralamerika: Die schwierige Institutionalisierung der Demokratie. In: Wolfgang Merkel et al. (Hrsg.): *Systemwechsel 2. Die Institutionalisierung der Demokratie.* Opladen. S. 315-340

Berger, Johannes (1996a): Modernisierung und Modernisierungstheorie. In: *Leviathan,* H. 1 (März), Jg. 24, Wiesbaden. S. 8-12

— (1996b): Was behauptet die Modernisierungstheorie wirklich – und was wird ihr bloß unterstellt?. In: *Leviathan*, H. 1 (März), Jg. 24, Wiesbaden. S. 45-62

Beyme, Klaus von (1994): Ansätze zu einer Theorie der Transformation der ex-sozialistischen Länder Osteuropas. In: Wolfgang Merkel (Hrsg.): *Systemwechsel I. Theorien, Ansätze und Konzeptionen*. Opladen 1994. S. 141-171

Bobbio, Norberto (1988): Repräsentative Demokratie und direkte Demokratie. In: Ders., *Die Zukunft der Demokratie*. Berlin. S. 35-63

Bonner, Raymond (1984): *Weakness and Deceit. U.S. Policy and El Salvador*. New York (Times Books)

Bos, Ellen (1994): Die Rolle von Eliten und kollektiven Akteuren in Transitionsprozessen. In: Wolfgang Merkel (Hrsg.): *Systemwechsel I. Theorien, Ansätze und Konzeptionen*. Opladen 1994. S. 81-109

Briones, Carlos; Carlos G. Ramos (1995): *La gobernabilidad en Centroamérica (3): economía, gobernabilidad y democracia en El Salvador*. San Salvador (FLACSO)

CID-Gallup (1992): *Opinión Pública, Nicaragua No. 7*, Noviembre. Managua

Dahl, Robert A. (1992): *La democracia y sus críticos* [1989]. Barcelona. (Paidós)

Del Cid, Rafael (1990): Logros y perspectivas del proceso de democratización en Honduras. In: Centro de documentación de Honduras, *Honduras: Crisis económica y proceso de democratización política*. Tegucigalpa. S. 1-24

Delgado Romero, Rodolfo (1994): Nicaragua: gestión estatal, sistema de partidos y democracia local. In: Maihold, Günther; Manuel Carballo Quintana (comp.) (1994): *¿Qué será de Centroamérica?: Gobernabilidad, legitimidad electoral y sociedad civil*. San José (Friedrich Ebert Stiftung; CEDAL), S. 293-314

Desarrollo Municipal (1996): *Primer informe semestral. Enero-Junio 1996* (Projektbericht an Buntstift, Göttingen). Managua

Diamond, Larry (1992): Economic Development and Democracy Reconsidered. In: Larry Diamond und G. Marks (eds.), *Reconsidering Democracy*, London: Sage. S. 93-137

Diamond, Larry; Juan J. Linz; Seymour Martin Lipset (1990): *Politics in Developing Countries. Comparing Experiences with Democray*. Boulder (Lynne Rienner)

Di Palma, Giuseppe (1990): *To Craft Democracies. An Essay on Democratic Transitions*. Berkeley (University of California Press)

envío. Revista mensual de la Universidad Centroamericana (UCA) (1996). 15. Jahr, *Nr. 167* (Januar-Februar). Managua

Figueroa, Carlos (1991): *El recurso del miedo. Ensayo sobre el estado y el terror en Guatemala*. San José (EDUCA)

Figueroa Ibarra, Carlos (1993): Guatemala en el umbral del siglo XXI. In: Carlos Vilas (Koord.), *Democracia emergente en Centroamérica*. México D.F. (UNAM). S. 297-314

FLACSO (1995): *Centroamérica en cifras 1980-1992*. San José

Flora, Jan L.; Edelberto Torres-Rivas (1989): Sociology of Developing Countries: Historical Bases of Insurgency in Central America. In: Jan L. Flora and Edelberto Torres-

Rivas (Hrg.), *Sociology of "Developing Countries". Central America*. Houndmills and London (Macmillan). S. 32-55

Gálvez Borrell, Víctor (1995): *La gobernabilidad en Centroamérica (2): sectores populares y gobernabilidad precaria en Guatemala*. Guatemala (FLACSO)

Guido Béjar, Rafael (1995): Reflexiones sobre los movimientos sociales, la sociedad civil y los partidos políticos en El Salvador de post guerra. In: ders./Stefan Roggenbuck (eds.), *Sociedad participativa en El Salvador*. San Salvador (Konrad Adenauer-Stiftung; UCA). S. 155-177

Habermas, Jürgen (1977): Zum Begriff der politischen Beteiligung [1958]. In: *Kultur und Kritik*. Frankfurt/M. (Suhrkamp)

ICIC (Iniciativa Civil para la Integración Centroamericana) (1996): *Documento de consulta para el proceso previo a la segunda asamblea general de la ICIC*. o.O.

I.E.N. (Instituto de Estudios Nicaragüenses) (1993): *La problemática de la gobernabilidad en Nicaragua. Informe de investigación sobre la opinión pública nacional. Resumen ejecutivo de la investigación*. Managua. 25 de marzo

IUDOP-UCA (1995): *Encuesta sobre el sistema político salvadoreño.Consulta de opinión pública de octubre de 1995* (hier zit. n. *Proceso. Informativo Semanal* (1995). San Salvador (UCA), 16. Jahr, Nr. 690, 13. 12.

Jonas, Susanne (1994): Guatemala. El problema democrático. In: *Nueva Sociedad*, Nr. 130, marzo-abril, Caracas. S. 15-23

Karl, Terry Lynn (1990): Dilemmas of Democratization in Latin America. In: *Comparative Politics*, Vol. 23, Nº 1. S. 1-21.

Karl, Terry Lynn; Philippe C. Schmitter (1991): Modes of Transition in Latin America, Southern and Eastern Europe. In: *International Social Science Journal*, Nr. 128. S. 269-284

Lechner, Norbert (1993): Modernización y modernidad: la búsqueda de ciudadanía. In: Centro de Estudios Sociológicos (ed.), *Modernización económica, democracia política y democracia social*. México D.F. (Colegio de México). S. 63-75

Linz, Juan J.; Alfred Stepan (1996): Toward Consolidated Democracies. In: *Journal of Democracy*. Vol. 7, Nº 2 (April). Baltimore. S. 14-33

Lipset, Seymour Martin (1993): *El hombre político. Las bases sociales de la política* [Orig.: Political Man. 1959]. México D.F. (Rei)

Lipset, Seymour Martin; Kyong-Ryung Seong; John Charles Torres (1994): Análisis comparado de los requisitos sociales de la democracia [1993]. In: Condiciones sociales de la democracia. *Cuadernos de ciencias sociales*, Nr. 71. San José. (FLACSO). S. 9-58

Lungo, Mario (1993): Los obstáculos a la democratización en El Salvador. In: *El Salvador en construcción*, Nr. 11, agosto. San Salvador. S. 21-32

Maihold, Günther (1994): Representación política y sociedad civil en Centroamérica. In: Maihold, Günther; Manuel Carballo Quintana (comp.), *¿Qué será de Centroamérica?: Gobernabilidad, legitimidad electoral y sociedad civil*. San José (Friedrich Ebert Stiftung; CEDAL). S. 203-223

Menjívar, Rafael; Juan Diego Trejos (1992): *La pobreza en América Central.* San José (FLACSO), 2a. ed.

Merkl, Peter H. (1994): Cuáles son las democracias de hoy? [1993] In: Condiciones sociales de la democracia. *Cuadernos de ciencias sociales,* Nr. 71. San José. (FLACSO). S. 59-90

O'Donnell, Guillermo (1993): Estado, democratización y ciudadanía. In: *Nueva Sociedad,* Nr. 128, noviembre-diciembre. Caracas. S. 62-87

— (1994): ¿Democracia delegativa? [1991]. In: Barba, Jaime (comp.), *La democracia hoy.* San Salvador (Istmo). S. 11-32

— (1996): Illusions about Consolidation. In: *Journal of Democracy.* Vol. 7, Nº 2 (April). Baltimore. S. 34-51

Offe, Claus (1980): Konkurrenzpartei und kollektive politische Identität. In: Roland Roth (Hg.), *Parlamentarisches Ritual und politische Alternativen.* Frankfurt (Campus). S. 26-42

Pateman, Carol (1990): *Participation and Democratic Theory* [1970]. Cambridge

Posas, Mario (1989): *Modalidades del proceso de democratización en Honduras.* Tegucigalpa (Ed. Universitaria)

— (1992a): El proceso de democratización en Honduras. In: Centro de documentación de Honduras, *Puntos de vista.* Tegucigalpa (Millenium). S. 1-37

— (1992b): ¿Hay democracia en Honduras? In: Centro de documentación de Honduras, *Puntos de vista.* Tegucigalpa (Millenium). S. 95-110

Przeworski, Adam (1991): *Democracy and the Market.* Cambridge (Cambridge University Press)

Ríos, Ivana (1995): Participación de los sectores populares en Nicaragua: cambios actuales 1990-1994. In: Tangermann (1995). S. 313-352. (Übersetzung in diesem Band)

Rivera, Rolando (1995): Concertación social e integración regional: ¿una nueva forma de participación social? In: Tangermann (1995). S. 207-261. (Übersetzung in diesem Band)

Rojas Bolaños, Manuel (1994): *Las relaciones partido – gobierno: el caso de Costa Rica.* Ponencia IX Congreso centroamericano de Sociología. San Salvador, 18.-22. 7. mimeo

— (1995): Consolidar la democracia en Centroamérica: una ardua tarea. In: Tangermann (1995). S. 99-155. (Übersetzung in diesem Band)

Samour, Héctor (1994): Marco teórico para la construcción de un orden democrático en El Salvador. In: *Estudios Centroamericanos,* Nr. 543-544, enero-febrero. San Salvador. (UCA). S. 33-55

Schmitter, Philippe C. (1993): La consolidación de la democracia y la representación de los grupos sociales [1992]. In: *Revista Mexicana de Sociología,* año LV, no. 3, julio-septiembre. México D.F. (UNAM). S. 3-30

Schumpeter, Joseph A. (1993): *Kapitalismus, Sozialismus und Demokratie* [1950]. Tübingen und Basel

Seligson, Mitchell A.; Ricardo Córdova (1995): Gobierno local y democracia en El Salvador. In: *Espacios*, Nr. 4, abril-junio. San José (Friedrich Ebert Stiftung; FLACSO; CEDAL). S. 21-33

Sojo, Carlos (1995): *La gobernabilidad en Centroamérica (4): la sociedad después del ajuste. Demandas sociales, reforma económica y gobernabilidad en Costa Rica.* San José (FLACSO)

Solórzano Martínez, Mario (1987): *Guatemala. Autoritarismo y democracia.* San José (EDUCA, FLACSO)

Tangermann, Klaus-Dieter (1981): Der Aufbau der „Sandinistischen Demokratie". In: Veronika Bennholdt-Thomsen et al. (Hg.), *Lateinamerika. Analysen und Berichte 5.* Berlin (Olle & Wolter). S. 185-203

Tangermann, Klaus-Dieter; Ivana Ríos (coords.) (1994): *Alternativas campesinas. Modernización en el agro y movimiento campesino en Centroamérica.* Managua (CRIES-Latino Editores)

Tangermann, Klaus-Dieter (comp.) (1995): *Ilusiones y dilemas. La democracia en Centroamérica.* San José (FLACSO, Buntstift).

— (1996): Politik in Demokratien ohne demokratischen Souverän. Das Scheitern der demokratischen Konsolidierung in Mittelamerika. In: *PROKLA*, 105, 26. Jg., Nr. 4, Dezember 1996. Münster. S. 565-593

Tetzlaff, Rainer (1992): Die blaue Blume der Demokratie – Thesen zur Übertragbarkeit eines westlichen Modells. In: *Der Überblick*, Nr. 3. Hamburg. S. 11-14

Torres-Rivas, Edelberto (1990a): Democracias de baja intensidad [1989]. In: Edelberto Torres-Rivas, El sistema político y la transición en Centroamérica. *Cuadernos de ciencias sociales*, Nr. 36. San José (FLACSO Costa Rica). S. 35-51

— (1990b): La transición autoritaria hacia la democracia. In: Edelberto Torres-Rivas, El sistema político y la transición en Centroamérica. *Cuadernos de ciencias sociales*, Nr. 36. San José (FLACSO Costa Rica). S. 53-75

— (1991): Imágenes, siluetas, formas en las elecciones centroamericanas: las lecciones de la década. In: *Polémica*, Nr.. 14-15, San José. (FLACSO). S. 2-21

— (1992): La democracia latinoamericana en la fragua. In: Edelberto Torres-Rivas, *El tamaño de nuestra democracia.* San Salvador. (FLACSO, istmo). S. 131-153

— (1994): La gobernabilidad centroamericana en los noventa. (Consideraciones sobre las posibilidades democráticas en la postguerra), in: Maihold, Günther; Manuel Carballo Quintana (comp.), *¿Qué será de Centroamérica?* S. 53-69

Vilas, Carlos M. (1996): Prospects for Democratisation in a Post-Revolutionary Setting: Central America. In: *Journal of Latin American Studies*, 28. (Cambridge Univ. Press) S. 461-503

Víctor Hugo, Acuña Ortega

Autoritarismus und Demokratie in Mittelamerika: Die „longue durée"

> „Es ist jedesmal das unmittelbare Verhältnis der Eigentümer der Produktionsbedingungen zu den unmittelbaren Produzenten – ein Verhältnis, dessen jedesmalige Form stets naturgemäß einer bestimmten Entwicklungsstufe der Art und Weise der Arbeit und daher ihrer gesellschaftlichen Produktivkraft entspricht –, worin wir das innerste Geheimnis, die verborgne Grundlage der ganzen gesellschaftlichen Konstruktion und daher auch der politischen Form des Souveranitäts- und Abhängigkeitsverhältnisses, kurz, der jedesmaligen spezifischen Staatsform finden." Karl Marx [1]

Einleitung

Nach seiner ersten Reise nach Costa Rica im Jahr 1929 versuchte der peruanische Politiker Víctor Raúl Haya de la Torre, der, wie er es nannte, „stechenden und beunruhigenden Neugierde", die die Begegnung mit diesem Land in ihm zurückgelassen habe, in einem im *Diario del Salvador* veröffentlichten Artikel auf den Grund zu gehen. Haya de la Torre glaubte, in Costa Rica eine „agrarische Bauerndemokratie" vorgefunden zu haben. Der scharfzüngige und schillernde costaricanische General Jorge Volio, einer der Begründer der sozialorientierten Reformistischen Partei, hatte ihm als Grund für die Existenz dieses politischen Systems das Fehlen einer indianischen Bevölkerung genannt. Etwaige rassistische Implikationen dieser Erklärung waren dem peruanischem Politiker keineswegs fremd, und demgemäß spitzte er die These Volios dahingehend zu, daß „aufgrund des Fehlens oder der geringen Bedeutung von Indios kein Konflikt entsteht, der zu Widerstand führe". Das Fehlen jener Personengruppe, darin waren die beiden Politiker sich einig, bilde die Grundlage für die Herausbildung des kleinbäuerlichen Eigentums, auf dem wiederum die agrarische Bauerndemokratie aufbaue.[2] Die Besonderheit dieses Landes mit einer angeblichen Eigenart seiner Agrarstruktur zu erklären, ist bekanntlich inzwischen zu einem Gemeinplatz unter einheimischen

und ausländischen Laien sowie Experten geworden. Es ist interessant zu beobachten, wie lange sich so ein Gemeinplatz hält.³
Zwei Jahrzehnte zuvor, im Jahr 1910, hatte der Betriebswirtschaftslehrer an der Harvard-Universität, Paul Cherington, dem State Department seine Eindrücke über das Regime des guatemaltekischen Präsidenten, Manuel Estrada Cabrera, amtlich mitgeteilt. Seiner Meinung nach fehle es an wirksamen verfassungsmäßigen Beschränkungen der Macht des „El Señor Presidente", so daß von diesem willkürlich mittels Regierungsdekreten Steuern verändert, Anleihen aufgenommen, Konzessionen gewährt oder entzogen, das Geld entwertet, Straßen gesperrt und jedweder Bürger ins Gefängnis oder sogar in die Ewigkeit geschickt werden könnte. In Wirklichkeit sei, so der Harvardlehrer, das scheinbar konstitutionelle Regime eine Art Absolutismus.⁴
Dr. Julio Bianchi, Parteiführer der Unionisten in Guatemala und Architekt des Sturzes von Estrada Cabrera zwei Jahre zuvor, lieferte dem State Department im Jahr 1922 ebenfalls amtlich aus dem mexikanischen Exil einen weiteren Befund der schlechten Politik in Mittelamerika und einen Vorschlag zur Abhilfe. Die Krankheit des Isthmus wurzele, so Bianchi, darin, daß den Verfassungen zwar Wertschätzung zuteil werde, man sich aber nicht dazu verpflichtet sähe, diese auch zu befolgen. In diesem Teil der Erde sei Regierung gleichbedeutend mit exekutiver Macht und exekutive Macht mit dem Präsidenten der Republik. Auf diese Weise sei der Präsident die Regierung. Für Dr. Bianchi lag die Wurzel des Despotismus in der Unwissenheit der Mehrheit des Volkes und, um ihn auszurotten, empfahl er, die Analphabeten in der Bevölkerung vom Wahlrecht auszuschließen. Gemäß seiner Ideologie, wenn auch nicht notwendigerweise seinem Befund entsprechend, empfahl er die Vereinigung Mittelamerikas in einer Föderation.⁵
Seit mehr als einem Jahrhundert haben Beobachter innerhalb und außerhalb der Region versucht, Erklärungen und Lösungen für die politischen Probleme Mittelamerikas zu formulieren. Bei dieser Unternehmung sind sie immer wieder auf einen Vergleich zwischen Costa Rica und den anderen Ländern zurückgekommen, in dem die politischen Mängel des ersteren gegenüber den gewichtigen Problemen der anderen als gering erschienen. Dabei wurden die unterschiedlichsten Faktoren – von klimatischen und rassischen bis zu solchen institutioneller Natur oder der ökonomischen und sozialen Ordnung – für die Diagnosen herangezogen und entsprechende Vorschläge zur Abhilfe entwickelt.
In diesem Aufsatz stellen wir uns eine ähnliche Aufgabe. Allerdings wollen wir dabei, was die Mittel zur Abhilfe angeht, behutsam und zurückhaltend bleiben und bei der Diagnose Zweifel zulassen und umsichtig vorgehen. Wir orientieren uns an der Frage nach den historischen Bedingungen oder, wenn man so will, nach den langfristigen Faktoren, die dafür verantwortlich sind, daß die Bemühungen um Reform und Demokratisierung eher zerbrechlich und flüchtig waren,

während die autoritären Systeme sich als dauerhaft erwiesen und immer wiederkehrten.[6] Wir gehen von der Notwendigkeit aus, den immanenten Sinn oder die Bedingungsfaktoren des Autoritarismus und der Diktaturen zu suchen, von denen die politische Geschichte der Region seit 1821 bestimmt ist. Dementsprechend halten wir es für erforderlich zu untersuchen, auf welchen sozialen Grundlagen die politischen Regierungsformen beruht haben und woraus sie ihre Legitimation gezogen haben. Andererseits, so meinen wir, muß daran erinnert und muß erklärt werden, daß es in anderen geschichtlichen Epochen der Region auch Konjunkturen der – wenn auch mißlungenen – Demokratisierung und Reformen gegeben hat. Es sind diese Fehlschläge, die als empirische Grundlage zur Identifizierung der Umstände dienen können, die eine demokratische Entwicklung mit Ausnahme von Costa Rica unmöglich gemacht haben. Diese beiden Ausgangspositionen zielen darauf ab, die allgemeinhin akzeptierte Idee der politischen Exklusion durch die politischen Oligarchien der Region in Frage zu stellen, und führen uns zur genaueren Betrachtung der Frage, worin diese so häufig angeführte Exklusion genau besteht.[7] Ebenso kann die Erinnerung an demokratische Prozesse der Vergangenheit beim Studium einer Gegenwart hilfreich sein, die durch ihre scheinbare Neuartigkeit häufig vernebelt wirkt.[8]

Kurz gesagt soll ein kritischer Blick auf den Autoritarismus in Mittelamerika, in dem dieser als Untersuchungsgegenstand und nicht als Objekt für Invektiven behandelt wird, sowie eine Bilanz der Demokratie, die zwischen Wunsch und Wirklichkeit unterscheidet, den folgenden Überlegungen zugrundeliegen.[9] Sie kreisen um jene drei Themen, die aus der Perspektive des *langen Zeitablaufs* (longue durée) in der Geschichte der Region von zentraler Bedeutung zu sein scheinen. Wie verstehen diesen Terminus so, wie ihn der Historiker Fernand Braudel entwickelt hat, also in dem Sinne, daß sich unter der Perspektive des *langen Zeitablaufs* die bestimmende Kraft der dauerhaften Erscheinungen oder des langsamen Wandels in den menschlichen Gesellschaften erschließen läßt. Diese hundert oder mehrere hundert Jahre bestehenden Verhältnisse nennt Braudel „Strukturen".[10] Dabei sind folgende drei Themen zu behandeln: die Kontinuität der herrschenden Klassen, die Diskontinuität der politischen Institutionen und die abgestufte Integration der subalternen Klassen ins politische System.

Die Kontinuität der herrschenden Klassen

Wie in der Unabhängigkeitserklärung vom 15. September 1821 nachzulesen ist, wurde die Unabhängigkeit Mittelamerikas von den Eliten und Notablen der Stadt Guatemala und einiger anderer Provinzen des Königreichs ausgerufen, „um Folgen zu vermeiden, die bei Ausrufung durch das Volk selbst zu befürchten gewesen wären".[11] Die politische Emanzipation in diesem Teil Amerikas wurde nicht durch einen Unabhängigkeitskrieg oder eine andere Art von Umbruch oder kolonialer Diskontinuität bewirkt, sondern war präventiver Natur, eine Art Eigenputsch gegen jede Art möglicher Unruhe in der Bevölkerung. So wurden 1821 weder alte Autoritäten gestürzt, noch kam es zu Umgruppierungen im Innern der herrschenden Gruppen. In diesem Sinn blieb das Ancien Régime intakt.

In jener Epoche, so scheint es, hat sich zum ersten Mal eine Eigenschaft des *langen Zeitablaufs* in der politischen und sozialen Geschichte der mittelamerikanischen Staaten in der republikanischen Periode gezeigt: die politische und kulturelle Kontinuität ihrer herrschenden Klassen. Diese Feststellung scheint kaum Sinn zu haben, da ja bekannt ist, daß die Region nach der Unabhängigkeit in eine unendliche Spirale von Bürgerkriegen und politischen Wirren eintrat. Genaugenommen jedoch liegt das Problem Mittelamerikas gerade darin, daß es viele Tumulte und Militärputsche gegeben hat, aber niemals, zumindest nicht bis zum vergangenen Jahrzehnt, wirkliche Revolutionen. Unter diesem Aspekt kann der Gegensatz zwischen der Region und Mexiko, das zumindest zwei große revolutionäre Umbrüche erlebt hat, 1810 und 1910, nicht größer sein.[12]

Die lokalen Zänkereien, das Bandenwesen, Intrigen und Verschwörungen, die den größten Teil des 19. Jahrhunderts in Mittelamerika bestimmen, waren Konflikte, in denen keine Gruppe wirklich geschlagen oder gar in definitiver Weise beseitigt worden ist. Die bekannten Auseinandersetzungen zwischen Liberalen und Konservativen weisen typischerweise die Eigenart von Streitereien zwischen herrschenden Klassen auf, die anscheinend aus ideologischen Gründen gespalten sind, tatsächlich jedoch infolge lokaler gesellschaftlicher Loyalitäten und materieller Interessen in Gruppen zerfallen. Diese Kontinuität faßt Pérez Brignoli gut zusammen, indem er feststellt, daß die Staaten des Isthmus „ebenso Kinder des liberalen Credos als auch Erben der konservativen Restauration sind."[13]

Die jüngsten Untersuchungen über die Geschichte des 19. Jahrhunderts zwingen uns, unsere Ideen über die Liberalen Reformen Ende des letzten Jahrhunderts zu überprüfen. Tatsächlich ist es heute klar, daß einige der Schritte zur Förderung des Agroexportationsmodells, die mit diesen Reformen einhergingen, von konservativen Regierungen initiiert worden sind, so daß die Liberale Reform eher die Kulmination vorangegangener Prozesse als ein *turning point* war.[14] Ebenso klar ist, daß die Konservativen nicht aus dem neuen Projekt ausgeschlossen waren, sondern daß sie sich ihm ohne Widerstand und mit dem Einverständnis ihrer liberalen ideologischen Gegner angeschlossen haben. Deshalb spricht Woodward davon, daß nach 1850 unter dem Deckmantel der liberalen Ideologie in ihrer positivistischen Version ein Fusionsprozeß zwischen den Liberalen und Konservativen im Rahmen des Projekts der Agroexportation in Guatemala stattfand.[15]

Jene grundlegende Kontinuität läßt sich auch im Fall Costa Rica beobachten, wo sie darüberhinaus den früheren Beginn des Kaffeeanbaus begünstigte.[16] Kurz, der Aufbruch in das neue Wachstumsmodell erforderte keine grundlegende Neugliederung der herrschenden Klassen in Mittelamerika und die Liberalen Reformen stellten mehr eine Anpassung als einen inneren Bruch dar.[17] Auch die Industrialisierungs- und wirtschaftlichen Modernisierungsprozesse in der Region in den fünfziger Jahren dieses Jahrhunderts beeinträchtigten diese Kontinuität nicht. In keiner Weise hatte es eine Verdrängung der alten sozialen Gruppen gegeben, die mit dem Kaffeeanbau aufgeblüht waren. Sicherlich wäre es unangemessen, den Aufstieg der Mittelklassen in Unternehmerbereiche zu ignorieren oder das Phänomen Somoza, den *Parvenu* mit Monopoltendenzen innerhalb der nicaraguanischen Elite.[18] Dennoch ist es wichtig hervorzuheben, daß die frisch Hinzugekommenen dazu neigten, sich in die herrschenden Kreise zu integrieren und die Normen und Werte anzuerkennen, die jene in ihrer Beziehung zum Staat und zu den subalternen Klassen aufgestellt hatten. Bulmer-Thomas hat darauf hingewiesen, daß die neuen Unternehmergruppen, die nach 1960 in Erscheinung traten, am Erfolg des Agroexportmodells interessiert und mit der Art der Beziehungen der genannten Oligarchiegruppen zur staatlichen Macht und den unteren Volksschichten sehr zufrieden waren. Ähnlich unterstreicht Vilas, daß die aufstrebenden Gruppen kaum über die Fähigkeit verfügten, die Entwicklungsrichtung und die von der sogenannten Oligarchie vorgegebenen Spielregeln zu ändern.[19] Es gibt zwei goldene Regeln in der Geschichte dieser Eliten: die Reichen zahlen keine Steuern und sie machen den Armen keine übermäßigen Zugeständnisse.

So hat die Kontinuität der herrschenden Klassen des Isthmus mindestens seit der Zeit der Unabhängigkeit den Fortbestand einer auf Despotismus, Militarismus, Entfremdung und Willfährigkeit gegründeten politischen Kultur genährt. Anders ausgedrückt, hatten die in den beiden letzten Jahrhunderten in die herrschenden Klassen aufgestiegenen Gruppen nicht die Kraft, das Interesse, oder die Notwendigkeit, neue Werte, Verhaltensnormen und Prinzipien in die bestehende politische Kultur einzubringen. So haben beispielsweise viele Immigranten, die auf der Flucht vor despotischen Regimen in ihren Ländern an den Isthmus gekommen waren, als Unternehmer selbst die Formen des außerökonomischen Zwangs, die in einigen Regionen Mittelamerikas vorherrschten, ohne Gewissensbisse akzeptiert oder sogar ihren Nutzen daraus gezogen. Auch die ausländischen Investoren in den Enklaven haben gewußt, wie sie aus dem archaischen Zustand der politischen Kultur der lokalen Eliten über Erlangung von Privilegien bei Konzessionen, über heimliche Absprachen und die Manipulation von Konflikten zwischen rivalisierenden politischen Gruppen größtmöglichen Gewinn ziehen konnten.[20]

Möglicherweise wurzelt die Besonderheit der costaricanischen Entwicklung darin, daß die im 19. Jahrhundert entstandene herrschende Klasse aufgrund ihrer relativen Schwäche fortwährend Akteure, Werte und modernere Politikpraktiken aufnehmen mußte, die von den ländlichen und städtischen Mittelschichten und Unterschichten hervorgebracht wurden. Dieser Prozeß wurde durch den Ausgang des Bürgerkriegs 1948 beschleunigt, der einen Riß in der Kontinuität und der Einheit der traditionellen Eliten mit sich brachte, denn er trug zur Verringerung der Macht der Kaffeeproduzenten und dem Aufstieg neuer Sektoren bei, die das politische System und die wirtschaftlichen und sozialen Konzepte erneuerten. Insgesamt fand nach 1948 eine „mesocratización" (Durchsetzung der Herrschaft der Mittelklasse) der herrschenden Klassen statt.[21]
Andererseits ist noch nicht deutlich zu erkennen, ob die radikalste politische Erfahrung in der gesamten Geschichte der Region, die sandinistische Revolution, über die Zerschlagung des Somozaclans hinaus eine grundlegende Erneuerung der herrschenden Klasse in Nicaragua mit sich gebracht hat. Auch der Beitrag zur Modernisierung der politischen Kultur dieses Landes ist nicht eindeutig, da diese Revolution wie alle des 20. Jahrhunderts autoritär war. Ihr Ausgang nach der Wahlniederlage von 1990 mit der ironischerweise im Volksmund als „Piñata" (etwa: „sich bei der Verschleuderung von Gütern kräftig bedienen") bezeichneten illegalen Aneignung des öffentlichen Eigentums durch einige Revolutionsführer, das aus der Enteignung der Somozisten stammte, erinnert an die archaischsten Formen der Beutestaats.
Darüberhinaus hat es in der politischen Kultur der herrschenden Gruppen immer eine Geringschätzung des Politischen als Prinzip und als Praxis gegeben, denn bis heute besteht die Vorstellung, es gäbe metagesellschaftliche Prinzipien – um den Begriff von Alain Touraine zu benutzen -, denen jede konstitutionelle oder andere rechtliche Ordnung untergeordnet werden müsse.[22] Entsprechend der jeweiligen Epoche galten und gelten als solche metahistorischen Kriterien der Fortschritt, die Industrialisierung, die Entwicklung, die Revolution oder, für die jüngste Zeit, die nationale Sicherheit oder die strukturelle Anpassung.
Kurz und gut, unter dem Anschein fortwährender Instabilität in der politischen Geschichte Mittelamerikas ist im *langen Zeitablauf* die Dauerhaftigkeit der familiären Beziehungen[23], des Geschäftemachens, der Formen des gegenseitigen politischen Umgangs, der Kulturen und der Mentalitäten in den herrschenden Klassen wirksam, eine Kontinuität, die als entscheidender Faktor für die Verwurzelung und die Langlebigkeit des Autoritarismus sowie für das Scheitern der Demokratisierungsversuche anzusehen ist.

Die Diskontinuität der politischen Institutionen

Die „Kenntnis der Vorstellungen und Erwartungen, die Menschen einem politischen System entgegenbringen, ist" nach Macpherson „unerläßlich, sie ist diesem nicht äußerlich, sondern *Teil* desselben ... Wie auch immer sie zustande kommen mögen, sie bestimmen über die Grenzen und die mögliche Entwicklung des Systems".[24] Die Umstände, unter denen diese Vorstellungen zu einem bestimmenden Faktor des politischen Systems werden, haben für das Verständnis der Geschichte Lateinamerikas im allgemeinen wie Mittelamerikas im besonderen eine zentrale Bedeutung. Verschiedene Autoren haben in der Tat darauf hingewiesen, daß die politischen Eliten des letzten Jahrhunderts in Lateinamerika, angefangen bei den politisch herausragendsten Persönlichkeiten wie Simón Bolívar, der Meinung waren, der spanische Kolonialismus habe eine doppelte Erbschaft hinterlassen: absolutistische Herrschaftsformen und Mangel an staatsbürgerlichen Tugenden bei der gesamten Bevölkerung, was die Gründung eines republikanisch-demokratischen Regimes unmöglich und ein autoritäres Regime unvermeidbar mache. Das wirkliche Volk, nicht das ideale der Verfassungstexte, hielt man für nicht reif für die Freiheit.[25]

Der Gedanke, die Demokratie auf später zu verschieben, weil die Menschen noch nicht vorbereitet seien, um vollständigen Gebrauch von ihren staatsbürgerlichen Rechten zu machen, findet seine Entsprechung in der Unterstellung jener höchsten Ziele, zu deren Erlangung alles andere geopfert werden müsse. Das war der Fall bei dem in Mittelamerika zwischen Liberalen und Konservativen unter der Losung „Ordnung und Fortschritt" erreichten Konsens, der durch die Eisenbahn so gut symbolisiert wird. In diesem Zusammenhang sei die folgende Anekdote über die costaricanische Polizei erwähnt: General Tomás Guardia besuchte in der Anfangszeit seiner diktatorischen Regierung einen Schriftsetzer und Journalisten im Kerker, der für einen aufständischen Aufruf gegen ihn einsaß. Bei dieser eigentümlichen Begegnung warf Guardia dem Setzer knapp und brutal den Satz an den Kopf, daß „die Verfassung mit der Pfeife der Lokomotive komme".[26] Zweifellos waren die liberalen Diktatoren in Mittelamerika geübt in lapidaren Sprüchen. So äußerte Estrada Cabrera 1898, zu Beginn seiner langen Diktatur gegenüber Francisco Lainfiesta, dem liberalen guatemaltekischen Politiker und Schriftsteller: „Ich habe vor, im Sinne des Gesetzes zu regieren, ausgenommen ich halte es für notwendig, von ihm abzusehen".[27]

Vor dem Hintergrund derartiger metagesellschaftlicher Prinzipien erschienen die „vorübergehender Diktaturen" und Verfassungen, die keine „Zwangsjacken", sondern „goldene Käfige" mit „großen Schlupflöchern" waren, um die Garantie der individuellen Rechte außer Kraft zu setzen, als normal und unvermeidlich. Ebenso selbstverständlich erschien die praktische Umsetzung, die der costaricanische Essayist Mario Sancho als „liebeswürdige Art, den Arm des Gesetzes verdrehen" bezeichnete.[28] Unter diesen Bedingungen, in denen Wort und Wirklichkeit auseinanderfielen, gehörten Theatralik und Farce fraglos zur Ideologie und den politischen Institutionen in Mittelamerika. So wurde mit den Formen regelrecht Kult getrieben und der Rhetorik entsprechend Tribut gezollt, während das wirklich Wichtige woanders passierte. Nichts drückte den windigen Charakter der politischen Institutionen mehr aus als die Wahlen, die immer Vorspiegelung und Repräsentatiion zugleich waren. Estrada Cabrera sorgte zum Beispiel vor jeder Wahl für die Gründung seiner bekannten liberalen Clubs, damit diese ihn baten, sich zum Wohl der Nation wiederwählen zu lassen. Die erreichte Einstimmigkeit war so groß, daß er 1898 mehr Stimmen erhielt als es registrierte Wähler in Guatemala gab.[29] Besonders hartnäckig betrieb die Somoza-Dynastie diese Art von Inszenierung, in der man sich die Stimme nicht durch Terror, sondern durch Schnaps und andere kleine Geschenke ergattert. Erinnert sei daran, daß es den Somozas mehrfach gelang, sich Marionettenpräsidenten zu halten, während sie die Kontrolle über die Nationalgarde (die Armee, d. Übers.) behielten.[30] Selbst in Costa Rica hatten die Wahlen bis 1948 eine stark fiktive Komponente. Wie Mario Samper treffend bemerkt, galt der Wahlbetrug, trotz gegenteiliger Rhetorik, weder als Anomalie noch als Vergewaltigung der Regeln des politischen Wettstreits, sondern im Gegenteil als ein legitimes Mittel und wurde normalerweise von allen Beteiligten akzeptiert.[31] Hier taucht erneut die Unterstellung wieder auf, daß das Volk nicht reif sei, sich selbst zu regieren, und deshalb Wahlbetrug legitim und notwendig sei. Die republikanischen Institutionen bedürften der Lenkung von oben und müßten vor einem Wahlvolk geschützt werden, das leicht ein Opfer seiner Unwissenheit und der Manipulationen des Klerus würde. Entsprechend wurde argumentiert, als der liberale Rafael Iglesias, der Costa Rica mit eiserner Hand zwischen 1894 und 1902 regierte, den Partido Unión Católica zerschlug. In seiner *Autobiografia* rechtfertigt Iglesias diese despotische aufgeklärte Logik in beredter Weise:

„Wenn sich ein Volk nicht entblödet, sogar den aufgehäuften Schatz der liberalen Institutionen anzugreifen, ist jeder, der die Mittel in Händen hält, diese Institutionen zu retten, verpflichtet zu handeln und sich gegenüber allen durchzusetzen".[32]

Diese autoritäre Denkweise bildet das Fundament für das, was als Denken im Interesse parteilicher Bestandswahrung oder gar als rein an der Wiederwahl orientiert bezeichnet werden kann. Der nicaraguanische Konservative Pedro Joaquin Cuadra Chamorro drückte diese Sichtweise 1912 in einem Prolog deutlich und naiv aus, mit dem er ein Fragment des „Diario Intimo" seines Landsmanns, des Journalisten, Politikers und Schriftstellers Enrique Guzmán, einleitete:

„Der nicaraguanische Konservativismus ... hat sich immer als wachsamer Wächter der Freiheit, der eigenen wie der fremden, erwiesen. Unsere Väter gingen in ihrer Prinzipientreue sogar bis zu der gefährlichen Übertreibung, deren Anwendung lieber mit Waffengewalt einzufordern, als vor einem zweitrangigen Prinzip zu weichen, wie es in einer Republik der personelle Wechsel in der Ausübung der Macht darstellt."[33]

So haben die repräsentativen politischen Institutionen nur zu geringem Teil dazu gedient, die Konflikte zu kanalisieren und die Verhaltensregeln zwischen den politischen Akteuren festzulegen. Guardia, Barrios und Zelaya waren die Väter der liberalen Verfassungen in ihren jeweilig Ländern, Costa Rica, Guatemala und Nicaragua, aber kein einziger von ihnen hielt sich selbst an deren Vorschriften, während er an der Regierung war. Ein scharfsichtiger französischer Historiker bezeichnet unter Bezug auf den mexikanischen Vorkämpfer der Befreiung Lucas Alamán dieses Phänomen als „Regierungsform der demokratischen Vorspiegelung" und bemerkt, daß der Begriff der politischen Repräsentation im Hispanoamerika des 19. Jahrhunderts auch im theatralischen Sinn verstanden werden muß. Das souveräne Volk kann nur als symbolisches vorkommen, nicht als tatsächliche Macht.[34]

Zum vergänglichen Charakter der Institutionen, die wie im Sisyphos-Mythos niemals zur Konsolidierung gelangen, weil sie in einem ewigen Wiederbeginn leben, kommt ein interessantes ideologisches Phänomen hinzu, auf das Lowell Gudmundson hingewiesen hat: der häufige Wechsel der politischen Führer von einer Fraktion oder Partei zur anderen und die Bildung von Allianzen, die in rein ideologischen Begriffen widersinnig erscheinen.[35] Es ist, als ob die politischen Ideen kaum mehr als einen fernen Bezugspunkt für das tatsächliche Verhalten der Akteure in der politischen Arena darstellten.

Dieser Zynismus und Opportunismus der führenden Eliten ist möglicherweise ein Ergebnis davon, daß ihnen die verwandtschaftlichen Bande und die persönlichen Loyalitäten wichtiger sind als ideologische Affinitäten. Der Guatemalteke Lorenzo Montúfar, der herausragendste liberale Ideologe Mittelamerikas des letzten Jahrhunderts, erzählt eine aufschlußreiche Anekdote: Im Jahr 1848 ordnete die konservative Regierung an, ihn ins Gefängnis zu sperren, doch der mit dieser Mission beauftragte Offizier half ihm, sich zu verstecken, anstatt ihn zu verhaften.[36] Eine ähnliche Anekdote über einen Vorfall von 1903 wird von dem konservativen nicaraguanischen Caudillo Emiliano Chamorro erzählt: Ein offenbar ehrenhafter und großzügiger politischer Widersacher, der zu seiner Gefangennahme kam, erlaubte es ihm, seinen Stiefvater an dessen Totenbett zu besuchen und ließ ihn später entkommen.[37]

Auch von costaricanischen Präsidenten haben wir zwei Zeugnisse, die auf typische Weise die nur relativ geringe Bedeutung der politischen Ideologien zeigen. So behauptete Julio Acosta (1920-1924) im Jahr 1921 schlichtweg, daß es in Costa

Rica de facto Bolschewismus gebe, weil hier das Kleineigentum herrsche, während León Cortés (1936-1940) Ende der 30er Jahre in einer „Botschaft des Präsidenten" mit aller Selbstverständlichkeit verkündete, daß die Costaricaner „einen gesunden und komfortablen Sozialismus" erlebten.[38]
Aber die fehlende Konsolidierung der politischen Institutionen ist nicht nur ein ethischer, sondern auch ein materieller Mangel. Seit der Zeit der Föderativen Republik (1824-1838) war die öffentliche Hand in den Ländern Mittelamerikas chronisch verschuldet und es fehlten ihr die notwendigen finanziellen Mittel. Bis zur Mitte des 20. Jahrhunderts waren Zölle und Monopolabgaben, wie das Brennen von Alkohol, die hauptsächlichen Einnahmequellen der mittelamerikanischen Staaten.[39] Wie schon gesagt, galt als goldene Regel, daß die Reichen keine Steuern bezahlten, was durch die Politik freigebiger Zugeständnisse der mittelamerikanischen Staaten an ausländische Investoren in der Enklavenwirtschaft und während der jüngsten Phase der abhängigen Industrialisierung verschärft wurde.
Die moralische und materielle Zerbrechlichkeit der politischen Institutionen hängt mit dem Umstand zusammen, daß diese nur schwach von den Interessen der herrschenden Klasse getrennt sind. Das somozistische Regime war ein extremer Fall dieser wilden Ehe. Aber selbst in einem Land wie Costa Rica, wo die politischen Institutionen im Vergleich mit anderen Ländern in der Region autonomer und weniger schwächlich erscheinen, nationalisierte José Figueres Ferrer nach seinem Sieg im Bürgerkrieg 1948 die Banken, um unter anderem der Abhängigkeit und der Unterlegenheit des Staates auf finanziellem Gebiet, in der sich der Staat gegenüber den privaten Bankinstituten befand, zu begegnen.[40]
Das Anwachsen und die Vermehrung staatlicher Institutionen ist eine neuartige Erscheinung in der Geschichte Mittelamerikas, die erst ein halbes Jahrhundert alt ist. Selbst diese Entwicklung ist relativ und ist in den verschiedenen Ländern unterschiedlich. Die einzige Institution innerhalb des Staatsapparates, die demnach als alt anzusehen ist, ist natürlich die Armee. Tatsächlich war neben den Grenzen im 19. Jahrhundert die Armee die sichtbarste und dauerhafteste Institution. Ihre Professionalisierung war eines der Elemente der Liberalen Reformen im letzten Drittel des 19.Jahrhunderts.
Dessen ungeachtet bleibt festzuhalten, daß die modernen Armeen Mittelamerikas eine Schöpfung des 20. Jahrhunderts sind, in der die Vereinigten Staaten mehr oder weniger direkt ihre Hand im Spiel hatten. Bis zum Beginn des Zweiten Weltkrieges existierten stehende Heere in strengem Sinn eigentlich nur in Guatemala und El Salvador, und nach der Meinung der Militärexperten der Vereinigten Staaten war das salvadorianische das bessere.[41] In Nicaragua führten die Besatzung durch die Vereinigten Staaten und die bewaffneten Auseinandersetzungen zwischen Liberalen und Konservativen Ende der 20er Jahre zur Schaffung der Nationalgarde und in Honduras verspätete sich die Bildung einer modernen Ar-

mee durch die Politik der Caudillos und die Schwäche des Staates bis zur Diktatur von Tiburcio Carías Andino (1933-1948).[42]
Es muß darauf aufmerksam gemacht werden, daß die eigentümliche Stellung militärischer Institutionen in Costa Rica historisch variierte. Ein wichtiger Unterschied zu den andern Ländern der Region und zur Norm in Lateinamerika liegt darin, daß in der Zeit der Liberalen Reformen das Militär und von Caudillos angeführte bewaffnete Banden hier keine Rolle spielten. Erst nachher wurde die Armee zur wichtigsten Institution des liberalen Staates. Jedoch ist darauf hinzuweisen, daß Costa Rica im Vergleich zu anderen mittelamerikanischen Ländern in dieser Periode ein ausgeglicheneres Verhältnis in den Ausgaben für Militär, Erziehung und soziale Förderung hatte.[43] Andererseits begann mit dem Ende des Ersten Weltkrieges aufgrund geopolitischer Faktoren und innerer politischer Entwicklungen der Niedergang der Armee. Im Jahre 1922 stellte das State Department fest, das Land habe freiwillig auf seine Armee verzichtet und sie durch eine Zivilgarde ersetzt, im Jahr 1931 berichtete der Militärbeauftrage der Vereinigten Staaten in San José, Costa Rica habe praktisch die Armee seit einigen Jahren abgeschafft. Das ist der Hintergrund, vor dem die formale Abschaffung jener Institution zu sehen ist, die von Figueres einige Monate nach der Beendigung des Bürgerkriegs 1948 per Dekret angeordnet wurde.[44]
Kurz gesagt, in den Staaten des Isthmus haben im *langen Zeitablauf* die Zwangsfunktionen gegenüber denen der Legitimation vorgeherrscht. Nach der liberalen Maxime, den Souverän zu erziehen, wurde außer in Costa Rica wenig gehandelt. In Costa Rica lag der Anteil der alphabetisierten Bevölkerung 1930 etwa bei 70%, während er in den restlichen Ländern Mittelamerikas kaum 30 % erreichte.[45]
Wenn wir John Lynch zustimmen, daß die Ära der Caudillos bis in unsere Tage unauslöschliche Spuren in der politischen Kultur Lateinamerikas hinterlassen hat, können wir die Hypothese aufstellen, daß im Fehlen einer entsprechenden Phase in Costa Rica der Schlüssel für das Verständnis der Besonderheit der politischen Entwicklung dieses Landes liegt.[46]

Die abgestufte Integration der Unterklassen in das politische System

Den Schlüssel zum Verständnis des Charakters der politischen Systeme Mittelamerikas bildet aus der Perspektive des *langen Zeitablaufs* die soziale und politische Situation, in der sich die ländlichen Unterklassen befinden. Vielleicht liegt der grundlegende Unterschied zwischen Costa Rica und den andern Ländern Mittelamerikas nicht im kleinbäuerlichen Grundeigentum beim Kaffeeanbau, sondern darin, daß die costaricanischen Bauern seit Ende des 18. Jahrhundert in dem

Sinne frei sind, daß sie von da ab keinen Formen des außerökonomischen Zwangs oder Formen der Knechtschaft mehr unterworfen waren. Ihre Verbindungen zu den herrschenden Sektoren der Gesellschaft waren im wesentlichen Marktbeziehungen und ihr Verhältnis zum Staat war auf ein geringes Ausmaß von Unterdrückung und Ausbeutung gegründet.

Zu Beginn des 20. Jahrhunderts verglich ein scharfsinniger ausländischer Beobachter El Salvador und Costa Rica miteinander und wies darauf hin, daß in beiden Ländern Ordnung herrsche, allerdings mit dem Unterschied, daß diese in El Salvador auf Gewalt beruhe und in Costa Rica auf Frieden oder, wenn man so wolle, auf Übereinstimmung:

„Man kann nicht sagen ... daß Salvador in seinem Wesen im gleichen Sinn, in dem dies für Costa Rica gilt, ein friedliches Land ist (....) Die Regierung hält sich weder durch die Achtung des Volkes vor der Autorität noch durch den Willen des Volkes, sondern durch Gewalt an der Macht ..."[47]

So hat sich in den anderen mittelamerikanischen Ländern über die letzten zwei Jahrhunderte hinweg eine Kultur der Gewalt erhalten, die sich auf verschiedene außerökonomische Zwangsformen in den Produktionsbeziehungen gründet. Dementsprechend haben die herrschenden Klassen die erniedrigende Behandlung der Indios, Landarbeiter und Bauern bis heute als normal und legitim erachtet. Um dieses Phänomen richtig einzuschätzen, könnte man versuchen, es an dem Niveau der Unterdrückung, mit dem normalerweise die sozialen Bewegungen der Landbevölkerung traktiert wurden, zu messen. Von dem massenmörderischen Blutbad in El Salvador von 1932 bis zu den Genoziden der jüngsten Zeit – in der Geschichte des Isthmus durchzieht eine alte Konstante die Massaker: Die Tragödie spielt sich immer auf dem Land ab, und sie ist Ausdruck der Furcht, die Eliten der Oberschicht, die Mittelschichten und die Ladinos gegenüber den Schäumen des „Meeres der Indios" empfinden.

Erstaunlicherweise entspricht dem Hochmut der herrschenden Klassen, der Ladinos und der Mittelschichten gegenüber den Indios umgekehrt eine Beflissenheit gegenüber dem Fremden in all diesen gesellschaftlichen Gruppen. Sie alle leben in bezug auf ihre eigene natürliche, historische, soziale und kulturelle Umwelt in einer tiefgreifenden Entfremdung. Das als „homeless mind" bezeichnete Syndrom scheint seit dem vergangenen Jahrhundert ein charakteristischer Zug jener Schichten zu sein und es mag sein, daß es seinen Ursprung in den Normen und Regeln der ethnischen Diskriminierung aus der Kolonialzeit hat.[48]

Trotzdem wäre es falsch anzunehmen, daß in der Repression die einzige Verbindung der Landbevölkerung zu den herrschenden Sektoren und dem Staat bestünde. Tatsächlich haben auch Beziehungen von Ergebenheit und Paternalismus zwischen der Oligarchie und der ländlichen Bevölkerung bestanden. Dementsprechend wäre es vielleicht sinnvoller, anstatt das Problem mit dem Begriff „Exklu-

sion" in dem Sinne zu beschreiben, daß diese Gruppen sich außerhalb des politischen Systems befinden, wie es der Ausdruck nahelegt, es mit dem Begriff der vertikalen Integration in traditionelle Formen der politischen Herrschaft, wie etwa des Klientelismus, der Vetternwirtschaft, und der Kooptation, zu erfassen.[49]
Im Staat und bei den Eliten muß eine bewußte Haltung der Ausgrenzung vorhanden gewesen sein, dergemäß moderne Formen der Integration der städtischen Unterklassen und Mittelschichten in das politische System angewandt worden sind, während auf dem Land traditionelle politische Loyalitäten genutzt wurden, wie sie in den Beziehungen zu den Institutionen der ländlichen Gemeinden vorhanden sind, etwa zu den Bruderschaften (cofridías), zu örtlichen Regierungen und zu den alten offenen Gemeindeversammlungen (cabildos). Das ist es, was wir als abgestufte Integration der Unterklassen in das politische System bezeichnen.
Dazu lassen sich vielfache Belege heranziehen: die indigenen Führer, die sich an der Rebellion von 1932 beteiligten, standen in historisch engen Beziehungen zu den Regierungen der salvadorianischen Dynastie der Meléndez-Quiñónez (1913-1927). Ebenso erfreute sich, nach Auffassung von Grieb und Gleijeses, der Diktator Jorge Ubico während des größten Teils seiner Amtszeit, 1931 bis 1944, der Unterstützung der indianischen Bevölkerung in Guatemala. Wie man weiß, unterhielt auch Estrada Cabrera ein enges Verhältnis zu den Momosteken.[50] Woodward zufolge war diese Politik der Kooptation und des Klientelismus gegenüber den Indios und der ländlichen Bevölkerung in Guatemala vom Caudillo Rafael Carrera am Ende der dreißiger Jahre des 19. Jahrhunderts erfunden und später von allen anderen liberalen Diktatoren fortgesetzt worden.[51] Im Ergebnis muß man sich wohl von dem Gedanken trennen, daß die Diktatoren und die autoritären Regimes Formen der Legitimation entbehren und daß die einzigen politischen Mittel die pure Gewaltausübung und der Terror gewesen seien.
Die das letzte Jahrhundert durchziehenden Bürgerkriege wurden unter der Beteiligung der bäuerlichen Sektoren und der indianischen Bevölkerung geführt, die mehr waren als Kanonenfutter. Das gilt für Nicaragua in bezug auf die Indios von Matagalpa, die gefürchtete Krieger waren, und in El Salvador in der Periode von 1860-1890 für die Indios von Cojutepeque unter ihrem Führer José María Rivas. In diesem Sinn spielten die subalternen Klassen im allgemeinen und die ländliche Bevölkerung im speziellen in der Entstehungsphase der Nationalstaaten eine wesentliche Rolle: Die Existenz der Caudillos läßt sich nicht begreifen, ohne die Tatsache der bewaffneten Mobilisierung dieser Indio- und Bauerngruppen zur Kenntnis zu nehmen.[52]
Im Gegensatz zu dem, was häufig angenommen wird, kann die Partizipation dieser gesellschaftlichen Subjekte nicht in einfachen Begriffen der Manipulation derer oben gegen die von unten gesehen werden, sondern es ist sinnvollerweise davon auszugehen, daß die subalternen Bevölkerungsgruppen sich an diesen

Auseinandersetzungen mit eigenen Interessen beteiligten. Vielleicht war hierbei das entscheidende Element der Widerstand gegen die Einmischung des gerade entstehenden Staates in das Leben der ländlichen Gemeinschaften, speziell in der Form der Steuerauflagen.[53] Die aufrührerische Seite der ländlichen Massen trat, angeregt durch die Streitereien unter den Eliten, in markanter Weise im Nicaragua der ersten Hälfte des 19. Jahrhunderts hervor.[54] Offensichtlich vollzog sich ab 1870 ein Wandel, als mit dem Beginn der Liberalen Reformen der Niedergang der caudillistischen Politik eingeläutet wurde und sich die Zentralgewalt konsolidierte, was jedoch, wie schon gesagt, nicht heißt, daß die liberalen Diktatoren auf paternalistische Politiken gegenüber den Indios und Bauern verzichtet hätten. Die aufgeklärten Kritiker des Autoritarismus glauben nicht umsonst, daß die Diktatoren in jenen ländlichen Schichten ihre gesellschaftliche Basis hatten. Kurz gesagt, wir können die politische Geschichte Mittelamerikas in keiner ihrer Etappen verstehen oder interpretieren, ohne die sozialen und politischen Beziehungen zwischen der ländlichen subalternen Bevölkerung und den politischen Klassen, den Militärs und dem Staat zu untersuchen.[55] Der Kontrast zwischen traditioneller Politik auf dem Land und moderner Politik im städtischen Raum drückt sich deutlich im Verhalten der Liberalen gegenüber den Arbeitern und den Handwerkern aus. So wurden diese gesellschaftlichen Gruppen von den Liberalen dazu aufgerufen, unter genau festgelegten Bedingungen an ihrem „demokratischen Schauspiel" eines scheinbaren Wettbewerbs bei den Wahlen mitzumachen. In ihrem Projekt der Schaffung einer nationalen Identität waren diese Gruppen ihre ersten Gesprächspartner aus der Bevölkerung. Diese Verführungsstrategie gegenüber der sogenannten „Arbeiterklasse" mit dem Ziel, diese abgestuft in das politische System zu integrieren, war für die liberalen Perioden typisch und veränderte sich erst mit der Radikalisierung der Arbeiter in den 20er Jahren dieses Jahrhunderts. Nach Ansicht eines engen Mitarbeiters war sie im Fall des guatemaltekischen Diktators Justo Rufino Barrios (1873-1885) durchaus gut überlegt:

„Frau Barrios hatte ihre erste Niederkunft am 23. Juni 1875. Das Mädchen, das geboren wurde, wurde mit dem Namen Helena getauft und Barrios wünschte, daß die Patenschaft von dem ehrenwerten Handwerker Francisco Quezada, von Beruf Schneider, und dessen Ehefrau, Doña Ambrosia Q. de Quezada, beide zu bescheidener und arbeitsamer Art, übernommen werde.
Mit der Wahl des Ehepaares Quezada als Paten wollte Don Rufino ein Zeichen seiner demokratischen Gefühle geben. Dabei wurde der Anschein erweckt, es habe bei dieser Wahl eine besonders aufmerksame Prüfung der Umstände gegeben, so daß die besagten Eheleute als offizielle Paten eingeschrieben blieben, die dann aufgerufen waren, nacheinander Luz, José und María, die Helena nachfolgenden Geschwister, aus der Taufe zu heben."[56]

Die Plebeizierung der modernen Politik und ihre Artikulation in einem Diskurs der nationalen Identität drang über die städtische Arbeitswelt in die subalternen

Klassen ein. In einigen Fällen scheint die Verbreitung der Ideen auf dem ländlichen Raum auf große Schwierigkeiten gestoßen zu sein, das gilt zumindest für die längste Zeit der liberalen Epoche. Die Vorstellung darüber, was ein Staatsbürger sei, variiert je nach dem, ob es sich um die ländliche oder um die städtische Bevölkerung handelte. Hier wurzelt die Sonderstellung Costa Ricas, da hier die Gruppen der kaffeeanbauenden „Farmer" seit dem Ende des letzten Jahrhunderts eine starke soziale und politische Präsenz erlangt hatten. Sie hatten entscheidenden Anteil an der Entwicklung der politischen Beteiligung der Unterklassen an Demokratisierungs- und Reformprozessen sowie bei der Konstruktion einer Nation als imaginiertem Gemeinwesen.[57] Demgemäß läßt sich das Niveau der Öffnung und Modernität der politischen Systeme am Isthmus daran messen, wie erfolgreich das Schmieden der nationalen Identität ist: es ist nicht zufällig, daß sich in Costa Rica eine starke nationale Identität herausgebildet hat.[58]

Der Versuch, die Politik in Mittelamerika bis zu den 80er Jahren dieses Jahrhunderts in Begriffen der Exklusion im Sinne von Marginalisierung der Unterklassen zu fassen, erweist sich als unangemessen, wenn man die komplexen und widersprüchlichen Beziehungen betrachtet, die Somoza „El Viejo", zur nicaraguanischen Arbeiter- und Handwerkerbewegung unterhielt. Wie Jeffrey Gould überzeugend darlegt, verfolgte dieser Diktator in den 40er Jahren ein typisch populistisches Projekt der unterordnenden Integration und Bevormundung dieser gesellschaftlichen Sektoren mit dem Ziel, diese in die soziale Basis seines Regimes zu verwandeln, ein Projekt, das bei diesen gesellschaftlichen Gruppen ankam.[59]

Der politischen Partizipation der Unterschichten, ob sie nun in modernen oder traditionellen Formen stattgefunden hat, waren genaue Grenzen gesetzt. Am Ende der 20er Jahre dieses Jahrhunderts griffen die städtischen Arbeiter in Mittelamerika radikale Ideologien auf und versuchten, sich den ländlichen Unterschichten anzunähern, um diese zu organisieren und zu mobilisieren. Unglücklicherweise wurde dieser Versuch unterdrückt und ihre Verbände wurden von den autoritären Regierungen zerschlagen, die nach 1930 enstanden waren. Auch der in den reformistischen Experimenten in den 40er Jahren wiedergeborenen städtischen Arbeiterbewegung gelang es nicht, sich angesichts der konterrevolutionären Offensive in den ersten Jahren des Kalten Krieges zu konsolidieren.

Es läßt sich also eine Konstante feststellen, die sich durch die politische Entwicklung in Mittelamerika zieht: Weder die Staaten noch die sogenannten Oligarchien haben jemals eine autonome Organisation der Unterklassen in sozialen Bewegungen oder in Parteien zugelassen. Der Unterschied zwischen dem städtischen und dem ländlichen Bereich besteht darin, daß im ersten Fall die von oben kontrollierten gewerkschaftlichen Organisationsformen toleriert worden sind, während im zweiten keinerlei Form weltlichen oder modernen Zusammenschlusses als legitim anerkannt wurde.

Allerdings muß gesagt werden, daß in den 60er und 70er Jahren, als die sozialen Organisationen auf dem Land in Erscheinung traten, der Staat und die herrschenden Sektoren mit dem Ziel der Modernisierung ihrer sozialen Kontrolle über die ländliche Bevölkerung versuchten, von oben kontrollierte Formen der Organisierung der Bevölkerung zu fördern, vom Kooperativenwesen bis hin zu eindeutig gegen die Aufständischen gerichteten und von den Militärs geleiteten Gruppierungen, etwa die Selbstverteidigungspatrouillen innerhalb der indianischen Bevölkerung in Guatemala oder ORDEN in El Salvador.[60] Außerdem konnten die Bananenarbeiter ihre Gewerkschaften in Ländern wie Honduras und Costa Rica von den 50er Jahren an konsolidieren.

Seit Ende der 20er Jahre, als die Arbeiter- und Handwerkersektoren sich aufgrund des Anarchismus und des Kommunismus als weniger verläßlich erwiesen, begann der Autoritarismus sein Ersatzpotential nun in den Mittelschichten zu suchen. So rekrutierten die Zivilgarden, die in El Salvador 1932 geschaffen worden waren, um die mit der „matanza" begonnene Säuberung vom Kommunismus zu Ende zu führen, viele ihrer eifrigsten Mitglieder aus den mittleren Sektoren.[61] Andererseits erwiesen sich diese Mittelschichten bei dem Sturz der mittelamerikanischen Diktaturen in den 40er Jahren als Parteigänger der Befreiung. Aus diesen Sektoren rekrutieren sich also ebenso Anhänger des revolutionären Kampfes wie auch Teilnehmer am staatlichen Terror, was als wichtiger Aspekt der jüngsten Geschichte Mittelamerikas festzuhalten ist. Die Mittelschichten haben sich mit Ausnahme Costa Ricas nie eindeutig und entschieden hinter ein demokratisches Projekt und die Modernisierung des politischen Systems gestellt. Nun scheint aber die Erfahrung aus der Geschichte Lateinamerikas zu belegen, daß für den Erfolg und die Dauerhaftigkeit der Reformprozesse und der Demokratisierung gerade die Zustimmung und die Beteiligung der Mittelklassen den kritischen Faktor darstellen.[62]

Unter dem Blickwinkel des *langen Zeitablaufs* zeigt sich, daß in Mittelamerika ein Schlüssel für die politische Entwicklung darin liegt, daß die Mittelschichten und die unteren Bevölkerungsklassen niemals zueinanderfanden. Letztlich haben beide sich gegenseitig mit Mißtrauen betrachtet. Die reformistischen Sektoren der Mittelschichten zum Beispiel haben die ländliche Bevölkerung und selbst die städtischen Arbeiter häufig als zu folgsam und zu entgegenkommend gegenüber den oligarchischen Sektoren angesehen.[63] Auf diese Weise entwickelten die Mittelschichten und ihre Wortführer schließlich ähnliche Verhaltensmuster wie die Herrschenden gegenüber den unteren Bevölkerungsklassen. Eine extreme Sichtweise besteht, wie wir gesehen haben, darin, „das Indianische" als natürlichen Diener der Diktatur wahrzunehmen. Das Gegenstück dazu ist die Idee, daß die Leute von unten nur durch Prügel begriffen — ein Vorurteil, das den unterschiedlichsten Arten des Autoritarismus und des politischen Elitismus Legitimation verschafft.

Zusammenfassend gesagt besteht das Problem der politischen Entwicklung in der Region darin, daß traditionelle Formen der Loyalitätsbeschaffung in Rahmen einer Kultur der Gewalt vorgeherrscht haben. Man kann kein demokratisches politisches System errichten, wenn von der Mehrheit der Bevölkerung ein willfähriges Verhalten gegenüber seinen Oberen erwartet wird und wenn jene eher als Hemmnis denn als das eigentliche Subjekt für das Funktionieren der politischen Institutionen behandelt. Sowohl in der Rechten als auch in der Linken hat immer das aufgeklärte Vorurteil existiert, daß die gemeinen und gewöhnlichen Menschen niemals ausreichend in der Lage seien, zu denken und für sich selbst zu entscheiden. Dem muß man hinzufügen, daß alle politischen Eliten, konservative, liberale, reformistische, neoliberale oder revolutionäre, wie schon erwähnt, immer der Meinung waren, daß es gesellschaftliche Ziele von größerer Bedeutung gäbe, die über allem stünden, so auch über dem, was die einfachen und gewöhnlichen Leute wirklich dächten, wollten oder bräuchten.

Schlußfolgerungen: Die zeitgenössichen Brüche

Im Jahr 1921 veröffentlichte der *Diario del Salvador* ein Editorial mit dem Titel: „Die Agitatoren in Mittelamerika", in dem eine interessante Periodisierung der politischen Geschichte des Isthmus vorgeschlagen wurde. Der Verfasser erinnert daran, daß in fernen Zeiten, die zum Glück nicht mehr zurückkämen, die militärischen „Caudillos" ständige Unruhe und Unordnung in den verschiedenen Ländern der Region produziert hätten. Glücklicherweise seien diese Caudillos völlig in Verruf gekommen, da die Mittelamerikaner sich für einen Weg der Ordnung und des Fortschritts entschieden hätten. Trotzdem sei, folgt man der angesehenen Zeitung San Salvadors, in jüngster Zeit eine neue Plage aufgetaucht, die der „Agitatoren". Sie werden in dem Editorial als „einige wenige, denen die bolschewistische (sic) Lektüre von Büchern, die aus dem teuflischen Russisch übersetzt sind, nicht bekommen ist",[64] beschrieben. Sicherlich hatte der Autor des Editorials mit der Feststellung recht, daß mit dem Beginn der 20er Jahre ein Prozeß der gesellschaftlichen Agitation in der Region in Gang gekommen war. Er täuschte sich auch nicht, als er daran erinnerte, daß nach der Unabhängigkeit die politische Geschichte Mittelamerikas von den Streitigkeiten zwischen den liberalen und konservativen „Caudillos" bestimmt gewesen war, Querelen, die gegen Ende des 19. Jahrhunderts kaum beigelegt worden waren. Jedoch stimmte die Behauptung nicht, daß der Caudillismus schon verschwunden sei, denn er war zu diesem Zeitpunkt in Nicaragua und Honduras durchaus noch lebendig.
Die Sichtweise des *langen Zeitablaufs* hält die Phänomene des langsamen historischen Wandels fest, aber in seinem Innern kann eine Periodisierung vorgenom-

men werden, die uns die kleinen Veränderungen sichtbar macht. Wenn wir uns entscheiden, uns auf eine Reise zurück in die Vergangenheit zu begeben, sehen wir, daß die Region in den Jahren 1978-79 mit dem Beginn der Kriege und Revolutionen in eine neue Etappe der Geschichte eingetreten ist. Hier schien sich ein Modell der gesellschaftlichen und politischen Beziehungen erschöpft zu haben, eine Struktur, die sich in der Epoche der Liberalen Reformen Ende des 19. Jahrhunderts gefestigt hatte und die zu verändern in den 40er Jahren mit Ausnahme von Costa Rica nicht gelungen war. Vor dieser Periode lag die Epoche der „Caudillos", die in den Jahren der Unabhängigkeit und der Föderation begonnen hatte und für immer begraben worden sei, will man dem Schreiber des Editorials der salvadorianischen Zeitung folgen.

In jeder dieser Etappen waren die subalternen ländlichen und städtischen Sektoren beteiligt, übten Druck aus und bestimmten Positionen, ob sie nun unter Waffen auf der Seite der Caudillos standen, als loyale Freunde der Diktatoren, bereit waren, an deren Wahlfarcen teilzunehmen oder in den repressiven und polizeilich Kräften auftraten. Sie waren aber auch am Widerstand gegen den Steuerdruck durch die Ladinos, Bürokraten und Großgrundbesitzer beteiligt und je weiter das 20. Jahrhundert fortschritt, waren sie als Parteigänger der sozialen Reform und der demokratischen Rechte dabei. In dieser Zeit blieben die herrschenden Klassen in ihrer Gesamtheit der Kultur des Despotismus verhaftet, setzten ihr Spiel der „demokratischen Vorspiegelung" fort und hielten ihren übergesellschaftlichen Grundsätzen die Treue.

Zwischen 1940 und 1970 machten sich zahlreiche Anzeichen der Erschöpfung dieser Struktur bemerkbar, die sich in den verschiedenen Demokratisierungs- und Reformversuchen ausdrückten. Doch ihre feste Verankerung in der Vergangenheit blieb unversehrt und dank des verstärkten Einflusses äußerer Faktoren, d.h. der strategischen Interessen der Vereinigten Staaten in der Region im Rahmen des internationalen Kampfes gegen den Kommunismus, konnten sie sogar dem Druck der Veränderung widerstehen.

An dieser Stelle ist zu erläutern, warum wir die äußeren Faktoren nicht in unsere Analyse einbezogen haben. Wir glauben, daß die Dialektik von Autoritarismus und Demokratie im Isthmus hauptsächlich ein Ergebnis interner Faktoren gewesen ist. Wenn wir uns an das Ende des vergangenen Jahrhunderts erinnern, als die Vereinigten Staaten ihre Hegemonie über die Region errichteten, so hatte diese schon einen gutes Stück Weges in der Vervollständigung ihrer despotischen Regierungsformen zurückgelegt. So haben beispielsweise die Beamten des State Department in den 20er Jahre aus Sorge um die Sicherheit des Panamakanals verschiedene Strategien zur Errichtung entmilitarisierter Protektorate in der Region auf der Grundlage finanziell gesunder Staaten, deren Regierungen aus einer echten Wahlkonkurrenz hervorgehen sollten, entworfen. Die imperiale Macht war davon überzeugt, daß unter ihrer Vormundschaft diese Länder in demokratische Systeme überführt werden könnten. Offensichtlich scheiterte der Plan und nicht allein aufgrund der Dummheiten und Widersprüche in der US-Politik. In einem hypothetischen Gegenbild zur Wirklichkeit ausgedrückt: hätte es weder Sandino, Moncada, Chamorro oder Somoza gegeben, wäre aus Nicaragua vielleicht ein Protektorat mit einer stabilen Regierung, mit einem konkurrierenden und sauberen Wahlsystem geworden. Mit anderen Worten: Äußere Kräfte sind kein Demiurg, der nach Gutdünken die im *langen Zeitablauf* verwurzelten internen Strukturen verschieben kann. Wenigstens war das bis heute so, obwohl wir unter den Gegebenheiten der gegenwärtigen Welt nicht wissen, ob es in Zukunft so bleiben wird.

Kurz, der mittelamerikanische Despotismus hat drei Etappen durchlaufen: die der Caudillos und ihrer bewaffneten Truppen gegen einen fast inexistenten Staat;[65] die des „Raufboldliberalismus"- wie ihn ironisch Enrique Guzmán nennt- der Diktatoren, die sich dem Motto „Ordnung und Fortschritt" verschrieben hatten,[66] und die auf das reformistische Zwischenspiel nach dem Ende des Zweiten Weltkrieges folgenden entwicklungsorientierten Militärdiktaturen, in denen die „Modernisierung den Mechanismus, aber nicht zwangsläufig die menschlichen Verhältnisse erfaßt hat", um die treffende Formulierung des Politikers und guatemaltekischen Intellektuellen Francisco Villagrán Kramer zu gebrauchen.[67]

Auf der anderen Seite lassen sich die wichtigsten Wellen der Demokratisierung in der mittelamerikanischen Geschichte vor diesem Hintergrund unterscheiden. Möglicherweise gab es sogar schon im vergangenen Jahrhundert gewisse Versuche, die aber kurzlebig waren: beispielsweise in El Salvador im Jahre 1885 die populistische „Revolution" des Liberalen Francisco Menéndez,[68] und in Costa Rica die Tage des 7. November 1889, als eine Volkserhebung die Regierung zwang, den Wahlsieg der Opposition anzuerkennen.[69] Im Fall Guatemalas stellen der Sturz Estrada Cabreras 1920 und die Regierung der Unionistischen Partei, die bis in den Dezember 1921 bestand, eine vergleichbare Welle dar.

Die bedeutenderen demokratischen Aufschwünge finden sich aber im fortgeschrittenen 20. Jahrhundert. Die erste bedeutende Welle der Öffnung erfaßte in der zweiten Hälfte der 20er Jahre fast den gesamten Isthmus. Sie endete mit dem Aufstieg der Diktaturen im Zusammenhang mit der Depression der 30er Jahre. Ihr bedeutendster Ausdruck war die Regierung von Pio Romero Bosque (1927-1931) in El Salvador, der einen echten Versuch unternahm, das politische System dieses Landes zu öffnen und den politischen Wettbewerb zu stärken. Die zweite Welle kam Ende des Zweiten Weltkrieges, deren Höhepunkt die revolutionäre Dekade in Guatemala bildete, die durch die Intervention der Vereinigten Staaten im Jahr 1954 zerschlagen wurde. Die letzte Etappe ist jene, die nach 1979 im Kontext von Revolution, Krieg und Aufstandsbekämpfung begann. Unter der Perspek-

tive des *langen Zeitablaufs* läßt sich die Logik der Reformprozesse und Demokratisierung in Mittelamerika darin zusammenfassen, daß die Versuche in Costa Rica einen akkumulativen Charakter hatten, während sie in den anderen Ländern Mittelamerikas bis in das vergangene Jahrzehnt immer eruptiv waren und scheiterten.
Die 80er und 90er Jahre stellen eine Etappe der Diskontinuität in der mittelamerikanischen Geschichte der letzten beiden Jahrhunderte dar. Die Revolution und der Krieg können als Ausdruck der Erschöpfung einiger Strukturen gelten, die jahrhundertelang überdauert hatten. Von diesen Brüchen seien folgende genannt.
An erster Stelle scheint ein Wechsel innerhalb den herrschenden Klassen stattgefunden zu haben, und zwar infolge der Verwandlung des Militärs in einen mächtigen Sektor dieser Klasse mit autonomen Interessen und mit einer eigenen ökonomischen Basis. Ähnliches scheint in Guatemala und Honduras der Fall zu sein. Andererseits ist in Nicaragua die traditionelle Einheit der herrschenden Klasse nach dem Ende der Sandinistischen Revolution offenbar zerbrochen. Einige jüngere Analysen erkennen diese Diskontinuität nicht an und bestehen darauf, daß die herrschenden Klassen des Isthmus mittels Familienbanden fortbestehen. Andererseits stellen sie fest, daß jene Gruppen gegenwärtig Anzeichen für eine Modernisierung auf politischer Ebene aufweisen.[70]
Bei den Unterschichten besteht der bezeichnendste Wandel vor und während der Revolutions- und Kriegsjahre in der Verselbständigung der ländlichen Unterklassen gegenüber den traditionellen städtischen Abgrenzungensmechanismen, von der Gewalt und paternalistischer Kooptation. Wenn es etwas Neues in der jüngsten Geschichte Mittelamerikas gibt, so ist es der Eintritt der Bauern und der indianischen Bevölkerung in die Formen der modernen Politik, von der am weitesten institutionalisierten bis zur radikalsten, wie dem bewaffneten Kampf.[71] Zweifellos kann man sagen, daß die Revolutionen in den 80er Jahren in erster Linie bäuerliche und indigene Rebellionen gewesen sind. Dies gilt auch für die sogenannte nicaraguanische „Contra".
Schließlich hat sich die traditionelle Theatralik des institutionellen Rahmens in den Jahren vor der revolutionären Zuspitzung erschöpft. Wir erinnern daran, daß ein Grund des salvadorianischen Aufstands der wiederholte Wahlbetrug bei den Wahlen der 60er Jahre gewesen war. Vielleicht ist die neue Bedeutung, die die verschiedenen sozialen Gruppen den Institutionen und den Normen des demokratischen Spiels geben, im überraschenden Ergebnis der nicaraguanischen Wahlen von 1990 versinnbildlicht.
Ist jedoch der institutionelle Rahmen erst einmal errichtet, tauchen Probleme der Regierbarkeit auf. Die Demokratie erscheint als dem alltäglichen Leben und der Dynamik der zivilen Gesellschaft zu fern. Es ist, als ob sich die Politik und die zivile Gesellschaft in unterschiedlichen Geschwindigkeiten bewegten. Eine Verschiebung, die sich in einen Anstieg der politischen Apathie insbesondere

bei Wahlen übersetzt, wie es im Fall El Salvadors bei der vergangenen Wahl der Fall war.[72]

Unsere Erkundung der letzten beiden Jahrhunderte der Geschichte Mittelamerikas zeigt, daß das wesentliche Problem der Region in der Verzögerung und der Abwehr der grundlegenden Umbrüche bestanden hat, als diese notwendig gewesen wären, oder darin, aus dem Wandel Stückwerk und Unvollständiges zu machen. Zu guter Letzt beginnt man erst ein Jahrhundert nach dem Aufstieg des Liberalismus in der Region, die Vorzüge des demokratischen politischen Wettstreits zu entdecken. Eine Erkenntnis, von der noch nicht mit Sicherheit gesagt werden kann, ob sie sich in dauerhafte Institutionen umsetzen wird.

Übersetzung: Barbara Dröscher

Anmerkungen

1 Das Kapital, Band III, MEW 47, S. 799
2 Haya de la Torre, Opinión sobre Costa Rica, in: Diario del Salvador, 24. Juni 1929, S. 3, 7.
3 In jüngster Zeit sind Kritiken an dieser Hypothese erschienen, die eine zu einseitige Beziehung zwischen dem politischen System und der agrarischen Struktur herstellt. Siehe: Samper, M.: El significado social de la caficultura costarricense y salvadoreña, in: Pérez Brignoli, H. und Samper, M. (Hrsg.): Tierra, café y sociedad. Ensayos sobre la historia agraria centroamericana, San José (FLACSO), 1994, S. 117-225 und Gudmundson, L., Señores y campesinos en la formación de la Centroamérica moderna. La tesis de Barrington Moore y la historia centroamericana, in: Taracena, A. y Piel, J.: Identidades nacionales y estado moderno en Centroamérica. San José 1995 (E.U.C.R.), S. 31-41.
4 U.S. National Archives, 813.00 6775/747, 29. Juli 1910.
5 U.S. National Archives, 813.00 Washington/120, 12. Dezember 1922 und 813.00 Washington/308, 26. November 1922.
6 Eine Interpretation der zeitgenössischen Geschichte El Salvadors in Kategorien von Reform- und Demokratiesierungszyklen, denen Perioden der Repression und Reaktion folgen, findet sich in Montgomery, T. S., Revolution in El Salvador, Origins and evolution, Boulder, Colorado: Westview Press, 1982, S. 55 ff. Eine vergleichbare Analyse macht Gordon, S., Crisis política y guerra en El Salvador, México: Siglo XXI Editores, 1989.
7 Der Begriff der „politischen Exklusion" kehrt in den wichtigsten Arbeiten über die Geschichte der Region wieder. Siehe u. a.: Torres Rivas, E. Interpretación del desarollo social centroamericano, San José: Educa, 1971, S. 86 ff.; Pérez Brignoli, H., Breve historia de Centroamérica, Madrid: Alianza Editrial, 1987, S. 113 ff., und Taracena, A., „Liberalismo y poder político en Centroamérica (1870 – 1929)", in:

Acuña Ortega, V.H. (Hrsg.), Historia general de Centroamérica. Las repúblicas agroexportadoras (Band IV), Madrid: Flacso-Quinto Centenario, 1993, S.

8 168 ff Der größte Teil der aktuellen Debatte über den demokratischen Übergang leidet an dieser Begrenzung, zum Beispiel: O'Donnell, G. et al. Transiciones desde un gobierno autoritario (4 Bände), Buenos Aires: Editorial Paidós, 1989. Eine Studie, die an dieser Norm ansetzt und die Geschichte auf die Interpretation der Übergänge zur Demokratie zentriert, ist die von Lehoucq, F., The origins of democracy in Costa Rica in comparative perspective, (Dissertation) Duke University, 1992.

9 Die Sozialwissenschaftler, die sich auf das Studium der Gegenwart konzentrieren, begehen häufig den Fehler, die Diagnose mit der Prognose zu verwechseln, die Analyse des Systems mit seinen mutmaßlichen Lösungen. Natürlich ist das verständlich, weil diejenigen, die die Gegenwart analysieren, immer ein bestimmtes unmittelbares Interesse darin haben. Weniger akzeptabel ist jedoch, wenn vergessen wird, daß jede Studie der Gegenwart durch eine Sichtweise mit mit einer gewissen zeitlichen Tiefe gewinnt. Überflüssig zu sagen, daß auch diejenigen, die die Vergangenheit analysieren, ein Interesse an der Gegenwart haben.

10 Braudel, F., Histoire et sciences sociales. La longue durée, Annales E. S. C., Nr. 4, (Oktober-Dezember 1958), S. 725-753 (deutsch: Geschichte und Sozialwissenschaften – die „longue durée", in Wehler, H.U. (Hrg.), Geschichte und Soziologie, Königstein/Ts. 1984 S.189-215.); Vilar, P., Histoire marxiste, histoire en construction, in: Le Goff, J. und Nora, P., Faire de l'histoire, (Vol. I), Paris; Editions Gallimard, 1974, S. 169-209 und Vovelle, M., L'histoire et la longue durée, in: Le Goff et al., La nouvelle histoire, Paris; Retz-C.E.P.L., 1978, S. 316-343. Selbstverständlich teilen wir die ahistorischen und deterministischen Schlußfolgerungen nicht, die Braudel und andere Repräsentanten der bekannten Annales-Schule aus dem Begriff des langen Zeitablaufs zogen, und die sich klar mit dem Begriff „unbewegliche Geschichte" fassen lassen.

11 Meléndez, C., Documentos fundamentales del siglo XIX. San José: Editorial Costa Rica, 1978, S. 61.

12 Knight, A., The mexican revolution, Cambridge: Cambridge University Press, 1986, (2 Bde.). Siehe auch vom selben Autor: Social revolution: a latin american perspective, Bulletin of Latin American Research, 9, 2 (1990), S. 175-202.

13 Pérez Brignoli, op. cit. S. 104

14 Lino Fuentes, H., Weak foundations. The economy of El Salvador in nineteenth century, Berkeley: University of California Press, 1990

15 Woodward, R.L. Rafael Carrera and the emergence of the Republic of Guatemala, 1821-1871, Athens: University of Georgia Press, 1993, S. 467 ff. Der Autor stützt sich hier auf die Daten und Folgerungen von Palmas, G., Algunas relaciones entre la iglesia y los grupos particulares durante el período de 1860 a 1870. Su incidencia en el movimiento liberal de 1871. wissenschaftliche Hausarbeit in Geschichte, Guatemala, Universidad de San Carlos, 1977

16 Acuña Ortega, V.H. y Molina, I., Historia económica y social de Costa Rica (1750-1950), San José: Editorial Porvenir, 1991

17 Torres Rivas schreibt: „Der soziale Inhalt der 'politischen Klasse' variiert auf die Dauer nicht wesentlich. Die Kaffeebourgeoisie duldete die Macht der Großgrundbesitzer und der Zwischenhändler, indem sie sich mit dieser mischte oder ihre Interessen mit dem Prozeß der 'nach außen gerichteten' Entwicklung in Einklang brachte, und die anderen sozialen Sektoren ausschloß und beherrschte." op.cit. S. 86

18 Die komplexen konfliktreichen und kooperativen Beziehungen zwischen dem Diktator und dem privaten Sektor sind von Walter, K. analysiert worden: The regime of Anastasio Somoza, 1936-1956, Chapell Hill: University of North Carolina Press, 1993, 303 f.

19 Bulmer-Thomas, V., The political economy of Central America since 1920, Cambridge: Cambridge University Press, 1987, S.278 ff. und Vilas, C., Mercados, estados y revoluciones. Centroamérica 1950 -1990, México: U.N.A.M. – Centro de Investigaciones Interdisciplinarias en Humanidades, 1994, S. 84 ff

20 Dosal, P.J., Doing business with the dictators. A political history of United Fruit in Guatemala, 1899-1944, Wilmington, Delaware: Scholarly Resources Inc., 1993, 256 p.

21 Paige, J. M., Coffee and politics in Central America, in: Tardanico, R. (Hrsg.) Crisis in the Caribbean Basin, Newbury Park: Sage Publications, 1987, S. 141-190.

22 Touraine, A., La voix et le regard, Paris: Éditions du Seuil, 1978, S. 56 ff

23 Casaus, Arzu, M. E., La metamorfosis de las oligarquías centroamericanas, in: Casaus Arzu, M. E. und Castillo Quintana, R. (Hrg.), Centroamérica. Balance de la década de los 80, una perspectiva regional, Madrid: Fundación CEDEAL, 1993, S. 265-322

24 Macpherson, C. B., Nachruf auf die liberale Demokratie, Frankfurt 1983, S. 15. Siehe auch: Carens, J. H. (Ed.), Democracy and possessive individualism. The intellectual legacy of C. B. Macpherson, Albany: State University of New York Press, 1993, S. 298 f. In diesem Sinn ist das Konzept der „politischen Kultur" nützlich und angemessen, um die politischen Systeme zu analysieren. Ungeachtet dessen, daß in die in den klassischen Studien der politischen Kultur angewandte Methodologie der Befragung eher strittig ist, scheint es angebrachter, die politischen Akteure nach dem, was sie machen, als nach dem, was sie sagen, zu beurteilen. Siehe dazu: Almond, G. y Verba, S. The civic culture: political attitudes and democracy in five nations, Princeton: Princeton University Press, 1963 und von denselben Autoren, The civic culture revisited, Boston: Little, Brown und Co., 1980

25 Safford, F., The problem of political order in early republican Spanish America, Journal of Latin American Studies, 24 (Suppl.), 1992, S.83-97

26 Carranza Pinto,R., Apuntes y memorias del decano del periodismo costarricense, in: Academia de Geografia e historia de Costa Rica, Documentos históricos. Edición en ocasión del 50 aniversario, San José: Imprenta Nacional, 1990, S. 158

27 Lainfiesta, F., Mis memorias, Guatemala: Academia de Geografía e Historia de Guatemala, 1980, S. 490-491

28 Taracena, a.a.O., S.172:" Die individuellen Verfassungsrechte wurden immer verletzt und wurden dem Fortschritt des ökonomischen Modells und der Sicherung der Machtpositionen des Caudillos, des Diktators oder Präsidenten geopfert.."

29 Lainfiesta, op. cit. S. 563
30 Walter, K., La problemática del estado nacional en Nicaragua, in: Taracena und Piel, op. Cit.,. S. 165-177
31 Samper, M., Fuerzas políticas y procesos sociopolíticos en Costa Rica, 1921-1936, Revista de Historia, Sondernummer (1988), S. 157- 222
32 Iglesias, R., Autobiografia, in Rodriguez, E., El pensamiento liberal. Antología, San José: Editorial Costa Rica 1979, S. 373
33 Guzman, E., Diario Intimo, Managua: Tipografía Nacional, 1912, S. XV
34 Guerra, F.-X., The Spanish-American tradition of representation and its European roots, Journal of Latin American Studies, 26 (Februar 1994), S. 1-3 und ders., Modernidad e Independencias. Ensayos sobre las revoluciones hispánicas, México: Fondo de Cultura Económica, 1993, S. 406
35 Gudmundson, L., Sociedad y política, in: Pérez Brignoli, H. (Ed.) Historia general de Centroamérica. De la ilustración al liberalismo, 1750-1870 (Band III), Madrid: Flacso-Quinto Centenario, 1993, S.211
36 Montúfar, L., Memorias autobiográficas, San José: Libro Libre, 1988, S.104
37 Chamorro, E., El último caudillo. Autobiografía, Managua: Ediciones del Partido Conservador Demócrata, 1983, S.84 ff
38 Acuña Ortega, V. H., Historia del vocabulario político en Costa Rica. Estado, república, nación y democracia, in: Taracena y Piel, a. a. O., S. 63-74
39 Roman, A. C., Las finanzas públicas de Costa Rica: metodología y fuentes (1870-1948), San José: CIHAC-UCR, 1995, S. 103. Das ist die beste vorliegende Arbeit in der Region über das Thema. Siehe auch: Euraque, D., Los recursos del estado hondureño 1830-1970, in: Taracena y Piel op.cit., S.135-150; Mc Creery, D., Rural Guatemala 1760-1940, Stanford: Stanford University Press, 1994, S. 177 und U. S. National Archives 813.00 Washington, 28. November 1922, ein Dokument, das eine Studie über die öffentlichen Finanzen in Guatemala enthält.
40 Brendes, L., La nacionalización de la banca en Costa Rica, San José: Flacso, 1990
41 U.S. National Archives 813,105, 24. November 1922 und 813.20/4, 14. Februar 1934
42 Funes, M., Los deliberantes. El poder militar en Honduras, Tegucigalpa: Editorial Guaymuras,1995. S. 422 f.
43 Williams, R. G., States and social evolution. Coffee and the rise of national governments in Central America, Chapel Hill: University of North Carolina Press, 1994, S. 230 ff
44 U. S. National Archives 813.20/2, 29. November 1922 und 813.00/1257, 24. September 1931 und Muñoz, M., El estado y la abolición del ejército, 1914-1949, San José: Editorial Porvenir, 1990
45 Base de datos del Censo de 1927, San José: UCR-CIHAC, 1993.
46 Lynch, J., Caudillos en Hispoamérica, 1800-1850, Madrid: Editorial MAPFRE, 1993, S. 569 f.
47 Munro, D., The five republics of Central America, New York: Oxford University Press, 1918, S. 106

48 Burns, E. B., The intellectual infrastructure of modernization in El Salvador, 1870-1900. The Americas, 41, 3 (Januar 1985), S. 57-82
49 Eisenstadt, S. N. und Lemarchand, R. (Eds.), Political clientelism, patronage and development, London, 1981
50 Grieb, K., Guatemala caudillo. The regime of Jorge Ubico, Athens: Ohio University Press, 1979, S. 37 ff; Gleijeses, P., Shattered hope. The guatemalan revolution and the United States, 1944-1954, Princeton: Princeton University Press, 1991, S.14; Arévalo Martinez, R., Ecce Pericles, Guatemala Tipografía Nacional, S.97
51 Woodward, op. cit, S. 463
52 Lauria, A., Los indígenas de Cojutepeque, la política faccional y el estado nacional en El Salvador, 1830-1890, in: Taracena y Piel op. cit., S. 237-252. Diese exzellente Studio liefert umfangreiches Material gegen die These der politischen Exklusion der untergeordneten Klassen auf dem Land.
53 Barahona, M., Honduras. El estado fragmentado (1839-1876), in: Taracena und Piel, op.cit., S. 97-114
54 Burns, E. B., Patriarch and the folk. The emergence of Nicaragua, 1798-1858, Cambridge, Mass.: Harvard University Press, 1991
55 Dieser theoretisch-methodische Blickwinkel, der die Rolle der untergeordneten Klassen in die Bildung der Nationalstaaten Lateinamerikas einbringt, ist als „politische Geschichte von unten" bezeichnet worden. Siehe: Mallon, F. E., Peasant and nation. The making of postcolonial Mexico and Peru, Berkeley: University of California Press, 1995, S. 472.
56 Lainfiesta, op. cit., S. 172-173
57 Acuña Ortega, V. H., La ideología de los pequeños y medianos productores cafetaleros costarricenses (1900-1961), Revista de Historia, 16, (Juli-Dezember 1987), S. 137-159
58 Palmer, S., A liberal discipline: inventing nations in Guatemala and Costa Rica, 1870-1900, (Dissertation) New York: Columbia University, 1990; Acuña Ortega, V. H., Clases subalternas y movimientos sociales en Centroamérica (1870-1930), in: ders. (Hrg.), op. cit., S. 255-323 und ders., Nación y clase obrera en Centroamérica en la época liberal (1870-1930), Avances de Investigación No. 66, San José: UCR-CIH., 1993, S.22 f
59 Gould, J., To lead as equals. Rural protest and political consciousness in Chinandega, Nicaragua, 1912-1979, Chapel Hill: University of North Carolina Press, 1991, S. 377 f. und ders., Nicaragua, in: Bethell, L. und Roxborough, I. (Hrg.), Latin America between the Second World War and the Cold War, Cambridge: Cambridge University Press, 1992, S. 243-279
60 Walter, K. y Williams, PH. J., The military and democratization in El Salvador, Journal of Interamerican Studies and World Affairs, 35, 1 (1993), S.39-88
61 Alvarenga, P., Reshaping the ethics of power. A history of violence in western rural El Salvador, 1880-1932, (Dissertation) University of Wisconsin, 1994
62 Evelyne Huber Stephens entwickelt diese These zur strategischen Rolle der mittleren Sektoren bei der Einführung der Demokratie in origineller und profunder Weise.

Siehe Stephens, E. H., Capitalist development and democracy in South America, in: Politics and Society, 17, 3 (1989), S. 281-352 und dies., Democracy in Latin America: recent developments in comparative historical perspective, in: Latin American Research Review, XXV, 2 (1990), S. 157-176.

63 Dieses Nichtzusammenkommen scheint einer der Gründe für die Niederlage des reformistischen Projekts in Guatemala 1954 gewesen zu sein. Wie der Expräsident von Mexiko, Lázaro Cárdenas, sagte, hat Guatemala eine städtische Revolution in einem ländlichen Land gemacht, siehe Handy, op.cit., S. 48

64 Día a día. Los agitadores en Centroamérica, Diario del Salvador, 20. April 1921, S.1

65 Nach Héctor Lindo verfügte der Präsident von El Salvador in der Mitte des 19. Jahrhunderts über „nur zwei Minister und ein Dutzend von Personen in seinen Büros, eingeschlossen den Boten", siehe: Lindo, H., Los límites del poder en la era de Barrios, in: Taracena und Piel, op.cit., S. 90

66 Guzmán, E., Diario Intimo, Managua: Sonderdruck der Revista Conservadora, 1960-1964, S. 160. Derart wertet der Autor das Regime des Justo Rufino Barrios. Die Fragwürdigkeit dieser Politiker wird hier durch Guzmán beißend porträtiert: „Die Männer des tonangebenden Zirkels, gebildet aus den kultiviertesten Liberalen und feinsten Personen, gehen niemals zu den Stieren und betrachten mißbilligend die Vielen, die an den Stierkämpfen teilnehmen, eine Zerstreuung, die sie als barbarisch bewerten und zivilisierter Personen unwürdig. Es versetzt sie in Schrecken zu sehen, wie ein Tier mit einem Degenstoß getötet wird. Dabei macht es ihnen nicht den leichtesten Eindruck, Hunderte von menschlichen Wesen am Galgen sterben zu sehen." ebd., S.139. Dieses außergewöhnliche Dokument erfaßt die Periode von 1875 bis 1903.

67 Villagrán Kramer, F., Biografía política de Guatemala. Los pactos políticos de 1944 a 1970, Guatemala: FLACSO, 1994, S. 58

68 Alvarenga, op. cit., S.56 ff

69 Molina, I., El 89 de Costa Rica: otra interpretación del levantamiento del 7 de noviembre de 1889, San José: CIH-UCR, Avances de Investigación, No. 49, 1989

70 Casaus Arzú, M. E., Guatemala: linaje y racismo, San José: FLACSO, 1992, S. 343

71 Diskin, M., Campesinos e indios: nuevos sujetos históricos en Centroamérica, in: Vilas, C., Democracia emergente en Centroamérica, Mexiko: Universidad Nacional Autónoma de México, 1993, S.65-83. Der Autor stellt fest, daß diese Gruppen sich in den zwei letzten Dekaden nicht über die Eliten mobilisierten, sondern vermittelt über eigene direkte Aktionen. In diesem Sinn stimmt er mit unserer Analyse über den Eintritt in die moderne Politik überein. Es liegt auf der Hand, daß wir die Annahme, derzufolge die Indios und Bauern in den vorhergehenden Etappen der Geschichte des Isthmus nicht Subjekte gewesen seien, nicht akzeptieren.

72 Córdova Macías, R., El Salvador en Transición: el proceso de paz y las elecciones generales de marzo de 1994, in: Polémica (Guatemala), Dritte Epoche, 1 (Jan.-Juni 1994), S. 19-40

Manuel Rojas Bolaños

Die Konsolidierung der Demokratie in Mittelamerika: Eine schwierige Aufgabe

Der Kampf um die Demokratie in Mittelamerika währt nun schon mehr als eineinhalb Jahrhunderte. In den vierziger Jahren erlangte dieser Kampf mit dem Sturz der Diktaturen in Guatemala, El Salvador und Honduras sowie der politischen Öffnung in Costa Rica eine einzigartige Bedeutung. Und trotzdem zerschlugen sich die demokratischen und reformistischen Projekte in fast allen diesen Ländern an der Unnachgiebigkeit derjenigen Gruppen, die Macht und Reichtum unrechtmäßig in ihren Händen halten.

Den Demokratisierungsversuchen wurde bald ein Ende gesetzt, weil es unmöglich war, Reformen der Sozialstruktur zu realisieren, die diesen Demokratisierungsprojekten die nötige Unterstützung verschafft hätten. Damit begann eine Periode, in der gleichzeitig verschiedene Regierungsformen nebeneinander bestanden. Die Bandbreite reichte dabei von politischen Demokratien mit Beschränkungen unterschiedlichen Grades bis zu offenen Diktaturen. Abgesehen von Costa Rica entwickelten sich die Regime in der Periode von 1944 bis 1979 überwiegend in Richtung verstärkter politischer Repression und sozialer Ungleichheit. Im Zuge dieser Entwicklung wurden die alten Parteien und die demokratieorientierten Gruppen aus Intellektuellen, Politikern und liberalen bzw. sozialdemokratischen Freiberuflern Schritt für Schritt geschwächt. Ihr Platz wurde von aufständischen Bewegungen marxistischer Prägung eingenommen. Der Sieg der kubanischen Revolution von 1959 spielte in diesem politischen Austauschprozeß eine entscheidende Rolle.

Die Idee gewann an Einfluß, daß der einzige Weg, die Demokratie in Mittelamerika zu errichten, die soziale Revolution sei, und die liberale bzw. reformistische Auffassung von Demokratie verlor an Gewicht. Isoliert von der globalen sozialen Transformation wurde der Kampf um die politische Demokratie nun nicht nur sekundär, sondern kehrte sich für einige politische Sektoren, Intellektuelle und politische Führer von Volksbewegungen in ein reaktionäres Postulat um. Der Aufschwung der revolutionären Kräfte führte zusammen mit der Reaktion der von den USA unterstützten konservativen Kräfte zu einer Art Trennung von „Spreu und Weizen" innerhalb der politischen Bewegungen: auf der einen Seite diejenigen, die ihre Möglichkeiten aufgrund der momentanen historischen Situation beschränkt sahen – also die rein Demokratieorientierten – und auf der anderen Seite jene, die weit über den durch interne und externe Bedingungen der Region markierten Horizont hinauszugehen schienen, über keinen anderen Horizont übrigens, als den eingeschränkter Veränderungen, wie die spätere Entwicklung der Ereignisse erweisen sollte.

Irgendwie verlor sich in dieser Spaltung das politische Zentrum. Der Sieg der Guerrilla 1979 in Nicaragua bildete bis zu einem bestimmten Grad eine Art Pol bzw. Modell für die bewaffneten Bewegungen in El Salvador und Guatemala sowie für die politischen Parteien der Linken in Honduras und Costa Rica. In der Losung „wenn Nicaragua gesiegt hat, wird El Salvador siegen", ist der Geist jener Epoche zusammengefaßt.

Auch wenn Torres-Rivas feststellt, daß in Mittelamerika „der Wille zur Demokratie Wurzeln im Volk hat ..."[1], so ist es doch nicht von der Hand zu weisen, daß die politische Beteiligung der Unterschichten aufgrund von Repression, Paternalismus und Kooptation lange Zeit hindurch vage blieb und diese Sektoren erst spät als unabhängige Akteure mit deutlichen Konturen in die politische Arena einbrachen. Dieses Eindringen der unteren Schichten der Bevölkerung ist für den Charakter der Kämpfe seit Ende der 60er Jahre kennzeichnend. So kann man drei unterschiedliche Versuche der Demokratisierung in der jüngsten Geschichte Mittelamerikas benennen: Der erste begann, wie wir bereits gezeigt haben, in den 40er Jahren in den meisten Ländern der Region, aber er führte nicht weit: nur in Costa Rica wurden mit Unterstützung durch einen interventionistischen Staat und durch ein Reihe von öffentlichen politischen Maßnahmen, die die Entwicklung einer starken Mittelschicht begünstigten und den Ausbau der öffentlichen Institutionen vorantrieben, die Spielregeln der Demokratie erweitert und allgemein anerkannt. Im Rest der Länder waren die politischen Öffnungen begrenzt oder fanden überhaupt nicht statt, obwohl bis Ende der 60er Jahre die demokratischen Gruppierungen, die in der Hitze des Prozesses der 40er Jahre entstanden waren, die Hoffnung wachhielten, daß eine politisch offenere und sozial weniger ungleiche Gesellschaft erreichbar sei.

Ein zweiter Prozeß setzte zu Beginn der 60er Jahre unter dem Einfluß der kubanischen Revolution ein. Die alten demokratischen Gruppierungen wurden von Parteien und Bewegungen abgelöst, die im revolutionären Krieg den einzigen Weg sahen, die Allianz aus Militärs und Oligarchien, die sich mit den nordamerikanischen Interessen in der Region verbündet hatte, zu entmachten. Diejenigen Parteien und Gruppen, die Prinzipien der liberalen Demokratie oder der Sozialdemokratie vertraten, wurden von Bewegungen, die eine soziale Revolution und die Volksdemokratie anstrebten, in den Hintergrund gedrängt. Wie schon gesagt, war

die zunehmende Einbeziehung der Unterschichten in den städtischen wie ländlichen Kampf charakteristisch für diesen Prozeß.
Der dritte Versuch begann 1979. Die siegreiche sandinistische Revolution hatte enorme Erwartungen über die Möglichkeit geweckt, die repressiven Regierungen der Region zu stürzen und gleichzeitig die soziale Ungleichheit und die ökonomische Rückständigkeit zu beseitigen. Die Öffnung, die sich in Nicaragua ereignet hatte, sowie das Erstarken der Guerrillabewegungen erzeugten einen enormen Druck auf die autoritären Regierungen El Salvadors, Guatemalas und Honduras. Diese sahen sich gezwungen, ihre Fassaden aufzufrischen, indem sie ihre Verfassungen revidierten. So wurde der Weg zu gewählten Regierungen freigemacht, zwar restriktiven Charakters, doch mit einem gewissen Grad an Volksbeteiligung[2]. Trotzdem wurde gegen Mitte der 80er Jahre das regionale Panorama außerordentlich kompliziert. Der revolutionäre Impuls hatte sich abgeschwächt und die Bewegungen, die die Veränderung angestoßen hatten, schienen nicht in der Lage zu sein, die Koalition der nationalen und internationalen Kräfte, die sich gebildet hatte, auszuheben; eine Koalition, die umgekehrt aber auch nicht die Kraft besaß, die revolutionäre Bewegung zu zerschlagen, zumindest nicht schnell. Gramsci paraphrasierend kann man sagen[3]: weder verschwand der repressive und ausschließende Charakter der alten Regimes in Guatemala und El Salvador, noch entstand die „democracia popular", die der sozialen Ungleichheit in einem Klima ausgedehnter politischer Freiheiten ein Ende gesetzt hätte. Was sich am Horizont abzeichnete, waren die Ausdehnung des Krieges in der Region oder ein „Frieden" unter ausländischer Kontrolle.
Diese düstere Aussicht bildete den Kontext, in dem nach und nach die Notwendigkeit der paktierten Errichtung politischer Demokratien Gestalt annahm, was dann auch zu den Verhandlungen führte, die im Rahmen von Esquipulas II stattfanden. Tatsächlich scheint dieses Gipfeltreffen vom August 1987 mit seinen Auswirkungen auf die Befriedung und Öffnung zur Demokratie eine grundsätzliche Richtungsänderung des regionalen politischen Prozesses bewirkt zu haben. Es bildete den Auftakt für die demokratischen Transitionen in der Mehrheit der Länder. Ausgehend von eingeschränkten Demokratien und volkstümlichen Experimenten scheinen diese Gesellschaften nun auf dem Weg zu einer Konsolidierung der Demokratien als Ausdruck einer veränderten politischen Macht zu sein, einer politischen Macht, die die allgemeinen Interessen der Gemeinschaft in der Form der liberalen Demokratien ausdrückt. Möglicherweise setzte der Wandel viel früher ein, aber Esquipulas II ist der Wendepunkt in den Auseinandersetzungen in den 80er Jahren.[4]
Die Niederlage der Sandinisten im Februar 1990, das Debakel der sozialistischen Welt, das die revolutionären Bewegungen als ideologische Waisenkinder zurückließ und die Vereinbarungen von Chapultepec, die der Guerrillabewegung El

Salvadors ein Ende setzten, haben zweifellos den in Esquipulas II begonnenen
Prozeß gestärkt. Die neuen Demokratien Mittelamerikas erscheinen demnach als
ein gemeinsames Produkt der Handlungen der sozialen Bewegungen und der
Vereinbarungen bzw. Pakte zwischen den Eliten, die nur teilweise die Forderungen der Massen berücksichtigen. Dadurch enthalten die Transitionen einen hohen Grad an Instabilität. Nicaragua scheint der deutlichste Fall zu sein.
Schließlich bleibt zu fragen, welches die Charakteristika des nach Esquipulas II
herausgebildeten Demokratiemodells sind. Welches sind die institutionellen, politischen, kulturellen und ökonomischen Voraussetzungen für die erfolgreiche
Einführung des Modells? Und worin liegen die Schwierigkeiten und Hindernisse
für eine demokratische Stabilisierung dieser Art in der Region?

Das Modell Esquipulas II

Aus der gemeinsamen Abschlußerklärung der Präsidenten lassen sich einige
grundlegende Elemente für ein für die Länder Mittelamerikas wünschenswertes
Demokratiemodell herauslesen. So heißt es in dem auf dem Dokument des Gipfels vom August 1987:

„Die Regierungen verpflichten sich, einen wahrhaft demokratisch-pluralistischen und
partizipativen Prozeß einzuleiten. Sie werden in überprüfbarer Weise Maßnahmen zur
Errichtung und gegebenenfalls zur Perfektionierung der repräsentativen und pluralistischen
demokratischen Systeme ergreifen, die die Bildung politischer Parteien und die wirksame
Beteiligung der Bevölkerung am Entscheidungsprozeß garantieren und den verschiedenen politischen Strömungen freien Zugang zu sauberen und regelmäßigen Wahlen auf der
Grundlage der vollständigen Beachtung der staatsbürgerlichen Rechte sichern."[5]

Bezeichnend sind hieran folgende Aspekte: An erster Stelle freie, pluralistische
und saubere Wahlen, was nicht nur die Einrichtung geeigneter Kontrollmechanismen, sondern auch die umfassende Organisations- und Handlungsfreiheit der
verschiedenen politischen Gruppierungen impliziert. An zweiter Stelle die vollständige Durchsetzung des Rechtsstaates, was die Achtung der allgemeinen Freiheiten, die Beseitigung der Vorzensur und die freie Betätigung der Kommunikationsmedien unter welchem politischen Vorzeichen auch immer beinhaltet.
Schließlich wird die Schaffung eines Wohlstandssystems sowie ökonomische und
soziale Gerechtigkeit, die eine Konsolidierung der Demokratie erlauben würde,
angesprochen. Trotz dieser Hinweise auf die sozialen Aspekte überwiegen die
politischen in der Deklaration, was sich aus den Besonderheiten der Entwicklung
von 1987 erklärt. In nachfolgenden Treffen schenkten die Präsidenten den sozialen Aspekten mehr Beachtung, besonders in bezug auf die Lösung unmittelbarer
Probleme wie etwa die Betreuung der Vertriebenen und anderer Folgeprobleme
des Krieges. Aber bald verlor sich die Sorge um die sozialen Voraussetzungen

des demokratischen Modells, das man errichten wollte, in vagen Hinweisen auf die Entwicklung, die schließlich durch die konzeptionelle Doppeldeutigkeit des Ausdrucks „nachhaltige Entwicklung" ersetzt wurde.

In allgemeinen Begriffen gleicht das vorgeschlagene Modell dem, was Dahl „Polyarchie" nennt, das die Kategorie Demokratie für die Beschreibung eines politischen Systems reserviert, in dem die öffentliche Debatte und die staatsbürgerliche Beteiligung keinerlei Restriktionen unterliegen. So verstanden ist Demokratie eine Art Utopie, während mit Polyarchie die vorherrschende Regierungsform in den sogenannten westlichen Demokratien bezeichnet wird, da keine von diesen die „höchste" Stufe der Demokratie erreicht hat. Nach Dahl ist die Polyarchie auf der allgemeinsten Ebene durch zwei hervorstechende Charakterzüge gekennzeichnet: die Ausbreitung effektiver staatsbürgerlicher Rechte auf einen vergleichsweise hohen Anteil der Erwachsenen und das Recht auf Opposition gegenüber den hohen Amtsträgern der Regierung und die Berechtigung, diese durch Wahlen zur Aufgabe ihrer Ämter zu zwingen.[6]

Sieben Bedingungen müssen nach dem Autor institutionalisiert sein, um eine politische Regime als Polyarchie bezeichnen zu können[7]: 1. die wichtigsten für die öffentlichen Entscheidungen verantwortlichen Funktionäre werden von der Bevölkerung gewählt; 2. Diese Wahlen werden regelmäßig und in freien und unparteiischen Verfahren abgehalten; 3. Die Mehrheit der Erwachsenen besitzt das Wahlrecht und den Status des Staatsbürgers; 4. alle Staatsbürger haben das Recht, politische Ämter auszuüben, auch wenn dazu weitere Voraussetzungen erfüllt sein müssen; 5. es besteht eine umfassende politische Meinungsfreiheit; 6. es gibt eine gesetzlich geschützte Informationsvielfalt; 7. die Staatsbürger haben eine ausgedehnte Organisationsfreiheit, um sich in Vereinigungen und Organisationen, wie politische Parteien und Interessengruppen, zusammenschließen zu können und so ihre Rechte zu schützen oder einzuklagen. Terry Lynn Karl fügt dem die zivile Kontrolle über die Militärs als ein besonders in Lateinamerika zu berücksichtigendes grundlegendes Element hinzu.[8]

Die von Dahl benannten Institutionen entstehen nicht über Nacht – wenigstens nicht im Sinne eines vollkommenen Funktionierens: Sie sind das Ergebnis eines Prozesses von mittelfristiger oder langer Dauer, in dem zugleich die Spielregeln der Demokratie Geltung erlangen und auch von den verschiedenen sozialen Sektoren verinnerlicht werden. Dennoch ist es möglich, die Institutionen auf der Grundlage von Vereinbarungen und Pakten zwischen den politischen Kräften zu errichten und einen demokratischen Prozeß zu initiieren. Für die strategischen Akteure bedeutet das auf kurze Sicht, daß sie Anstrengungen unternehmen müssen, um sich innerhalb der Grenzen der geschaffenen Institutionen zu bewegen, auch wenn das Konzessionen abverlangt, die unter anderen Umständen schwerlich gemacht werden würden.[9] Entsprechend hat Schmitter daraufhingewiesen, daß „das Dilemma der Konsolidierung im wesentlichen darin besteht, eine Reihe von Institutionen zu schaffen, denen die Politiker zustimmen und die bei den Staatsbürgern Unterstützung finden."[10] Deshalb ist der politische Wille der Akteure in der Etappe des Übergangs und in den ersten Phase der Konsolidierung ein Faktor von grundlegender Bedeutung. Mittel- und langfristig werden zur Konsolidierung der Demokratie auch die anderen Unterstützungsfaktoren benötigt, darunter die ökonomische Entwicklung, die Verteilung des Reichtums und der Zugang zu Dienstleistungen im Gesundheits- und Erziehungsbereich. Ein Wort von Rustow aufnehmend,[11] ließe sich zwischen den Bedingungen, die die Demokratie möglich machen und denen, die sie zur Blüte bringen, unterscheiden. Nur auf lange Sicht ist die Entwicklung einer Gesamtheit von Institutionen und der von den Demokratietheoretikern genannten Bedingungen zu erwarten, wozu auch eine demokratische politische Kultur gehört. Kurz- und mittelfristig kann man nur auf einzelne Entwicklungen hoffen, oder, um es mit Schmitter zu sagen[12], auf die Konsolidierung von „partiellen Regimes".

In diesem Sinn kann eine Einschätzung der Möglichkeiten der Demokratisierung in Mittelamerika sich nicht auf die Prüfung der in den 80er Jahren vollzogenen institutionellen Veränderungen beschränken, die Freiräume eröffnete, wie sie in den vorausgegangenen Perioden – v. a. in El Salvador und Nicaragua – nicht bestanden hatten, sondern sie muß auch die verschiedenen Formen der Beziehungen zwischen den sozialen Akteuren betrachten, von deren Haltung das Überleben dieser Freiräume weitgehend abhängt. Ebenso muß sie auf den sozioökonomischen Kontext eingehen, innerhalb dessen die Konsolidierung der Demokratie in der Region stattfinden soll.

Die institutionellen Bedingungen

Zu den wesentlichen Aufgaben im Prozeß der fortschreitenden politischen Öffnung gehören die Reform und die Schaffung von Institutionen, die Beziehungen zwischen den Akteuren im Rahmen der demokratischen Spielregeln ermöglichen.

Verfassungsmäßiger Rahmen und Wahlgesetzgebung

Die gegenwärtigen politischen Regimes Mittelamerikas entstanden fast alle auf der Basis von Verfassungen, die in den ersten Jahren des vergangenen Jahrzehnts erarbeitet worden sind. In vier der fünf Länder wurden die Verfassungen in den 80er Jahren in Kraft gesetzt: Honduras am 11. 1. 1982; in El Salvador am 15. 12. 1983; in Guatemala am 31. 5. 1985 und in Nicaragua am 19. 11. 1986[13]. Die Einberufung von verfassunggebenden Versammlungen und die Verabschiedung von

Verfassungen stellt keineswegs eine Neuerung in Mittelamerika dar, wo Verfassungen seit 1821 in Überfülle vorhanden waren. Das Problem bestand nicht im Mangel an derartigen Rahmenvorgaben, sondern in ihrer Anwendung. Obwohl sie in konfliktreichen Zeiten verabschiedet wurden, eröffneten die Texte diesmal Möglichkeiten zur politischen Modernisierung, denn sie beinhalteten Grundsätze, die bei veränderter politischer Konjunktur keine rein formalen Deklarationen blieben, sondern sich in Träger der demokratischen Entwicklung verwandelten. Bei einer Gegenüberstellung dieser Verfassungen kann man sogar feststellen, daß die costaricanische, die schon von 1949 stammt und damit die älteste von allen ist, die rückständigste ist. Obwohl sie mehrere Reformen erlebt hat, halten die Sachverständigen eine grundlegende Überarbeitung für erforderlich. Aber dafür scheint das politische Klima noch nicht reif zu sein.

Aber nicht alles ist perfekt an diesen neuen mittelamerikanischen Verfassungen. Der Umstand, daß sie in Abwesenheit einiger der wesentlichen Akteure des konfliktiven Szenarios der 80er Jahre verabschiedet wurden, brachte es mit sich, daß sie zahlreiche Bestimmungen enthalten, die noch die autoritäre Vergangenheit spiegeln und die geändert werden müssen. Garretón weist darauf hin, daß Übergangsprozesse, die ohne institutionelle Brüche vor sich gingen, unvollständig bleiben, weil „... sie autoritäre Enklaven oder institutionelle Erblasten (das Heer zum Beispiel), kulturelle Symbole oder Requisiten theatralischer Inszenierung autoritärer Regierungsformen in den entstehenden neuen Regierungsformen weiterschleppen."[14] In den Ländern Mittelamerikas, die in letzter Zeit ihre Übergänge zur Demokratie begonnen haben, fanden solche Brüche nicht statt.[15] Dies ist der Grund dafür, weshalb die politischen Institutionen eine Mischung von Elementen mitschleppen, die sich im rechtlichen Rahmen widerspiegeln, auch in den Verfassungen. Die Erbschaft der Vergangenheit wirkt als Hemmnis bei der Bewältigung drängender Probleme der Gegenwart. Jedoch würde die Überarbeitung der Verfassungen nicht notwendigerweise alle Probleme lösen. Denn die Verfassungen geben für das demokratische Zusammenleben den allgemeinen Rahmen vor und bieten keine Normen für jeden Einzelfall. Die Öffnung bestimmter Räume hängt mehr vom Kräftespiel der sozialen Akteure und den institutionellen Kulturen ab, als von den Verfassungsänderungen. Dies ist zum Beispiel bei der internen Demokratie der politischen Parteien und den Gewerkschaften der Fall.

Parallel zur Verfassungsneuordnung bemühte man sich in den vergangenen 10 Jahren in den meisten Ländern auch um die Modernisierung der Wahlgesetze und der Wahlordnungen, indem die Wahlverfahren und die Kandidateneinschreibung die Funktion der politischen Parteien und die Kontrolle der Stimmauszählung änderte. Eine vergleichende Analyse zeigt die Gemeinsamkeiten und Unterschiede in Bezug auf die Präsidentschafts-, Abgeordneten- und Kommunalwahlen, auf die Einschreibung und die Funktion der Parteien, sowie auf die Institutionalisie-

Tabelle 1
Präsidentschaftswahlsystem in Mittelamerika

Land	Mandatszeit (in Jahren)	Wahlverfahren
Guatemala Verfassung von 1985	5	Direkt; absolute Mehrheit; erlangt keiner der Kandidaten die Mehrheit, findet ein zweiter Wahlgang unter den beiden Kandidaten mit den meisten Stimmen statt, es entscheidet nun Stimmenmehrheit.
El Salvador Verfassung von 1983	5	Direkt; absolute Mehrheit; erlangt keiner der Kandidaten die Mehrheit, findet ein zweiter Wahlgang unter den beiden Kandidaten mit den meisten Stimmen statt, es entscheidet nun Stimmenmehrheit.
Honduras Verfassung von 1982	4	Direkt, einfache Mehrheit
Nicaragua Verfassung von 1986 (mit den Reformen von 1995).	5	Direkt, Mehrheit von mehr als 45% der Stimmen, erlangt keiner der Kandidaten diesen Prozentsatz, findet ein zweiter Wahlgang unter den beiden Kandidaten mit den meisten Stimmen statt, es entscheidet nun Stimmenmehrheit.
Costa Rica Verfassung von 1949	4	Direkt; Mehrheit von mehr als 40 % der Stimmen, erlangt keiner der Kandidaten diesen Prozentsatz, findet ein zweiter Wahlgang unter den beiden Kandidaten mit den meisten Stimmen statt, es entscheidet nun Stimmenmehrheit.

Quelle: Verfassungen Mittelamerikas

rung Wahlbehörden. Zum Beispiel ist die Amtsperiode der Präsidenten unterschiedlich: vier Jahre in Honduras und Costa Rica[16]; fünf Jahre in Guatemala und El Salvador und sechs Jahre in Nicaragua.[17] Auch die Wahlverfahren sind unterschiedlich: einfache Mehrheit in Honduras und Nicaragua;[18] absolute Mehrheit in Guatemala und El Salvador und Stimmenmehrheit, die 40% der Gesamtzahl der abgegebenen Stimmen überschreitet in Costa Rica.[19]
Außerdem wurden die Wahlbehörden mit mehr Autonomie ausgestattet und man hat in die Modernisierung des Wahlregisters, der Stimmabgabe und der -auszählung viel Kraft investiert, was großenteils dem Drucks von Regierungen außerhalb der Region sowie internationaler Organismen geschuldet ist. Aber die Ergebnisse sind noch keineswegs befriedigend, wie die große Zahl von Anfechtungen der Wahlprozesse und die Verzögerungen beim Informationfluß über die Resultate zeigen.
Obwohl in den Verfassungen der fünf Länder die Teilung in die drei voneinander unabhängigen Gewalten, die legislative, die exekutive und die judikative, verankert ist, ist die Regierungsform eine präsidiale. Dies ist auf die dem Präsidenten zugewiesene Macht und den wachsenden Einfluß, den dieser gegenüber den anderen beiden Gewalten erlangen konnte, zurückzuführen. In vier Ländern ist die Macht des Präsidenten allein durch die der Militärs beschränkt, wohingegen in Costa Rica eine Armee als Institution nicht besteht. Auch wenn die Polizeien in jenem Land aufgrund externer Einflüsse zu einer Art Zwitter geworden sind, so daß es ihnen schwer wird, ihre Funktion dem Auftrag entsprechend zu erfüllen, hat das „Militärische" auf der Ebene der Politik fast kein Gewicht und ist es mit dem, was im Rest der Region geschieht, nicht zu vergleichen.
Trotz der Versuche einer Reduktion der Truppenstärken und anderer Maßnahmen zur Verringerung des traditionellen Gewichts der Militärs in den mittelamerikanischen Gesellschaften, bleiben die Streitkräfte weiterhin Quelle politischer Instabilität in der Region. Dabei ist jedoch die Situation in jedem der vier Länder mit Streitkräften verschieden. In Guatemala und Honduras bleibt der quasi unbeschadete Fortbestand der Armee eine Bedrohung für die endgültige Errichtung der politischen Demokratie. Die Versprechungen der Regierung von Carlos Roberto Reina, den obligatorischen Militärdienst in Honduras abzuschaffen, sind am Widerstand der Armee gescheitert, was deutlich die Schwäche der zivilen Gewalt gegenüber den Streitkräften demonstriert. In Guatemala ist überhaupt kein Wandel in der seit einigen Jahrzehnten herrschenden Situation wahrzunehmen.
In El Salvador haben die Friedensvereinbarungen jedoch zur Auflösung der Nationalpolizei, der Nationalgarde [einer weiteren Polizeitruppe, d. Hsg.] und zur Demobilisierung von fünf schnellen Eingreifbataillonen der Infanterie, des Geheimdienstes und zur Bildung einer Ad-hoc-Kommission zur Säuberung der Streitkräfte geführt.[20] Die Truppenstärke wurde auf 31.500 vermindert und in gewissem Grade setzte sich die zivile gegenüber der militärischen Macht durch.

In Nicaragua hat eine beschleunigte Reduzierung der Truppenstärke des EPS (Sandinistischen Volksheeres) von 134.000 im Jahr 1987 auf 15.200 im Jahr 1993 stattgefunden, wie auch eine Reduzierung der Militärausgaben von 182 Mio. Dollar im Jahr 1987 auf 36,5 Mio. im Jahr 1993. Die Präsenz der Armee ist weiterhin politisch von Gewicht, aber ihre Rolle scheint aufgrund der komplizierten politischen Lage in Nicaragua eine andere als in den anderen Ländern zu sein. In der Zerbrechlichkeit des Institutionengefüges dieses Landes ist die Armee praktisch die einzige stabile Institution, die eben deshalb auch verhindert, daß die ganze Gesellschaft von Anarchie erfaßt wird.

Auf jeden Fall ist die Frage der Unterstellung der militärischen Macht unter die zivile nicht einfach eine Frage des mangelnden politischen Willens seitens der Regierungen dieser Länder oder der Unfähigkeit, sich gegenüber den Militärs durchzusetzen. Ebenso ist zu berücksichtigen, daß nicht die gesamte zivile Gesellschaft damit einverstanden ist, den Streitkräften die Rolle des Hüters der territorialen Sicherheit und Integrität zu entziehen, und daß es anderseits nicht gelungen ist, alle Funktionen, die von den Streitkräften erledigt wurden, „auf andere Institutionen, die sie auch hätten wahrnehmen können", zu übertragen.[21] Im allgemeinen stößt die Rückbildung der Armeen in Mittelamerika auf Schwierigkeiten, sowohl aufgrund des Drucks aus Militärkreisen selbst als auch aus Teilen der Gesellschaft, die die Streitkräfte als Garanten einer Ordnung im Sinne ihrer besonderen Interessen sehen.[22]

In bezug auf die Gestalt der gesetzgebenden Gewalt gibt es enorme Unterschiede zwischen den Ländern. In Guatemala und El Salvador werden die Abgeordneten über eine nationale Liste und über Wahlkreise gewählt, während sie in den anderen drei Ländern nur über Wahlkreise gewählt werden, die allgemein mit den Verwaltungsgebieten, wie Bezirk, Staat oder Departement, übereinstimmen. In allen Ländern wendet man in verschiedenen Varianten das Verhältniswahlrecht an, wie man in der folgenden Tabelle sehen kann.

Bei den Kommunalwahlen werden in den fünf Ländern unterschiedliche Systeme angewandt. Zu erwähnen ist aber, daß eine Kandidatur für die Gemeindeverwaltungen auch unabhängig von politischen Parteien möglich ist. Dieses Verfahren gibt es in Guatemala, Nicaragua und Honduras; im letztgenannten Land gilt das auch für die Einschreibung von Präsidentschafts- und Abgeordnetenkandidaturen. Es handelt sich um eine Bestimmung, die offenbar die staatsbürgerliche Partizipation an Wahlprozessen angesichts der Schwäche der Parteien fördern soll. Sie verfolgt eine demokratische Absicht, da sie die Initiative des Bürgers nicht durch den Zwang einschränkt, sich für irgendeine der bestehenden Parteien zu entscheiden oder für den ungewissen Weg der Bildung einer neuen politischen Gruppierung gemäß dem Wahlgesetz.

Tabelle 2
Systeme der Parlamentswahlen in Mittelamerika (1994)

Land	Typ des Wahlkreises	Stimmart/ Art der Liste	Verfahren der Sitzverteilung
Costa Rica	7 Mehrkandidaten-Wahlkreise	Eine Stimme. Geschlossene Liste und als Block	Einfache Stimmenmehrheit. Restliche Sitze nach Auszählen der meisten verbleibenden Stimmen
El Salvador	14 Mehrkandidaten-Wahlkreise plus ein nationaler	Zwei Stimmen; eine für die nationale Liste und eine für die Liste des Bezirks, beide Listen sind geschlossen und Blocklisten	Einfache Mehrheit, Rest der Sitze nach den meisten verbleibenden Stimmen
Guatemala	23 Mehrkandidaten-Wahlkreise plus ein nationaler	Zwei Stimmen; eine für die nationale Liste und eine für die Liste des Bezirks, beide Listen sind geschlossen und Blocklisten	d'Hondtsches Auszählungsverfahren
Honduras	18 Mehrkandidaten-Wahlkreise	Eine Stimme. Geschlossene Liste	Einfache Stimmenmehrheit. Restliche Sitze nach Auszählen der meisten verbleibenden Stimmen.
Nicaragua	1 Einkandidaten und 8 Mehrkandidaten-Wahlkreise	Eine Stimme. Geschlossene Liste und als Block	Einfache Stimmenmehrheit. Restliche Sitze nach Auszählen der meisten verbleibenden Stimmen. In den Regionen 7, 8 und 9 spezielles System der Bestimmung des Mehrheitsverhältnisses

Quelle: Nohlen, Dieter, Sistemas electorales de América Latina. Fundación Friedrich Ebert, Lima 1993, S. 49-53; Wahlregeln und -gesetze in den Ländern Mittelamerikas.

In El Salvador, Guatemala, Honduras und Nicaragua sind die Kommunen angesichts ihrer zahlreichen Funktionen tatsächlich lokale Regierungen. Deshalb ist die Demokratisierung der lokalen Macht ebenso wichtig wie die Öffnung anderer Räume für die Beteiligung der Bürger. Dagegen sind die Kommunen in Costa Rica in dieser Hinsicht keine interessanten Räume, denn sie sind nur mit geringen Kompetenzen ausgestattet und aufgrund des bestehenden Zentralismus eher Verwaltungsdienststellen zweiter Ordnung. In diesem Sinne herrscht im Vergleich mit dem Rest der Region ein Ungleichgewicht zwischen der Demokratie auf der „Makro"ebene und der „Mikro"ebene.

Das Parteiensystem

Wie wir gesehen haben, wurden große Anstrengungen zur Modernisierung der Wahlsysteme gemacht. Trotzdem scheinen die wesentlichen Instrumente einer politischen Partizipation, die Parteien – denen ja theoretisch die Rolle der Vermittlung zwischen Staat und Zivilgesellschaft zukommt -, nicht auf der Höhe der Zeit zu sein. Das läßt sich leicht aus dem Kontext erklären, in dem die demokratischen Institutionen nur ausnahmsweise funktioniert haben. Schon vor langer Zeit hat Duverger[23] darauf hingewiesen, daß eine innere Beziehung zwischen dem Auftauchen der Parteien, dem Parlamentarismus und der Entwicklung der Wahlverfahren besteht. Da die Institutionalisierung dieser Faktoren erst vor kurzem begonnen hat, kann man nicht erwarten, daß große politischen Organisationen von nationaler Ausdehnung und entsprechender mittlerer Funktionärsschicht bestünden, die die Kommunikation zwischen nationaler Führung und den Gruppen an der Basis herstellten und dem Ganzen eine Einheit gäben. Wie Bendel[24] treffend feststellte, beziehen sich viele der Kritiken an den Parteien Mittelamerikas auf Modelle, die wenig oder gar nichts mit dem tatsächlichen Umfeld in der Region zu tun haben.

In den liberalen Demokratien bilden die politischen Parteien den geeigneten Mechanismus, um Interessen innerhalb des staatlichen Institutionengefüges zu repräsentieren.[25] Sie stellen die Beziehung zwischen den Wählern und Repräsentanten her; wenigstens sind dies die Erfahrungen der Demokratien des Nordens gewesen. Im liberalen Demokratiemodell sind freie Wahlen und eine umfassende Achtung der individuellen Freiheiten grundlegend für die Festigung eines demokratischen Regimes, wie ebenso die Existenz eines funktionierenden Systems politischer Parteien. In den Übergangsprozessen zur Demokratie ist allerdings nicht zu erwarten, daß die politischen Parteien eine bestimmende Rolle spielen, da ihre Existenz unter den autoritären Regimes eher gefährdet ist. Die geschichtliche Erfahrung zeigt, daß die Organisationen, die genügend Kräfte für einen Regimewechsel mobilisieren können, anderer Art sind. Es ist anzunehmen, daß sich diese Situation in der Etappe der Konsolidierung umkehrt, wenn die Dynamik von Wahlen die Entstehung und Entwicklung politischer Parteien fördert, aber dieser Prozeß scheint in der Region noch nicht sehr gefestigt zu sein. Trotz der gegebenen widrigen Bedingungen blieb in der Mehrheit der Länder in den 80er Jahren eine Vielzahl politischer Parteien bestehen, von denen mehrere von Militärs gebildet oder unterstützt waren. Dennoch erfüllt mit Ausnahme von Honduras und Costa Rica keine Partei und noch weniger ein Parteiensystem alle Anforderungen des westlichen Modells, es sei denn, man akzeptierte die Minimaldefinition für eine Partei, die Sartori anbietet: „Eine Partei ist eine jede politische Gruppe, die sich an den Wahlen beteiligt und die über die Wahlen ihre Kandidaten in öffentliche Ämter bringt".[26] Tatsächlich sind sowohl die alten als auch die erst kürzlich entstandenen Parteien anfällige schwache Organisationen, denen es an einer wirklichen nationalen Verankerung mangelt. Diese Situation ist weithin ein Ergebnis der jahrzehntelangen Repression, aber sie ist auch ein Produkt von Gesellschaften, die aus unspezifischen und desorganisierten sozialen Sektoren bestehen, die nur gering an Politik interessiert sind.[27] Es handelt sich um eine politische und soziale Situation, die der Stärkung geeigneter Mechanismen der politischen Repräsentation nicht förderlich ist.

Vielleicht ist aus diesem Grund, wie Bendel sagt,[28] ein besseres Verständnis dessen zu erlangen, was in Mittelamerika in bezug auf die politischen Parteien und Parteiensysteme geschieht, wenn man Sartori folgt, der von "politischen Gemeinschaften im Parteiensog" spricht.[29] Auf diese Art ließe sich mit Ausnahme von Costa Rica und Honduras die Situation in Mittelamerika als im Wandel begriffen beschreiben, und zwar von einem kaum strukturierten nicht kompetitiven Zustand zu stabilen und kompetitiven Parteiensystemen, das zweiparteiisch oder mehrparteiisch sein kann, was jeweils von den nationalen Besonderheiten und selbstverständlich von den Vorgaben der Wahlsysteme abhängig ist.[30]

Wie man in der Tabelle 3 sehen kann, ist die Zahl der Parteien, die an den letzten Wahlen teilnahmen, in jedem Land hoch, doch viele Parteien sind sehr klein und systemisch unbedeutend. Wenigstens in vier der Länder scheint sich ein Wandel abzuzeichnen, der möglicherweise zur Bildung von Systemen mit zwei oder drei großen Parteien führen wird. Das scheint auch die gegenwärtige Sitzverteilung im Parlament zu bestätigen. In Guatemala verfügen beispielsweise nach den Parlamentswahlen vom August 1994 zwei Parteien über 70% der Sitze. In El Salvador verfügt die ARENA über 46,4% der Sitze, während die FMLN und die DC (Democracia Cristiana) zusammen über den gleichen Prozentsatz verfügen; in Honduras teilen sich die Nationale Partei und die Liberale Partei 98,4% der Sitze. Ähnliche Verhältnisse herrschen in Nicaragua und Costa Rica, wo zwei große Gruppierungen über 90% der Abgeordneten stellen, wenn auch die UNO (Unión Nacional Opositora) in Nicaragua genaugenommen aufgrund der Vielfalt der sie

Tabelle 3
Mittelamerika: Parteien, die an den Präsidentschaftswahlen des jeweiligen Landes teilgenommen haben.

Land	Jahr	Teilnehmende Parteien
Guatemala	1990	Demócrata Cristiano Guatemalteco Unión del Centro Nacionalista Acción Nacional Movimiento de Acción Solidaria
El Salvador	1994	Alianza Republicana Nacionalista (ARENA) Koalition aus FMLN, Convergencia Democrática (CD) und Movimiento Nacionalista Revolucionario (MNR) Demócrata Cristiano (PDC) Conciliación Nacional (PCN) Movimiento Auténtico Cristiano (MAC) Movimiento de Solidaridad Nacional (MSN) Movimiento de Unidad (MU)
Honduras	1994	Nacional Liberal Partido de Inovación y Unidad Demócrata Cristiano de Honduras
Nicaragua	1990	FSLN Unión Nacional Opositora (UNO), bestehend aus 14 Parteien (*) Movimiento Unido Revolucionario Partido Social Cristiano Partido Unionista Centroamericano
Costa Rica	1994	Liberación Nacional Unidad Social Cristiana Fuerza Democrática Alianza Nacional Cristiana Unión Generaleña Unión Nacional Independiente

(*) Partido Nacional Conservador, Alianza Popular Conservadora, Partido Liberal Constitucionalista, Partido Democrático de Confianza Nacional, Partido Acción Nacional, Partido Liberal Independiente, Partido Popular Social Cristiano, Partido Socialista de Nicaragua, Partido Comunista de Nicaragua, Partido Integracionista de América Central, Partido Acción Nacional Conservadora, Movimiento Democrático Nicaragüense, Partido Liberal Auténtico, Partido Social Demócrata.

Quelle: verschiedene Veröffentlichungen.

bildenden Parteien keinen monolithischen Block darstellt, und die FLSN sich im Moment in einem Prozeß der Spaltung befindet. Aus den genannten Gründen gleicht die Mehrheit der politischen Parteien in Mittelamerika den alten Honoratiorenparteien, in denen der Personalismus die Entwicklung einer nationalen und sozialen Sicht der Probleme verhindert. Es handelt sich um Parteien, deren Aktivität übermäßig auf die Erlangung der politischen Macht oder um bedeutende Teilhabe an dieser zielt, wobei die Diskussion über wichtigere nationale Probleme und die Entwicklung von kurz- und mittelfristigen brauchbaren Lösungen vernachlässigt werden. Diese Parteien tun sich schwer damit, ihre Handlungsfähigkeit zwischen den Wahlen aufrechtzuerhalten, Verhandlungen zu führen und die Einhaltung von Vereinbarungen einzufordern oder, wenn sie Einfluß auf die öffentlichen Entscheidungen der Regierung, die sie stellen, ausüben wollen. Dies gilt selbst für Costa Rica, für das Land mit der längsten Tradition auf diesem Gebiet.

Ebenso wie die politischen Umstände in der Region in der zweien Hälfte dieses Jahrhunderts das Funktionieren der Parteien mit den gezeigten Folgen behindert hat, so hemmen andere Faktoren, deren Entwicklung. Die schwierigen sozioökonomischen Bedingungen in der Mehrheit der Länder und die Notwendigkeit der Wirtschaft, sich an die neuen Bedingungen des Weltmarktes anzupassen, lassen wenig Raum für Regierungsprogramme, die sich wesentlich von den Vorgaben der multilateralen Organismen unterscheiden. Dazu kommt, daß die makroökonomische Anpassung und die Öffnung der Märkte das Panorama weiter verkomplizieren, weil zu den bestehenden internen ungelösten Problemen neue hinzukommen. Unter diesen Bedingungen ist es nicht verwunderlich, daß Wahlversprechungen nicht erfüllt werden, und daß bei den Wählern eine „Enttäuschung über die Demokratie" um sich greift.[31]

Aber nicht nur die organisatorische und programmatische Schwäche erschwert die Schaffung relativ stabiler Parteiensysteme. Es spielen Faktoren der politischen Kultur eine Rolle. Tatsächlich hat sich in der Mehrheit der Länder Mittelamerikas eine Kultur der Intoleranz entwickelt, die das politische Spiel zu stark einengt. Die meisten der politischen Diskrepanzen überschreiten diese engen Grenzen und verwandeln sich in ein „Nullsummenspiel", das in der physischen Vernichtung des politischen Widersachers endet. In vier der fünf Länder der Region ist der politische Mord ziemlich häufig praktiziert worden, wobei der Fall Guatemala herausragt, wo die „Ernte der Gewalt" besonders hoch gewesen ist.[32] Die Unfähigkeit, im Gegenüber den politischen Widersacher und nicht den Feind zu sehen, setzt sich in der gegenwärtigen politischen Kultur fort. Auch heute sind demokratische Praktiken zur Lösung von Konflikten und eine verbreitete Achtung der Gedanken- und Organisationsfreiheit noch kein Allgemeingut. Das spiegelt sich in der Ambivalenz wider, die viele Parteien in ihren Beziehungen zu

anderen an den Tag legen. Sie haben Schwierigkeiten, die anderen als Gegenspieler im demokratischen Wettbewerb zu akzeptieren. Die Opposition lebt in dem Gefühl, keine Garantien zu haben, und ein Regierungswechsel wird von den einen wie von den anderen, wenn auch aus unterschiedlichen Gründen, als ernsthafte Bedrohung von Leben und Besitzstand betrachtet.
Der Personalismus ist ein weiterer Faktor, der gegen eine Festigung der Parteien wirkt. In einer politischen Kultur, in der der Caudillismo ein zentrales Element war, ist es schwer, starke nicht-personalistische Parteien zu finden, deren Aktivität sich nicht um eine oder wenige Personen drehten, die die Partei und ihre Ideologie verkörperten. Ohne diese würde sich die Partei in eine ausdruckslose und minoritäre Gruppierung verwandeln. Nur selten bezieht sich die Zustimmung zu der einen oder anderen Partei auf die Übereinstimmung mit einem Programm oder mit einem ideologischen Konzept, was auch ganz allgemein für die Politik gilt. Aber in Mittelamerika scheint der überkommene Caudillismo diese Tendenz zu verstärken, vor allem in der gegenwärtigen Periode der Anpassungspolitik, in der der internationale Druck die Parteien an der Aufstellung von Programmen hindert, die sich von dem sogenannten Washingtoner Konsens unterscheiden. Die Unmöglichkeit, sich programmatisch voneinander zu unterscheiden, stärkt wiederum den Personalismus.
Im „Präsidentialismus" setzt sich der Caudillismo in der Etappe der Öffnung zur Demokratie fort und verhindert so die Bildung von parteilichen Strukturen, die mehr bewerkstelligen als einfache Wahlplattformen. Wenn die Wahlen vorüber sind, verschwinden diese Plattformen wieder und lassen die siegreichen Kandidaten von jeglicher Kontrolle durch die Partei und die Verpflichtung auf die die von der Partei vorgegebene Politik völlig frei. Außerdem hängt die Nominierung der Abgeordnetenkandidaten, aufgrund der Tatsache, daß die Mehrheit der Parteien keine interne Demokratie kennt, weitgehend vom jeweiligen Caudillo ab. Das führt dazu, daß die Parlamentsfraktionen der siegreichen Parteien dem Präsidenten sehr ergeben sind. Unter diesen Bedingungen können sich die Parlamente schwerlich in Foren für die Debatte der nationalen Probleme verwandeln. Sie haben die Initiative verloren, sind halb paralysiert und ihr Mißkredit wächst, wie die Meinungsumfragen zeigen. Die Parlamente, eigentlich Arenen für das Spiel der Parteien, werden geschwächt, während die Exekutive gestärkt wird, die sich in der Person des Präsidenten verkörpert. Der extremste Fall dazu ist Guatemala, wo die Zahl der Nichtwähler bei den Parlamentswahlen vom August 1994 nahezu 80% erreichte, aber mehr oder weniger ist die Situation in den anderen Ländern der Region ähnlich, Costa Rica eingeschlossen, wo das Parlament an die Exekutive Terrain abtreten mußte.

Tabelle 4
Wahlen in Mittelamerika zwischen 1980 und 1994

Land	Art der Wahl und Datum
Guatemala	Allgemeine Wahlen 7. 3. 1982 Verfassunggebende Versammlung 10. 6. 1984 Allgemeine Wahlen (1. Wahlgang) 3. 11. 1985 Präsidentschaftswahlen (2. Wahlgang) 8. 12. 1985 Kommunale Körperschaften 24. 4. 1988 Allgemeine Wahlen (1. Wahlgang) 11. 11. 1990 Präsidentschaftswahlen (2. Wahlgang) 6. 1. 1991 Parlamentswahlen 14. 8. 1994
El Salvador	Verfassunggebende Versammlung 28. 3. 1982 Präsidentschaftswahlen (1. Wahlgang) 25. 3. 1984 Präsidentschaftswahlen (2. Wahlgang) 6. 5. 1984 Parlaments- und Kommunalwahlen 31. 3. 1985 Parlaments- und Kommunalwahlen 20. 3. 1988 Präsidentschaftswahlen 19. 3. 1989 Parlaments- und Kommunalwahlen 10. 3. 1991 Präsidentschaftswahlen 20. 2. 1994
Honduras	Verfassunggebende Versammlung 24. 4. 1980 Allgemeine Wahlen 29. 11. 1981 Allgemeine Wahlen 24. 11. 1985 Allgemeine Wahlen 26. 11. 1989 Allgemeine Wahlen 28. 11. 1993
Nicaragua	Allgemeine Wahlen und Verfassunggebende Versammlung 4. 11. 1984 Allgemeine Wahlen 25. 2. 1990 Regionale Wahlen Costa Atlántica 27. 2. 1994
Costa Rica	Allgemeine Wahlen 7. 2. 1982 Allgemeine Wahlen 2. 2. 1986 Allgemeine Wahlen 4. 2. 1990 Allgemeine Wahlen 6. 2. 1994

Quelle: FLACSO, Perfil Estadístico Centroamericano. San José 1992 und ff; Cerdas, R. u. a. (Hrg.), Una tarea inconclusa, Elecciones y democracia en América Latina, 1988-1991. San José 1992 (IIDH/CAPEL-Friedrich Naumann Stiftung), S. 708 und ff.

Wahlen

In allen Ländern Mittelamerikas finden seit den 80er Jahren reguläre Wahlen statt, wie der Tabelle 4 zu entnehmen ist. Die Mehrheit dieser Wahlprozesse war allerdings nur dem Erscheinungsbild nach demokratisch, weil sie in unter Ausschluß stattfanden und wegen der internen kriegerischen Konflikte. Um mit der Formulierung Guy Hermets[33] zu sprechen, waren es Wahlen eines „ausschließenden Parteienpluralismus". Denn es ist richtig, worauf auch Torres-Rivas hinweist[34], daß an diesen Wahlen eine relativ hohe Zahl von Parteien teilgenommen hat und auch im wesentlichen kein Wahlbetrug stattfand, – außerdem waren die meisten Kandidaten zivile Politiker –, aber ebenso richtig ist, daß die politischen Kräfte, die wie in El Salvador und Guatemala als Gefahr für die Hegemonie der herrschenden traditionellen Gruppen der Gesellschaft angesehen wurden, von den Wahlen ausgeschlossen blieben.[35] Diese Abwesenheit verschiedener politischer Kräfte von den Wahlen spiegelt sich in der hohen Wahlabstinenz, die sich bei einigen der Wahlen der achtziger Jahre beobachten lassen. In Guatemala zum Beispiel lag bei den Wahlen von 1985 der Nichtwähleranteil bei 35 %;[36] während in El Salvador nach Schätzungen bei den Präsidentschaftswahlen von 1989 dieser Anteil 44,3% betrug. Das heißt mit anderen Worten, daß es im wesentlichen keine pluralistischen kompetitiven Wahlen waren, die im westlichen Modell für demokratische Regierungsformen charakteristisch sind.[37]

In den modernen liberal-demokratischen Regimes wird vom politischen Wettbewerb und von regelmäßigen Wahlen erwartet, daß diese ein Minimum an politischer Repräsentation garantieren.[38] Das heißt, daß die verschiedenen gesellschaftlichen Gruppen in der Hoffnung an den freien Wahlen teilnehmen, Repräsentanten zu wählen, die in irgendeiner Weise ihre Interessen und Sorgen widerspiegeln. Damit der Mechanismus normal funktioniert muß die Regierung allerdings über ein Minimum von Legitimität verfügen, was den Ausschluß von Individuen und Gruppen verbietet, die potentiell zum politischen Leben gehören. Das heißt, über die formale politische Gleichheit für alle Staatsbürger hinaus muß auch Chancengleichheit bestehen, am Wettstreit um die politische Macht oder bedeutende Anteile daran teilzunehmen. Es setzt ebenso voraus, daß die bestehende soziale Ungleichheit kein Hindernis für wirkliche Partizipation der verschiedenen gesellschaftlichen Bereiche darstellt, sei es, daß die Mehrheit der Bevölkerung über ein Minimum an Wohlstand verfügte oder ein ausgeprägtes Vertrauen in die Chancengleichheit für alle Individuen bestünde, welches tatsächlich durch einen gewissen Grad an sozialer Mobilität gerechtfertigt wäre.

Es setzt ebenso voraus, daß eine weitgehende Achtung der individuellen Freiheiten (Meinungs-, Versammlungs-, Organisationsfreiheit usw.) und ein normal funktionierendes System politischer Parteien vorhanden sind. Und da für die politische Repräsentation die regelmäßige Bewertung der konkurrierenden politischen Akteure (der Parteien) wesentlich ist, ist schließlich die Durchführung freier Wahlen sehr wichtig, denn über diese werten die Wähler, in welchem Maße die Verantwortung von ihren Volksvertretern wahrgenommen worden ist. Der Machtwechsel ist so die Folge der Wahlmöglichkeit zwischen unterschiedlichen politischen Optionen.

Dieses Bündel an Gegebenheiten war in der Mehrheit der Länder in der Region in den 80er Jahren nicht vorhanden. Wie ausführlich gezeigt, war es eine Periode, in der die Wahlen nicht nur unter ständigen Einschränkungen in der Entfaltung des politischen Lebens stattfanden, sondern auch unter verallgemeinerter Gewalt, und zumindest in drei Ländern unter Kriegsbedingungen. Daraus ergibt sich die Frage, wozu die Wahlen in den 80er Jahren in der Mehrheit der Länder Mittelamerikas gedient haben?

In der Periode vor den Vereinbarungen von Esquipulas II unterschieden sich die Wahlen in ihrer Bedeutung in den meisten Ländern der Region nicht wesentlich von dem, was Hermet für die Wahlen in einem nicht- oder halbkompetitiven Zusammenhang ausführt.[39] Nach seiner Auffassung kann man die Funktionen derartiger Volksbefragungen in vier Gruppen einteilen: Die drei ersten, allerdings nicht eindeutig gegeneinander abgrenzbaren beziehen sich auf das Verhältnis, das zwischen der zentralen Macht und der Bevölkerung – oder wenn man will, zwischen Regierenden und Regierten -, besteht. Sie beziehen sich auf die legitimierende, die erziehende bzw. „einschläfernde", oder die kommunikative Funktion der Wahlen. Die vierte Funktion dagegen hängt mit der internen Sphäre der Macht zusammen, sie hat mit dem Aushandeln versteckter Konkurrenzen oder der Einschüchterung zu tun, die die Wahlen auf der Ebene der herrschenden Kamarillas bewirken.

Die Beschaffung von Legitimation bleibt in diesem Zusammenhang ein wichtiges Ziel der Regimes, selbst wenn sich deren Reichweite in den meisten Fällen nicht über die sozialen Sektoren hinaus erstreckt, die sie stützen.[40] Aber ebenso wichtig oder noch wichtiger ist die Suche nach Legitimität auf internationaler Ebene, besonders für Regimes, deren Überleben großenteils vom Spiel externer Faktoren abhängt, wie im Fall einiger Regimes der Region. Jedenfalls waren in Anbetracht des übergroßen Gewichts externer Faktoren in Mittelamerika alle Wahlen in den 80er Jahren in erster Linie in das Handlungsmuster der Regierung der Vereinigten Staaten einbezogen – im Bündnis mit den jeweiligen Streitkräften und den herrschenden Gruppen der einzelnen Länder -, um den Versuch einer Errichtung oder Stabilisierung nationalistischer und sozialorientierter Regierungen zu behindern[41] und in zweiter Linie fanden alle Wahlen, einschließlich derer in Costa Rica, in stärkerem oder geringerem Maße im allgemeinen Kontext der

bewaffneten Konfrontation statt. An dritter Stelle wurde die Legitimität der Wahlen und vor allem der Resultate wesentlich durch das Ausland zugebilligt, das heißt, sie wurden von Regierungen, Kommissionen und anderen Gruppen gewährt, die feststellten, ob die jeweiligen Wahlen sauber, oder im Gegenteil gefälscht waren. In anderen Worten, diese Wahlen standen unter der Obhut des Auslandes.
Die nach der Formulierung Hermets erzieherisch-einschläfernde Funktion ist unmittelbar mit der Legitimationsfunktion verbunden, weil neben der Schaffung der Fiktion von einer Chancengleichheit beim Zugang zur Macht, die in Wirklichkeit nicht vorhanden ist, „... das Vergesellschaftende der Wahl den Einzelnen den Eindruck vermittelt, ihnen selbst komme die Verantwortung für die Entscheidungen zu, die man ihnen auferlegt. „Die kommunikative Funktion dieses Typus von Wahlen hat damit zu tun, daß sie die Möglichkeit zur Vermehrung der Kontakte zwischen Regierenden und Regierten mit dem Ziel einer „Politisierung" bietet, die die bestehende Ordnung fördert. Schließlich erfüllen die Wahlen innerhalb der Machtspitze oder innerhalb der Eliten, die den Staat kontrollieren, die Funktion der inneren Bereinigung, der Konfliktlösung, der Auswahl von Führungspersonal und der Förderung des Selbstbildes.
Über die Wahlen in den 80er Jahren in Mittelamerika schreibt Torres-Rivas, diese stellten einen Versuch dar[42],

„die politische Macht, also die Staatsgewalt, zu *rekonstruieren*, zu *legitimieren* und zu *normalisieren*. Es ist ein eindeutiges Projekt der Autonomisierung, ohne dabei den Kern der autoritären Struktur abzubauen."

Man darf aber nicht vergessen, wie Linz betont[43], daß die Folgen der Wahlen für ein politisches System anders sein können als die Absichten der Führer oder die Motive der Wähler. Außerdem können das internationale Umfeld und die Streitigkeiten innerhalb der Kamarilla selbst der Regierung wichtige Veränderungen bei der Durchführung solcher Prozesse und in ihren Auswirkungen auf die Gesellschaft bewirken.
Etwas in dieser Art geschah bei den meisten Wahlen in Mittelamerika, insbesondere nach den Vereinbarungen von Esquipulas II und nach dem Abkommen zwischen der salvadorianischen Regierung und der FMLN. Wie Torres-Rivas zeigt[44], sind die Wahlen in den 80er Jahren in Mittelamerika,

„in Gesellschaften, in denen die Gewalt ihre Dynamik durchsetzt, ein erster Schritt, der die Distanz verringert und mit allen seinen Mängeln eine der vielen Formen politischer Betätigung installiert, um dem Bewußtsein des Bürgers das Gefühl der Mitgestaltung der Legitimität der Macht zurückzugeben."

Das Problem besteht also darin, Legitimität des Wahlmechanismus bei einem breiten Teil der mittelamerikanischen Gesellschaft zu erzeugen. Die Glaubwürdigkeit der Wahlergebnisse und allgemein der politischen Demokratisierung sind durch die Nichteinlösung der meisten Wahlversprechen seitens der gewählten Regierungen beeinträchtigt worden. Es wurden nicht nur die Versprechungen auf wirtschaftlichem Gebiet und die von einer Verbesserung der sozialen Lage für die Bevölkerungsmehrheit nicht erfüllt, sondern auch die auf Gewährung eines Rechtsstaates und der Achtung der Menschenrechte.

Die Ergebnisse der letzten Präsidentschaftswahlen zeigen, daß es der politischen Macht nicht gelingt, sich zu legitimieren: Die im November 1993 abgehaltenen Wahlen in Honduras zeigen ein starkes Anwachsen der Nichtwähler auf 41%; in El Salvador erbrachten die Präsidentschaftswahlen von 1994 einen Nichtwähleranteil von 47,7% im ersten Wahlgang und 54,5% im zweiten; in den Parlamentswahlen in Guatemala lag die Wahlabstinenz bei 78,9% und an der Atlantikküste in Nicaragua lag der Anteil der Nichtwähler bei 30%, während in Costa Rica bei den Wahlen im Februar 1994 die Wahlabstinenz sich im Bereich ihrer historischen Grenzen hielt: 18,2%.

Und wenn es auch stimmt, wie Rodolfo Cerdas feststellt, daß „die zivile Gesellschaft ... es Schritt für Schritt und nicht ohne Rückschläge, Stagnation oder Gefahren, geschafft (hat), den Militärs soziale, politische und institutionelle Räume wieder abzuringen"[45], so sind doch noch zahlreiche Aufgaben zu lösen, bevor die Wahlverfahren und die Wahlprozesse vervollkommnet sind und Legitimität erlangt haben.

Die sozialen Bedingungen

Wir haben schon darauf hingewiesen, daß die Demokratisierungsprozesse in Mittelamerika in einem Umfeld von wirtschaftlichen Schwierigkeiten, von Liberalisierung, von ausgedehnter Armut und der makroökonomischen Anpassung stattgefunden haben, Umstände also, in denen weder die soziale Situation noch das Regierungshandeln das Entstehen einer sozialen Basis für die Demokratie zu begünstigen scheinen. Auch wenn die Vereinbarungen zwischen den verschiedenen politischen Kräften in der Übergangsetappe von autoritären Regimes zu demokratischen Regierungsformen von grundlegender Bedeutung sind, zeigt die historische Erfahrung, daß die Erfolgsaussichten einer solchen Regierung in Ländern mit vergleichsweise geringer wirtschaftlicher Entwicklung auf mittlere oder lange Sicht nicht groß sind. Wenn es auch kein Ursache-Wirkungsverhältnis zwischen wirtschaftlicher Entwicklung und einer demokratischen Regierungsform gibt[46], wirken die ökonomischen Schwierigkeiten doch in dem Maße destabilisierend, in dem die Mehrheit der Gesellschaft ihre Erwartungen auf eine soziale Verbesserung nicht erfüllt sieht. Unter diesem Aspekt ist das mittelamerikanische Panorama nicht sehr ermutigend.

Die Ökonomie

Die mittelamerikanischen Volkswirtschaften haben aus makroökonomischer Perspektive ein Minimum an Stabilität erlangt, aber von einem mittel- oder langfristigen nachhaltigen Wachstum sind sie weit entfernt. Das Bruttoinlandsprodukt ist in den ersten Jahren der 90er Jahre mäßig angestiegen. Dieses Wachstum ist jedoch insgesamt geringer als das der 70er Jahre. Die Länder mit den höchsten Wachstumsraten sind Guatemala, Costa Rica und El Salvador; während in Honduras das Wachstum geringer war. Nicaragua zeigte eine ähnliches Bild wie in der vorangegangenen Dekade, d.h. Stagnation.
Diese relative Wiederbelebung der Wirtschaft war von einer deutlichen Verringerung der Inflation in den Jahren 1991 und 1992 begleitet. In den Jahren 1985 bis 1990 war die Inflationsrate in der Mehrheit der Länder zweistellig gewesen, in Nicaragua fünfstellig.[47] Allerdings hat die Last der internen und externen Schul-

Schaubild 1
Mittelamerika, BIP pro Land 1980-1992
- in Dollar von 1980

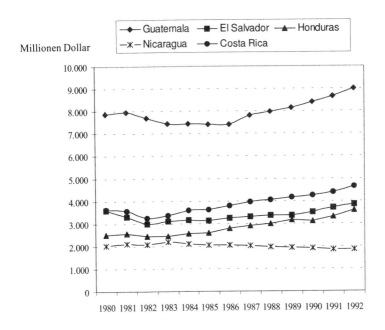

Quelle: CEPAL: Anuario Estadístico de América Latina y el Caribe, 1993.

Schaubild 2
Mittelamerika – Handelsbilanz 1985-1992 (in Millionen Dollar)

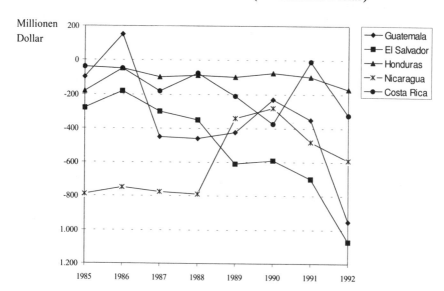

Schaubild 3
Mittelamerika – BIP pro Einwohner, 1970, 1980, 1992

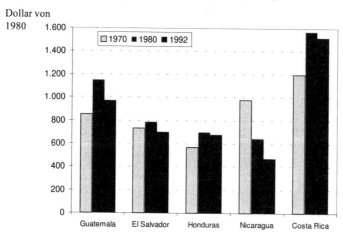

Quelle: CEPAL, Anuario Estadístico de América Latina y el Caribe, 1993

den sowie das Außenhandelsdefizit die positiven Effekte des Wachstums des BIP und der Verminderung der Inflation aufgewogen. In Costa Rica belief sich die Auslandsverschuldung im Jahr 1992 auf 57,7% des BIP; in El Salvador auf 35,4%, in Guatemala auf 19,9%, in Honduras auf 98,8% und in Nicaragua auf 612,3%.[48] Trotzdem ist die Schuldenlast mit Ausnahme der beiden letztgenannten Länder geringer als 1980.

Die Ausfuhren stiegen weiterhin an, am stärksten in Costa Rica, wo der Export 1992 um mehr als 14% anwuchs. Dennoch stieg das Auslandhandelsdefizit in allen Ländern in den 90er Jahren. 1992 lag es in Costa Rica bei 323,2 Mio. Dollar; in El Salvador bei 1065, in Guatemala bei 955,4, in Honduras bei 169,5 und bei 589,2 in Nicaragua.[49]

Was das BIP pro Kopf der Bevölkerung betrifft, zeigt sich in den 80er Jahren in allen Fällen eine negative Entwicklung; 1992 lag das BIP pro Kopf der Bevölkerung unter dem von 1980. Nach der Krise in der ersten Hälfte des Jahrzehnts begannen die Länder, die erlittenen Verluste aufzuholen, ohne jedoch das vorherige Niveau zu erreichen. Der dramatischste Fall ist der Nicaraguas, dessen BIP pro Kopf der Bevölkerung 1992 mehr als zweimal so gering ist wie 1970. In Guatemala stieg das BIP pro Einwohner seit 1985, aber noch 1992 lag es etwa um 15% niedriger als 1980; in Costa Rica, Honduras und El Salvador blieb es immer noch geringer als 1980, aber mit deutlichen Unterschieden in der Höhe zwischen dem erstgenannten Land und den anderen beiden. Costa Rica, das Land mit der größten demokratischen Tradition in der Region, erreicht das höchste BIP pro Einwohner; 1992 überstieg es das von Guatemala um 37,7%, war doppelt so hoch wie das in El Salvador und Honduras und dreimal so hoch wie das Nicaraguas.[50]

Eine vergleichbare Situation ist im Energieverbrauch zu beobachten, der nach Merkl einen verläßlichen Gradmesser der Wirtschaftsentwicklung darstellt, geeigneter noch als das BIP pro Kopf der Bevölkerung.[51] Im Fall Mittelamerikas ist

Tabelle 5
Mittelamerika – Indikatoren des Energieverbrauchs pro Einwohner, 1970-91
in Kilowattstunden

Land	1970	1980	1982	1985	1987	1988	1989	1990	1991
Costa Rica	595	977	1977	1047	1183	1176	1202	1243	1250
El Salvador	190	322	293	374	403	418	415	444	436
Guatemala	144	223	222	220	233	249	260	253	245
Honduras	119	250	274	281	266	258	253	247	240
Nicaragua	342	380	391	381	358	363	357	337	324

Quelle: CEPAL, Anuario Estadístico de América Latina y el Caribe, 1993

der Energieverbrauch in Costa Rica im Jahr 1991 fünf mal so hoch gewesen wie in Guatemala und Honduras, fast viermal so hoch wie in Nicaragua und das Doppelte von dem in El Salvador. Im allgemeinen ist bei den Ländern in Mittelamerika mit den niedrigsten sozialen Indikatoren (Guatemala und Honduras, gemäß dem Human Development Index des UNDP) der geringste Verbrauch von Energie pro Einwohner zu festzustellen.

Die Investitionen in den sozialen Bereich

Staatliche Anstrengungen im Gesundheits- und Bildungswesen hat es in Mittelamerika über Jahrzehnte anhaltend nur in Costa Rica gegeben. Hier blieben die Ausgaben für Bildung und Gesundheit trotz des Stillstandes in der Krise und der Verschlechterungen in den 80er Jahren und zu Beginn der 90er Jahren hoch. In Prozent des BIP ausgedrückt, sinken die öffentlichen Bildungsausgaben in Guatemala und El Salvador zwischen 1970 und 1990, wachsen in derselben Periode in Honduras und Costa Rica und stagnieren in Nicaragua in der Mitte der 80er Jahre nach einem starken Anstieg. Ein Vergleich der letzten verfügbaren Daten in Tabelle 6 zeigt beträchtliche Unterschiede zwischen den Ländern. Das eine Extrem bildet Costa Rica mit etwa 6,0% des BIP, das andere Guatemala (1989); dazwischen auf niedrigem Niveau El Salvador und Nicaragua, während Honduras die höchste Mittelposition einnimmt. Wahrscheinlich wären die Unterschiede noch größer, wenn man die Ausgaben pro Einwohner heranziehen würde.

Die geringe öffentliche Investition spiegelt sich in dem Grad des Analphabetismus bei Erwachsenen (Bevölkerung von 15 Jahren und mehr). Die Schätzungen der UNESCO für 1990[52] zeigen einen Analphabetismus in Costa Rica von 6%, während er in El Salvador 27,0%, in Guatemala 44,9% und in Honduras 26,9% erreicht.[53] Das heißt, in El Salvador und Honduras sind etwas mehr als ein Viertel der Bevölkerung Analphabeten und in Guatemala kann etwa die Hälfte weder schreiben noch lesen.

Der Deckungsgrad im Bereich der Grundschulbildung liegt in der Mehrheit der Länder bei fast 100%, Ausnahmen stellen Guatemala und El Salvador dar, wo er 1988, dem Jahr mit den letzten verfügbaren Daten[54], bei etwa 80% liegt. Der Deckungsgrad der Schulbildung in der Sekundarstufe ist in fast allen Ländern ziemlich niedrig: in El Salvador beträgt er 24,6% im Jahr 1991; in Guatemala 1988 22,9%, in Honduras im Jahr 1986 35,3% und in Nicaragua 1992 39,4%. In Costa Rica sind es 35,4 % im Jahr 1990, während die offiziellen Angaben 1992 ihn mit 44 % der Bevölkerung im entsprechenden Alter veranlagen. Auf der dritten, der universitären oder präuniversitären Ebene der Ausbildung sind die Unterschiede noch deutlicher ausgeprägt. Die Immatrikulierten stellen in Costa Rica 1989 26,5%, in El Salvador 16,1% (1991); in Honduras 8,6% 1990 und in Nicara-

Tabelle 6
**Mittelamerika – Öffentliche Ausgaben für Bildung in Prozent vom BIP.
Laufende Preise**

Land	1970	1975	1980	1985	1986	1987	1988	1989	1990
Costa Rica	3.4	5.5	6.2	4.1	4.3	4.7	4.4	4.5	6.0
El Salvador	2.9	3.3	3.4	2.7	2.2	2.1	2.2	2.1	2.0
Guatemala	2.0	1.5	1.8	1.2	1.4	2.2	1.4	1.3	—
Honduras	3.3	3.1	3.0	4.7	4.7	4.5	—	—	—
Nicaragua	2.3	2.5	3.5	6.6	5.8	6.1	—	—	—

Quelle: CEPAL, Anuario Estadístico de América Latina y el Caribe, 1993

gua 11,0% im Jahr 1991 der 20 bis 24jährigen. Es existieren keine Daten über Guatemala.[55]
Hinsichtlich der öffentlichen Ausgaben im Gesundheitsbereich ist die gleiche Tendenz zu beobachten wie bei den Bildungsausgaben. In Costa Rica erreichen sie 1980 11,3% des BIP und fallen auf 8,3% im Jahr 1990, im Rest der Region erhöhten sie sich nur in Nicaragua, auf 6,6% im Jahr 1986, um dann in den letzten Jahren des Jahrzehnts ebenso wie die Bildungsausgaben wieder beschleunigt zu sinken. In Guatemala beliefen sich die Ausgaben für den Gesundheitsbereich 1980 auf 1,2% und blieben dann auf dem gleichen Stand bis 1990, in El Salvador sanken sie von 1,5% des BIP 1980 auf 0,8% im Jahr 1990; und in Honduras blieben sie stabil bei 2,2% im Jahr 1980 und 1987.
Die Investitionen im Gesundheitsbereich waren in der Mehrheit der Länder außerordentlich niedrig, wiederum mit Ausnahme von Costa Rica. Die Angaben zeigen hier ein starkes Wachstum in den Jahren 1975 bis 1980, die Ausgaben, in Prozent des BIP ausgedrückt, verringerten sich dann am Anfang der 80er Jahre, blieben aber im Vergleich zum Rest der mittelamerikanischen Länder hoch. Aus dem Vergleich der letzten verfügbaren Daten (siehe Tabelle 7) ergibt sich, daß die öffentlichen Ausgaben für Gesundheit in Costa Rica acht mal so hoch sind wie in Guatemala und El Salvador und viermal so hoch wie in Honduras (1987). Diese Unterschiede in den öffentlichen Ausgaben für Gesundheit spiegeln sich in anderen Indikatoren, die die in Costa Rica sehr viel besseren Lebensbedingungen belegen. Zum Beispiel lag 1990 die Lebenserwartung bei der Geburt bei 74,9 Jahren, ungefähr zehn Jahre höher als im Rest der Länder. Die Kindersterblichkeit liegt weit unter dem regionalen Durchschnitt und die Versorgung der Bevölkerung mit Trinkwasser, die als Indikator für die sanitären Bedingungen gilt – besonders im Hinblick auf die mögliche Ausbreitung infektiöser Krankheiten –,

liegt bei 94%. In Guatemala sind es 60%, in El Salvador 41%, in Nicaragua 43% und in Honduras 52%.

Das niedrige Niveau der Gesundheits- und Bildungsausgaben entspricht einer Auffassung staatlichen Handelns, in der Umverteilungspolitik wenig Gewicht hat; diese Auffassung war in der Vergangenheit in den meisten mittelamerikanischen Ländern schon vorhanden und ist auch jetzt keineswegs unvereinbar mit den makroökonomischen Anpassungsprogrammen, die man der Region auferlegt hat. In diesem Sinn unterscheidet sich die Situation Mittelamerikas radikal von dem, was für die westlichen Demokratien charakteristisch war, die, wie Merkl zeigt[56], von einer „gemischten Wirtschaft mit erheblicher staatlicher Intervention" begleitet war, wodurch der „Prozentanteil des Bruttoinlandsprodukts, der von den Steuern absorbiert (und zum Teil umverteilt) wurde, seit den fünfziger Jahren in überraschender Weise angestiegen ist."

Mit Ausnahme Costa Ricas weist die Region ein notorisches Ungleichgewicht zwischen dem niedrigen Niveau der sozialen Investitionen und den hohen Ausgaben für militärische Zwecke auf. In den Jahren 1981-1990 „zeigen die vorliegenden Daten über Militärausgaben, daß in Guatemala 1,876 Mrd. Dollar hierfür ausgegeben wurden, in Honduras 1,723 Mrd., in El Salvador 1,996 Mrd., in Nicaragua 3,701 Mrd., in Costa Rica 228 Mio. und in Panama 70 Mio."[57]

In Prozent der Gesamtausgaben für Gesundheit und Bildung belaufen sich die Militärausgaben in Costa Rica im Jahr 1990 auf 4%, in El Salvador auf 121%, in Nicaragua auf 318%, in Guatemala auf 87% und in Honduras auf 102%.[58] Es ist möglich, daß die Verringerung der Streitkräfte in El Salvador und Nicaragua infolge des Friedensprozesses dieses Verhältnis abgeschwächt hat; dennoch ist davon auszugehen, daß sich die Militärführungen in der Region generell der Senkung der Ausgaben für die Armee widersetzen.[59]

Tabelle 7
Mittelamerika – Öffentliche Ausgaben für Gesundheit, in Prozent des BIP. In laufenden Preisen.

Land	1970	1975	1980	1985	1986	1987	1988	1989	1990
Costa Rica	0.4	1.0	11.3	6.8	6.4	6.3	7.5	8.7	8.3
El Salvador	1.3	1.5	1.5	1.1	0.9	0.9	0.8	0.8	0.8
Guatemala	—	0.8	1.2	0.5	0.6	0.9	1.2	1.2	—
Honduras	1.5	1.4	2.2	2.0	2.6	2.2	—	—	—
Nicaragua	0.7	1.5	4.4	5.0	6.6	—	—	—	—

Quelle: CEPAL: Anuario Estadístico de América Latina y el Caribe, 1993

Die hohen Militärausgaben und die niedrigen Investitionen in Gesundheit und Bildung setzen sich nicht nur in einem niedrigen Niveau des menschlichen und gesellschaftlichen Entwicklungsstands fort, sondern haben auch mit der Entwicklung oder der Stabilität der Demokratie zu tun. Wie Lipset gezeigt hat, tendieren die Länder mit den höheren Militärausgaben im Prozent des BIP dazu, weniger demokratisch zu sein: in der „Dritten Welt stehen die umfangreichen Ausgaben für Verteidigung im Verhältnis zur politischen Instabilität und nicht zur zivilen Ordnung."[60]

Tabelle 8
Mittelamerika – Lebenserwartung, Kindersterblichkeit und Versorgung mit fließendem Wasser

Land	Lebenserwartung		Kindersterblichkeit (pro 1000 Lebendgeborene)		Bevölkerung mit Zugang zu Trinkwasser (in %)	
	1970-75	1990-95	1970-75	1990-95	1975-80	1988-90
Costa Rica	78,1	76,3	52,5	13,7	72	94
El Salvador	58,8	66,6	99,0	45,6	53	41
Guatemala	54,0	64,8	95,1	48,5	46	53
Honduras	54,1	67,7	103,7	43,0	39	60
Nicaragua	55,2	66,6	100,0	52,2	41	52

Quelle: CEPAL, Anuario Estadístico de América Latina y el Caribe, 1993; PNUD, Informe sobre desarrollo humano 1993.

Tabelle 9
Mittelamerika – Ungleichgewicht zwischen Militärausgaben und dem Einsatz der Ressourcen für die menschliche Entwicklung

Land	Militärausgaben in % des BIP		Militärausgaben in % der Gesamtausgaben für Gesundheit und Ausbildung	
	1960	1990	1977	1990
Costa Rica	(42)	1,2	0,5	84
El Salvador	(110)	1,1	2,9	37121
Guatemala	(113)	0,9	1,2	4787
Honduras	(116)	1,2	6,9	34102
Nicaragua	(111)	1,9	28,3	57318

Quelle: PNUD, Informe sobre desarrollo humano 1993.

Soziale Gerechtigkeit

Die wirtschaftliche Ungleichheit ist ein weiterer Faktor, der die Entwicklung der Demokratien in der Region behindert. Die Einkommensverteilung, soweit Daten verfügbar, ist in Honduras und Guatemala ungleicher als in Costa Rica, wie dem Schaubild 4 zu entnehmen ist. Die Einkommensverteilung weist in den drei Ländern erhebliche Unterschiede auf: während in Honduras und Guatemala die Summe des zweiten, dritten und vierten Bevölkerungsfünftels zusammen 23,8% bzw. 34,9% des gesamten Einkommens ausmacht, beläuft sich die Summe in Costa Rica auf 45,3%. Trotzdem bleibt in allen drei Ländern der Einkommensanteil des untersten Fünftels ungenügend. Die soziale Ungerechtigkeit zeigt sich noch klarer in den folgenden Daten: in den beiden erstgenannten Ländern verfügen 10 % der Bevölkerung über 47,9% bzw 46,6% des Gesamteinkommens, während in Costa Rica dieser Anteil nur bei 34,1% liegt.

Die Armut erreicht in El Salvador, Guatemala, Honduras und Nicaragua ein hohes Ausmaß. Nur in Costa Rica ist sie mit 20% im Jahr 1990 relativ niedrig. In

Schaubild 4
Mittelamerika – Einkommensverteilung in drei Ländern
(je Bevölkerungsfünftel 1989)

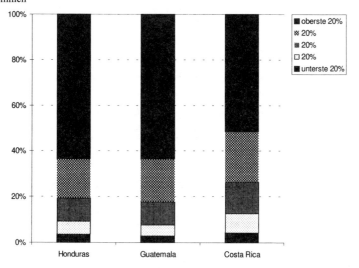

Quelle: Banco Mundial, Informe sobre el Desarrollo Mundial, 1993

Tabelle 10
Mittelamerika – Schätzung des Ausmaßes der Armut, 1980 und 1990
in % der Gesamtbevölkerung

	Costa Rica		El Salvador		Guatemala		Honduras		Nicaragua	
	1980	1990	1980	1990	1980	1990	1980	1990	1980	1990
Armut	25	20	68	74	63	75	67	76	62	70
– städtisch	14	11	58	61	58	62	44	73	46	60
– ländlich	34	31	76	85	66	85	80	79	80	85
Extreme Armut	14	11	51	56	31	52	56	63	35	37
– städtisch	7	6	45	48	23	31	31	50	22	27
– ländlich	19	17	55	62	36	68	70	72	50	52

Quelle: CEPAL, Centro América, el camino de los noventa, Mexico 1993, S. 39

den vier anderen Ländern bewegt sich die Armut in den ländlichen Bereichen zwischen 79% und 85%. Jedoch ist die Armut nicht nur ein ländliches Phänomen, denn der Anteil der armen Bevölkerung in den städtischen Zonen beträgt in allen vier Ländern mehr als 60%. Diese Zunahme der Armut ist zum großen Teil der Entwicklung der Reallöhne geschuldet, die in der Periode zwischen 1980 und 1990 in Nicaragua um mehr als 80%, in El Salvador um 64% und in Guatemala um 21% abnahmen, während sich die Senkung in Costa Rica nur auf 13% belief und in Honduras unerheblich war.[61] Mit der Zunahme der Armut hängt eine weitere Erscheinung zusammen: das Wachstum des informellen Wirtschaftssektors, der sich in den wichtigsten Städten Mittelamerikas deutlich ausgeweitet hat.[62] Die Zahl der in Folge von Gewalt, Erwerbslosigkeit und Armut Entwurzelten und Migranten innerhalb und außerhalb des Landes ist deutlich angestiegen: mehr als eine Million Personen waren es in den 80er Jahren.[63]

Aus dem Gesagten ist ersichtlich, daß die Länder in der Region nicht nur eine erkennbare Anstrengung für die Ankurbelung ihres Wachstums, sondern ebenso für die Verringerung der sozialen Ungerechtigkeit unternehmen müssen, damit die notwendigen ökonomischen und sozialen Bedingungen für die Aufrechterhaltung und die Fortentwicklung der demokratischen Öffnung geschaffen werden.

Die Demokratie errichten

Die Mehrheit der mittelamerikanischen Gesellschaften ist gerade erst einer autoritären und konfliktgeschüttelten Vergangenheit entronnen. Mit Ausnahme Costa Ricas sind sie dabei, ihre Demokratien erst zu errichten oder, wenn man will, zu konsolidieren. Unter diesen Bedingungen ist, soweit wir sehen können, mit Instabilität, um nicht zu sagen mit Unregierbarkeit zu rechnen. Es bringt jedoch nicht weiter, sich hierauf zu konzentrieren, zumal das zu Übertreibungen führen kann, wie etwa zu der von einer völligen Unregierbarkeit der Region. Viel ergiebiger scheint dagegen zu sein, die Aufmerksamkeit auf die Entwicklung der Variablen in ihrem Zusammenhang im gegenwärtigen regionalen soziopolitischen Prozeß zu lenken, um so soweit wie möglich die Fortschritte und Rückschläge der Demokratisierung einzuschätzen.

Das Ensemble der unterschiedlichen Variablen zeigt, daß die Konsolidierung der Demokratie in Mittelamerika eine mühselige Aufgabe ist. Zweifellos sind bedeutende Fortschritte erzielt worden, die auch der weniger geschulte Beobachter auf den ersten Blick wahrnimmt. Selbstverständlich sind diese Fortschritte weder in allen Ländern, noch in allen Aspekten gleich. Ungleichzeitigkeit zwischen und innerhalb der Prozesse bestimmt den Grundton der mittelamerikanischen Demokratisierung. Globale Einschätzungen sind nicht geeignet, die Komplexität der Vorgänge in der Region zu erfassen, besonders dann nicht, wenn sie auf Grundlage von Eindrücken, eines Blicks auf die Lage in El Salvador, Guatemala oder Nicaragua, getroffen werden und dementsprechend leicht dem Pessimismus verfallen.

Eine Untersuchung nach Sektoren erlaubt es dagegen, Fortschritte und Rückschritte festzustellen und die problematischen Knoten auszumachen, auf die wir unsere Aufmerksamkeit richten müssen. Eine derartige Annäherung an die gesellschaftliche und politische Realität in Mittelamerika läßt folgende vorläufigen Schlußfolgerungen zu: Erstens sind die Altlasten der Vergangenheit heute noch sehr hoch, da die Demokratien Mittelamerikas neuer Prägung aus Pakten zwischen den strategisch wichtigen politischen Akteuren, unter Hilfe internationaler Vermittlung oder auch durch institutionelle Brüche zustande kamen.[64] Dieses Erbe der Vergangenheit zeigt sich in der aktiven Präsenz einiger der Hauptakteure der autoritären Ordnung – nicht so „recycled" wie man es sich wünschen würde – wie ebenso im Handeln der Institutionen sowie in der politischen Kultur. Dieses Erbe stellt ein Hindernis für die erfolgreiche Bewältigung der Anforderungen der Gegenwart dar.

Zweitens sind die bedeutenden Fortschritte auf der Ebene der politischen Institutionen hervorzuheben. Die Wahlen verlaufen heute regulär und obgleich hierbei der äußere Druck entscheidend war, ist nicht zu bezweifeln, daß sie auch intern als geeignetes Verfahren für die Auswahl der höchsten Verantwortlichen in den Ländern akzeptiert werden. Einem beachtlichen Teil der Bevölkerung fehlt es jedoch weiterhin an Vertrauen in die Handhabung des Wahlprozesses und in die Glaubwürdigkeit der Resultate, wie die hohe Wahlabstinenz bei den letzten Wahlen in Guatemala, El Salvador und Honduras belegt. Die jahrzehntelange Manipulation dieser Mechanismen kann nicht von einem Tag auf den anderen aus dem kollektiven Bewußtsein gelöscht werden. Das ist ein gewichtiges Faktum, aber man muß auch in Rechnung stellen, daß Teile der alten herrschenden Gruppen immer noch keine große Begeisterung für diese offene Befragung der Bevölkerung, den freien Wettbewerb der Parteien und die Achtung der Menschenrechte zeigen. Die Legitimität der Wahlverfahren wird man langfristig nur erreichen, wenn diese Gruppen wie ebenso die Militärs den Versuchungen von Putsch und Manipulation der Wahlverfahren und -ergebnisse widerstehen. Auf der anderen Seite sind weiterhin Anstrengungen notwendig, nicht nur um zu saubereren Wahlen zu kommen, sondern auch, um die mit der Durchführung der Wahlen betrauten Institutionen zu verbessern: die Wahlbehörden. Nur die "Transparenz" der Wahlverfahren kann die breite Masse in Mittelamerika davon überzeugen, daß Wahlen das adäquate Mittel für ein Auswechseln der Regierenden sind und daß ein solcher Wechsel ohne Gewaltanwendung zu erreichen ist.

Drittens kann man trotz der hohen Zahl der an den letzten Wahlen beteiligten politischen Parteien nicht behaupten, daß die Mehrheit von ihnen auf der Höhe der Zeit ist. Nach Jahrzehnten der Repression kann man nicht erwarten, daß die politischen Organisationen die Anforderungen der Parteienmodelle erfüllen, wie sie gemeinhin in der politischen Wissenschaft gehandelt werden. Was wir vorfinden sind kleinste Parteien: schwache und instabile Organisationen, denen es an einer wirklichen Verankerung auf nationaler Ebene mangelt und die es nur mühsam schaffen, außerhalb der Wahlphasen weiter zu funktionieren. Zweifellos müssen sie sich transformieren, damit sie die engen Grenzen überwinden, in denen sie sich heute entwickeln, und sich in effiziente Strukturen zur Repräsentation unterschiedlicher Interessen verwandeln. Der Wille der politischen Führer, ihr „*aggiornamento*", ist hierfür unerläßlich, aber ebenso gilt das für die Öffnung des politischen Systems, denn es ist kein Parteiensystem vorstellbar, das keinen Raum für die freie Beteiligung des ganzen Spektrums der Interessen der Gesellschaft vorfände, selbstverständlich unter Einschluß der unteren Schichten. Die Gestaltung eines Parteiensystems impliziert nicht nur die Möglichkeit zur freien Ausübung der politischen Freiheiten, sondern auch die Bedingungen für eine gleichberechtigte Partizipation der verschiedenen Interessen jenseits der wirtschaftlichen Voraussetzungen für jede der an einer Teilnahme an den Wahlen interessierten Gruppe. In dieser „multimedialen" Welt braucht man mehr als den guten Willen oder Interesse, um in die Politik einzugreifen. Der Staat muß ein Minimum an Gleichheit der Bedingungen garantieren, denn sonst können nur die wirtschaftlich mächtigen Gruppen die nötigen Mittel für den Wahlkampf mobilisieren, und die Massen blieben Komparsen im Karneval der Wahl. Wenn diese Beschränkungen fortbestehen, werden die Wahlprozesse schwerlich die Unterstützung der Mehrheit der Mittelamerikaner gewinnen können.

In diesem Komplex von Erneuerungen müssen Mechanismen zur politischen Integration der Ethnien gesucht werden, insbesondere im Fall Guatemalas. Solche Integrationsformen müssen die traditionellen Systeme der Selbstregierung bewahren, wodurch deren Position gegenüber der nationalen Gesamtheit gestärkt wird, aber zugleich muß das Folgen für das gesamte politische System haben. Auf diese Weise würde man nicht nur die politische Integration breiter Teile der Gesellschaft erreichen, sondern zugleich einen Wandel dieser in Richtung auf politische, kulturelle und organisatorische Toleranz bewirken.

In diese Veränderungen gehört auch die Situation der Frauen, deren Eigenart gerade erst im Rahmen der Verhandlungen wahrgenommen wird, die auf verschiedenen Ebenen in der Region stattfinden. Heutzutage ist schwerlich vorstellbar, daß in den Diskussionen über die Demokratisierung nicht speziell über das Thema Frauen gesprochen wird, die Objekte einer doppelten Unterdrückung in Mittelamerika gewesen sind: der der autoritären Regimes und der des in der Region herrschenden patriarchalen Systems. In einigen Ländern wie Costa Rica und Nicaragua wurden kleine Fortschritte erzielt, aber die Konsolidierung der Demokratie in Mittelamerika schließt auch die Veränderung der Situation der Frauen und eine Änderung der Gesetze und der politischen und kulturellen Institutionen mit ein.

Viertens sind, auch wenn es auf diesem Gebiet ebenfalls Fortschritte gibt, die volle Geltung des Rechtsstaats und die Achtung der Menschenrechte noch nicht erreicht. Gewalt und Mißachtung der Menschenrechte haben in El Salvador, Guatemala und Nicaragua als Mittel zur Begleichung alter Rechnungen zwischen politischen Gruppen ein mehr oder weniger starkes Beharrungsvermögen. Aus politischer Sicht bleiben sie so unsichere Gesellschaften. Für die Ausübung der vollen staatsbürgerlichen Rechte ist dies eine ernste Beschränkung. Im Fall El Salvador und Nicaragua hat die Anwesenheit von Einheiten der Vereinten Nationen dazu beigetragen, die innere Gewalt zu dämpfen, aber was wird passieren, wenn sie gehen? Einzig das anhaltende Bemühen der politischen Hauptakteure kann das Wiederaufleben der Praktiken aus der Vergangenheit eindämmen, indem die Autonomie der Gerichte gefördert wird, um die politischen Verbrechen nicht wie ehedem ungestraft zu lassen.

Die gesellschaftliche Unsicherheit hängt mit dem fast unveränderten Fortbestand der Streitkräfte zusammen, die in der Vergangenheit eine entscheidende Rolle bei der inneren politischen Repression spielten. Die Verringerung des politischen und wirtschaftlichen Gewichts der Streitkräfte sowie die Unterordnung unter die zivile Gewalt sind kurzfristig schwer zu erreichende Ziele, weil sich die Militärs und bestimmte Teile der Gesellschaft, die traditionell mit diesen verbunden waren, dem widersetzen. Diese Ziele müssen aber erreicht werden, wenn die Demokratie in der Region konsolidiert werden soll.

Fünftens gibt es trotz der immer noch vorherrschenden politischen Unsicherheit in der Region doch einen breiten Raum auf dem Gebiet der Meinungsfreiheit. In El Salvador und Nicaragua zum Beispiel springt die Vielfalt der Informationsquellen gegenüber den Jahren zuvor ins Auge. Jedoch ist es immer noch eine Minderheit der Mittelamerikaner, die Zugang zu den unterschiedlichen Informationsquellen besitzt. Für die große Masse ist diese Möglichkeit noch weit entfernt, weil es ihr an finanziellen Mitteln fehlt, weil die Bildungsbarrieren und weil kulturelle Schranken ihr den Zugang versperren. Die Medien, zu denen die Mehrheit Zugang hat, wie Radio, Presse und Fernsehen, sind für die freie politische Diskussion immer noch nicht weit genug geöffnet und in vielen dieser Medien leben die Stereotypen der Vergangenheit fort.

Sechstens stehen die Fortschritte auf der Ebene der demokratischen Institutionen im Widerspruch zu den harten sozialen Realitäten, wo der Rückschritt offensichtlich ist. Wie die Zahlen zeigen, leben drei Viertel der Bevölkerung von El Salvador, Guatemala, Honduras und Nicaragua unterhalb der Armutsgrenze und die Indikatoren zu den Bereichen Gesundheit und Bildung sind bedrückend. Wenngleich es so aussieht, daß die politischen Strategen die demokratischen Spielregeln einhalten und fördern wollen, so ist doch, wenn schon keine große soziale Explosion, zumindest eine Fortsetzung des gegenwärtigen Klimas der politischen Instabilität zu befürchten, falls es in den nächsten Jahren nicht zu einer anhaltenden Anstrengung um die Verbesserung der Lebensbedingungen der großen Mehrheit der Bevölkerung kommt, was gleichbedeutend mit der Verbesserung der Bedingungen zur Ausübung der vollen staatsbürgerlichen Rechte ist.

Die Situation ist kompliziert, weil es in diesen Zeiten der strukturellen Anpassung weder Mittel noch den politischen Willen zu geben scheint, umfangreiche Sozialprogramme aufzulegen. Die Regierungen sehen sich durch die internationalen Vereinbarungen über ihre Absichten hinaus verpflichtet -wie es sich kürzlich in Honduras und Costa Rica zeigte -, die öffentlichen Ausgaben zu senken, Beschäftigte zu entlassen und Programme zu kürzen, staatliche Einrichtungen und Dienste zu privatisieren und die Öffnung des Marktes bis ins Extreme zu steigern. Fast ausnahmslos hat sich die Sozialpolitik im Isthmus auf die „Fokussierung" der Kräfte auf Maßnahmen zur Bekämpfung der extremen Armut reduziert. Selbst in Costa Rica, wo wichtige Wohlfahrtsinstitutionen – wenn auch nicht so stark wie zuvor – weiterhin vorhanden sind, geht die Tendenz jeden Tag mehr in Richtung einer solchen „Fokussierung" der Sozialausgaben.

Es ist nicht zu erwarten, daß der Markt die extreme soziale Asymmetrie in Mittelamerika dämpfen wird. Es ist mehr erforderlich als nur die wirtschaftliche Öffnung und Veränderungen in der Produktion, um die Lebensbedingungen der Massen in Mittelamerika zu verbessern. Daher wird diese Asymmetrie ein Hindernis für die Konsolidierung der Demokratie in der Region bleiben. Das gilt auch für Costa Rica, denn obgleich dort die soziale Zerrüttung noch nicht mit den anderen Ländern vergleichbar ist, scheint doch alles auf eine stärkere sozialen Polarisierung hinzuweisen, was unzweifelhaft politisch destabilisierende Auswirkungen haben wird. Aus allen aufgezeigten Faktoren kann geschlossen werden, daß auf kurze Sicht trotz der erreichten Fortschritte schwerlich stabile Demokratien in der Region vorhanden sein werden.

Übersetzung: Barbara Dröscher

Anmerkungen

1 Torres-Rivas, Edelberto, Centroamérica: la transición autoritaria hacia la democracia, in: Revista de Estudios Políticos (Nueva Epoca), Nr. 74 (Oktober-Dezember 1991), S. 439
2 Mario Solórzano spricht von "Fassadendemokratien". Siehe: Guatemala: autoritarismo y democracia. San José 1987. (EDUCA-FLACSO)
3 Gramsci, Antonio, Pasado y presente. México 1977 (Juan Pablos Editor), S. 52, und: Notas sobre Maquiavelo, sobre política y sobre el Estado moderno. México 1975 (Juan Pablos Editor), S. 75.
4 Ohne Zweifel waren die Anstrengungen der Gruppe der Länder, die die Contadora-Initiative und die Gruppe der Unterstützer bildeten, sehr wichtige Vorläufer dieses Prozesses; allerdings waren die nationalen und internationalen Bedingungen für einen Erfolg dieser Bemühungen noch nicht gegeben.
5 Procedimiento para estabelecer la paz firme y duradera en Centroamérica. San José 1987 (Imprenta Nacional), S. 14.
6 Dahl, Robert A., La democracia y sus críticos. Barcelona 1992 (Paidós Ibérica), S. 266
7 a. a. O., S. 266-267
8 Karl, Terry Lynn, Dilemas de la democratización en América Latina, in: Barba Solano, Carlos; Barros Horcasitas, José Luis und Hurtado, Javier, Transiciones a la democracia en Europa y América Latina. México 1991 (Universidad de Guadalajara, FLACSO-Sede México, Grupo Editorial Miguel Angel Porrúa), S. 409
9 Siehe dazu O'Donnell, Guillermo und Schmitter, Philippe C., Transiciones desde un gobierno autoritario, Conclusiones tentativas sobre las democracias inciertas, 4. Buenos Aires 1988 (Paidós)
10 Schmitter, Philippe C., La consolidación de la democracia y la representación de los grupos sociales, in: Revista Mexicana de Sociología, Nr. 3/93 (Juli-September 1993), S. 3.
11 Rustow, Dankwart A., Transitions to Democracy: Toward a Dynamic Model, in: Comparative Politics, v. 2, Nr. 3, April 1970; zit. v. Karl, Terry, op. cit., S. 406.

12 In bezug darauf hat Schmitter auf die Möglichkeit der Auffassung der Demokratie nicht als „Regierungsform", „sondern als eine Gesamtheit von „partiellen Regimes" hingewiesen, wobei jedes von diesen über verschiedene Repräsentationsformen der sozialen Gruppen institutionalisiert ist ..." Schmitter, op. cit., S. 6.

13 Am 1.2.1995 verabschiedete die Nationalversammlung von Nicaragua eine Reihe von Verfassungsreformen in zweiter Lesung. Trotzdem widersetzte sich die Regierung von Violeta Chamorro einigen der Änderungen und weigerte sich, diese durch Verkündung in Kraft zu setzen. Damit begann ein heftiger mehrmonatiger Konflikt zwischen den Gewalten, der die Unregierbarkeit noch vergrößerte, die dieses Land gerade durchlebt. Schließlich wurde der Konflikt am 15.6. nach schwierigen Verhandlungen, in die auch die Vereinten Nationen und die Regierungen der Niederlande, Schwedens, Spaniens, Kanadas und Mexikos sowie Kardinal Obando und andere nationale Persönlichkeiten eingriffen, gelöst.

14 Garretón, M., Manuel Antonio, Cultura política y sociedad en la construccón democrática, in: Barba Solano, Carlos et al., S. 373

15 Nicaragua ist ein Sonderfall, weil sich dort 1979 ein Bruch vollzog, der einem neuen Regime den Weg öffnete und deswegen auch einem neuen institutionellen Gefüge. Daher ist die Demokratisierung in Nicaragua nicht das Ergebnis von Esquipulas II, auch wenn die Vereinbarungen, die dort getroffen wurden, die Öffnung und die Einbeziehung von Akteuren erlaubten, die nach dem Sturz des Somozaregimes außerhalb des politischen Systems geblieben waren.

16 In Costa Rica ist man dabei, eine Verfassungsreform zur Verlängerung der Amtszeit des Präsidenten auf fünf Jahre auf den Weg zu bringen.

17 Die im Februar 1995 verabschiedeten Verfassungsreformen verkürzen die Amtsperiode auf fünf Jahre.

18 Entsprechend der Reformen von 1995 braucht ein Kandidat 45 % der Stimmen, um zum Sieger erklärt zu werden.

19 Nur die gültigen Stimmen.

20 Morales, Abelardo, Oficios de paz y posguerra en Centroamérica. San José 1995 (FLACSO-Costa Rica)

21 Guido Béjar, Rafael, El componente militar en la reproducción del consenso social en El Salvador, in: Bataillon, Gilles et al., Centroamérica entre democracia y desorganización. Guatemala 1994 (FLACSO-Guatemala, CEMCA, BRCST), S. 108.

22 Siehe dazu auch Aguilera, Gabriel, (Hrsg.), Reconversión militar en Centroamérica. Guatemala 1994 (FLACSO-Guatemala und CLACSO)

23 Duverger, Maurice, Sociología política. Barcelona 1972 (Ariel), S. 307.

24 Bendel, Petra, Democracia y partidos políticos en América Central. Heidelberg 1993 (Institut für Politische Wissenschaft, Universität Heidelberg), S. 3 ff.

25 Zumindest war das die Norm. Man muß aber auf eine Krise der politischen Repräsentation hinweisen, die die Effektivität der hauptsächlichen Mechanismen im politischen Spiel der liberalen Demokratien infrage stellen, darunter die politischen Parteien.

26 Sartori, Giovanni, Partidos y sistemas de partidos, 1. Madrid 1987 (Alianza Universidad), S. 92.

27 Guatemala ist ein Extremfall, da es sich um eine Gesellschaft mit einer ethnischen Spaltung handelt, die die Mehrheit der Bevölkerung aus dem politischen Prozeß ausgrenzt. Die Politik ist Sache der Ladinos, und das auch wieder nur für einen Teil von ihnen, während die indigene Bevölkerung in ihrer Mehrheit am Rande dieser Welt verbleibt. In diesem Sinn ist es wichtig, auf die nicaraguanische Erfahrung mit der Atlantikregion zu verweisen, wo durch das Autonomiestatut die Bildung autonomer Regierungen in zwei Regionen ermöglicht wurde.

28 Bendel, Petra, Partidos políticos y sistemas de partidos en Centroamérica, in: Nohlen, Dieter (Hrsg.), Elecciones y sistemas de Partidos en América Latina. San José 1993 (IIDH-CAPEL), S. 326 ff

29 Sartori, S. 332 ff

30 Aus den erwähnten Gründen bliebe auch hier der Fall Guatemala eine Ausnahme.

31 Vgl. Cerdas, Rodolfo, El desencanto democrático. San José 1993 (REI)

32 Dazu siehe u. a. Carmarck, Robert M. (Hrsg.), Guatemala: cosecha de violencias. San José 1991 (FLACSO)

33 Hermet, Guy, Las elecciones en los regímes autoritarios: bosquejo de un marco de análisis, in: Hermet, Guy u. a., Para qué sirven las elecciones?. México 1986 (FCE), S. 13

34 Imágenes, siluetas, formas en las elecciones centroamericanas: las elecciones de la década, Polémica, Nr. 14-15, Zweite Epoche (Mai-Dez. 1991), S. 4.

35 Weil es keine ausreichenden Garantien für ihre Beteiligung gab bzw. weil sie zur bewaffneten Aktion übergegangen waren.

36 FLACSO-IICA; Centroamérica en Cifras, 1991. Der Prozentsatz der Wahlabstinenz bezieht sich auf die eingeschriebenen Wähler.

37 Hermet, S. 9.

38 Alain Ruquié hat richtig darauf hingewiesen, daß im Hinblick auf die Definition von kompetitiven bzw. nicht-kompetitven Wahlen vieles bedacht werden müsse. Diesem Autor folgend verstehen wir unter nicht-kompetitiven Wahlen jene, „... in denen die Wähler (fügen wir hinzu, in ihrer Mehrheit) nicht die Möglichkeit haben, die Führer, die von der bestehenden Macht vorgeschlagen wurden, abzulehnen". Siehe: El análisis de las elecciones no competitivas: control clientelista y situaciones autoritarias, in Hermet, Guy et. al., 1989, S. 54 und ff.

39 Hermet, S. 44

40 Das bedeutet anzuerkennen, daß die autoritären Regimes eine weit größere soziale Basis haben, als ihre Kritiker bereit sind zuzugeben. Die Ergebnisse der Wahlen in El Salvador vom 20. März 1994 zeigen einen erheblichen Bodensatz an Unterstützung für Arena, der in gewisser Weise das „alte Regime" verkörpert.

41 Rojas Bolaños, Manuel, Procesos electorales y estabilidad política en Centroamérica, in: Verea, Mónica und Barros, José Luís, (Hrsg.), La política exterior norte-

americana hacia Centroamérica: reflexiones y perspectivas. Mexico 1991 (UNAM-Porrua-FLACSO Sede México), S. 408 und ff.

42 Torres Rivas, S. 2.

43 Linz, Juan J., Funciones y disfunciones de las elecciones no competitivas: los sistemas autoritarios y totalitarios, in: Hermet, Guy et. al., Para qué sirven las elecciones? México 1986 (FCE), S. 92.

44 Torres-Rivas, 1991, S. . 3.

45 Cerdas, Rodolfo, Transición democrática y elecciones en Centroamérica. A modo de síntesis, in: Cerdas et. al., (Hrsg.), Elecciones y democracia en América Latina, 1988-1991: una tarea inconclusa. San José 1992 (IIDH/CAPEL-Friedrich Naumann Stiftung), S. . 212-213.

46 Lipset, Seymour M.; Seong, Kyong-Ryung y Torres, John Charles, Análisis comparado de los requisitos sociales de la democracia, in: Lipset u. a., Condiciones sociales de la democracia. Cuadernos de Ciencias Sociales, Nr. 71 (Juni). San José 1994 (FLACSO), S. 39.

47 Entsprechend der Daten von CEPAL war 1988 die Inflation in Nicaragua (in der Zone der Hauptstadt Managua) 14 451,6%; 4 709,3% im Jahr 1989; 7 485,2% im Jahr 1990; 2 742, 2% im Jahr 1991 und 20,3% im Jahr 1992. Siehe CEPAL, Anuario Estadístico de América Latina y el Caribe, 1993, Santiago de Chile 1994, S. 98-99

48 Naranjo, Fernando, Centroamérica: los procesos de ajuste estructural, la situación económica actual y las perspectivas en el corto plazo, in: Carballo, Manuel und Maihold, Günther, Que será de Centroamérica?: gobernabilidad, legitimidad electoral y sociedad civil. San José 1994 (Friedrich Ebert Stiftung-CEDAL), S. 179.

49 CEPAL, Anuario Estadístico de América Latina y el Caribe, 1993. Santiago de Chile 1994, passim.

50 Ebd.

51 Merkl, Peter, Cuáles son las democracias hoy?, in: Lipset u.a., S. 74.

52 CEPAL, S. 54

53 Über Nicaragua gibt es für das entsprechende Jahr keine Daten, aber diejenigen von 1985 geben 13,0% an, was möglicherweise die Anstrengungen in den ersten Jahren des Jahrzehnts widerspiegelt.

54 CEPAL, S. 55.

55 op. cit., S. 57

56 Merkl, op. cit., S. 79

57 Sojo, Carlos, Defensa y crisis fiscal: gastos militar en Centroamérica, in: Aguilera, Gabriel (Hrsg.), Reconversión militar en América Latina. Guatemala 1994 (FLACSO-Guatemala-CLACSO), S. 167

58 PNUD, Informe sobre desarrollo humano, 1993. Madrid 1993 (UNDP, CIDEAL), S. 194.

59 Im 2. Encuentro de Jefaturas Militares de Centroamérica (Treffen der Militärchefs in Mittelamerika), das unter der Schutzherrschaft der UNDP mit dem Ziel stattfand, die neue Rolle der Militärstrukturen nach dem Friedensprozeß zu analysieren, wie-

sen die Generalstäbe die Reduzierung der Militärausgaben zurück. Siehe La Nación vom 22. 10. 1994, S. 21-A
60 Lipset, Seong, Torres, op. cit, S. 25
61 CEPAL, Centroamérica: el camino de los noventa. México 1993, S. 40
62 Siehe dazu Menjívar Larín, Rafael und Pérez Sáinz, Juan Pablo, Informalidad urbana en Centroamérica; evidencias e interrogantes. Guatemala 1989 (FLACSO-Guatemala/Fundación Friedrich Ebert)
63 CEPAL, S. 40.
64 Garretón M., Manuel Antonio, Cultura política y sociedad en la construcción democrática. In: Barba Solano, Carlos; Barros Horcasitas, José Luis y Hurtado, Javier, Transiciones a la democracia en Europa y América Latina. México 1991 (Universidad de Guadalajara/FLACSO-Sede México/Porrúa), S. 373.

Manuel Rojas Bolaños
Zehn Jahre nach Esquipulas II (1987)

Zehn Jahre nach dem Präsidentengipfel vom August 1987, besser bekannt als Esquipulas II, hat sich das soziopolitische Panorama Mittelamerikas erheblich verändert. Zum damaligen Zeitpunkt war die Region noch tief in den Kalten Krieg verstrickt und die politischen Akteure waren vielfältigem äußeren Druck ausgeliefert. Nur unter erheblichen Anstrengungen verabschiedeten sie sich von den extremen Positionen, die die Region in den Sog einer völligen Zerstörung zu ziehen drohten, und erzielten Vereinbarungen, die von beiden Kontrahenten akzeptiert werden konnten. In diesem Sinn steht Esquipulas II für die Möglichkeiten und Grenzen, innerhalb derer sich die mittelamerikanischen politischen Kräfte in der internationalen Konstellation der zweiten Hälfte der 80er Jahre bewegen konnten. Kurze Zeit danach veränderte sich diese Konstellation drastisch. In Berlin fiel die Mauer, die Sowjetunion brach zusammen und die Reagan-Ära ging zu Ende. Die Globalisierung, die schon lange vorher begonnen hatte, nahm Gestalt an und zeitigte unmittelbare Auswirkungen auf Mittelamerika.

Die Entfaltung der durch Esquipulas II freigesetzten Prozesse fand damals in diesem neuen internationalen Szenarium statt, das zweifellos wichtige Veränderungen mit sich brachte: so wurden einzelne Bestandteile der Abkommen neu bewertet, es wurden neue Ziele benannt und die Sphären der regionalen Politik und Ökonomie wurden neu bestimmt. Mit anderen Worten: Das neue Verhältnis von internen zu äußeren Faktoren veränderte auch die innere Dynamik und brachte positive wie negative Auswirkungen mit sich. Über die Absichten der mittelamerikanischen Regierungen hinaus entstand ein Druck in eine „integrationistische" Richtung, dem schwerlich widerstanden werden konnte, weder auf wirtschaftlicher, noch auf politischer Ebene. Dieser Druck trieb die Region zu einer Einigkeit, die wenige Jahre zuvor noch schwer vorstellbar gewesen war.

Allerdings ist es nur ein Teil der regierenden Eliten, der diesen Druck verspürt und nicht die Bevölkerungsmehrheit in Mittelamerika, die bis heute mehr oder weniger am Rande des Geschehens verbleibt, obgleich ihr alltägliches Leben natürlich in zunehmendem Maße von den Regionalisierungsprozessen beeinflußt wird.

Die demokratische Öffnung

In dieser Hinsicht hat sich die Situation in Mittelamerika gegenüber 1987 sichtlich verändert, aber dennoch bleibt in bezug auf eine Institutionalisierung dieser Prozesse noch viel zu tun.[1] In allen Ländern haben regelmäßig Wahlen stattgefunden, bei denen die Mechanismen immer wieder verbessert wurden, dennoch blieb die Wahlbeteiligung in Guatemala und El Salvador gering und ist in Honduras zurückgegangen, wie die Tabelle zeigt. In Costa Rica hat sich die Wahlenthaltung im Rahmen der historischen Grenzen gehalten und ist in Nicaragua bei den letzten Wahlen deutlich angewachsen.[2]

Tabelle
Letzte Präsidentschaftswahlen in Mittelamerika:
Wahlenthaltung in Prozent

Länder	Jahr	Enthaltung in %
Costa Rica	1990	18,2
	1994	18,8
El Salvador (1)	1989	54,6
	1994 (erster Wahlgang)	47,3
	1994 (zweiter Wahlgang)	54,1
Honduras	1989	24
	1993	41
Guatemala	1990-91 (erster Wahlgang)	52
	1990-91 (zweiter Wahlgang)	57
	1995-96 (erster Wahlgang)	56
	1995-96 (zweiter Wahlgang)	63,1
Nicaragua	1990	15,8
	1996	22,9
Panama	1989 (2)	—
	1994	27

Bei den Parlaments- und Kommunalwahlen vom März 1997 betrug die Wahlenthaltung 60%. Von den 84 Parlamentssitzen errang die Regierungspartei ARENA 28, während die Linksopposition, die FMLN, 27 errang. Der Rest verteilt sich auf den Partido de Conciliación Nacional (11), den Partido Demócrata Cristiano (7) und einige kleinere Parteien. Die Wahlen von 1989 fanden unter irregulären Bedingungen statt, die schließlich zu ihrer Annullierung führten und den Anlaß für die US-amerikanische Militärintervention bildeten. Bei den Parlaments- und Gemeindewahlen vom Januar 1991 lag die Wahlabstinenz bei 54% bzw. 73%.[3]

Quelle: Wahlbehörden und Zeitungen

Der in drei Ländern zu beobachtende hohe Anteil der Enthaltungen hängt zum erheblichen Teil mit dem mangelnden Einklang zwischen den Erwartungen der Bürger und dem Handeln der Regierungen zusammen, die sich nicht in der Lage sehen, diesen Erwartungen zu genügen, da die Mittel knapp sind, da die Regierungen den Auflagen aus den Verträgen mit multilateralen Finanzinstitutionen unterliegen oder weil der ideologische Blick der regierenden Eliten darauf ausgerichtet ist, eine Politik im Einklang mit Washington zu betreiben. Das hohe Ausmaß der Armut würde stattdessen umfangreichere staatliche Maßnahmen erfordern. Die Wahlenthaltung ist zugleich Produkt einer politischen Kultur, in der das Wählervotum nie ein wesentliches Element in der Auswahl der Regierenden dargestellt hat und wo die ethnische Zusammensetzung in einigen Ländern Legitimationsschwierigkeiten von Institutionen mit sich bringt, die auf andere historische Wurzeln zurückgehen.[4] Jedenfalls ist festzuhalten, daß die Beteiligung an Wahlen weiterhin gering ist, was ihre Legitimation erschwert.

Die Bürgerbeteiligung ist aber nicht nur in bezug auf Wahlen schwach. Nach einer sehr konfliktreichen und politisch dynamischen Periode scheint die Zivilgesellschaft ihren Schwung in den meisten Ländern der Region verloren zu haben, wodurch es den Eliten von neuem überlassen bleibt, die Macht auszuüben und die Entscheidungen zu fällen, wie eh und je in Mittelamerika. Auf der nationalen Ebene findet eine Art Rückzug statt, anders als auf der regionalen [im Sinne von supranationalen, d. Hrsg.], wo es sehr aktive Organisationen gibt, die zielstrebig die offenen Räume zu nutzen versuchen, wenngleich mit bislang geringem Ergebnis. Vielleicht handelt es sich um einen Zeitpunkt des Übergangs, in dem die alten Organisationen ihren Platz anderen überlassen, die unabhängiger und partizipativer sind, oder in dem sie ihre alten Bindungen an Ideologien, Parteien und politische Bewegungen überdenken. Das Phänomen der allgemeinen Apathie kann daher also verschiedene Bedeutungen haben.

In jedem Fall ist der Pessimismus zu relativieren, denn es ist nicht zu übersehen, daß ein Wandel stattgefunden hat, der sich nicht nur in der Säuberung von Institutionen wie den Wahlorganen oder dem Justizapparat ausdrückt, sondern auch im Verhalten der Akteure, welche sich noch bis vor wenigen Jahren als unversöhnliche Feinde betrachtet haben. In Mittelamerika bleibt viel zu tun, aber die Fortschritte sind bedeutend: Die zivile Macht ist gegenüber der militärischen auf dem Vormarsch, deren Macht gleichwohl erheblich, aber ohne das Gewicht der Vergangenheit bleibt; ein Rechtsstaat ist eingerichtet worden und die Respektierung der Menschenrechte ist zu einem Thema für die Regierungen geworden, wenngleich ihre volle Geltung noch nicht erreicht ist. Die politische Gewalt ist zurückgegangen, aber der Mangel an Sicherheit für die Bevölkerung hat dennoch in den meisten Ländern deutlich zugenommen.

Die Ergebnissse der Wahlen in Nicaragua vom Oktober 1996 und anschließend in El Salvador lassen die Möglichkeit erkennen, daß der Mechanismus der Wahl zum „natürlichen" Instrument für die zur Erneuerung der Regierungen in der Region wird, ohne daß irgendeine Gruppe sich aufgrund der Kontrolle des Staates durch die gegnerische politische Gruppe bedroht fühlte. In Nicaragua kehrte mit Arnoldo Alemán ein Teil des alten somozistischen Regimes an die Macht zurück und in El Salvador verfügt die ehemalige Guerilla heute über fast die Hälfte der Parlamentssitze. Bis zu welchem Punkt ist es jedoch möglich, das demokratische institutionelle Gefüge unter den für die Bevölkerungsmehrheit ungeheuer schwierigen sozialen Bedingungen aufrechtzuerhalten?

Die soziale Stagnation

Auf sozialem Gebiet besteht kein Grund zur Annahme einer in den 90er Jahren eingetretenen merklichen Verbesserung des Zustands. Angesichts des makroökonomischen Rahmens, der das staatliche Handeln einschränkt und die Sozialausgaben übermäßig auf die armen Bevölkerungsschichten konzentriert, verbleibt er auf dem Niveau des vorigen Jahrzehnts bzw. hat sich in einigen Fällen etwas verschlechtert. Vor dem Hintergrund eines hohen Bevölkerungsanteils in Armut ist es unmöglich, daß die Liberalisierung eine grundlegende Veränderung dieses Zustands bewirken kann, ohne daß zu stärkeren staatlichen Maßnahmen gegriffen wird. Der Ausgabenanteil des Staatshaushalts für Gesundheit und Erziehung liegt in El Salvador, Guatemala und Nicaragua weiterhin niedrig, besonders wenn man ihn mit Costa Rica vergleicht, wo dieser trotz eines Jahrzehnts makroökonomischer Anpassungspolitik und Staatsreformen noch immer erheblich höher liegt. Die Möglichkeit zu öffentlichen Investitionen ist in allen Ländern durch die Haushaltsdefizite und die von den mulitilateralen Institutionen auferlegten Bedingungen stark eingeschränkt.

Andererseits scheint die in fast allen Ländern in den letzten Jahren zu beobachtende niedrige Inflation den Stillstand bei den Löhnen nicht zu kompensieren, was die Entstehung der sogenannten neuen Armen zur Folge hatte.[5] Jüngeren Untersuchungen zufolge betrifft dieser neuen Armutstyp 20,5% der Bevölkerung von Honduras, 5,1% der nicaraguanischen und 14,7% der costaricanischen. Obgleich die offene Arbeitslosigkeit mit Ausnahme Nicaraguas und Panamas nicht sehr hoch zu sein scheint, ist ein hoher Anteil der wirtschaftlichen Aktivbevölkerung von Unterbeschäftigung betroffen oder befindet sich im informellen Sektor.[6]

Die an den wirtschaftlichen Indikatoren fast aller Länder ablesbare Besserung der Jahre 1990-1996 verteilt sich nicht gleichmäßig über die Gesamtheit der Gesellschaft. 1992 betrug das Bruttosozialprodukt pro Kopf in Costa Rica 2.010 Dollar, 1.170 in El Salvador, 980 in Guatemala, 550 in Honduras, 410 in Nicaragua und 2.440 in Panama.[7] In den darauffolgenden Jahren nahm es nur sehr wenig zu und ging in einigen Fällen sogar zurück.

Die regionale Integration

Fast drei Jahre nach der historischen Unterzeichnung der Esquipulas II-Abkommens haben die in Antigua Guatemala versammelten Präsidenten Mittelamerikas die Wiederbelebung des regionalen Integrationsprozesses vereinbart, der in den 50er Jahren begonnen worden war, sich aber aus verschiedenen Gründen seit den 70er Jahren im Niedergang befunden hatte, was durch die Kriegsjahre noch verstärkt wurde. Damals deutete sich das Ende der „bipolaren Welt" wie auch die Globalisierung und die Neustrukturierung der internationalen Beziehungen in Wirtschaftsblöcken deutlich ab. Die Notwendigkeit zur Wiederaufnahme der Integration fiel ins Auge, nicht nur, um den Anforderungen zu begegnen, die die Wiedereingliederung in den internationalen Markt mit sich brachte, sondern auch weil die Beantragung von Unterstützung für den Wiederaufbau ein geschlossenes Vorgehen erforderte. Die zu Anfang der 90er Jahre erreichte Einigkeit der mittelamerikanischen Regierungen, die sowohl mit dem Verschwinden der Sandinisten von der Regierungsmacht zu tun hatte als auch mit den Wahlerfolgen von Parteien, die eindeutig auf Anpassungspolitiken entsprechend des "Konsenses von Washington" orientiert sind, hat die „Integrations"bewegung gefördert.[8]
Auf dem Gipfel vom Dezember 1991 wurde das „Protokoll von Tegucigalpa" verabschiedet, in dem der "Allgemeine Vertrag über die Integration Mittelamerikas" vom 13. 12. 1960 und die Charta der Organisation der Staaten Mittelamerikas (ODECA) vom 12. 12. 1962 aktualisiert wurden. Dieses Protokoll war der Grundstein für das "System der Mittelamerikanischen Integration" (SICA), das die Mängel der bisherigen Organisation überwinden soll, insbesondere jene, die sich aus der Trennung der politischen von den wirtschaftlichen Zielen ergeben.
Auf dem Präsidentengipfel vom 12. 10. 1994 in Managua wurde das "Bündnis für eine Nachhaltige Entwicklung" (ALIDES) ins Leben gerufen, das als ein Versuch gesehen werden kann, eine umfassende Entwicklungsstrategie für den mittelamerikanischen Isthmus festzulegen. Wie es in dem von den Präsidenten unterzeichneten Dokument heißt, handelt es sich um „eine Initiative zu Politiken, Programmen und Maßnahmen von kurzer, mittlerer und langer Dauer, die einen Wandel im Schema der Entwicklung unserer individuellen und kollektiven Haltungen, der lokalen, nationalen und regionalen Politiken und Handlungen mit Ziel einer politischen, wirtschaftlichen, sozialen, kulturellen und umweltgerechten Nachhaltigkeit der Gesellschaften umfaßt."[9]

ALIDES wurde durch den Vertrag über die soziale Integration Mittelamerikas (30. 3. 1995) und den Rahmenvertrag über demokratische Sicherheit in Mittelamerika ergänzt, der auf dem Gipfel von San Pedro Sula am 15. 12. desselben Jahres geschlossen wurde. Der erstgenannte hob das „Subsystem der sozialen Integration" aus der Taufe, dessen Instrumente aus dem Rat für soziale Integration, dem Rat der Sozialminister und dem Sekretariat für soziale Integration bestehen.
Trotz der Kritik, die sich gegen das System (der Integration Mittelamerikas, d. Ü.) vorbringen läßt, bleibt anzuerkennen, daß die Integration Mittelamerikas wiederbelebt wurde und daß spürbare Erfolge erzielt wurden, vor allem im Bereich des innerregionalen Handels, der das besonders in den 80er Jahren verlorengegangene Terrain zurückgewonnen hat. Auf politischem Gebiet sind die Erfolge noch beschränkt, weil viele Hindernisse und Widerstände zu überwinden sind. Insbesondere liegt das an der noch unklaren Haltung der mittelamerikanischen Regierungen zur Integration und dieses doppelte Spiel erschwert die Operationalisierung der Abkommen und einen wirklichen Fortschritt. Das mittelamerikanische Parlament, PARLACEN, spielt noch keine gewichtige Rolle, besonders deswegen, weil die Wahl der Parlamentsabgeordneten in keinem der beteiligten Ländern zu einem Thema von Bedeutung für die Bevölkerung gemacht worden ist, aber auch deshalb, weil sich noch nicht alle Ländern voll eingegliedert haben. Bei den letzten nicaraguanischen Wahlen wurden erstmals Abgeordnete für das PARLACEN benannt, aber noch fehlen Costa Rica und Panama.
Kurz gesagt weist die Lage in Mittelamerika 10 Jahre nach Esquipulas II weiterhin deutliche Kontraste auf mit Fortschritten, Stillstand und Rückschritten. Einzig eine entschiedenere Beteiligung der zivilen Gesellschaft, die zu einem abgestimmten Vorgehen gesellschaftlicher Bereiche führt, kann Fortschritte in der Region und Wohlstand für die Bevölkerungsmehrheit bewirken. Wenn es nicht in sehr kurzer Zeit gelingt, den sozialen Graben zu verkleinern, kann das regionale Panorama in den ersten Jahren des 21. Jahrhunderts aus einer Mischung von wirtschaftlichem Wachstum und gesellschaftlicher Desintegration und Unregierbarkeit bestehen.

Übersetzung: Klaus-D. Tangermann

Anmerkungen

1 Mit „Institutionalisierung" ist hier im Anschluß an Pérez-Díaz eine Situation gemeint, in der „die politischen Spielregeln nicht nur faktische Wirksamkeit haben, sondern darüberhinaus von den Politikern und von der Gesellschaft verinnerlicht worden sind." Pérez-Díaz, Víctor, La primacia de la sociedad civil. Madrid 1994 (Alianza)
2 Die hohe Beteiligung an den Wahlen von 1990 war möglicherweise der damaligen besonderen politischen Konstellation geschuldet.
3 Smith, David, Elecciones y democracia en América Latina: 1988-1990. El caso de Panamá, in: Cerdas, Rodolfo; Rial, Juan und Zovato, Daniel, Elecciones y democracia en América Latina: 1988-1991. Una tarea inconclusa. San José 1996 (IIDH/CAPEL/Friedrich-Naumann-Stiftung). S. 166
4 So weist beispielsweise Guatemala eine große Zahl indigener Völker auf, die sich in Werten, Glaubensorientierungen, Sitten und Sprachen von der Minderheit der Ladinos unterscheiden.
5 Dabei handelt es sich um diejenigen Sektoren, die eine deutliche Verringerung ihrer Einkommen erfahren haben, wodurch ihre Lage derjenigen der strukturellen Armen gleicht, die aber über geringe Eigenmittel verfügen, wie sie Familien oder Individuen der Mittelschichten eigen sind.
6 Eine bemerkenswerte Folge der Verarmung in Nicaragua ist die umfangreiche Migration von Nicaraguanern nach Costa Rica.
7 Schätzungen der Weltbank
8 Trotz ihrer Bekundungen nehmen die meisten mittelamerikanischen Regierungen eine zweideutige Haltung in bezug auf die regionale Integration ein, wodurch der Prozeß zweifellos geschwächt und verlangsamt wird.
9 El libro de Centroamérica (un instrumento cívico de los pueblos). San José 1996 (EDUCA/SICA). S. 59

Cristina Eguizábal und Juany Guzmán León

Frau und Politik in Mittelamerika:
Der Weg zur Demokratisierung

Einleitung

Der Übergang zur Demokratie bringt die Wiederherstellung der staatlichen Institutionen und der zivilen Gesellschaft mit sich. Für die beiden Autorinnen Fletcher und Renzi
„schließt dies den Abbau antidemokratischer Praktiken in der Regierungspolitik ein. Außerdem beinhaltet es eine Änderung der Regeln, nach denen die Macht verteilt wird, die Achtung der Gesetze und die Legitimität der sozialen Akteure."[1]
Wir gehen von der Vorstellung aus, daß es verschiedene Arten der Beteiligung an der Politik gibt, und daß sich entsprechend der unterschiedlichen Partizipationsformen unterschiedliche Machtressourcen mobilisieren lassen. Daher halten wir es für notwendig, vielerlei Partizipationsinstanzen zu betrachten, wenn wir den Aufbau einer wirklichen Demokratie analysieren wollen, in die die verschiedenen bisher historisch ausgeschlossenen sozialen Gruppen einbezogen sein sollen. Im uns hier interessierenden Fall der Frauen wissen wir, daß der Zugang zu den formalen Machtstrukturen und die Möglichkeiten, Schlüsselpositionen mit entsprechender Entscheidungskompetenz in öffentlichen oder privaten Institutionen und Organismen zu besetzen, traditionell sehr bescheiden gewesen ist.[2]
Diese Beschränkung, die wir als Frauen zu überschreiten versucht haben, ist ein direktes Ergebnis der gesellschaftlichen Arbeitsteilung in der patriarchalen Gesellschaft. Vermöge dieser übernimmt der Mann die öffentlichen Aufgaben – also dort, wo die Entscheidungen getroffen werden – und die Frauen bleiben dem Privaten verhaftet – im häuslichen Bereich –, und diejenigen, die es schaffen, in den öffentlichen Bereich einzudringen, tun es in dem häuslichen Bereich untergeordneten Formen, das heißt mit doppeltem Arbeitstag.[3]
Wie in der Mehrzahl der heutigen Gesellschaften sind wir Frauen auch in Mittelamerika zunehmend dabei, uns in den Arbeitsmarkt zu integrieren. Ebenso wie in den anderen Gesellschaften der sogenannten Dritten Welt fand die Partizipation

der Frauen im wesentlichen in den informellen Wirtschaftsbereichen statt. So vollzieht sich in unserer Region der Welt seit Anfang der 70er Jahre die wachsende Einbeziehung von Frauen im Kontext der Informalität – infolgedessen im Kampf ums Überleben: Tatsächlich verrichtet die Hälfte der weiblichen (städtischen) Aktivbevölkerung informelle Tätigkeiten in Industrie, Handel und Dienstleistungen. Der Krieg mit seinen Folgen wie Vertreibung, Flüchtlingen, der zunehmenden Zahl von Familien mit Frauen als Familienoberhaupt, hat diese Tendenz noch verstärkt. Andererseits bleibt im formalen Sektor der Aktivbevölkerung der Anteil der Frauen trotz der Öffnungen im Bildungs- und beruflichen Bereich infolge der neueren Sozialgesetzgebungen gering.

Nach neuen Daten von CEPAL (Wirtschaftskommission der Vereinten Nationen für Lateinamerika, d. Ü.) befindet sich die Hälfte der Frauen in Mittelamerika, die in Armut leben, im kommerziellen und im Dienstleistungsbereich.[4] Nach noch neueren Daten stellen im informellen Sektor die Frauen in Guatemala 30%, in Honduras 30%, in El Salvador 33%, in Nicaragua 50%, in Costa Rica 23% und in Panama 40%.[5] Bemerkenswert ist, wie die (hauptsächlich städtische) Informalität weiterhin anwächst und dabei von einem entsprechenden Prozeß der Feminisierung der Arbeitskraft begleitet ist.

Paradoxerweise gerieten die Frauen in den letzten Jahren in die Rolle der Träger der wirtschaftlichen Krise: Die Zahl derer, die in den Arbeitsmarkt eintreten, wächst ständig – unter unvorteilhaften und diskriminierenden Bedingungen –, um so mehr, als die große Mehrheit von uns unverändert der unbezahlten häuslichen Arbeit unterworfen ist.

In der politischen Sphäre begegnen wir einem zweiten Paradox: Die großen Veränderungen der letzten Jahrzehnte in bezug auf die Definition von Öffentlichkeit, die staatlichen Funktionen und die Bedeutung des Politischen haben neue Räume für Partizipation eröffnet. Das gilt nicht nur für die formalen politischen Strukturen, sondern auch für den Arbeitsmarkt und in jüngster Zeit sogar auch für die verschiedenen und vielfältigen gesellschaftlichen Organisationen.[6] Diese Räume haben wir Frauen sehr wohl mit großem Erfolg zu nutzen gewußt.

Wir haben uns mit diesem Text eine erste Annäherung an das Phänomen der Eingliederung der Frauen in die neuen politischen Schauplätze, die Räume der Partizipation, die wir in Mittelamerika erobert haben, der Machtressourcen, die wir einsetzen, der Ziele, die wir verfolgen und der Grenzen, auf die wir stoßen, vorgenommen.

Natürlich teilen wir den Standpunkt der meisten Untersuchungen, die von der Wahrnehmung der Ungleichheit und Diskriminierung ausgehen, der wir als Frauen auf politischem Gebiet, im Bereich der Entscheidungen und der öffentlichen Macht ausgesetzt waren und sind. Dabei gehen wir aber davon aus, daß man die Partizipation von Frauen an der Politik nicht ausschließlich aus dem Blickwinkel der gängigen feministischen Positionen erklären kann, die Ende der fünfziger und Anfang der sechziger Jahre in den Vereinigten Staaten und Europa besondere Bedeutung erlangt haben. Ebensowenig können wir in Anbetracht der Komplexität allein auf die vom Genderdiskurs geprägten Theorien zurückgreifen. Wir sind der Meinung, daß diese Überlegungen, die in jedem Fall für Konzepte und lokale Vorschläge richtungweisend sind, umgekehrt durch die spezifische regionale Erfahrung angereichert und belebt werden. Mit anderen Worten: In unserer Analyse wird die politische Partizipation der mittelamerikanischen Frau als integraler Teil des globalen Prozesses der Demokratisierung von Politik, Wirtschaft und Gesellschaft in der Region aufgefaßt.

Methodische Aspekte

Bevor wir die allgemeine Fragestellung unseres Ausgangspunktes wieder aufnehmen, möchten wir in diesem Abschnitt einige Erläuterungen bezüglich der bei dieser Studie angewandten Arbeitsmethode vorausschicken.

Zunächst erscheint es uns nötig klarzustellen, daß unsere Studie, obgleich der gesamte mittelamerikanische Isthmus zu unserem Forschungsgebiet gehört, drei Länder umfaßt: Nicaragua, El Salvador und Costa Rica.

Ohne Zweifel entspricht die räumliche Einschränkung außer der Begrenzung an Zeit und Mitteln vor allem der Tatsache, daß in diesen Ländern im Hinblick auf den aktuellen Demokratisierungskontext in der Region die heterogene Wirklichkeit am deutlichsten sichtbar wird. Tatsächlich stellen El Salvador und Nicaragua die Fälle dar, in denen der Krieg und die Revolution schließlich zu Auslösern einer neuen politischen Dynamik wurden, die sich auf die friedliche Suche nach Konfliktlösungen gründet. Während für Costa Rica, das in den letzten Jahrzehnten dank des Funktionierens, der Leistungsfähigkeit und Wirksamkeit repräsentativer Institutionen von einer relativen politischen Stabilität gekennzeichnet war, das Streben nach einem regionalen Frieden zu einer Überlebensbedingung eben dieser Stabilität wurde, indem es den Auftritt neuer Akteure, wie der Nichtregierungsorganisationen, und die Öffnung neuer Partizipationräume erlaubte, wie Umwelt, Ethnien und die Geschlechterfrage, um nur einige zu nennen.

Natürlich stellt die Nichteinbeziehung von Honduras und Guatemala einen Mangel dar. Wir zweifeln nicht an der besonderen Dynamik der Partizipation von Frauen in jedem dieser Länder, dennoch halten wir unsere Beobachtungen in den drei ausgewählten Ländern für Tendenzen, die für die gesamte Region gelten.

In bezug auf das Herangehen an den Gegenstand unserer Studie – die politische Teilnahme der Frauen in den angeführten Ländern – haben wir uns für eine Reihe von Fragestellungen entschieden, die die großen Achsen der Reflexion festlegen:

Wie definieren wir als Frauen Politik? Welches sind die hauptsächlichen Motive, die uns dazu bringen, Politik zu betreiben? Wie nehmen wir unsere Machtressourcen wahr? Welche Partizipationsinstanzen bevorzugen wir? Um welche Themen dreht sich die politische Aktivität der Frauen, die Politik machen?
Das zweite methodologische Problem bestand darin, wen wir befragen und wie wir das machen sollten. Die politische Partizipation ist ein derart weiter Begriff, daß er Mehrdeutigkeit von vornherein fördert – man kann ihn eng als Stimmabgabe fassen oder ihn bis auf öffentliche Kundgebungen verschiedenster Art ausdehnen.[7] Deshalb entschieden wir uns, die Frauen direkt darüber zu befragen. Aber welche? Um anzufangen, fragten wir die, die am leichtesten zu erreichen sind: Frauen, die Entscheidungspositionen in den verschiedenen Instanzen des politischen Systems im weitesten Sinn innehaben oder -hatten (Staatsmacht, Regierungsorgane, Nichtregierungsorganisationen, Gewerkschaften, Kooperativen, Unternehmen und Gemeindeorganisationen).
Die angewandten Fragetechniken waren einerseits solche, wie sie die Methode der „focus groups"[8] empfiehlt, und andererseits individuelle Tiefeninterviews. Die in dieser Arbeit entwickelten Hypothesen sind demgemäß Ergebnis einer verbindenden Reflexion über die erschöpfende Sichtung des theoretischen und historischen Wissensstandes zum Thema und die Antworten, die wir von verschiedenen Frauen aus den drei Ländern, die Gegenstand der Studie sind, erhalten haben. Um die Vertraulichkeit zu wahren, die von einigen der Interviewten ausdrücklich gefordert wurde, lassen wir die Angabe von Namen fort. Dennoch halten wir es für angebracht klarzustellen, daß vertiefende Einzelinterviews mit 16 Frauen der Region (El Salvador und Nicaragua) in höchsten Entscheidungspositionen durchgeführt wurden: in Zentralregierung, Parlament, dem Obersten Gericht, politischen Parteien und Frauenorganisationen. Außerdem wurden Gruppenbefragungen durchgeführt (Nicaragua und Costa Rica), in denen insgesamt 38 Frauen befragt wurden, die hauptsächlich mittlere Entscheidungspositionen einnehmen. Sie sind in politischen Parteien, lokalen Organisation, kommunalen Gewerkschaften aktiv oder Intellektuelle. Außerdem wurde in Costa Rica zu dem Thema ein runder Tisch durchgeführt. Die Vorträge von Josette Altman, der Ehefrau des Präsidenten der Republik, María Lidia Sánchez, Parlamentsabgeordneter, Anna Virginia Calzada, Richterin am Verfassungsgericht und Ligia Martín, Frauenbeauftragter, sind in unsere Arbeit eingegangen.
Bei den Nachforschungen, die wir in den drei Ländern durchführten, ging es uns vor allem darum, die Wahrnehmungen aufzunehmen, die die Frauen in verschiedenen entscheidungsrelevanten Umfeldern haben: über die Politik als Aktionsfeld, über die ihnen zur Verfügung stehenden Machtressourcen, über die Partizipationsinstanzen, zu denen sie Zugang haben, und über Themen, mit denen sie sich beschäftigen.

Auf eines möchten wir aber besonders hinweisen, nämlich daß in Anbetracht der geringen Zeit, die ihnen zum Diskutieren über solche Themen übrigbleibt, – alle von uns eingeladenen Frauen sind in ihre öffentliche Funktion eingespannt – viele von ihnen ein wirkliches Opfer brachten, um bei uns mitzumachen. Als Frauen und als Forscherinnen sind wir ihnen allen Anerkennung schuldig, nicht allein für ihre Beiträge, die das Ausgangsmaterial für diese Arbeit stellen, sondern für das Interesse, das sie zeigten, den Dialog zwischen Frauen zu vertiefen und den Raum für Reflexion zu verbreitern.

Unser Ausgangspunkt: die politische Partizipation im Rahmen des Übergangs zur Demokratie

Wie von anderen Autoren dieses Bandes detailliert untersucht wird, zeichnet sich seit den 80er Jahren der „Aufbau der Demokratie" als Ausweg aus der dynamischen Geschichte von Konflikten und Polarisierung in der mittelamerikanischen Region ab. In diesem Kapitel kommt es nun darauf an, die Aufmerksamkeit auf die Beziehungen zwischen der politischen Partizipation der Frauen und den in der Region stattfindenden Übergangsprozessen zur Demokratie zu lenken. Es ist für niemanden ein Geheimnis, daß sich in El Salvador, Nicaragua und Guatemala eine große Zahl von Frauen an den aufständischen Kämpfen beteiligt hat. Zugleich wurde in Honduras und Costa Rica die besondere Lage der Flüchtlingsfrauen erkannt, ihre Bedürfnisse wurden zu einem speziellen Gegenstand der Politik und man erkannte ihre Bedeutung als Gesprächspartnerinnen im Rückkehrprozeß in ihre Länder und bei der Wiederansiedlung, Prozesse, in denen der Erfolg wesentlich von den Frauen abhängt. In allen Ländern schloß der Demokratisierungsdiskurs das Thema Frauen – und die Notwendigkeit ihrer öffentlichen Partizipation in der politischen, wirtschaftlichen und sozialen Sphäre – als einen Bestandteil der allgemeinen politischen Debatte mit ein.
Mit Ausnahme des Falls Guatemala liegt die Etappe der Befriedung – die Einstellung der Feindseligkeiten – hinter uns.[9] Es hat eine zweite zweifellos länger andauernde Periode eingesetzt, die der Schaffung eines dauerhaften Friedens. Die aktuelle Lage – die Übergangsphase – ist unseres Erachtens dadurch gekennzeichnet, daß nicht nur ein, sondern zwei Übergangsprozesse gleichzeitig stattfinden: eine politische Transition (von Militärregimes zu demokratischen repräsentativen Regierungsformen) und eine wirtschaftliche Transition (von geschlossenen Ökonomien auf der Basis von exportorientierten Monokulturen und der geschützten Substitution von Importen zu auf äußere Märkte ausgerichteten Wirtschaften).[10]
Als Frauen stoßen wir – wie viele neue Akteure, die in jüngster Zeit auf der politischen Bühne in Erscheinung getreten sind (ethnische, Umwelt-, Stadtteil-

gruppen, etc.) – auf ein Paradox, das schwer aufzulösen ist: die Tatsache, daß diese Übergangsprozesse, obwohl sie gleichzeitig ablaufen, sich widersprechen. Auf der einen Seite sehen sich unsere Eliten mit nationalen wie internationalen Forderungen nach verstärkter Demokratisierung konfrontiert – saubere Wahlen, Kampf gegen die Korruption, effektivere Justiz. Aber auf der anderen Seite müssen sie zugleich den Forderungen nach finanzieller Stabilisierung und strukturellen Reformen im Zuge der „Privatisierung" des wirtschaftlichen und sozialen Lebens nachkommen.

Wir erfahren gegenwärtig, daß die erwähnten Widersprüche eine Reihe von Folgeerscheinungen mit sich bringen:
1. Eine Tendenz zur Auflösung des sozialen Netzes durch die beschleunigten Veränderungen infolge der Strukturanpassungen.
2. Eine entschiedene staatliche Absicht, die politische Bedeutung des öffentlichen Raumes auszuhöhlen, insbesondere des gesellschaftlichen.
3. Die Erschöpfung vermittelnder Partizipationsräume (Gewerkschaften oder politische Parteien), dessen Folgen sich in der Apathie breiter gesellschaftlicher Kreise und sogar in gesellschaftlicher Regellosigkeit zeigen.
4. Eine Aufteilung der „politischen Märkte" zwischen den aus der Postmoderne „Ausgeschlossenen" und den in sie „Integrierten", mit einer ausgeprägten Neigung der letzteren zum „Privaten".
5. Die damit einhergehende Konsolidierung der persönlichen Führerschaft mit deutlich autoritären Zügen.

Zusammenfassend ist zu sagen, daß wir uns einem dritten Paradox gegenüber sehen: wir sind dabei, zur Demokratie überzugehen, während wir offenbar gleichzeitig versuchen, uns andererseits von der „Schmierenpolitik", wenn nicht gar insgeheim vom „Politischen" zu befreien.[11]

Man nimmt aus der repräsentativen und pluralistischen Demokratie die Wahlen, aber man mißtraut der Partizipation und mehr noch der Mobilisierung. Die auf Modernisierung setzenden Teile der mittelamerikanischen Unternehmer wissen mit dem Mechanismus von Angebot und Nachfrage umzugehen, sind Experten in Vermarktung und Werbung. Warum sollten sie die Herausforderungen des Wahlmarktes fürchten? Eine andere Sache ist es, die Unausweichlichkeit von sozialen Konflikten zu akzeptieren und die Notwendigkeit, daß diese eine legitime politische Ausdrucksform sind. Genau zwischen diesen beiden Polen findet der Konsolidierungsprozeß der Demokratie statt. Dabei können wir als Frauen, sofern wir die eroberten Räume zu unseren Gunsten zu nutzen wissen, eine außerordentlich wichtige Rolle spielen.

Über das Wahlrecht hinaus:
Die Politik – für die mittelamerikanischen Frauen ein Instrument zur Veränderung

Wir begannen unsere Diskussionen immer in der gleichen Weise mit der Frage nach der Partizipation der Frauen, die sich jeweils sofort in eine Debatte über die Definition dessen, was eigentlich unter Politik zu verstehen sei, verwandelte. Auf die Frage, was Politik sei, bekamen wir vor allem drei Antworten: Die erste zielte auf ein sehr allgemeines Verständnis, das den Begriff *Politik* mit jeder menschlicher Aktivität verbindet, die hierarchischen Beziehungen unterliegt. In der zweiten Antwort wird Politik als ein Feld von Erwartungen bestimmt, die auf das sogenannte „Gemeinwohl" gerichtet sind. Die dritte versteht die Politik als eine Gesamtheit der Entscheidungen, die das Schicksal der Bevölkerung betreffen. Sie geht zugleich von einem Wettstreit bzw. einem Machtspiel aus, in dem es um die Besetzung von Räumen in Entscheidungsinstanzen mit dem Ziel geht, relevante Positionen einzunehmen, „um die Welt zu verändern". Diese Auffassungen haben nicht nur mit den einzelnen Frauen zu tun, sondern verweisen auf die Herausbildung des Verständnisses bei den Personen selbst, das sich von der eigenen Erfahrung im politischen Geschäft ausgehend entwickelt. Das ist in den Fällen der Frauen, die heute Abgeordnete, Richterinnen oder Leiterinnen von Nichtregierungsorganisationen sind, eindeutig so. Im ersten Moment bezieht sich die Politik allgemein auf die empfundene Verpflichtung zur Solidarität mit den in der Gesellschaft als marginalisiert angesehenen Schichten, um dann die Politik mit Partizipation aus der Sicht des konkreten institutionellen Lebens in eins zu setzen: Zugang zu öffentlichen Entscheidungen zu erlangen oder Einflußmöglichkeiten auf diese.

Es ist interessant zu beobachten, wie die Idee des „*Wandels*" mit den drei erwähnten Auffassungen von Politik verbunden ist. Sie ist bis zu einem gewissen Grad geschlechtsspezifisch: es scheint so, als ob die Idee des Wandels in den verschiedenen Vorstellungen von Politik sich besonders an den Bedingungen der Ungleichheit festmacht, die die Rolle der Frau in der Politik bis heute gekennzeichnet haben. Bleiben wir einen Moment bei der formalen Politiksphäre, die in unserer dritten Definition erscheint. Die Konvention der Vereinten Nationen über die Beseitigung aller Formen der Diskriminierung von Frauen besagt, daß die Staaten alle geeigneten Mittel ergreifen müssen, um jene zu beseitigen. Den Frauen muß sowohl das aktive Wahlrecht bei allen Wahlen und *Volksentscheiden* als auch das passive Wahlrecht für alle Organe, die der Wahl unterliegen, garantiert sein. Desgleichen müssen die Staaten das Recht auf Teilnahme bei der Gestaltung der Regierungspolitik und der Ausübung dieser, der Wahrnehmung von verantwortlichen Positionen und der Ausübung aller öffentlichen Funktionen auf allen Regierungsebenen garantieren. Schließlich muß rechtlich gesichert sein, sich an Nichtregierungsorganisationen und Vereinigungen, die sich um das öffentliche und politische Leben kümmern, unter gleichen Bedingungen wie die Männer zu beteiligen.

Dies bereitete den Weg dafür, daß die Frauen in allen Ländern der mittelamerikanischen Region die politischen Rechte erlangten, die ihnen bis zu diesem Zeitpunkt verweigert worden waren. Mit der Möglichkeit zu wählen, erhielten wir, formal gesehen, auch das Recht, in öffentliche Ämter gewählt zu werden.

In der Mehrheit der Länder wurde das Wahlrecht den Frauen während der fünfziger und sechziger Jahre zuerkannt; in El Salvador 1939 den verheirateten und 1950 auch den alleinstehenden Frauen, 1945 in Guatemala und Panama; 1949 in Costa Rica; 1955 in Nicaragua und schließlich 1957 in Honduras. Mit der Anerkennung des Wahlrechts wurde eines der rechtlichen Hindernisse beseitigt, die den Zugang der Frauen zu Entscheidungspositionen beschränkte. Jedoch ist es offensichtlich, daß wir Frauen unser Wahlrecht im wesentlichen als *Wählerinnen* und nicht als *Wählbare* ausgeübt haben. Dies hat jedoch, nebenbei bemerkt, nicht verhindert, daß wir Frauen unser Recht, in größerem Rahmen auf allen Feldern am öffentlichen Leben beteiligt zu sein, weiterhin eingeklagt haben.

Im gesetzlichen Rahmen sind schon viele der den Frauen gegenüber eingegangenen „Verpflichtungen" in die Verfassungsnormen aufgenommen worden.[12] Drei Länder sind bei der Änderung der diskriminierenden Gesetze vorangegangen, sei es auf dem Weg der Aktualisierung des Familienrechts, sei es durch den Erlaß spezieller Gesetze: Costa Rica, Nicaragua und Honduras. El Salvador hat sich erst spät eingeklinkt. Guatemala seinerseits hat einen langsameren Prozeß durchgemacht. Jedoch ist in allen Ländern zu kritisieren, daß es an einer systematischen Bekanntmachung der in den Verfassungen verankerten Rechte, der internationalen Vereinbarungen und der Gesetze fehlt. Es ist von entscheidender Wichtigkeit, daß die öffentliche Verbreitung zum Bestandteil der Rechtskultur unserer Länder wird. Nur so werden die Gesetze zu wirklichen Hilfen, an die wir uns halten können, wenn wir unseren Rechten Geltung verschaffen. Bescheidwissen und mit kritischem Verstand entsprechend der anerkannten juristischen Prozedur zu verfahren, garantiert Einfluß auf die Entscheidungen, die uns betreffen. Dies erklärt, warum Interviewpartnerinnen aus dem Rechtswesen ihre Aufgabe darin sehen, auf Zugänglichkeit der Gesetzgebung zu drängen, die tatsächliche Anwendung der Gesetze durchzusetzen und die Gesetzte an die Bedürfnisse der Frauen und Männer anzupassen. Sie appellieren, diese zu Instrumenten der Demokratisierung und Befreiung zu machen und nicht zu einer Zwangsjacke, die sie ausschließt oder sie in ihren Partizipationsmöglichkeiten am öffentlichen Bereich einschränkt. Vielerlei Faktoren haben den Zugang der Frauen zum öffentlichen Bereich begrenzt. Wir haben schon darauf hingewiesen, daß es kulturelle Entwicklungen und überkommene Praktiken waren, die jahrhundertelang die Ungleichheit im wirtschaftlichen, Arbeits- und Bildungsbereich verstärkt haben, deren Opfer die Frauen waren und die durch die juristischen, gesetzlichen wie institutionellen Rahmenbedingungen nicht überwunden werden konnten, auch wenn diese in vielen Fällen explizit das Ziel der Beseitigung der Diskriminierung in den gesellschaftlichen Verhältnissen und Machtbeziehungen gehabt haben.[13] Mehr noch, häufig haben diese Beschränkungen die Gesetzgebung selbst durchdrungen und die Ungleichheit aufrechterhalten, die ursprünglich bekämpft werden sollte.[14] Wenn sich im gesetzlichen Rahmen noch Schwierigkeiten und Beschränkungen zeigen, so scheint darin Übereinstimmung zu herrschen, daß der vor uns liegende Weg noch sehr weit ist.

Die Diskussion über die Reichweite – aber auch über die Grenzen der politischen Partizipation – führt unweigerlich zur Frage nach der Motivation, die die Frauen dazu bringt, Politik zu machen, bzw. konkreter über die Aktivitäten, die sie als „eigentlich" politische betrachten.

Die große Mehrheit der Frauen, mit denen wir uns unterhielten, gab an, das hauptsächliche Motiv, Politik zu machen, habe in dem Wunsch bestanden, die gesellschaftlichen Ungleichheiten zu verringern, und insbesondere die wirtschaftliche, soziale und politische Gleichstellung der Frauen und der Männer voranzubringen und die Marginalisierung zu bekämpfen. Sie beabsichtigten, diese Vorstellungen von Veränderungen in konkrete Vorschläge umzusetzen, woraus sich ihre positive Bewertung des Interesses an Entscheidungspositionen erklärt. Die „wichtigen Positionen", die zuvor angesprochen wurden, beziehen sich auf das Machtspiel, in dem gerade die mit öffentlich legitimierter Autorität ausgestatteten Räume besetzt werden müssen, um die notwendigen Veränderungen zu erreichen. Die Beteiligung an der Politik ist so eine Form des „Rebellierens" gegen die Misere, gegen Ungerechtigkeit, Unterdrückung und gegen den Reichtum und den Mangel an Mitgefühl minoritärer gesellschaftlicher Gruppen in unseren Ländern.

Uns scheint die Tatsache interessant, daß, wenn auch nicht alle Frauen den Begriff Politik in seinem weitesten Sinn – als praktisch „jede Aktivität" – auslegen, selbst diejenigen, die Entscheidungspositionen im Staatsapparat innehaben, sich auf verschiedene Typen der gemeinsamen Aktion beziehen, wenn sie über die Art der Aktivitäten gefragt werden, in denen sie „Politik machen". Das gilt für die in den Parteien wie für die auf anderen Gebieten Aktiven, im Feminismus, den Gewerkschaften, den Gemeinden, beim Einbringen besonderer Forderungen und so weiter. Politik machen heißt Beteilungsräume zu öffnen, für Vorschläge, für Initiativen, um die Mängel zu beseitigen und Konflikte zu lösen, es heißt, die Forderung nach der Erfüllung der Rechte in die Gesellschaft einzubringen: dafür sorgen, daß die Gesetze eingehalten werden und Gesetze gemacht werden, die eingehalten werden. Und wie es Verba und Nie ausgedrückt haben: „The more participation there is in decisions, the more democracy there is."[15]

Die Ressourcen der Macht

Die Skala der Machtressourcen, die zur Erreichung politischer Ziele eingesetzt werden können, ist breit. Die Polyarchie-Theoretiker haben in ihren Untersuchungen über die Lokalpolitik herausgefunden, daß die Beteiligung an Entscheidungsprozessen von der Fähigkeit abhängt, eine relativ große Zahl von Machtressourcen zu nutzen, unter denen auch die hergebrachten zu verstehen sind: Geld und Zugang zu Krediten, gesellschaftliche Position oder Kontrolle über Arbeitsplätze, wie auch weniger konventionelle, so die Zugehörigkeit zu einer ethnischen Gruppe, Kenntnisse und Information, Gesetzgebung und Legitimität und auch die gewöhnlicherweise am wenigsten beachteten wie verfügbare Zeit und die persönliche Energie.[16]

Entsprechend den Aussagen der Frauen, die sich in „privilegierten" politischen Räumen ihrer jeweiligen Länder bewegen, ist auch hier die Bandbreite der zur Verfügung stehenden Mittel vielfältig. Wenn sie jedoch nach speziellen Machtressourcen gefragt werden, die sie zur Erreichung ihrer Ziele einsetzen, wie sie diese wahrnehmen und welches spezielle Gewicht sie ihnen beimessen, heben die Frauen Überredungsgabe und Überzeugungskraft als die wichtigsten hervor. Die interviewten Frauen, führten wiederholt als Machtressource die Fähigkeit zur Selbstorganisation oder zu Organisieren an – aus dem „doppelten" und „dreifachen" Arbeitstag folgende Anforderungen – dann Disziplin, Zusammenarbeit, Initiative, Zähigkeit und Verwegenheit. Im gleichen Sinn verwiesen sie stolz auf ihre Gewandtheit im Ausnutzen geringer Ressourcen.[17] Sie wußten die entsprechend der traditionellen Rollen (Küche, Haushaltsführung, Kinderbetreuung) entwickelten Verhaltensweisen einzusetzen und sie als neue Machtressourcen in der männlichen Welt der Politik zu potenzieren. Hier sollte der Frage Aufmerksamkeit geschenkt werden, wie sie es schaffen, sich die uns mitgegebenen kulturellen und historischen Bestimmungen anzueignen und sie in Machtressourcen bei der Ausübung ihrer Rolle in der Politik zu verwandeln.

Dies allerdings wird auch als eine Selbstkritik der Frauen in bezug auf die Anwendung ihrer Machtressourcen vorgebracht. Denn manchmal kommen sie nicht über die Mechanismen, die zur Instrumentalisierung des politischen Handelns der Frauen gedient haben, hinaus: Die Kleidung und die ungemeine Bedeutung eines attraktiven Äußeren wird von den Frauen als Hindernis bei der Erringung des angestrebten Ziels einer gleichberechtigten Partizipation verstanden. Unsere Interviewpartnerinnen scheinen darin übereinzustimmen, daß einige Frauen, die in der Politik mitspielen, es nicht schaffen, die von der Gesellschaft gesetzten Grenzen zu überschreiten. Auch wenn diese Kritik in besonderen Fällen gilt, kann dies selbstverständlich nicht die Präsenz der Frauen in der Welt der Politik trüben, sondern macht im Gegenteil die ihnen gesetzten Grenzen sichtbar, die Gefahr, in „die Falle zu gehen", und die Verantwortung, für eine neue Konzeption der Politik zu kämpfen.

Das Paradox, daß Frauen in der Politik zwar dieselbe Verantwortung wie die Männer tragen, jedoch doppelt soviele Verantwortlichkeiten haben, erzeugt eine Spannung, die auch ihre öffentliche Funktion durchdringt. Ihre Fähigkeit, kollektive Entscheidungen zu treffen, macht einen Erziehungsprozeß in ihrem Familienleben erforderlich. Die persönliche Sorge, die Kinder „alleinzulassen", tauchte bei unseren Interviewten immer wieder auf. Die familiären Bedingungen setzen ihnen bei der Verfolgung ihrer Studien oder persönlicher Projekte Schranken, die zu den politischen im eigentlichen Sinne hinzukommen. Die Tatsache, daß dies einen Konflikt und eine Unsicherheit darüber bedeutet, wieweit ich gehen darf und in welchem Maße ich dabei meine Kinder opfere, scheint eine Frage zu sein, die die Frauen zumindest mehr umtreibt als die Männer. Dies verweist erneut auf die von den Frauen erwähnte Fähigkeit, die Zeit zu organisieren, aber es zeigt auch die ihnen gesetzten Grenzen und daß der Weg noch lang ist, weil es keine einfachen Lösungen gibt. Sich angesichts der Widrigkeiten zu behaupten und die Ausdauer zu besitzen, bestimmte Ziele zu erreichen, scheint zu den Machtressourcen zu gehören, die die Frauen nicht nur handhaben, sondern potenzieren müssen, wenn sie in der gewünschte Richtung weiterkommen wollen.

Die andere für die Erreichung der Ziele unabdingbare Machtressource ist das Geld. Dieses fehlt in dem Maße, in dem wir Frauen ungeachtet unseres Eindringens in den Arbeitsmarkt und die Berufstätigkeit bei Entlohnung, in der Sozialversicherung und im Zugang zu Krediten u.a.m. benachteiligt gewesen sind.[18] Das Überleben wurde im wesentlichen auf der Basis der Aufopferung und der Solidarität gesichert.[19]

Die andere Alternative beim Zugang zu ökonomischen Ressourcen ist eine „angemessene Ehe", die von einigen als Machtressource erwähnt wurde. Hierzu wurde betont, daß die Kontakte oder der gesellschaftliche Einfluß, die als Mechanismen der Ausgrenzung der Frauen genutzt wurden, umgekehrt von diesen genutzt werden, um die speziellen Forderungen genau auf diesen von der Gesellschaft geschaffenen Kanälen einzubringen. Insofern kann die Auffassung, die Ehe sei eine negative Ressource und dem Interesse an der Partizipation der Frauen an der Politik entgegengesetzt, umgekehrt werden und als Zugang zur Entscheidungssphäre genutzt werden.

Schließlich bleibt noch die Frage nach dem intellektuellen Ansehen, das von den Frauen positiv gewertet wurde. Sie verbanden dieses mit der Forderung nach gleichem Zugang zur Bildung, die mit der fortgesetzten Geschlechterdiskriminierung bricht.[20]

Partizipationsinstanzen

Wie im Buch *Hacer política desde las mujeres*[21] dargestellt, hat der Übergang zur Demokratie, den die Region Mittelamerika durchmacht – so zerbrechlich diese auch sein mag –, zur Schaffung eines umfassenden Verständnisses von politischer Partizipation beigetragen, das in vielem über die direkte Beteiligung an den staatlichen nationalen und lokalen Institutionen hinausgeht. Das steht einer positiven Haltung zur politischen Partizipation der Frauen in den Entscheidungsinstanzen nicht entgegen, sondern lenkt um so mehr die Aufmerksamkeit darauf, daß die Demokratisierungsprozesse in der Region keinerlei nennenswerten Wandel in den etablierten Mustern der Entscheidungsfindung und ebenso wenig den Zugang zu Machtstrukturen für Frauen zu garantieren scheinen.[22] Einige der Befragten betonten die Wichtigkeit, die der Besetzung höchster Entscheiungsposten zukomme, verwiesen aber zugleich kritisch darauf, daß dort traditionelle vertikale Leitungsstile herrschten, die nur einen Sektor in der Gesellschaft berücksichtigten und die große Mehrheit der Bevölkerung diskriminierten, die sich aufgrund mangelnder geeigneter Machtressourcen (wirtschaftlicher, Einfluß von Familien oder sozialem Prestige) nicht in die sie betreffenden Entscheidungen einmischen könnten. Trotzdem stellt die Parteienpolitik mit einer kritischen Haltung gegenüber den Beschränkungen durch die sogenannten „traditionellen Strukturen" zweifellos auch weiterhin einen Raum von besonderer Bedeutung für die befragten Frauen dar. Das hindert sie nicht, wachsam zu sein, um in ihrer politischen Partei nicht untergebuttert zu werden oder sich durch die Parteimitgliedschaft in der öffentlichen Aktion einzuschränken, um den Vorgaben ihrer Parteien zu genügen. Dies ist insbesondere bei Schlüsselpositionen in der Justizverwaltung der Fall, wie uns die Frauen mitteilten. Von daher erklärt sich die positive Bewertung der Organisierung von Frauen in Parteien mit dem Ziel, an der Veränderung dieser Strukturen und Programme zu arbeiten. Aber es geht nicht darum, die Sekretariate für Frauenangelegenheiten zu besetzten, sondern fähig zu sein, auch die Referate für Wirtschaftsangelegenheiten, internationale Fragen und Ideologie zu beeinflussen und dort mitzuentscheiden.[23]

Jahrelang haben wir Frauen versucht, unsere aktive Beteiligung an der Legislative, der Exekutive und Judikatur auszuweiten, ohne dabei auf den Versuch zu verzichten, uns über andere Instanzen in das politische Kräftespiel und in die Entscheidungen einzumischen. Viele Frauen setzen sich für die Interessen der Familie ein, engagieren sich in Bildungsfragen, im Bereich der Gesundheit, Armut und Menschenrechte, ohne sich dabei speziell auf die Geschlechterproblematik zu beziehen. Andere fordern feste Quoten an der Macht in den wichtigsten Entscheidungszentren (in erster Linie im Parlament und dessen Präsidium). Dann gibt es Frauen, denen es eher um jeweils konkrete Forderungen auf den verschiedenen Ebenen geht, an denen sie festhalten, bis sie Erfolg haben. Es scheint kein Zweifel daran zu bestehen, daß die politische Partizipation und ihre Formen in Mittelamerika wie an vielen anderen Orten dieses Planeten stark von der Klasse abhängt, der die Frauen angehören sowie von den Möglichkeiten und Kapazitäten ihrer Organisationen.[24]

In unserer Region können wir drei Aspekte der Partizipation von Frauen an sozialen Bewegungen unterscheiden:[25]

1. Kampf um größere politische Offenheit und die Verteidigung der individuellen Rechte.[26]
2. Kampf um die Durchsetzung von Entwicklungsprojekten im Gesundheitsbereich, in Wohn-, Land-. und Rechtsfragen.
3. Versuch der organisierten Frauen, die Geschlechterperspektive in die sozialen Bewegungen und die öffentliche Politik einzubringen.

Auch heutzutage ist die Präsenz von Frauen in hierarchisch hohen Positionen weiterhin gering. Die Mehrheit von uns beteiligt sich als aktives Mitglied in politischen Parteien, arbeitet ehrenamtlich und freiwillig im Wahlkampf und in der Umsetzung von Regierungsprogrammen zu Gesundheit, Alphabetisierung, Bildung, Wohnen usw. Immer noch überlassen wir den politischen Führern, im allgemeinen Männern, die Initiative, die analytische Kompetenz und die Entscheidungen, die die ganze Bürgerschaft betreffen.

Trotz allem hat die Beteiligung von Frauen in gewerkschaftlichen Entscheidungsprozessen und in Kooperativen sowie anderen gesellschaftlichen Organisationen zugenommen. Die Forschungsarbeit *Mujeres Centroamericanas* von Ana Isabel García und Enrique Gomáriz schildert diese Situation vielleicht am deutlichsten.[27] Darin analysieren die Autoren die gesamte Entwicklung der Krise, den Prozeß der Industrialisierung, der Modernisierung und die Umstände, wie diese Prozesse eine unabhängige Partizipation der Frauen im politischen Leben ermöglicht haben. Die 80er Jahre markieren zweifellos einen Wendepunkt in der Partizipation der weiblichen Bevölkerung. Hinsichtlich der Partizipation in gesellschaftlichen Organisationen heben die Autoren die vermehrte Beteiligung von Frauen im gewerkschaftlichen und beruflichen Bereich hervor (in erster Linie die städtischen Frauen) und weisen nachdrücklich auf die entsprechende Zunahme in Kooperativen, Landarbeitergewerkschaften und anderen gesellschaftlichen Organisationen hin, wo sie schließlich ihre Interessen sogar in gewerkschaftliche Netze der Frauen mit geschlechtsspezifischen Forderungen verwandeln können.

Dies bedeutet, daß die Frauen geringfügig zwar, aber zunehmend Terrain erobert haben, wenn auch ihr Anteil an hohen repräsentativen Posten der Nation weiterhin gering ist. Die großen Parteien haben mit Ausnahme Nicaraguas keine Frauen als Präsidentschaftskandidaten aufgestellt.[28]

Der Zugang der Frauen zu den Parlamenten in der Region erfolgte erst in erheblichem zeitlichem Abstand zum Jahr der Anerkennung des Wahlrechts. In Panama, wo als erstem Land in Mittelamerika eine Frau ins Parlament gewählt wurde, geschah dies 1946, ein Jahr nach der Einführung des Frauenwahlrechts. In Nicaragua dauerte es drei Jahre, bis die erste Parlamentarierin gewählt wurde, 1958; in Costa Rica waren es 1953 vier Jahre Abstand; in Guatemala 1954 neun Jahre; in Honduras 1967 zehn Jahre und schließlich in El Salvador, 1978, waren es 39 Jahre. Gegenwärtig ist der Frauenanteil in den Parlamenten nach wie vor beträchtlich geringer als der der Männer. Zum Beispiel waren es 1993 in Costa Rica von insgesamt 57 ParlamentarierInnen nur 12,2%, d.h. 7 waren Frauen, von denen wiederum 72% (ungefähr 5) Parlamentarierinnen aus der Provinz und 28% (2 davon) aus der Hauptstadt stammten. In El Salvador waren von 84 ParlamentarierInnen 7 Frauen (8,3%) und 58% kamen aus der Provinz (4) und 42% (3) aus der Hauptstadt. In Guatemala waren von 116 Abgeordneten 6 Frauen (5,1%), in Nicaragua von 92 Abgeordneten 15 Frauen (16,3%) und in Panama von 67 Abgeordneten 5 Frauen (7,5%).[29] Schließlich waren im Fall von Honduras von den 128 ParlamentarierInnen nur 12 Frauen (9,3%) und alle kamen aus der Provinz. Die Herkunft ist nicht ohne Folgen. Frauen, die die Hauptstädte repräsentieren, sind bei ihren politischen Aktivitäten stärker der Konkurrenz ausgesetzt, denn hier befinden sich die Machtzentren. Nach jüngsten Untersuchungen des Studien- und Beratungszentrums des chilenichen Parlaments hat sich herausgestellt, daß die Frauen einen einfacheren Zugang fern der Hauptstadt haben, wo die politische Konkurrenz nicht so stark ist.[30]

Die Schwierigkeit für Frauen, in Machtpositionen zu gelangen, hat in den letzten Jahre zum Entstehen verschiedener feministischer und weiterer sozialer Bewegungen geführt, die mit anderen Mitteln versuchen, den Zugang zu öffentlichen Wahlämtern zu erleichtern. Zum Beispiel das Bestreben, prozentuale Quoten festzulegen, und zwar sowohl für die Führungsgremien der Parteien als auch für die Kandidatenlisten für Legislative und Exekutive. Jedoch scheint das Thema „Quoten" weiterhin stark mit Empfindlichkeiten besetzt zu sein. Der Fall einer Gesetzesvorlage zur sozialen Frauenförderung in Costa Rica ist dafür besonders bezeichnend: Damit es verabschiedet wurde, mußten die vorgeschlagenen Quoten herausgelassen werden.

Die Zahl der von Frauen bekleideten mit Macht ausgestatteten öffentlichen Ämter ist nicht mit der von Männern zu vergleichen; nicht einmal 20% der Posten sind von ihnen besetzt. Die politische Partizipation der Frauen an den öffentlichen Ämtern ist in den jeweiligen Ländern unterschiedlich, doch in allen ist der Zugang zu den Entscheidungsinstanzen für Frauen schwierig. Wenn die Partizipation an den Parlamenten schon gering ist, so ist sie an der Exekutive noch geringer. Die Frauen erfüllen im allgemeinen Referentenfunktionen bzw. Verwaltungsaufgaben vom Vizeminister bis zu Generaldirektorin, nur selten sitzen sie in den Chefetagen der Ministerien. Obgleich seit den 80er Jahren eine qualitative und quantitative Zunahme des Frauenanteils in den Ministerien und den autonomen Institutionen stattfindet, entspricht im staatlichen Bereich die Situation vollständig dem, was im privaten Bereich vor sich geht, wo die Frauen einen hohen Anteil als Technikerinnen und Fachfrauen und eine geringe Präsenz als Direktorinnen oder Geschäftsführer aufweisen.[31]

Insgesamt stieg in der Periode 1985-1994 die Partizipation der Frauen auf der mittleren und unteren Ebene der öffentlichen Verwaltung deutlich an, sowohl in den Zentral- als auch in den Gemeindeverwaltungen. In Costa Rica wird diese Tatsache besonders sichtbar, vor allem seit 1990, als die Frauen fünf der sieben Provinzregierungen innehaben, was im Vergleich zur vorhergegangenen Periode einen Anstieg von 90% ausmacht. Ein ähnliches Phänomen läßt sich in Bezug auf die Beigeordneten und Rechtsbeistände beobachten.[32]

Auch in der Justizverwaltung hat die Beteiligung mittelamerikanischer Frauen schnell zugenommen, obwohl auf den Ebenen, auf denen sie repräsentiert sind, die Ungleichheit fortwirkt. Zum Beispiel war 1991 in Costa Rica unter 22 Richtern am Obersten Gericht nur eine Frau (1994 waren es zwei). In El Salvador ist unter den insgesamt 14 Richtern des Obersten Gerichts keine Frau. In Guatemala, in Nicaragua und in Panama ist unter jeweils neun Richtern eine Frau, während in Honduras bei gleicher Anzahl keine einzige darunter ist. Das bedeutet, daß von den insgesamt 72 höchsten Richtern in der Region die Frauen 5,5% ausmachen. Aber ebenso wie in der Exekutive sind die Frauen in der Judikative in den mittleren und niederen Instanzen in breiter Weise politisch repräsentiert. Wie es die Studie des Centro de Mujer y Familia[33] zeigt, arbeiten im Justizsystem die Frauen in ihrer Mehrheit im Bürodienst, mit festen Arbeitszeiten, was es ihnen erlaubt, den doppelten Arbeitstag auszuüben; in geringerem Umfang in einer freien Praxis, vor allem in Strafsachen und im Zivilrecht.

Umgekehrt dürfen wegen dieser Schwierigkeiten die Errungenschaften nicht geringgeschätzt werden. So sind einige Frauen zu nennen, die in jüngster Zeit hohe Staatsämter übernommen haben und wir können feststellen, daß es der Frau gelungen ist, wenn auch noch in reduzierter Weise, sich einen Platz in den Schlüsselpositionen der öffentlichen Angelegenheiten zu schaffen: Violeta Barrios, die Präsidentin Nicaraguas von 1990 bis 1996, Victoria Garrón, zweite Vizepräsidentin von Costa Rica von 1986 bis 1990 und Rebeca Grynspan, zweite Vizepräsidentin von 1994 bis 1998. So haben Rose Mary Karspinsky (1986) in Costa Rica, Miriam Argüello (1984) in Nicaragua und Gloria Salguero Gross (1994) in El Salvador den Parlamenten ihres Landes vorgestanden oder sind noch deren Präsidentinnen. Marisol Reyes war in Panama (1984) Präsidentin des höchsten Gerichts, Ana Virginia Calzada war in Costa Rica Richterin am Verfassungsgericht usw.

Die Diskussion über die politische Partizipation der Frauen beschränkt sich nicht auf die staatlichen Institutionen. Im Gegenteil, sie erstreckt sich ebenso auf die unterschiedlichsten gesellschaftlichen Organisationen. Daher richten die Frauenorganisationen ihre Aufmerksamkeit auf die geschichtlichen und kulturellen Bedingungen, die sich in der Ungleichheit in den verschiedenen sozialen, ökonomischen und politischen Strukturen fortsetzen. In dieser Hinsicht leuchtet die Kritik an der Beteiligung von Frauen an den politischen Parteien ein, da diese sich im Allgemeinen auf die Stimmabgabe am Wahltag und die Organisation zweitrangiger Aktivitäten reduziert, wo die Frauen als Parteimitglieder an der Aufrechterhaltung der Organisation und Handlungsfähigkeit mitwirken, aber keinen Zugriff auf die Entscheidungen der Partei haben.[34] Darüber hinaus gibt es Fälle, daß Frauen den Alltag der Präsidentschaftskampagnen organisiert und geleitet haben, ohne daß sie dafür an den Entscheidungsgremien ihrer Parteien beteiligt worden wären, noch daß sie nach Abschluß des Wahlkampfes mit öffentlichen Ämtern bedacht worden seien. Wenn die grundlegende Bedeutung der Rolle der Frauen vor allem an der Parteibasis auch stärker anerkannt wird, so mangelt es in den Führungsgremien der politischen Parteien doch immer noch an der Einhaltung der Verpflichtungen, die zur Anerkennung dazugehört.

Auch die gewerkschaftlichen Organisationen scheinen nicht in der Lage zu sein, die Interessen und speziellen Forderungen der Frauen zu repräsentieren, insbesondere solche, die auf die Verringerung der geschlechtsspezifischen Diskriminierung am Arbeitsplatz und in den Arbeitsbeziehungen zielen. Zugleich ist die Partizipation der Frauen an den Entscheidungsinstanzen der Gewerkschaften im Verhältnis zu ihrer aktiven Beteiligung an der Basis sehr gering.[35] Wir können jedoch feststellen, daß die Demokratisierungsprozesse der 80er Jahre dazu geführt habem, diese Widersprüche in den Gewerkschaften zu erkennen, was zwar wichtig, aber nicht ausreichend ist. Eher zeigt es die Dringlichkeit einer umfassenden Neubestimmung an, damit es zu qualitativen Veränderungen in der Beziehung zwischen Männern und Frauen in der gewerkschaftlichen Bewegung kommt. Die Organisationen der Kooperativen und in geringerem Maße der Gemeinden schleppen die gleichen Probleme mit sich, aber auch hier werden die Bedingungen der Diskriminierung und der Ungleichheit der Geschlechter infrage gestellt, wie es die Veröffentlichungen von APROMUJER zeigen.[36] In diesem Zusammenhang entwickeln sich die *Frauenorganisationen*, die seit den 80er Jahren ihren eigenen Platz in der politischen Szene Mittelamerikas beanspruchen. Diese Organisationen bringen ein Ensemble von „Themen" und Forderungen ein, wodurch sie die öffentliche Debatte über die Demokratisierung unserer Gesellschaften bereichern.

Die Frauenthemen in der Politik

Die politisch-militärische Instabilität der letzten Jahrzehnte brachte die Frauen in der Region dazu, sich Partizipationsräume durch Initiativen der von den ersten feministischen Nichtregierungsorganisationen ins Leben gerufenen autonomen Gruppen zu eröffnen. Die Frauen beginnen als politisches Subjekt hervorzutreten, wenn sie die Verteidigung ihrer Rechte auf autonome Weise selbst übernehmen und ihre Bedürfnisse und Forderungen mittels ihrer eigenen politischen Organisationsmodelle umsetzen. Angesichts der Beschränkungen, denen diese nicht traditionellen gesellschaftlichen Organisationen unterworfen sind, war es nicht leicht, in die Gefilde vorzudringen, in denen die Entscheidungen getroffen werden. Es war in dem Maße schwierig,

„in dem die Gesellschaft nur die Aktivitäten würdigt, die sich in den formell anerkannten Räumen der Politik abspielen, wie es die Parteien und die formellen Organisationen sind."[37]

Im allgemeinen scheinen die Organisationen, die die Rechte der Frauen einfordern, nicht als politische Organisationen anerkannt zu werden. Wie wir oben schon einmal zitiert haben,

„wird Politik, wenn sie als Aktion für gesellschaftliche Veränderungen verstanden wird, bei denen vornehmlich Frauen eingreifen, unsichtbar gemacht. Als politisch behauptet sich, was mit Wahlen in Beziehung steht, Prozesse, in denen vor allem Männer als wählbar erschienen, weil sie durch ihre Beziehungen zur Macht traditionell als aktive Protagonisten gelten."[38]

Unter diese Perspektive läßt sich festhalten, daß

„die größere Partizipation der Frauen in Lateinamerika anscheinend nicht dazu beigetragen hat, ihre politische Partizipation auf das gleiche Niveau wie das der Männer zu heben."[39]

Ende der siebziger Jahre erweiterte sich angesichts der Zunahme der Armut und der Verschärfung der Konflikte der Raum für die Partizipation der Frauen. Im Verlauf der Krise der 80er Jahre haben sich Frauen besonders in El Salvador, Guatemala und Nicaragua am bewaffneten Konflikt beteiligt, obgleich weiterhin die reproduktiven Funktionen auf ihnen lasteten (Aufzucht der Kinder, ihre Ernährung, usw.). Andererseits ist eine Zunahme des Engagements von Frauen in Menschenrechtsorganisationen, seien sie regierungsabhängig oder -unabhängig, zu verzeichnen. Die politische Gewalt bewirkte die Bildung von Organisationen betroffener Frauen in der ganzen Region; die vielleicht bekanntesten Beispiele dafür sind die Grupo de Apoyo Mutuo (GAM) und CONAVIGUA in Guatemala. Heutzutage besteht die politische Partizipation nicht allein im Wahlrecht, sondern es geht um die Einmischung in den sozialen Wandel und in die Entwicklung der Region, in den Kampf für die Vertiefung der Grundlagen der Demokratie: Freiheit und Gleichheit.

So waren die Interessen, die von den gesellschaftlichen Organisationen vertreten wurden, an denen die Frauen beteiligt waren, von den Bedingungen der Instabilität in der Region bestimmt. Anscheinend standen eher Forderungen wirtschaftlichen und sozialen Charakters als solche nach politischer Partizipation im Vordergrund, aber es zeigt sich immerhin eine Zunahme weiblicher Partizipation auf gewerkschaftlicher und berufsständischer Ebene. Die Partizipation in den Gewerkschaften steht meist in einem direkten Verhältnis zum Grad der Beschäftigung von Frauen im entsprechenden Produktionsbereich. In bezug auf die Berufsorganisationen ist die Partizipation der Frauen dort höher, wo es auch einen höheren Grad an Repräsentation und Leitung durch Frauen gibt. Gleichermaßen hat die Partizipation von Frauen in sozialen Bewegungen verschiedenster Art zugenommen, etwa in den Wohngebiets- und Gesundheitskomitees, in Schulbeiräten, Kooperativen, Volksküchen und bei Landbesetzungen.
Auf der anderen Seite hat die Teilnahme der Frauen an gewissen Kämpfen aus ihrer Position des „Für andere da sein" heraus zu einer kraftvollen und massiven Bewegung der Frauen in der Region beigetragen, obwohl diese Organisationen die Probleme nicht vornehmlich unter der Geschlechterperspektive angegangen haben. Beispielhaft seien hier Las Comadres aus El Salvador und Apoyo Mutuo aus Guatemala genannt, Organisationen, die von den Militärregierungen Rechenschaft über verschwundene Angehörige gefordert haben.
In den letzten Jahren (seit Ende der 80er Jahre, Anfang der 90er Jahre) sind viele Frauengruppen und Nichtregierungsorganisationen entstanden, die geschlechtsspezifische Forderungen aufstellen. Erst in jüngster Zeit erkennt man in diesen Organisationen und sozialen Bewegungen wirksame Kanalisierungsinstrumente politischer Partizipation. In der Verfassung Nicaraguas von 1987 zum Beispiel ist im Artikel 49 das Recht der Bevölkerung festgeschrieben, sich nicht nur allein in der traditionellen Form der politischen Parteien, sondern auch in sozialen wie politischen Organisationen politisch zu organisieren.[40]

„... Politik betreiben ist darüberhinaus Kampf gegen Unterdrückung, sei sie aus Klassen-, sexuellen oder rassischen Gründen; es ist der Wunsch nach Veränderung von Herrschafts- und Unterordnungsbeziehungen, die sich in Form besonderer Unterdrückung im privaten Bereich wie im öffentlichen Bereich ausdrücken; es bedeutet das ganze Bestreben zur Überwindung der Verhältnisse von Ungleichheit."[41]

Schließlich bleiben noch solche Organisationen, öffentliche wie private, zu erwähnen, die sich unterschiedlichsten Problemen widmen. Man kann sie folgendermaßen einteilen.

1. Verteidigung der Menschenrechte.
2. Änderung einer Politik, die geschlechtsspezifische Unterordnung und Diskriminierung aufrechterhält.

3. Ausbildung in Fragen der Frauenrechte in formellen und informellen Zusammenhängen.
4. Fortbildung mit dem Ziel der Entwicklung von Fähigkeiten zur Selbstverteidigung.
5. Erforschung der gesellschaftlichen Realität.
6. Technische Unterstützung und Beratung bei der Einbeziehung der geschlechtsspezifischen Perspektive in den Projekten und Dienstleistungen, in der Formulierung von Gesetzen und in der Gestaltung von Politik oder politischen Programmen.
7. Koordination, Schaffung und Stärkung von Kommunikationsnetzen.

Um diese Ziele geht es in der Gesetzgebung, die auf die generelle Beseitigung der Diskriminierungsmechanismen gegenüber den Frauen in Beruf, Familie, Geschlechterverhältnissen und in der Gesellschaft abzielt. Es ist allgemein festzustellen, daß Frauen in Leitungspositionen soziale Projekte betreiben, die mit Familie, Wohnen, Menschenrechten, Bildung und Ökologie zu tun haben.
Die thematische Bestimmung der Politik von Frauen in Mittelamerika läßt sich aus der geschichtlichen Entwicklung erklären. Die „Panchas" sehen diesen Prozeß so:

„Wie schwierig ist es für mittelamerikanische Frauen, sich selbst zu finden und die Möglichkeit zu erlangen, ihre allgemeinen Forderungen mit den feministischen Forderungen zu verbinden. Sie befinden sich in einem Kontext, der die Lösung unmittelbarer und dringender Probleme erfordert, in einer Umwelt, aus der die Misere, die Ungerechtigkeit und Gewalt spricht, in der Tausende von Frauen sich im alltäglichen Überlebenskampf befinden. Es ist gerade diese Gesamtheit der Umstände, die es unmöglich macht, die spezifischen Probleme der Frauen zu verstehen, die eine geschlechtsspezifische Perspektive in den Frauenorganisationen verstellt und die die Verwirrung über die Ziele und Prioritäten bewirkt ..."[42]

Der Fall der nicaraguanischen Frauen ist hierfür ein deutliches Beispiel. Der Zugang zu verschiedenen Entscheidungsräumen während der Zeit des Sandinismus – der hier größer war als als in irgend einem Land Mittelamerikas – wurde als Instrument im Kampf für die Schaffung einer generellen Demokratie genutzt, obwohl dies auf den ersten Blick als ein Zugeständnis zuungunsten geschlechtsspezifischer Forderungen gesehen werden kann. Erst Ende der 80er Jahre haben die verschiedenen Frauenorganisationen im Rahmen des Übergangs zur Demokratie die Verteidigung ihrer besonderen Interessen mit größerer Kampfbereitschaft aufgenommen.
Eine Alternative zwischen der Vielfalt und der Besonderheit der Forderungen zeichnet sich ab. In Mittelamerika werden überall Forderungen nach Partizipation, nach Demokratisierung erhoben, sie kommen nicht allein von den Frauen. Sie

werden ebenso von den Studenten, den Arbeitern, den Produzenten, den Hausfrauen, den Umweltgruppen eingeklagt. Wir alle wollen partizipieren und deshalb haben die Parteien, die Gewerkschaften und die gesellschaftlichen Organisationen in ihren Diskurs den „Begriff" Partizipation aufgenommen.

„Nicht in allen Fällen ist der Begriff aufgenommen worden, das heißt, nicht in allen Fällen ist Partizipation als zu erreichendes Ziel mit allem aufgenommen worden, was dazu gehört, Verantwortlichkeit, Dialog, Gleichheit, gegenseitiger Achtung, wirklicher Demokratie, schließlich der Verbindlichkeit gegenüber dem Protagonisten bei jenen Entscheidungen, die ihn selbst betreffen: dem ganze Volk, du und ich, das Volk von Männern und Frauen, das heute mehr denn je Partizipation einfordert, gebündelt und legitimiert, das fordert, daß seine Partizipation wirklich frei, offen und wirksam sei."[43]

Die Themen, für die sich die im politischen Leben aktiven mittelamerikanischen Frauen interessieren, gehen über die geschlechtsspezifischen Forderungen hinaus. Sie erstrecken sich auch auf die Ideale der Demokratisierung und auf bessere Lebensbedingungen für Männer und Frauen, auf das Bemühen, die Institutionen im wirtschaftlichen, politischen, juristischen, sozialen und Umweltschutzbereich sowie der Menschenrechte wiederherzustellen, und dies mit der Option für einen friedlichen Weg der Lösung der Konflikte.

Frauen und Politik: Eine neuartige Symbiose?

Die Frage, ob die Frauen der mittelamerikanischen Politik in irgendeiner Weise neuartige Züge hinzufügen, ist wie viele Themen über die weibliche Partizipation nicht einfach zu beantworten. Es muß daran erinnert werden, daß es in dieser Arbeit darum geht, die Wahrnehmung aller dieser Aspekte durch die politisch aktiven Frauen vorzustellen. Doch darüberhinaus ist davon auszugehen, daß die Auseinandersetzung mit den meisten Fragen zur Partizipation von Frauen noch nicht abgeschlossen ist, es hier also eher um Überlegungen geht, die gerade erst im Entstehen sind. Wir Frauen sind auf verschiedenste Weise dabei, uns in die Politik einzumischen und versuchen, das Spezifische, was wir zur Politik beitragen, zu entdecken und herauszubekommen, ob dies der Politik etwas Neuartiges aufprägt. Dies gilt für alle bisher aufgezeigten Aspekte, aber insbesondere für den folgenden, den wir als letzten vorstellen.

Ob Frauen der Politik etwas Neues hinzufügen, läßt sich anhand der Frage verfolgen, ob es etwas in der Politik gibt, was bei den Frauen Unbehagen weckt. Und ob – wenn dem so ist –, es das ist, was einige Frauen als die undemokratische Art bezeichnen, in der die von den Männern geführte Politik bis heute stattfindet. Ist es dieses „keine Demokratie", was mit den verfestigten Mechanismen des Ausschlusses der politischen Debatte und / oder der Unfähigkeit zu tun hat, die spezifischen Forderungen unterschiedlicher sozialer Gruppen, wie auch die der Frauen aufzunehmen? Aber es gibt auch ein „Unbehagen" über die Beteiligung an der Politik, das sich auf viel spezifischere Dinge bezieht. Es hat mit der verbalen Aggression zu tun, die einige politische Frauen an ihren männlichen Kollegen beklagen und die zur Diffamierung anderer eingesetzt wird. Die Würde als Person wird in Frage gestellt, indem Dinge des Privatlebens oder sexuelles Verhalten bei der Beurteilung der Person herangezogen werden. Bezeichnend ist die Tatsache, daß die von den Männern entworfene Politik mit den Tätigkeiten im Haushalt ausschließend verfährt, sie als kulturelle Aufgaben schlechthin den Frauen zuweist.

Daher muß mit jenen – teilweise von Männern selbst vorgebrachten – Kritiken Schluß sein, nach denen die Männer die Opfer ihrer politischen Frauen seien, im Gegenteil, es muß die Bedeutung unterstrichen werden, die ein gemeinsamer Kampf und eine gegenseitige Unterstützung für die volle Leistung und Wirksamkeit der politischen Arbeit von Frauen hat. Diese hängen schließlich auch von der gegenseitigen Unterstützung ab, die eine der anderen Frau gibt. Es ist symptomatisch, daß die Frauen den manchmal erlittenen Mangel an Unterstützung als Hindernis für ihr eigenes politisches Handeln betrachten. Die Solidarität zwischen den Frauen scheint, wie gezeigt, eine große Kraft im Kampf um Gleichheit zu sein, aber das Fehlen von Solidarität ist ein größes Hindernis auf dem Weg dorthin.

Schließlich ist das „Unbehagen" unserer Interviewpartnerinnen zu spüren, wenn sie sich in Entscheidungspositionen in größerem Maß als ihre männlichen Kollegen durch Unterlagen und Informationen rechtfertigen müssen um zu beweisen, daß ihnen dieser Posten zusteht. Diese subtilen Formen von Diskriminierung werden von Frauen beklagt, die Ämter als Abgeordnete, Richterinnen oder als Minister innehatten oder noch innehaben.

Diese Aspekte können jedoch das Neue nicht überdecken, das wir als Frauen der Politik hinzufügen. In diesem Sinne verweisen diejenigen, die Ämter in den verschiedenen Instanzen innehaben oder innegehabt haben, auf den Beitrag der Frauen in der Politik der Region.

Die erste Neuerung liegt auf der Hand, ohne deshalb weniger wichtig zu sein: es ist die qualitative und quantitative Stärkung der Frauen in politischen Entscheidungsräumen. Das Auftreten von Frauen in hohen Staatsämtern, Regierungs- und Nichtregierungsinstitutionen hat, obwohl dies noch immer ungleich verteilt ist, deutlich gemacht, daß die Frauen in der Region etwas zur Herstellung der Demokratie beizutragen haben, schon dadurch, daß sie die Hälfte der Bevölkerung Mittelamerikas stellen. Das hat etwas Anderes von großer Bedeutung nach sich gezogen, denn die Frauen haben die Diskussion über die Frau in der Politik in die politische Debatte eingebracht. Die Frauen verteidigen als Frauen eine Reihe von Themen und Vorschlägen, für die sie einfach deswegen zuständig sind, weil sie

Frauen sind. Aber sie haben zahlreiche andere Probleme auf die Tagesordnung gesetzt, die traditionell auf das private Umfeld beschränkt werden, und sie so zu öffentlichen Problemen gemacht.[44] Einige von ihnen sind die Aufdeckung und gesetzliche Regelungen in bezug auf physische und psychische Aggression gegen Frauen und Kinder, auf Vaterschaftspflichten, auf gleichberechtigten Zugang zu Versicherungen, Krediten und anderen sozialen Leistungen. Der Bereich des „Sozialen" steht immer stärker in Beziehung zu politischen Aktivitäten von Frauen. Natürlich ist dies nicht „Eigentum" der Frauen in der Politik, aber dennoch ist es klar, daß viele Frauen, die sich in Entscheidungsräume über diese Themen einbringen, diese zu ihren „eigenen" machen.

Ein anderer Aspekt der Neuerungen bezieht sich darauf, daß Frauen in politischen Positionen nicht in Dinge wie Korruption, Erpressung oder illoyale Konkurrenz, die die westlichen Demokratien durchziehen, verwickelt sind. Dieselben Beschränkungen, die wir als Frauen beim Eindringen in öffentliche Räume gehabt haben, sind jetzt der Grund, daß das nicht geschieht. Dennoch nahmen wir bei den befragten Frauen unterschiedliche Meinungen wahr. Einige neigten dazu, das politische Feld als „Gefechtsfeld" zu betrachten, das nicht vom Geschlecht bestimmt sei, und daß bei Frauen und Männern in bezug auf das Dilemma im Verhältnis von Ethik und Politik kein Unterschied bestehe. Andere meinten dagegen, nicht in die Korruption verwickelt zu sein, ließe sich dazu nutzen, neue Räume für mehr Demokratisierung zu öffnen, etwa durch eine stärkere Zusammenarbeit mit den verschiedenen sozialen Gruppen. Auf welche Weise auch immer, die Befragungen machten die unterschiedlichen Eigenschaften deutlich, die den Frauen in öffentlichen Ämtern zugeschrieben wurden. Am auffälligsten war vielleicht, daß Frauen im politischen Leben kreativer seien als die Männer, bei Bündnissen etwa oder bei der genauen Ausrichtung der konkreten Kämpfe um Volksnähe und bei der Herstellung eines engen Kontaktes zu den unterschiedlichen gesellschaftlichen Gruppen. Die Beispiele, die zur Illustration angeführt werden, haben in erster Linie mit Frauen im Parlament und im Obersten Gericht zu tun, mit ihrer Bündnispolitik, der Ernsthaftigkeit ihrer Vorschläge und damit, daß sie bei besonderen Anliegen als zugänglicher wahrgenommen werden als die Männer.

Die Fähigkeit, sich mit den anderen in Beziehung zu setzen und Interessen zu artikulieren, macht wiederum eine Neubestimmung der Führungsrolle offensichtlich. Die Neuerung, die die Frauen in die Politik einbringen, ist offenbar auch mit einer Kritik an der traditionellen, dem Caudillismus nahestehenden Führungsrolle, die auf den Einzelnen und sein „Charisma" rekurriert, verbunden. Ein zeitgemäßer Führungsstil fördert die Partizipation. Unseren Interviewpartnerinnen zufolge setzt die heutige Anforderung an Frauen und Männer in Führungspositionen, Ausstrahlung zu erlangen, die Fähigkeit voraus, sich in der Bevölkerung um Zustimmung zu Fragen zu bemühen, die diese betreffen, um darauf die Interessen zu artikulieren und zusammenzufassen. Deshalb sehen sie eine Beziehung zwischen Führungsrolle und Erziehungsprozeß. Dieses impliziert eine größere Herausforderung, zielt aber auf die Humanisierung der Politik, wie sie es nannten. Es ist also so, daß es eine einzige Art gibt festzustellen, ob die Frauen und die Politik eine neuartige Symbiose bilden: aktiv an den verschiedenen politischen Instanzen zu partizipieren und sich Zugang zu den kollektiven Entscheidungsräumen zu verschaffen.

Und sie erzählen ihre Geschichte

Wie wir eingangs sagten, sind die zwei wesentlichen Instrumente unserer Untersuchung die Dynamik der 'focus groups' und die vertiefenden Interviews. Dies hat es uns ermöglicht, die Fälle einiger Frauen, die aktiv am politischen Leben in Mittelamerika teilnehmen, in Form der „Lebensgeschichten" einzubeziehen. Die Geschichten und die konkreten Erfahrungen können sehr viel erhellender sein als irgendeine Interpretation, die aus diesen eine Zusammenfassung oder einen Durchschnitt gewinnen will. Außerdem entspricht dies auch unserer anfänglichen Zielsetzung: den Frauen zuzuhören, ihre Wahrnehmungen und ihre Hoffnungen, die Art ihrer demokratisierungsorientierten politischen Partizipation in den verschiedenen Instanzen der mittelamerikanischen Region zur Kenntnis zu nehmen. Wir haben die Lebensgeschichten nicht beliebig ausgewählt, sondern waren bestrebt, den Prozeß der Errichtung und Wiedererrichtung der Demokratie in den Ländern Mittelamerikas deutlich zu machen. Der Übergang vom Krieg zum Frieden; von der systematischen Verletzung der Menschenrechte bis zur Anklage und zur Verteidigung der Würde der Person; vom unantastbaren Charakter der traditionellen politischen Institutionen hin zur Forderung nach Mechanismen, die die Interessen aller Gruppen und sozialen Bereiche einschließen. Es handelt sich um eine Auseinandersetzung, in der die Frauen in diesem Teil der Welt zum zentralen Akteur geworden sind. Die vollständige Einbeziehung der Frauen in den öffentlichen Raum bei Entscheidungen, die das Kollektiv betreffen, ist für die Idee der Demokratisierung unverzichtbar, umgekehrt zeigt die Fortsetzung ihres Ausschlusses die Grenzen dieser Hoffnung und die Rückkehr der Angst und Ungewißheit an. Gegenwärtig äußern Frauen in öffentlichen Entscheidungspositionen entsprechende Befürchtungen und Hoffnungen. In Nicaragua ist es die Furcht vor einem Rückschritt und vor der Unfähigkeit, Übereinkünfte zu erzielen, die den Aufbau der demokratischen Institutionen fortzuführen gestatten. In El Salvador ist es dringend nötig, die lokalen Machtinstanzen als Räume für Erziehung und zur Beratung mit der Bevölkerung zurückzuerobern und die Leistungsfähigkeit der Politik in den Gemeinden und der nationalen Politik zu garantieren. In Costa

Rica erfordern die Korruptionsvorwürfe gegen die politische Infrastruktur und der Vorwurf einer Elitendemokratie eine Beteiligung der Frauen an der Dynamik der politischen, sozialen und wirtschaftlichen Entwicklung, die viel aggressiver sein muß und proportional dem Beitrag entspricht, den die Frauen zur Gesellschaft leisten. Wenn die Politik „die Kunst des Möglichen" ist, sollen diese Möglichkeiten wirklich allen offen stehen und nicht nur einigen wenigen, die jedesmal weniger werden. Heute kann sich die Demokratie, die von den Männern geleitet wurde, nicht aus sich selbst heraus rechtfertigen, sie muß mit Inhalten gefüllt werden, damit sie uns als Mittelamerikanern etwas sagt und damit sie eine Hoffnung darstellt und nicht nur weitere Befürchtungen nährt. Unter dem Blickwinkel dieser Beobachtungen nahmen wir die aus dem Leben gegriffenen Zeugnisse auf. Wenn sie auch im wesentlichen Beunruhigung über das jeweilige Heimatland ausdrücken, so ist es doch klar, daß einige dieser Sorgen ebenso in irgendeinem anderen Land der Region anzutreffen sind. Mittelamerika ist nicht nur geographisch und historisch eine Einheit, es ist heute auch in den Befürchtungen und Hoffnungen geeint.

Von der Guerrillera zur Parlamentarierin

„... Ich bin 1956 geboren, im Schoß einer einfachen Familie, der unteren Mittelschicht. Und seit ich ein kleines Mädchen war, hörte ich, wie zu Hause von Politik die Rede war. Gut, wenn ich sage, daß sie von Politik sprachen, dann, weil sie über die nationale Regierung und die vor Ort sprachen, von den Streitkräften und von der Guardia Nacional: was sie tun müßten und was sie nicht taten, oder was sie taten und nicht tun durften. Und deshalb erfuhr ich ständig, daß man, wenn man das Land in die eine oder andere Richtung lenken wollte, an der Regierung sein mußte, oder in den Streitkräften. Dies sind verschiedene Räume der Poltik und jeder von Ihnen enthält sein eigenes Moment und seine Erklärung. Ich beteiligte mich, als die Umstände es erforderten, am Krieg und für die Befreiung meines Volkes. Deshalb sage ich, daß ich seit damals in der Politik bin. Durch meine Beteiligung an der Politik habe ich meiner Familie Probleme gebracht, nicht nur weil ich mir sehr nahestehende Menschen fallen sah, sondern weil sie manchmal meinetwegen verfolgt wurden.
Heute, da die Dinge sich geändert haben, und der Kampf darum geht, daß es keinen Weg zurück gibt – verstehen sie ein bißchen und ich verstehe sie umgekehrt auch ein bißchen. Ich sage, daß die Politik kein Geschlecht hat. Insbesondere im Krieg ist das so – dort waren wir Männer und Frauen, die gegen Männer und Frauen gekämpft haben. Alle haben dabei von Freiheit und Demokratie geredet, wobei diese Begriffe verschieden ausgelegt wurden. Ich glaube, es ist eine Frage der Quantität; Für wieviele die Freiheit, für wieviele die Demokratie. Der Krieg mit Waffengewalt ist beendet. Er hat viel gekostet, ihn zu beenden, manchmal glaubte ich, daß er eher uns alle fertig machen würde, als daß wir ihn zu Ende bringen würden. Aber im bewaffneten Aufstand hatte ich verschiedene Leitungspositionen inne und hatte deswegen immer die Verpflichtung, mich als Optimistin zu zeigen und den anderen Mut zu machen. Man kämpfte im Krieg nicht um spezifische Frauenrechte. Der Hunger und der Tod machten beim Geschlecht keinen Unterschied. Aber der

Krieg hat Negatives und Positives hinterlassen. Ich glaube, daß eine der positivsten Folgen darin besteht, daß die Menschen sich organisieren und gegenüber den staatlichen Institutionen die Achtung ihrer entsprechenden Rechte einfordern. Die Arbeiter, die Bauern, die Demobilisierten [aus der Guerrilla oder den Streitkräften Entlassene, d. Hrsg.], und selbstverständlich auch wir. Wir haben als Frauen entsprechend unseren Bedinungen der doppelten Diskriminierung, sozial und als Geschlecht, spezifischen Forderungen Nachdruck verliehen. Jetzt bin ich in der Nationalversammlung und als Frau in der Politik weiß ich, daß ich die Interessen der Frauen und der Männer in meinem Land wahren muß, insbesondere die der Armen und Marginalisierten in der Gesellschaft. Jetzt, da ich hohe Ämter in den Streitkräften und der zivilen Regierung innegehabt habe, habe ich erkannt, daß von hier wenig getan werden kann, aber zugleich weiß ich, daß, wenn etwas getan werden kann, es von hier aus ist, und deshalb glaube ich, hat meine Rolle als Parlamentarierin in diesem Moment einen Sinn. Man muß für eine weniger ungleiche Partizipation – in erster Linie zahlenmäßig – zwischen Frauen und Männern in der Politik kämpfen, aber in meinem Land gehört dazu die Notwendigkeit, die zivilen Institutionen der Regierung zu konsolidieren, damit der demokratische Übergang, den wir erleben, nicht abgebrochen wird ..."

Der Einsatz für die kommunale Arbeit

„... Jetzt werde ich bald 73 und immer habe ich gewußt, daß ich für die Politik geboren wurde. Für mich ist die Politik die Möglichkeit, die Unwissenheit, die Armut und alle Arten der Diskriminierung abzubauen. Mein politisches Engagement war auf die Unterstützung der Frauen gerichtet. Seit etwa fünfzig Jahren kümmere ich mich um Bildungswerkstätten für Frauen. Für mich ist das klar, wenn wir Frauen uns nicht unabhängig machen vom Ehemann oder dem Mann, mit dem wir leben, werden wir die Diskriminierung nicht überwinden, deren Opfer wir waren und sind. Der Weg dazu ist Bildung in jeglichem Sinn; technische, universitäre und natürlich politische Bildung.
Ich weiß, daß wir Frauen uns immer mehr in die Räume einmischen müssen, in denen Entscheidungen getroffen werden. Wir müssen den gleichen Zugang und die gleichen Möglichkeiten erlangen wie die Männer. Aber das ist nicht meine Sache. Ich setze mich für die kommunale Arbeit ein. Dort, in den Gemeinden, in den städtischen Vierteln und Vorstädten, bin ich politisch aktiv. Ich wurde in einem Stadtteil in der Provinz geboren, ich heiratete und zog in einen Stadtteil der Hauptstadt und stellte dabei fest, daß die Situation der Frauen hier wie dort gleich ist. Mein Mann wollte nicht, daß ich aktives Mitglied in einer politischen Partei würde, aber er sagte es mir nicht offen. Er sagte, daß er nicht mitmachen wolle. Ich sagte ihm, daß sei kein Problem, daß er zu Hause bleiben könne, während ich an den Versammlungen teilnähme. Das gefiel ihm nicht, aber ich dachte nicht daran nachzugeben. Seitdem arbeiten wir zusammen für die Sache der Frauen. Man hat mir verschiedene Male vorgeschlagen, um ein Amt in der Gemeindeverwaltung zu kämpfen, aber ich schlage dann eine andere Frau vor und unterstütze sie. Ich weiß, daß mein Platz in den Vereinigungen und kommunalen Gruppen ist. Für mich ist Politik mit einer politischen Partei verbunden, aber sie beschränkt sich nicht darauf. Die Struktur einer Partei kann nie die politische Dynamik der Basis dieser Parteien erfassen.
Ich fühle mich der Bildung verpflichtet. Für mich läuft alles über den Bildungsprozeß. Und ich glaube, daß Frauen und Kinder zuallererst über ihre Rechte informiert sein müssen. Heutzutage, da wir für die Befriedung unserer Konflikte kämpfen, müssen wir die Frauen dazu bringen zu erkennen, daß sie den größten Teil ihres Lebens diskriminiert

waren, gedemütigt, das ist Mißachtung der Menschenrechte. Ich weiß, daß es nach einer Wiederholung klingt, aber es ist so: Wenn die Leute das ganze Leben so behandelt werden, glauben sie, daß sie das auch verdient haben. Wenn ein Ehemann sie nicht sprechen läßt, dann erscheint es als Pflicht zu schweigen, wenn sie ihnen ihre Kinder wegnehmen, haben sie zu resignieren. Das ist furchtbar und muß sich ändern. Das Frauenthema ist vollständig an die gesellschaftliche Entwicklung und den Frieden gekoppelt. Darin sehe ich meine Verpflichtung. Ich glaube an Werte wie Ehre, Offenheit und den Kampf zur Verbesserung der Lebensbedingungen, damit wir als wirkliche Menschen leben können. Ich arbeite als Frau und mit den Frauen der Basis für die Überwindung ihrer Lage und für ihre wirtschaftliche Unabhängigkeit. Das ist meine politische Aktivität und mein alltäglicher politischer Kampf besteht auch darin, finanzielle Mittel in der Partei, in der ich Mitglied bin, für die Verfolgung dieser Ziele zu suchen ..."

„Traditionell" männliche Räume besetzen.

„... Ich glaube, daß es schon einen Durchbruch darstellt, zentrale Entscheidungsposten zu besetzen und daß dies von grundlegendem Nutzen für die Frauen im allgemeinen und insbesondere für uns mittelamerikanische Frauen ist. Es ist eine komplizierte Frage. Weil wir uns einer Art von Feuerprobe gegenüber sehen, nicht allein im Verhältnis zur eigentlichen politischen Aktivität, sondern in bezug auf unsere Eigenschaft als Frauen. Eine Feuerprobe, der uns die Männer und Frauen, und was schlimmer ist, wir selbst unterziehen: „sehen, ob ich das Format habe". In all diesem gibt es kulturelle und historische Implikationen, so daß die Feministinnen sehr Recht haben, wenn sie auf die verschiedenen Formen hinweisen, in denen die Geschlechterdiskriminierung einen beeinträchtigt. Aber ich glaube, daß die Räume dazu da sind, besetzt zu werden, seien sie nun traditionell männlich oder nicht. Ich glaube, daß wir Frauen einen Bildungsprozeß begonnen haben, der von der richtigen Einschätzung der Partizipation an der formellen Politik (Parteien, Institutionen, Ministerien, gesetzgebende Versammlungen, nationale Parteiführungen etc.) dazu übergeht, große Neuerungen in die Politik einzubringen: daß die Politik sich nicht hierauf beschränkt, oder wenigstens, da die Instanzen unserer Politik immer weniger demokratisch sind, es darauf ankommt, sie zu überdenken und neu zu strukturieren, damit wir anständig in ihnen arbeiten können. Jetzt, da ich ein wichtiges Amt in der Justiz innehabe, beschäftigen mich alle diese Dinge sehr.
Mit meinen zweiundvierzig Jahren und den vielen politischen Kampagnen, in denen ich hart mitgearbeitet habe, Hand in Hand mit so vielen Frauen, stellt sich mir die Frage, wie es möglich ist, daß wir weiterhin Angst davor haben, Quoten einzurichten. Wir sagen noch nicht einmal, daß diese proportional zu unserem Bevölkerungsanteil sein sollten, denn oft sind wir nicht einmal in der Lage, bei den Politikern Vereinbarungen zu erzielen, die wir unterstützen können. Noch nicht einmal bei denen, denen wir die Wahlkämpfe organisieren, in denen wir wie die Ameisen arbeiten. Unsere Fähigkeit, uns autonom zu organisieren, ist immer noch absolut ungenügend, sie ist weiterhin sehr abhängig von der männlichen Führung. Und wir gehen in die Falle, Quotenregelungen zu vermeiden, weil wir Anerkennung für unsere Verdienste wollen. Klar, von Verdiensten zu sprechen, bedeutet, von einer gleichberechtigten Ausgangssituation auszugehen, aber das ist ja gerade die Falle: unsere Ausgangsposition ist eine Partizipation, die gerade von Ungleichheit gekennzeichnet ist. Und das muß unsere Grundlage sein. Ich glaube an die Solidarität der Frauen. Ich glaube an die Notwendigkeit des Lernens durch die Solidarität zwischen den Frauen. Die politische Partizipation, die Fähigkeit, Entscheidungen zu treffen, die das politische Handeln

und die Politiker verjüngen, wird durch uns Frauen stattfinden, über die Frauen in der Politik, über mehr politische Frauen, die die Demokratie in Mittelamerika aufbauen ..."

Übersetzung: Barbara Dröscher

Anmerkungen

1 Sylvia Fletcher und María Rosa Renzi, Democracia, desarrollo e integración centroamericana desde la perspectiva de las mujeres. San José 1994 (Ed. Porvenir). S. 36.
2 Ana Sojo bekennt in diesem Zusammenhang: „Wir bejahen die Bedeutung der Demokratie und des Pluralismus, sobald sie die Vielfalt im Kampf gegen asymmetrische Machtbeziehungen aufnehmen, weil alle diese Beziehungen Elemente der Ausschließung mit sich bringen." In: Dies., Mujer y Política. Ensayo sobre el feminismo y el sujeto popular. San José 1985 (Dpto. Ecuménico de Investigación, DEI). S. 33
3 In bezug auf die Arbeitsteilung, auf der diese Ordnung der Dinge beruht, stellt dieselbe Autorin fest: „Die asymmetrischen Machtbeziehungen zwischen Männern und Frauen haben gegenwärtig ihre Entsprechung in der eigentümlichen Arbeitsteilung der gesellschaftlichen Arbeit. Dies ist ein Produkt der Trennung zwischen öffentlicher und privater Sphäre. Die letztere bezieht sich auf die Reproduktion der menschlichen Wesen im individuellen Sinne, während sich in der öffentlichen Sphäre die Produktion und Akkumulation des Mehrwerts vollzieht und sich die Politik in den gesellschaftlichen und staatlichen Institutionen konzentriert." Sojo, op. cit. S. 54.
4 Laura Pérez und Arlette Pichardo, La pobreza en el istmo centroamericano vista desde la perspectiva de las mujeres. Diskussionsvorlage für die vorbereitende Beratung in Mittelamerika zur Weltfrauenkonferenz der UNO, April 1994. San José, April 1994. S. IX.
5 Idolda Espinosa G. und Yasmine Shamsie, Ventajas relativas del trabajo remunerado de las mujeres en el sector informal de la ciudad de Managua (Informe Final). Mimeo. Managua. Januar 1994.
6 Einige Autoren sehen die gesellschaftlichen Organisationen als Orte der Entstehung von Bürgerschaft und was noch wichtiger ist, sie definieren Bürgerschaft sogar als verantwortliche Teilhabe an den Dingen des Gemeinwesens. Siehe dazu Peter F. Drucker, The Age of Social Transformation. In: The Atlantic Monthly, Vol. 274, Nr. 5, November 1994. S. 53-90.
7 Giacomo Sani, Participación política. In: Norberto Bobbio und Nicola Matteucci (Hg.), Diccionario de Política. Band II. Madrid 1983 (Siglo XXI). S. 1180-1183.
8 Richard A. Krueger, Focus Groups: a Practical Guide for Applied Research. California 1988 (Sage Publications). S. auch Krishna Kumar, Conducting Group Interviews in Developing Countries. In: A.I.D. Program, Design and Evaluation Methology Report. Nr. 8. April 1987. (U.S. – A.I.D.) Und Judi Aubel, Guide pour des

études utilisant les discussions de groupe. FNUAP. Bureau International du Travail. Genève 1994.

9 Inzwischen ist auch in Guatemala ein Friedensabkommen unterzeichnet worden, und zwar Ende Dezember 1996 (Anm. d. Hg.).

10 Rubén Zamora spricht im Fall El Salvadors von drei Übergangsprozessen: dem politischen, dem ökonomischen und drittens dem Übergang vom Krieg zum Frieden.

11 Der Schwerpunkt der Nummer 121 der Zeitschrift Nueva Sociedad ist hauptsächlich dieser Problematik gewidmet: America Latina en la era neoliberal. Es finden sich dazu Artikel von Norbert Lechner, Ruy Mauro Marini, Sergio Zermeño und anderen.

12 Ana Virginia Duarte und Roxana Arroyo, Los derechos humanos de las mujeres centroamericanas. In: Revista de Ciencias Sociales, Nr.65. San José, September 1994 (Universidad de Costa Rica).

13 Wahrscheinlich ist der fortgeschrittenste geltende Verfassungstext in der Region hinsichtlich der politischen Partizipation der verschiedenen sozialen Gruppen der nicaraguanische. Die Arbeit von Milú Vargas (Mujer y Constitución. Centro de Derechos Constitucionales. Carlos Nuñez Téllez. Managua, September 1990) weist auf die Anstrengung hin, die in der politischen Verfassung dieses Landes inmitten der Widersprüche bezüglich der Frauen als Subjekten der nationalen Politik unternommen wurde.

14 Zu diesem Punkt siehe das Dokument des Centro de Mujer y Familia, Informe Nacional sobre la Situación de las Mujeres en Costa Rica. 1985-1994. Informe para la IV Conferencia Mundial sobre la Mujer. A realizarse en Beijing, China. 1995. San José, September 1994. S. 39-47.

15 Sydney Verba und Norman H. Nie, Participation in America: Political Democracy and Social Equality. New York (Harper & Row). Zitiert nach Manuel Alcántara. Gobernabilidad, crisis y cambio. Centro de Estudios Constitucionales. Madrid 1994. Auch Carmen Beretervide de Tricánico und Celina Burmester de Maynard stellen fest: „Für uns ist alles Verhalten, alle Erfahrung und Aktion politische Partizipation, die Einfluß auf die Gemeinschaft hat. Von diesem Standpunkt aus ist es alles, was von den politischen Parteien, Gewerkschaften, Stadtteilorganisationen, etc. getan wird." In: Participación política de la mujer en el Uruguay. Vortrag gehalten auf dem Seminar „Participación política de la mujer en el Cono Sur." . Montevideo o.D. (CELADU).

16 Siehe dazu Nelson Polsby, Community Power an Political Theory, New Haven 1963 (Yale University Press). S.129.

17 Das steht in Beziehung zu der „Feminisierung der Armut", von der Laura Pérez und Arlette Pichardo sprechen. Op. cit., S. 81.

18 Teresa Valdés und Enrique Gomáriz (Coord.), Mujeres Latinoamericanas en cifras. FLACSO (Chile) und Instituto de la mujer (España), 1993.

19 Laura Pérez und Arlette Pichardo, op. cit., S. 28-31.

20 Centro de Mujer y Familia, op. cit., S. 83-104.

21 Dignas (Mujeres por la dignidad y la vida), Hacer política desde las mujeres. San Salvador 1993.
22 Siehe dazu: Alda Facio und andere, Mujer y Democracia. Documento preparado para el Foro Regional La mujer en las Américas. Participación y Desarrollo, BID / Instituto Latinoamericano de Investigación Feminista. San José. März 1994. S. 13.
23 María Lidia Sánchez. Runder Tisch über „Mujer y Política en Costa Rica". Universidad de Costa Rica. San José. 20. Oktober 1994.
24 Vereinte Nationen. Mujer y política. Santiago de Chile 1989. S. 13.
25 Wir übernehmen die Periodisierung, die Alda Facio und andere vorgeschlagen haben. Op. cit., S. 22-23.
26 Eindrucksvoll ist dieser Aspekt in dem Buch „Las sufragistas de Costa Rica" demonstriert (San José 1994, Ed. Universidad de Costa Rica).
27 Ana Isabel García und Enrique Gomáriz, Mujeres Centroamericanas ante la crisis, la guerra y el proceso de paz. San José 1989. Kapitel 2, 3, 4 und 5, Band II.
28 García und Gomáriz, op. cit., S. 196.
29 Im Fall Guatemalas, Nicaraguas und Panamas haben wir keine Daten über die Herkunft der Frauen im Parlament.
30 Tirza Rivera-Cira und andere, Las mujeres en los Parlamentos Latinoamericanos. Santiago de Chile 1993. S. 48.
31 Alda Facio und andere, op. cit., S. 14.
32 Centro de Mujer y Familia, op. cit., S. 17. Dies ist jedoch nicht frei von Widersprüchen, wie sich vorher zeigte. Tatsächlich muß man, ohne die Partizipation der Frauen in diesen Instanzen geringzuschätzen, auch darauf hinweisen, daß dies in einem Kontext der Krise der lokalen politischen Gewalt stattfindet, insbesondere der Gemeinden. In Costa Rica wurden die Handlungsspielräume der Gemeinden in substantieller Weise im gleichen Zug mit ihren Steuereinnahmen reduziert. Und damit wird die Abhängigkeit von der Zentralregierung und vom Kompetenzstreit der nationalen Parteien offensichtlicher.
33 Ibid., S. 17.
34 Patricia Vargas und andere, Mujer y partidos políticos. Talleres de capacitación. Secretaria AMNLAE. In: CONAPRO „Héroes y Mártires". Managua 1989.
35 Dazu siehe: Cecilia López M., Molly Pollack und Marcela Villarreal, Género y mercado de trabajo en América Latina: procesos y dilemas. PREALC-OIT. Santiago de Chile 1992. Sowie: Margaret Hosmer Martens and Swasti Mitter (ed.), Women in trade unions: organizing the unorganized. International Labour Office. Geneva 1994.
36 Reflexiones sobre las ventajas de la participación de la mujer en el movimiento cooperativo. San José, Oktober 1994. Sowie: Diagnóstico: participación de la mujer en el movimiento cooperativo costarricense. San José 1991.
37 Adilia Caravaca, Violencia de género, derechos humanos y democratización. San José 1994. S. 27.
38 Ibid., S. 44.

39 Tirza Rivera-Cira und andere, op. cit., S. 33.
40 Damit ist die traditionelle Konzeption von Politik angesprochen, die als ausschließlicher Kampf um die Staatmacht verstanden wird, in der diese zu einer besonderen Praxis wird, deren Protagonisten sich in den politischen Parteien als privilegierten Organisationen zusammentun, um die Macht zu erreichen.
41 Milú Vargas Escobar, Mujer y Constitución. Managua 1993. S. 51.
42 Frauenkollektiv Pancha Carrasco, Compartiendo nuestro Ideario Feminista. San José 1989-1990. Zitiert nach Ana Cecilia Escalante, op. cit., S. 96.
43 Carmen Beretervide und Celina Burmester, op. cit., S. 22.
44 In dem Sinn, wie Ives Meny und Jean-Claude Thoenig es verstehen, Las políticas públicas. Barcelona 1992 (Ed. Ariel). Als öffentliches Problem wird verstanden, wenn eine oder mehrere soziale Gruppen es als eigenes aufnehmen und in die Sphäre der Entscheidungen in mit Autorität und Legitimität ausgestatteten öffentlichen Instanzen einbringen.

Rolando Rivera

Soziale Konzertation und regionale Integration: Eine neue Art sozialer Partizipation?

> "Eine über Assoziationen statt über Märkte integrierte Gesellschaft wäre eine politische und gleichwohl herrschaftsfreie Ordnung."[1]

Einleitung

Die gesellschaftlichen Organisationen Mittelamerikas haben auf regionaler Ebene zahlreiche Initiativen unternommen, die ihrer Rolle in der Gesellschaft mehr Gewicht geben sollen. Paradoxerweise haben diese Vorschläge in Regierungs- und Unternehmerkreisen ein Echo gefunden; diese haben die gesellschaftlichen Organisationen angesprochen, um ihnen Vorschläge zur Konzertation zu unterbreiten und um mehr oder weniger konsensuelle Positionen über die regionale Integration zu vereinbaren.

Der Begriff Konzertation ist auf die Suche nach einer Absprache oder auf einen Pakt zwischen unterschiedlichen Positionen bezogen und wurde ursprünglich auf der Unternehmensebene benutzt, als Übereinkunft zwischen Arbeitern und Arbeitgebern, um die Arbeitsbedingungen zu regeln; er kann sich aber auch auf allgemeinere Aspekte beziehen, die mit den makroökonomischen Variablen oder der Entwicklungsstrategie zu tun haben, oder kann auch ein Abkommen über sozialstaatliche Grenzen bezeichnen.

Soziale Konzertation korrespondiert mit der Vorstellung, den Dissens zu beseitigen und heißt in Mittelamerika, die Konflikte des vergangenen Jahrzehnts zu lösen. Diese Konfliktlösung ist nach Menjívar das Ergebnis des Friedensprozesses von Esquipulas II (1987), der nach und nach von der politischen Konzertation zur wirtschaftlichen und sozialen Konzertation führt.[2]

Tatsächlich war die Konzertation in Mittelamerika das Ergebnis eines politisch relativ unentschiedenen Ausgangs des Konflikts zwischen den streitenden Parteien. Das ist im Fall El Salvadors offensichtlich, wo das Konzertationsforum aus den Friedensabkommen hervorgeht oder im Fall Nicaraguas, wo die Konzertation aus dem Kompromiß zwischen Regierung und Opposition entsteht. Aber sie ist auch Ausdruck davon, daß Regierungs- und Unternehmerkreise auf Übereinkünfte angewiesen sind, um die Herausforderungen von Wettbewerb, Globalisierung und der regionalen mittelamerikanischen Integration aufnehmen zu können. Auf dieser regionalen Ebene ist der Übergang von einer politischen Konzertation zu einer wirtschaftlichen zu verzeichnen; aber das Gewicht der Politik ist gegenüber dem der Wirtschaft relativ, denn es sind die Globalisierungstendenzen, die oft die Lösung der politischen Konflikte erfordern, damit sich die Produktionsfaktoren frei in der Region bewegen können. Man muß hervorheben, daß die Arten der Konzertation, die in der Region ausprobiert werden, erst am Anfang stehen und eine der hauptsächlichen Beschränkungen für diese Abkommen im Problem der Repräsentativität besteht. Die Anweisungen der Führungsgremien werden auf mittlerer Ebene und von der Basis nicht unbedingt befolgt.

In dieser Arbeit geht es um diese Initiativen. Wir werden ihre Inhalte und ihre Ausdrucksformen untersuchen und werden uns ansehen, welche Mechanismen und Instrumente benutzt werden und welche Wirkungen diese zeitigen. Dabei werden wir die Frage behandeln, ob das politische System diese Vorschläge aufnimmt oder sie im Gegenteil neutralisiert und mediatisiert. Außerdem wollen wir die demokratische Praxis innerhalb der Organisationen untersuchen und sie mit dem Demokratiebegriff vergleichen, den diese Organisationen nach außen hin vertreten. Darauf aufbauend werden wir der Frage nachgehen, inwieweit diese Partizipation etwas zur Demokratisierung der Region beiträgt. Wir halten diese Untersuchung im Zusammenhang dieses Buches aus mehreren Gründen für angebracht: Zum einen geht sie von einer regionalen[3] Perspektive aus, zum andern handelt sie von einem Vorfeld der Demokratie, was die sozialen Akteure betrifft, und drittens erlaubt sie, den politischen Aspekt mit dem gesellschaftlichen zu verbinden.

Im folgenden beziehen wir uns auf vier regionale Organisationen, die für verschiedene gesellschaftliche Interessen stehen: Die „Confederación de Cooperativas del Caribe y Centroamérica"(CCC-CA) für die Kooperativenbewegung; die "Coordinadora Centroamericana de Trabajadores" (COCENTRA) und die "Confederación de Trabajadores de Centroamérica" (CTCA) für die Gewerkschaftsbewegung, sowie schließlich die "Asociación Centroamericana de Pequeños y Medianos Productores para la Cooperación y el Desarrollo" (ASOCODE) für die Bauernbewegung. Alle agieren auf regionaler Ebene und spielen eine führende Rolle in der sogenannten "Iniciativa Civil para la Integración Centroamericana"(ICIC).[4]

Der untersuchte Zeitabschnitt umfaßt die Jahre von 1986 bis 1994, und zwar aus folgenden Gründen: a. es handelt sich um eine Übergangszeit (Mittelamerika vorher und nachher ist nicht dasselbe), in der nach und nach die wirtschaftliche Öffnung betrieben wird, b. ab Esquipulas (1987) beginnen die Präsidenten Zentralamerikas einen regionalen Dialog, der auch Formen gesellschaftlicher Konzertation auf nationaler Ebene miteinbezieht und c. findet eine Regionalisierung der Organisationen statt, die in der Gründung der ICIC gipfelt.

Mit dem Ziel, das Verhalten der gesellschaftlichen Organisationen zu untersuchen, bieten sich zwei zentrale Themen an, ein nationales Thema mit regionaler

Ausstrahlung: die soziale und wirtschaftliche Konzertation, und ein Thema von mittelamerikanischer Bedeutung mit zugleich nationalen Auswirkungen: die regionale Integration. Für diese Arbeit haben wir die folgenden Informationsquellen benutzt: a. Analyse der Dokumente der Gipfeltreffen der Präsidenten und Ministertreffen sowie die Vorschläge der Organisationen; b. Interviews mit den Führerinnen und Führern der verschiedenen Bewegungen über ihre Vorschläge und über die Beziehungen zu den Regierungen; und c. teilnehmende Beobachtung bei Versammlungen und anderen Veranstaltungen der Organisationen. Die Arbeit gliedert sich wie folgt: im ersten Kapitel wird in groben Zügen die Vorgeschichte der gesellschaftlichen Organisationen referiert, im zweiten Kapitel wird die Beteiligung der Zivilgesellschaft an der gesellschaftlichen Konzertation untersucht, und das dritte Kapitel thematisiert die regionale Integration. Das vierte Kapitel handelt von den Mechanismen und Instrumenten der Partizipation und im fünften Kapitel untersuchen wir die interne Demokratie. Das sechste Kapitel faßt die Ergebnisse zusammen.

Die Vorgeschichte

In der Zeit zwischen 1986 und 1994 fanden tiefgreifende Veränderungen in Mittelamerika statt: die Anwendung der wirtschaftlichen Strukturanpassung beginnt Wirkung zu zeigen und die militärische Lage entspannt sich. Verschiedene Gesellschaftsbereiche sehen es als notwendig an, ihre Organisationen zu festigen, teils weil sie organisatorisch ohnehin erst am Anfang stehen, teils und vor allem aber als Reaktion auf die Folgen, die erst die Wirtschaftskrise und dann die Strukturanpassungsprogramme zeitigen. Im bäuerlichen, gewerkschaftlichen und kommunalen Bereich wurden in dieser Zeit Anstrengungen unternommen, ihre lokalen Organisationen zu stärken und zugleich nationale Instanzen aufzubauen, um über diese ihre Forderungen verteidigen zu können.Es war ein langsamer und schwieriger Prozeß. Ihn zu beschreiben, ist hier nicht der Ort, es braucht nur erwähnt zu werden, daß in der zweiten Hälfte der 80er Jahre nationale Strukturen entstanden, die für diese speziellen Gruppen einigermaßen repräsentativ sind. Trotzdem haben einige, wie zum Beispiel der kommunale Bereich, ihre nationale Präsenz nicht verbessert. Am meisten gefestigt sind aufgrund ihres klaren institutionellen Charakters die Kooperativen. Schon in den 80er Jahren waren sie über die nationale Ebene hinaus auch auf regionaler Ebene organisiert. Seit der ersten Hälfte der 90er Jahre stehen auch die übrigen Gruppen vor der Aufgabe, regionale Instanzen aufzubauen, zu konsolidieren oder zu reorganisieren.[5] In dieser Zeit gewinnt COCENTRA an Stärke, CTCA erholt sich und es entsteht CONCAPE, FECOC, CONCERTACIÓN und ASOCODE; die Besonderheit der Kooperativenbewegung CCC-CA haben wir schon erwähnt. Wie man sieht, haben diese Strukturen eine stark berufsständische Komponente mit schwach ausgebildeten Mechanismen interner Interessenartikulation. Gerade hierin besteht eine der Hauptschwierigkeiten, die die gesellschaftlichen Gruppen zu lösen versuchen, die zwar aktiver Bestandteil der Zivilgesellschaft sind, aber als Organisationen berufsständischen Charakters nur über eine schwache interne Integration verfügen. Den Organisationen dieser gesellschaftlichen Sektoren bietet sich eine unerwartete Möglichkeit für eine regionale Strukturierung: Regierungen und Unternehmer sind bereit, einen Raum für Beratungen mit gesellschaftlichen Gruppierungen zu schaffen. Ihnen geht es hierbei um den funktionalen Charakter der gesellschaftlichen Partizipation, nämlich als eine Strategie zur Legitimation des Bestehenden.[6] Dabei handelt es sich um eine wirtschaftliche Konzertation zwischen Arbeitern, Regierung und Unternehmern, um Mindestvereinbarungen über sozioökonomische Probleme zu treffen. Gleichzeitig und parallel hierzu finden Verhandlungen über den Vorschlag zu einer regionalen auf kommerzielle Vereinbarungen gegründeten Integration statt, in dem die Frage der nationalen Produktion, der Arbeitsgesetzgebung und der Rolle des Staates thematisiert wird und der die regionalen gesellschaftlichen Organisationen um COCENTRA, CTCA und ASOCODE dazu zwingt, Position zu beziehen. Die geschilderten organisatorischen Strukturen haben auch auf nationaler Ebene Einfluß, aber das ist natürlich keine direkte Beziehung. So vereinheitlichen sich allmählich die Positionen unter den berufsständischen Organisationen, wie zum Beispiel in El Salvador mit der "Intergremial", und in der sozialen Bewegung insgesamt, oder wie in Honduras mit der "Plataforma de Lucha". Diese Initiativen bewirkten die Begegnung von Arbeiterorganisationen unterschiedlicher gewerkschaftlicher Orientierung mit anderen gesellschaftlichen Organisationen. Schließlich entstand im Mai 1994 im Rahmen der Integration Mittelamerikas die "Iniciativa Civil para la Integración Centroamericana" (ICIC) als Teil der Strategie der gesellschaftlichen Organisationen, um auf regionaler Ebene einen größeren Einfluß zu erlangen. In Mittelamerika sind verschiedene Formen der sozialen Konzertation entstanden, auf regionaler wie auf nationaler Ebene. Sie reichen von Sozialpakten, die wie im Fall von Costa Rica von der Regierung ausgehen, bis zu Treffen von Unternehmer- und Arbeiterorganisationen wie in Panama. So hat der Dialog auf regionaler Ebene die nationale Konzertation vorangebracht und umgekehrt. Damit eröffnen sich neue Möglichkeiten und Grenzen für die Umsetzung der Interessen der Unterschichten und der Gesellschaften Mittelamerikas.

Die soziale Konzertation

Warum und wofür konzertieren?

Die Art der Konzertation in der mittelamerikanischen Region war unterschiedlich, sowohl hinsichtlich der Form und der Beteiligten, als auch in der Form des Verhandlungsprozesses und der stillen oder formellen Absprachen.Die Konzertation fand zwischen unterschiedlichen gesellschaftlichen Organisationen statt und endete mit bilateralen Abkommen (Unternehmer und Arbeiter) oder mit Dreierabkommen oder fand im Zusammenhang mit den Verhandlungen über die Lösung der militärischen Konflikte statt.

In *Honduras* ging die Konzertation von Zusammenschlüssen der Basisorganisationen aus. Nach der Formulierung ihrer jeweiligen Interessen legten sie der Regierung einen gemeinsamen Entwurf vor. Dieser Entwurf, der im Oktober 1989 unterzeichnet wurde, ist das wichtigste politische Übereinkommen mit der Regierung Callejas (1990-1994) und ist als "Kampfplattform der Arbeiter-, Bauern-, Kooperativen- und Freiberuflichenbewegung für die Demokratisierung von Honduras" bekannt („Plataforma de Lucha"). Gegen Ende der christlich-sozialen Regierung Callejas stieß die Kampfplattform auf zahlreiche formale Schwierigkeiten mit der Regierung (Aberkennung der juristischen Person, Kooptierung der Führer, Bildung paralleler Organisationen), hatte aber auch eigene Probleme, weil die in der Plattform vereinten Organisationen sehr unterschiedlich waren, sich die Vorschläge verzettelten und damit an Zusammenhang verloren. Unter der anschließenden sozialdemokratischen Regierung Carlos Roberto Reina kommt es zu einem Wiederaufleben der honduranischen Basisbewegung und es entsteht die "Coordinadora de Organizaciones Populares". Aber da einige Organisationen interne Schwächen aufwiesen und andere, regierungsnahe, sich umbildeten, konnte die Bewegung insgesamt nicht die Instabilität der Regierung zu ihrem Vorteil nutzen.

Nach der Wahlniederlage der "Frente Sandinista de Liberación Nacional" (FSLN) 1990 findet in *Nicaragua* eine Reihe von Arbeitstreffen zwischen der Regierung, den Privatunternehmen und den Bauern- und Arbeiterorganisationen statt, die zur Unterzeichnung des Abkommens über die wirtschaftliche und soziale Konzertation führen (August 1990). In den beiden ersten Jahren standen viele Möglichkeiten offen, da die Basisbewegung und die FSLN sehr stark waren, aber diese Stärke brach bald zusammen.[7] Die folgende Diskussion von 1994/1995 über die Chancen, die Einhaltung der unterzeichneten Abkommen zu erreichen, wurde im Kontext der politischen Krise und der Infragestellung der Regierungsfähigkeit geführt. Die gegenwärtige politische Anpassung der Parteien wirkt sich auf die relativ passiven sozialen Kräfte aus, die sich in der "Frente Nacional de los Trabajadores"

(FNT) und im "Consejo Permanente de Trabajadores" (CPT) zusammengeschlossen haben.

In *Panama* beginnt die Ära der Konzertation am 26. September 1991, als sich in einem ungewöhnlichen Vorgang die Gewerkschaftsföderation "Confederación de Trabajadores de la República de Panama" (CTRP) mit dem Unternehmerverband "Sindicato de Industriales de Panama" (SIP) zusammensetzen und beide in der Presse einen gemeinsamen Vorschlag veröffentlichen, die "Grundlagen für ein konzertiertes Programm zur wirtschaftlichen Entwicklung", der aus dem sogenannten „1. Treffen der Produktivkräfte der Republik Panamas" hervorgegangen ist. Diese neuartige Allianz machte es möglich, daß die Regierung auf umfassendere Konzertationen mit weiteren Organisationen aus dem politischen und wirtschaftlichen Leben des Kanallands Panama drängte. Tatsächlich begann die Regierung Endara (1989-1994) eine Reihe von auf den sozialen und Arbeitsbereich bezogenen Dialogen, die aber bald einem von Gewerkschaften und Unternehmern vorgelegten Vorschlag "Grundlage für die Arbeit" weichen mußten. Mehrere politische Parteien, die um Übernahme der Regierung in Panama stritten, übernahmen Teile dieser Initiative, insbesondere Präsident Pérez Valladares in den sogenannten "Gesprächen von Bambito". Die Zeit wird erweisen, ob dieser Vorschlag zur Konzertation reale Möglichkeiten in sich trägt.

Was *El Salvador* betrifft, so beschlossen am 25. September 1991 die Regierung Alfredo Cristiani (1990-1994) und die Kommandanten der "Frente Farabundo Marti para la Liberación Nacional" (FMLN) im Rahmen der Friedensabkommen von New York die Gründung eines „Forums für die wirtschaftliche und soziale Konzertation", an der Abgeordnete der Regierung, der Arbeiter und Unternehmer teilnehmen, und die sich zum Ziel setzt, an der Lösung der wirtschaftlichen und sozialen Probleme zu arbeiten. Die Vertretung der Arbeiterschaft fällt der sogenannten „Intergremial" zu, einer Instanz, der die beiden wichtigsten gesellschaftlichen Zusammenschlüsse angehören, die "Unidad Nacional de los Trabajadores Salvadoreños" (UNTS)[8] und die "Unión Nacional Obrera Campesina" (UNOC)[9]. Die beiden Blöcke fassen zahlreiche Föderationen und kleinere Gruppierungen zusammen, sind im Moment aber politisch schwach und von der politischen Anpassung der Parteien betroffen. Diese Partizipation wird an Bedeutung gewinnen, wenn als Teil der politischen Abkommen die Bedingungen geschaffen werden, die der FMLN die Teilnahme am zivilen, institutionellen und politischen Leben des Landes garantiert. Diese Abkommen von 1991/92 erlangten bei den Verhandlungen über politisch-militärische Fragen Bedeutung, als die Bildung der nationalen Friedenskommission ("Comisión Nacional para la consolidación de la Paz" (COPAZ) vereinbart wurde und die Reduzierung der Streitkräfte und die Umstrukturierung der Polizei zur "Policia Nacional Civil" (PNC) unter Überwachung der Vereinten Nationen beschlossen wurde. Später, 1992, wollten sich die

Unternehmer aus diesem nationalen Dialog zurückziehen, was aber zu einer starken Mobilisierung der salvadorianischen Zivilgesellschaft führte, die daran interessiert war, den Waffenstillstand zu vertiefen und den Frieden endlich auszubauen. Wie schon erwähnt, öffnete der Dialog Raum für die politische Wahldebatte und für die weitere Befolgung der Abkommen. Allerdings scheinen die Konzepte der Intergremial zu einem "Projekt Nation" und einem "Programm der Konzertation", die dem Vorschlag zugrunde lagen, angesichts der politischen Neustrukturierung des Landes[10] nicht weiter verfolgt zu werden. Eines der größten Hindernisse für die sozialen Organisationen El Salvadors ist die parteipolitische Orientierung ihres Führungspersonals. So hat die Spaltung der FMLN in unterschiedliche Tendenzen Auswirkungen auf die sozialen Organisationen und hat die gesellschaftlichen Bewegungen dazu gebracht, über ihre Identität und die notwendige Autonomie den Parteien gegenüber zu diskutieren. Dabei muß man feststellen, daß die Wahlniederlagen in Nicaragua und in El Salvador zu einer Umgruppierung der aus dem Bürgerkrieg entstandenen politischen Parteien führten, doch scheinen im Fall Nicaraguas die Auswirkungen auf die zivilen Organisationen nicht so schwerwiegend zu sein wie in El Salvador. In Nicaragua haben die Organisationsspitzen angesichts der Veränderungen in der Partei ihre organisatorische Autonomie durchgesetzt, während sich die Massenführer in El Salvador in eine direkte Abhängigkeit von der Diskussion in der Partei begeben und ihre Organisationen in Mitleidenschaft ziehen.

In Guatemala und Costa Rica gab es Versuche zur Konzertation, die aber längst nicht die Intensität aufweisen wie in den anderen mittelamerikanischen Ländern. Die Art, wie die Konzertation angegangen wird, ist charakteristisch für jede Nation, und es ist wichtig, dies festzuhalten, um die Dimension der Vorgänge richtig einzuschätzen. In *Guatemala* fanden sporadische Treffen mit der Regierung Serrano (1991-1993) statt, aber es gab regelmäßige Treffen der großen Gewerkschaften unterschiedlicher ideologischer Richtung, die zu fragwürdigen Allianzen geführt haben. Ebenso wie in Nicaragua hat sich auch die Basisbewegung Guatemalas um zwei Organisationen gruppiert: um die "Unidad de Acción Sindical y Popular" (UASP) und den "Consejo Nacional Unitario de los Trabajadores" (CNUT). Die größte Bereitschaft zur zivilen Auseinandersetzung finden wir in der UASP, und da kein konsolidiertes politisches System existiert, stellen hier die punktuellen Forderungen die institutionalisierte "Unordnung" und deren Legitimität in Frage. Die Diskussion der Gewerkschaften und Volksorganisationen ist – abgesehen von der auf regionaler Ebene – weit von Vorschlägen zur nationalen Konzertation entfernt und schließt notwendigerweise die Diskussion über Legitimität und die nationale institutionelle Struktur mit ein. Die unzureichenden Einschätzungen über den Eigenputsch von Präsident Serrano Elías (25. Mai 1993) sowie über die Regierungsübernahme von Ramiro De León Carpio und über die

Rolle der Zivilgesellschaft Guatemalas haben die Haltung und das legalistische Verhalten der Organisationen geprägt. Im Gegensatz zu anderen Ländern der Region, wo die Eckpunkte für gewerkschaftliches und organisatorisches Handeln verschwommen sind, während diese im Regierungs- und Unternehmerlager klar definiert sind, ist es in Guatemala schwierig, genau zu benennen, wer sich wie auf wen bezieht. Das hat mit der allgemeinen Straflosigkeit zu tun, mit dem starken Druck, den die Streitkräfte ausüben und mit dem Bestehen einer Vielfalt an politischen Kräften. Folge davon ist, daß der Demokratisierungsprozeß Guatemalas viele Fragen stellt, aber wenig Antworten gibt.

In *Costa Rica* initiierte die Regierung Gespräche mit den Gewerkschaften, die im "Consejo Permanente de Trabajadores" (CPT) zusammengeschlossen sind. In der ersten Gesprächsrunde wurden Themen behandelt, die in der gesamten mittelamerikanischen Region gängig sind, wie Privatisierung, Pläne zur Arbeitsflexibilität, wie auch ganz allgemein die Auswirkungen der wirtschaftlichen Strukturanpassung. Es wurden jedoch keine wesentlichen Vereinbarungen getroffen und im Nachhinein führte das zu einer Art einseitiger Konzertation. Später schuf die Regierung den "Consejo Superior de Trabajo" (1992), eine Drei-Parteien-Instanz, in der der "Consejo Permanente de Trabajadores", der Unternehmerverband "Unión Costarricense de Cámaras de la Empresa Privada" (UCCAEP) und die Regierung teilnehmen. In diesem Rat werden Themen wie gewerkschaftliche Rechte bis hin zu Maßnahmen der Anwendung des Anpassungsprogramms behandelt. Ein Diskussionspunkt war dabei auch die Klage der AFL-CIO wegen Verletzung der gewerkschaftlichen Rechte, die die USA[11] gegen Costa Rica vorbrachte. Das führte zu einer gemeinsamen Strategie seitens der "Confederación de Trabajadores Rerum Novarum" (CTRN)[12], der "Asociación Nacional de Empleados Públicos"(ANEP)[13] und der "Federación de Trabajadores Limonenses" (FETRAL)[14]. Das Thema wird in der Internationalen Arbeitsorganisation (ILO) erörtert. Unter der Regierung des Präsidenten José María Figueres (Sozialdemokrat) haben die gewerkschaftlichen und Unternehmerorganisationen den Weg eines direkten Dialogs gewählt, das heißt, ohne Beteiligung der Regierung, und zwar deshalb, weil sie sich der sogenannten "Zivilgesellschaft"[15] zuordnen und weil sich auf internationaler Ebene diese Alternative als Nebenprodukt des regionalen Dialogs anbietet. Auf nationaler Ebene finden bilaterale Treffen zwischen der Industriekammer und verschiedenen Gewerkschaften statt, wobei Themen wie Arbeitsplatzabbau, öffentlicher Dienst, gewerkschaftliche Rechte und staatliche Reformen behandelt werden.

Wie man sieht, war die Konzertation Ergebnis des fortgesetzten Bemühens, die Entwürfe zu verallgemeinern und Forderungen auf nationaler Ebene zu formulieren. Es geht darum, auf der Grundlage der Entwürfe der jeweiligen gesellschaftlichen Gruppierungen zu Vereinbarungen zu gelangen. Diese unterscheiden sich jedoch letzten Endes sehr von den konkreten Forderungen, die die Basis der einzelnen Organisationen aufgestellt hat. Ein anschauliches Beispiel dafür sind die Reformen in den Arbeitsbeziehungen. Hier wurde betriebsintern im Hinblick auf ein direktes Abkommen zwischen Gewerkschaft und Unternehmen verhandelt, dann wurde auf Landesebene verhandelt und ein indirektes Abkommen zwischen verschiedenen wirtschaftlichen Bereichen erzielt; schließlich auf Drei-Parteien-Ebene, was die Forderungen ziemlich komplex machte.

In allen Ländern war übereinstimmend von der Notwendigkeit einer wirtschaftlichen und sozialen Konzertation die Rede. Aber in jedem Land wurde diese anders gehandhabt, wobei die Grundzüge von der Wirtschaftskrise und den Programmen zur Strukturanpassung vorgegeben waren. Allerdings berücksichtigte man dabei nationale Besonderheiten und erforderlichenfalls militärische Konflikte. Die Konzertation war das Ergebnis eines internen Prozesses, in dessen Verlauf es den Organisationen gelungen ist, auf nationaler Ebene stärker zu werden und ihren Forderungen nationalen Charakter zu geben, nachdem sie erkannt hatten, daß es schwierig war, lokale Organisationsformen und Abkommen zu konsolidieren. Das Vorgehen war darauf ausgerichtet, wie Castells es ausdrückt, "das Handeln mit dem in Beziehung zu setzen, was auf internationaler Ebene geschieht", um damit die Gefahr auszuschließen, daß "das Lokale auf den lokalen Raum beschränkt bleibt".[16] Die Konzertation war aber auch Folge eines erzwungenen externen Prozesses, in dem die Globalisierung der Wirtschaft zur internen Homogenisierung nötigt, um als wirtschaftlicher Block überleben zu können.Das ist die Folge des Verhaltens des Staats und eines Zwangsmechanismus des Markts, wie Habermas sagt: "In komplexen Gesellschaften scheitern auch die ernsthaftesten Anstrengungen um politische Selbstorganisation an Widerständen, die auf den systemischen Eigensinn des Markts und der administrativen Macht zurückgehen".[17] Der Widersinn liegt darin, daß man Übereinkommen auf Landesebene trifft und nationale Instanzen stärkt, während gleichzeitig das politische System die nationalen Grenzen überschreitet und die Politik zu einer Angelegenheit des Marktes wird.[18] Diese begrenzte und anfängliche Konzertation, auf die wir uns hier beziehen, ist deshalb möglich, weil sich die gesellschaftlichen Organisationen in einem Prozeß der Umstrukturierung befinden, der eine gewisse Koordinierung erfordert; gleichzeitig findet im politischen System eine scheinbare "Öffnung" statt, die eine Konzertierung auf nationaler Ebene anstrebt.

Was und wie konzertieren?

Wenn man die Entwürfe und Ergebnisse einiger dieser Konzertationen (siehe Aufstellung) genauer ansieht, stellt man fest, daß ihre Reichweite begrenzt ist.

Schaubild 1
In die Konzertationskataloge aufgenommene Forderungen

HONDURAS:	*Programmatischer Vorschlag der „Kampfplattform für die Demokratisierung von Honduras":*

Ausgangspunkte:
* Größere organisatorische Stärke erreichen
* Verteidigung und Weiterführung der Agrarreform
* Die verfassungsmäßigen Garantien zur Organisationsfreiheit sichern.

Wirtschaftliche Vorschläge:
* Entwicklung des Sozialbereichs der Wirtschaft
* Durchführung einer integralen Reform in Land-und Forstwirtschaft
* Wirksame Förderung und Schutz der kleinen und mittleren Unternehmen
* Änderung des Finanzsystems
* Neuordnung des Steuersystems.

Vorschläge im sozialen Bereich:
* Umverteilung der Einkommen und gerechte Entlohnung der Arbeiter
* Garantiertes Mindesteinkommen, das die Grundbedürfnisse wie Gesundheit, Erziehung, Ernährung und angemessene Wohnung befriedigt.

NICARAGUA:	*Konzertationsvereinbarungen Phase 1 und 2*

Vereinbarungen Phase 1:
* Wirtschaftspolitik zugunsten der Stabilisierung
* Währungspolitik mit dem Ziel, die Inflation zu senken und die Ausfuhr zu fördern
* Günstige Finanzierung für die produktiven Bereiche
* Allmähliche Reduzierung des öffentlichen Defizits
* Priorität für die Haushalte des Gesundheits- und des Erziehungsbereichs
* Umstrukturierung der öffentlichen Unternehmen der „Areas de Propiedad del Pueblo" (APP) in Richtung auf Rückgabe, Privatisierung und Arbeiterbeteiligung

Vereinbarungen Phase 2:
* Diskussion zum Thema Eigentum
* Einrichtung der „Solvencia de Ordenamiento Territorial" (SOT – Behörde zur Klärung des Bodenbesitzes).
* Kriterien für die Regelung bei städtischem Eigentum: Das Recht auf „eine angemessene Wohnung, die die familiäre Privatsphäre gewährleistet"; Bereicherung verhindern; den städtischen Grundstücken Vorrang geben, die während der Revolution vergeben wurden und 100 Quadratmeter nicht überschreiten.
* Kriterien für die Regelung bei Eigentum auf dem Land: die Nutzungs- oder Eigentumstitel absichern, die aus der Agrarreform stammen (Land für individuelle Produzenten oder Kooperativen)

* Kriterien für die Privatisierung oder Rückgabe der staatlichen Unternehmen: Privatisierung mittels öffentlicher Ausschreibung oder direkter Verhandlung mit den Unternehmen, die teilweise oder ganz dem Staat gehören; 25%ige Arbeiterbeteiligung an den Aktiva der Gesamtheit der Staatsbetriebe.

PANAMA: *Inhalte der Vereinbarung der Konzertation zwischen CTRP und SIP*

Zielsetzung:
* Konzertation zwischen Arbeitern und Unternehmern, „um dem Land eine wirtschaftliche Struktur zu geben, die die Produktion von Gütern und Dienstleistungen zur Befriedigung der Grundbedürfnisse der Bevölkerung Panamas sichert".
* Notwendigkeit einer nationalen Entwicklungsstrategie; Auflistung der Probleme: Arbeitslosigkeit; unzureichende Investition; Abwanderung in die Stadt; Zunahme der Armut.

Kurzfristige Vorschläge:
* Sicherung des Lebensminimums für die Bevölkerung, die von der politischen Krise und der nordamerikanischen Invasion betroffen ist: Zugang der Bevölkerung zu den elementaren Dienstleistungen in Gesundheit, Erziehung und sozialer Sicherung.
* Ein sozialer Notstandsplan: Investitionen der Öffentlichen Hand; Sicherung der materiellen Grundversorgung und elementare Sozialdienste; Finanzierung der Kleinst- und Kleinunternehmen; Verteidigung des Realeinkommens der Arbeiter durch Konsumentenaufklärung; gerechte Anwendung der Arbeitsgesetzgebung.

Mittelfristige Vorschläge:
* Schaffung von Arbeitsplätzen und Armutsbekämpfung,
* Infrastrukturaufbau,
* Ankurbelung der internen Nachfrage,
* Exportförderung,
* Entwicklung und Anpassung der Technologie,
* Nutzung der Ressourcen des Kanals,
* Sparen und Investitionen fördern,
* Politik der Modernisierung und Transformation der Produktionsstruktur: Transformation der Landwirtschaft; Modernisierung und industrielle Entwicklung; Diversifizierung des Dienstleistungsbereichs.

An diesen Forderungskatalogen zeigt sich, daß wir anstelle klarer sozialer Forderungen und solchen nach politischer Öffnung traditionelle Vorschläge zur Wirtschaftspolitik finden. Die Übereinkommen sind sehr beschränkt und nicht verbindlich. Die mittelfristigen Vorschläge beabsichtigen faktisch die Annäherung gegensätzlicher Interessen, um der Konkurrenz und den Auswirkungen der wirtschaftlichen Liberalisierung die Stirn bieten zu können und stellen die Brücke zu den Vorschlägen zur wirtschaftlichen Integration her. Die Ausübung der Macht und der Kampf um Demokratie seitens der sozialen Organisationen bekommen eine neue Dimension, wenn die Rationalität der Ökonomie die Politik bestimmt und sich der Markt auf nicht-wirtschaftliche Bereiche ausdehnt.[19] Ein Beispiel dafür ist die organische Verbindung, die die Foren eingegangen sind, an denen Unternehmer und Arbeitervertreter teilnehmen und die autonom agieren, so zum Beispiel die „Fundación del Trabajo" in Panama, das „Foro Obrero-Empresarial" in El Salvador; oder solche, die auf Initiative der Regierungen entstanden sind, wie der „Consejo Superior de Trabajo" in Costa Rica und El Salvador. Was dabei konzertiert wird, sind die Strategien und Maßnahmen auf nationaler Ebene zugunsten von Wettbewerbsfähigkeit, Produktivität und Effizienz, um auch auf regionaler und internationaler Ebene erfolgreich zu sein. Hervorzuheben ist, daß auf dieser Grundlage versucht wird, die Konzertationen auszuweiten, fast immer zwischen Zivilgesellschaft und Regierung, die im wesentlichen darauf zielen, der Regierung die notwendige Manövrierfähigkeit in der Globalisierung und der Integration zu geben.

Die Fortschritte der gesellschaftlichen Organisation auf nationaler Ebene.

Allein die Tatsache, daß soziale Organisationen und Bewegungen existieren, ist von großer Bedeutung für eine wirksame Interessenvertretung der Bevölkerung und für den Aufbau der Demokratie selbst. Mit der Existenz der Organisationen kann eine zentrale Voraussetzung für jeden demokratischen Prozeß erfüllt werden: die politische Beteiligung. Durch sie entstehen Möglichkeiten der Partizipation, die sich in Projekten der sozialen Organisationen ausdrücken. Auch wenn es oft die Führungspersonen sind, die über die Leitungsgremien den Prozeß bestimmen, tragen die organisatorischen Strukturen zweifellos dazu bei, die politische Beteiligung und das Handlungspotential der sozialen Akteure unter der einfachen Bevölkerung zu stärken. Außerdem handelt es sich nicht um irgendeine Art von Partizipation, sondern um eine organisierte Mitgliedschaft und das organisatorische Schema ist breit genug, um die unterschiedlichen Interessen dieser Gruppen vertreten zu können. Diese Zusammenschlüsse tragen zur „demokratischen Re-Politisierung der breiten Bevölkerung" bei, da sie die „Fähigkeit zur Selbstorganisation, Eigenentwicklung und Selbstverteidigung" fördern.[20] Zum anderen entwickeln diese Organisationen Forderungen und Druckmittel, wodurch sie nach und nach zu sozialen Akteuren werden. Gegenüber den Handlungen der unternehmerischen und staatlichen Instanzen wirkt allein schon die Existenz der Organisationen wie ein kritisches Gewissen, das ein Gegengewicht im demokratischen Prozeß bildet, selbst wenn dieser sich noch in seinen Anfängen befindet. Es ist augenfällig, daß die sozialen Organisationen einen voluntaristischen Anstrich haben und es vorziehen, institutionelle Wege zur Kanalisierung ihrer Forderungen zu nutzen, anstatt alternative Formen zu suchen, um in das politische Geschehen einzugreifen. Im Reformismus wird die gesellschaftliche Emanzipation mit Hilfe der Kooptation und der Kanalisierung der Forderungen für möglich gehalten, was im Diskurs der Parteien Mittelamerikas als „Rechtsstaatlichkeit" bezeichnet wird, die die gesellschaftlichen Organisationen respektierten, um berechenbar zu handeln, und wogegen sie bisweilen verstoßen. In Mittelamerika haben sich diese Gruppen ihren Platz in der nationalen Debatte erobert und der jeweilige Staat und die Unternehmerverbände versuchen, mit ihnen zu verhandeln, manchmal zur Legitimitätsbeschaffung wie auch zur Lösung von Konflikten. Es wäre ein Pyrrhussieg, dabei nicht zur Kenntnis zu nehmen, „wie die Meinungsbildung innerhalb der parlamentarischen Körperschaften sensibel bleibt für die Ergebnisse einer autonomen Öffentlichkeit entspringenden informellen Meinungsbildung in ihrer Umgebung"[21], die ihrerseits auf die öffentliche Meinung Einfluß nimmt und sie zur Diskussion zwingt. Dazu kommt, daß die Organisationen trotz ihrer Beschränkungen einen tauglichen Gesprächspartner auf regionaler und nationaler Ebene darstellen. Nach und nach schaffen sie sich in den nationalen und regionalen Instanzen Raum. Beispiele dafür sind die soziale Konzertation und die regionale Integration.

Die Grenzen der Konzertation

Die Einflußnahme der Organisationen hält sich in Grenzen, weil ihre organisatorischen Strukturen beschränkt, atomisiert und zerstreut sind, dazu wenig repräsentativ, hinzu kommen die ideologischen und parteibezogenen Probleme, so daß die Koordinierung der Basis, die sie zu vertreten vorgeben, kein einfaches Unterfangen ist. Tatsächlich können wir im Verlauf der Konzertationen feststellen, wie wenig sie den Interessen der einfachen Bevölkerung entsprechen. Die sozialen Organisationen haben sich zum Beispiel wenig darum bemüht, daß in den Initiativen ihre eignen Entwürfe zur Geltung kamen; im Gegenteil, die diskutierten Inhalte und viele Abkommen begünstigen staatliche Interessen und die der Unternehmer. In der Regel sind die Initiativen von Regierungs- oder auch Unternehmerkreisen ausgegangen, die auf die Beteiligung der sozialen Organisationen Wert legen, um den Initiativen Legitimität zu verschaffen. Gewöhnlich sind auch die Organisationsstrukturen der sozialen Organisationen und ihre Möglichkeiten, Druck auszuüben, weniger wirkungsvoll als die der Organisationen, mit denen sie konzertieren. Die Inhalte der Konzertation sind begrenzt und gründen sich zumeist auf einen derart allgemeinen Konsens, daß eine Überprüfung schwierig ist. Normalerweise sind die Übereinkommen nicht verbindlich, so daß auch keine

Maßnahmen definiert werden können, die die Einhaltung oder mögliche Verletzung der Abkommen sanktionieren. Darüber hinaus sind diese Abkommen das Ergebnis von Vorschlägen der Organisationsleitung und finden auf einem Makroniveau statt, was eine Nachlässigkeit bei der Suche um Zustimmung zum Ausgehandelten durch die soziale Basis begünstigt. Doch trotz aller dieser Beschränkungen eröffnen die Vorschläge zur sozialen Konzertation in der Region den Raum für einen Dialog, in dem gesellschaftliche Gruppen diskutieren, die sich vor der politischen und Wirtschaftskrise nicht nähergekommen waren.

Die wirtschaftliche Integration

Hier stoßen wir auf eine weitere Handlungsebene der Organisationen, auf der sich das Spannungsverhältnis mit dem Markt und der administrativen Macht auswirkt. Die Regionalisierung von Politik und Wirtschaft hat die organisierten sozialen Sektoren dazu gezwungen, auch ihre Forderungen und Organisationsstrukturen zu regionalisieren. Diese Tendenz hat sich vor allem in den 90er Jahren verstärkt, und zwar auf zwei Ebenen, nämlich einmal nach innen, zum anderen in horizontaler Richtung. So bei den gesellschaftlichen Gruppen selbst, wo es zur Herausbildung nationaler und regionaler Organisationsstrukturen der Arbeiter, Bauern, Anwohner und Kooperativenangehörigen, der kleinen und mittleren Unternehmer und der Intellektuellen geführt hat. In horizontaler Richtung führte es zur Verknüpfung der Gruppeninteressen, die mit der Gründung der ICIC Gestalt annahm. Im Hinblick auf den Markt weisen die Organisationen auf die Notwendigkeit hin, Veränderungen stufenweise und in Verbindung mit Kompensationsleistungen für die ärmsten Schichten vorzunehmen. Gegenüber den Staatsapparaten wird die Idee einer „guten Regierung" im neuen regionalen Territorium vorgebracht. Es wird nicht Revolution, sondern Reform verlangt und möglicherweise ist das tatsächlich nicht Ausdruck von Pragmatismus, sondern des oft erwähnten „magischen Realismus". Sicher ist, daß sich die ideologischen Bezugspunkte verändert haben und, wie Lechner meint, „nachdem die (ideologischen) Koordinaten verschwunden sind, erweitert sich das Feld des Möglichen, aber der Preis dafür ist, daß sich der Horizont des Wünschenswerten verwischt".[22]

Die Entwürfe für die Region

Um die regionalen Entwürfe einordnen zu können, ist es sinnvoll, mit der Darstellung der Entwicklung der politischen Beteiligung der Volksorganisationen an der mittelamerikanischen Integration zu beginnen und deren Vorschläge vor Augen zu führen. Seit der Erklärung von Antigua Guatemala (1990), bei der das

"Wirtschaftsprogramm für Zentralamerika" (Programa de acción económica para Centroamérica, PAECA) unterzeichnet wurde, legen die Präsidenten Mittelamerikas ihren für die Integration verantwortlichen Ministern nahe, „dafür zu sorgen, daß zwischen der jeweiligen Regierung und den gesellschaftlichen Gruppen, die mit Entwicklungsprojekten zu tun haben, Beratung und Mitbeteiligung stattfinde. Partizipation soll in der Region eine wichtige Rolle spielen, um die Ziele zu erreichen, die auf dem gegenwärtigen „Wirtschaftsgipfel" festgelegt wurden" (PAECA, Punkt IV).

In den ersten drei Jahren (1991-1993) versuchten die sozialen Organisationen, sich mit eigenen Kräften und Mitteln an der Integration zu beteiligen. ASOCODE legte auf dem Präsidentengipfel in San Salvador im Juni 1991 ihren Standpunkt zur Landwirtschaft vor. Er enthält vier grundsätzliche Positionen: 1. Transformation im Agrarbereich, Zugang zu Land und Förderung der bäuerlichen Produzenten; 2. Vertrieb, Marktanpassung und Industrialisierung der Agrarproduktion; 3. Kredit als strategisches Instrument für die Entwicklung der bäuerlichen Produktion; 4. Umwelt.[23] Dabei muß man wissen, daß sich andere wichtige regionale Organisationen diesen Vorschlägen von ASOCODE anschließen, so zum Beispiel die „Confederación de Cooperativas del Caribe y Centroamérica"(CCC-CA) und die „Unión de Pequeños y Medianos Productores de Café de México, Centroamérica y el Caribe" (UPROCAFE). Zum andern erhielt die Organisation auf diesem Treffen eine gewisse Anerkennung, als dort erklärt wurde, „daß die Vorschläge der 'Comisión Regional de Pequeños y Medianos Productores para la Seguridad Alimentaria Centroamericana' mit besonderem Interesse zur Kenntnis genommen wurden und man die zuständigen Instanzen anweisen werde, sie baldmöglichst zu prüfen, um für die dargelegte Problematik eine angemessene Lösung zu finden".(Erklärung von San Salvador, Nummer 35). Nach dieser Zustimmung seitens der Regierungen trifft sich ASOCODE mit den Landwirtschaftsministern der mittelamerikanischen Region und unterbreitet ihnen ihre Vorschläge. Die Gewerkschaften ihrerseits traten massiv beim Präsidententreffen auf, das im Dezember 1991 in Tegucigalpa parallel zum ersten Gewerkschaftsgipfel stattfand. Die Organisationen der CTCA, COCENTRA und der CLAT unterzeichneten ein Abkommen, das sie den Präsidenten Mittelamerikas vorlegten. Darin schlugen sie vor, die Behandlung der dringendsten aus der Strukturanpassung entstandenen Probleme einzuleiten und angesichts der Krise in gleichberechtigter, solidarischer und partizipativer Weise die gemeinsame Suche nach Alternativen aufzunehmen. Des weiteren forderten sie eine wirkliche Konzertation, die der Bevölkerung und der Nation zugute komme sowie „ein nationales Programm zu entwerfen, das auf eine vollständige und integrierte Entwicklung mit Blick auf eine mittelamerikanische Staatengemeinschaft abzielt. Es gehe darum, ein Integrationsmodell zu entwickeln, das nicht die Fehler des Mittelamerikanischen Markts wie-

derholt, denn die gegenwärtige Integration stehe im Zeichen einer neoliberalen Politik, die nicht die Interessen der Arbeiter berücksichtigt.[24]
Zusammenfassend kann man sagen, daß die Organisationen den Verlauf der gegenwärtigen Integration kritisieren und vorschlagen, daß die Gewerkschaften in den unterschiedlichen Instanzen an der Diskussion um die Integration Mittelamerikas teilnehmen. Außerdem fordern sie die Gründung und den Ausbau von Drei-Parteien-Instanzen zur nationalen und regionalen Konzertation.[25] Die Mitgliedsgewerkschaften von COCENTRA und CTCA trafen sich im Juni 1992 in Nicaragua erneut im Rahmen des 12. Präsidentengipfels und unterzeichneten eine Plattform für ein „neues Entwicklungsprogramm", das folgende Aspekte enthält:
— dringlicher Aufbau neuer ökonomischer und sozialer Strukturen
— Betreiben eines echten wirtschaftlichen und sozialen Integrationsprozesses der Region
— Formulierung eines multinationalen Abkommens zur sozialen Sicherheit für Mittelamerika
— Bildung eines mittelamerikanischen Wirtschafts- und Sozialrats mit Drei-Parteien-Charakter
— Ausarbeitung einer Sozialcharta im Rahmen der Integration, die sich auf die soziale und Arbeitssituation bezieht.[26]

Im September 1992 überprüften COCENTRA und CTCA in Tegucigalpa ihre Strategie, die Gipfeltreffen der Präsidenten zu begleiten und sich in der regionalen Integration Raum zu suchen.[27] Im Rahmen der neuen Strategien nahmen sie mit dem ASOCODE-Mitglied „Consejo Coordinador Campesino de Honduras" (COCOCH) Kontakt auf und schlugen ein Treffen zwischen COCENTRA und ASOCODE vor. Im Oktober 1992 in San Salvador vereinbarten ASOCODE, COCENTRA und CTCA, beim 13. Gipfeltreffen der Präsidenten zusammenzuarbeiten, d.h. ASOCODE unterstützte CTCA/COCENTRA in ihrem Entwurf für den Industriebereich und die beiden letzteren unterstützten jene in ihrem Vorschlag für den landwirtschaftlichen Bereich.[28] Im Dezember 1992, im Rahmen des „Foro Campesino Centroamericano; Integracion y Libre Comercio" wird ein Beratungsprozeß zwischen ASOCODE, UPROCAFE, CCC-CA, COCENTRA und CTCA aus der Taufe gehoben, woraus eine starke „Lobby" gegenüber den Präsidenten erwuchs. Man legte diesen den Entwurf für den Agrar- und für den Industriebereich vor und argumentierte, daß die Organisationen, die diesem Forum angehören, einen Teil der Zivilgesellschaft darstellen und ihre Beiträge deshalb im Integrationsprozeß berücksichtigt werden müssen. Die Präsidenten Mittelamerikas reagierten ziemlich verhalten, stellten aber im Punkt 62 der Erklärung von Panama fest, daß sie „für den Beitrag der Unternehmerverbände und gewerkschaftlichen Organisationen auf diesem Gipfel zur Integration Mittelamerikas danken. Aus diesem Grund weisen wir den Rat der Außenminister an, für eine größere Beteiligung dieser Organisationen am Integrationsprozeß Mittelamerikas zu sorgen." Diese Initiative eröffnete den sozialen Organisationen Mittelamerikas die Möglichkeit, die Kommunikation untereinander zu intensivieren und gemeinsame Vorschläge zu entwickeln; alle Organisationen, die an dem Gipfeltreffen der Präsidenten in Panama teilgenommen hatten, verabredeten Treffen und Zusammenarbeit und es entstand das „Foro Campesino Centroamericano". Obgleich im Jahr 1993 zwar die Diskussion abnahm, ist darauf hinzuweisen, daß ASOCODE weiterhin Eingaben machte und Verhandlungen mit den Landwirtschaftsministern anregte, während COCENTRA Beziehungen zum Mittelamerikanischen Parlament aufnahm und die CTCA mit dem Exekutivsekretär des „Sistema de Integración Centroamericana" (SICA), der sich dazu verpflichtete, die verschiedenen regionalen Basisorganisationen für die Beraterkommission in Betracht zu ziehen und den Präsidenten Mittelamerikas einen für den Arbeitsbereich zuständigen Dreierrat vorzuschlagen.[29] Die bilateralen Beziehungen zwischen diesen Organisationen blieben weiter bestehen und es findet eine ständige Kommunikation zwischen COCENTRA-ASOCODE und COCENTRA-CTCA statt. In ihren Positionen haben sich CTCA und CCC-CA angenähert. Sie nahmen die Inhalte des Treffens vom April 1991 wieder auf,[30] bei dem die Grundlagen für eine gemeinsame Plattform gelegt worden waren und veranstalteten im Juli 1993 ein Seminar über den Integrationsprozeß Mittelamerikas. 1993 folgten mehrere sektorale Seminare mit dem Ziel, mittels einer besseren Konzertation untereinander eine stärkere Beteiligung aller am Integrationsprozeß zu erreichen. Im Oktober 1993 gründeten diese Organisationen zusammen mit der „Confederación Centroamericana de la Pequeña Empresa" (CONCAPE), der „Federación de Organizaciones Comunales Centroamericanas" (FECOG) und der „Concertación de Organismos No-gubernamentales" die „Iniciativa Civil para la Integración Centroamericana" (ICIC). Dabei wurde ein Sitz im Beraterstab der SICA gefordert, der dann auch im Februar 1994 erlangt wurde.

Als schließlich im März 1994 die ICIC formell gegründet wurde, bewirkte das auch eine Stärkung der Koordination der beteiligten Organisationen. Obwohl eine derart breite Koordinationsinstanz wie die ICIC viele Probleme mit sich bringt, waren ihre Vorschläge von grundsätzlicher Bedeutung. Dabei ging es zum Beispiel um die institutionelle Seite der SICA und ihres Beraterstabs, die Reglementierung dieses Rats, wie auch um die Inhalte der sozialen Integration der Region. Die Vorschläge sind dort am konkretesten, wo es um den eigenen sozialen Bereich geht und sind – noch – nicht so klar, wenn es darum geht, die eigenen Interessen auf ICIC-Ebene zu formulieren.[31] Die Vorschläge für die spezifischen gesellschaftlichen Gruppen sind sehr direkt, berücksichtigen die Produktionsbedingungen der Produzenten (Kooperativen, Bauern, Kaffeepflanzer und Kleinunternehmer) unter den Bedingungen der Marktintegration, wie auch die Arbeitsbedingungen der Arbeiter. Aber die gruppenübergreifenden Vorschläge sind eher flau, und werden kaum zur Kenntnis genommen. Auf dieser Ebene ist die Strategie darauf gerichtet, die Beteiligung an der Diskussion zu ermöglichen und sich in den regionalen Foren zur Integration einen Platz zu sichern. Das ist schon erreicht. Die Tür ist offen für diese Gruppen. Gegenwärtig geht es darum, daß dieser Platz kritisch genutzt wird, daß neue und unterschiedliche Gesichtspunkte eingebracht werden, denn was die Entscheidungsebene betrifft, so ist der Einfluß noch gleich null.

Die Wechselfälle der regionalen Partizipation

Wie wir sahen, haben die zivilen Akteure versucht, aus eigenen Kräften zu Sprechern im regionalen Integrationsprozeß zu werden und vertraten Standpunkte, die sich von denen der Regierung und der technischen Instanzen unterscheiden. Die Großunternehmer haben aufgrund gemeinsamer Interessen aus ihren Beziehungen zur Regierung des Landes Vorteile gezogen oder sie haben genügend Druck ausgeübt, um an den Strukturen von SICA und an der Formulierung von Projekten direkt beteiligt zu werden. Der Standpunkt der Unternehmer ist in die meisten Dokumente eingeflossen und ihre Vertreter stellen die Kandidaten für die neuen Kommissionen. Eine der Organisationen, die im regionalen Integrationsprozeß am meisten bevorzugt wurde, ist die Unternehmerorganisation FEDEPRICAP. Aufgrund ihrer ausgezeichneten Beziehungen zu den verschiedenen Regierungen der Region, nahm sie sowohl in den technischen Kommissionen, wie auch an der Vorbereitung der Gipfeltreffen der Präsidenten teil. Dennoch billigten die Präsidenten im Oktober 1993 die Gründung eines Beraterkomitees für SICA. Dies Komitee war dann der Schauplatz zweier Auseinandersetzungen zwischen unterschiedlichen Gruppen der Zivilgesellschaft, einerseits der Unternehmer der FEDEPRICAP und andererseits der Mitglieder der ICIC. Bei der ersten Auseinandersetzung ging es darum, daß sich FEDEPRICAP und ihre Verbündeten als *das* Forum der Zivilgesellschaft darstellten, an dem sich die anderen gesellschaftlichen Gruppen beteiligen sollten. Die ICIC bestand dagegen auf ihrem Recht, im Beraterkomitee in eigner Person aufzutreten und forderte, daß das „Comité Centroamericano de Coordinación Intersectorial" (CACI)[32], dem FEDEPRICAP angehört, sich als ein Komitee unter anderen ausweise, und nicht als einziges. Der zweite Konflikt entstand, als die Privatwirtschaft (das heißt im Klartext: die Großunternehmer) am Beraterkomitee der „Secretaría de Integración Económica Centroamericana" (Sekretariat für die Integration Mittelamerikas, CIECA) beteiligt werden sollte. Die Mitglieder der ICIC vertraten dagegen den Standpunkt, daß das Beraterkomitee von SICA[33] für das gesamte System der Integration zuständig ist.³⁴ ICIC und CACI bekamen außerdem Probleme mit dem Sekretariat von SICA, als vorgeschlagen wurde, für die zivilen Organisationen ein Beraterkomitee des Generalsekretärs von SICA zu schaffen. Eine Beteiligung in diesem Komitee hat nur dann Sinn, wenn sie sich auf das gesamte System bezieht. Die Vorstellung der ICIC geht dahin, daß das gesamte SICA und vor allem die Gipfeltreffen der Präsidenten zu einem Ort politischer Debatte werden, auf denen die Strategien für die Region festgelegt werden. Ziel ist, daß SICA und seine oberste Instanz, die Präsidententreffen, zu einem öffentlichen Forum werden, an dem, wie der jetzige Präsident von Honduras (1994) bei einer Gelegenheit vorschlug, die Regierungen, die Zivilgesellschaft und die kooperierenden Organisationen teilnehmen.³⁵

Die Grenzen der regionalen Integration

Im Rahmen der Integration ist es bisher nur in Maßen gelungen, der Zivilgesellschaft eine größere Rolle zu sichern. Der Charakter der ICIC und die Tatsache, daß die ihr angehörenden sozialen Organisationen ein breitgestreutes Spektrum darstellen, hemmt ihre Chancen, sich im selben Rhythmus zu entwickeln wie SICA oder wie ihr Gegenpart auf der Unternehmerseite. Zum einen handelt es sich mit Ausnahme der Gewerkschaften und der Kooperativen um eine neue Initiative, bei der sich die nationalen Instanzen in einem langwierigen Prozeß erst Ende des letzten Jahrzehnts konsolidiert haben. Die regionalen Organisationsstrukturen traten sogar erst Anfang dieses Jahrzehnts in Erscheinung. Und der Spielraum für ein sektorübergreifendes Handeln ist erst seit wenigen Monaten konsolidiert. Das zweite Hemmnis besteht in den äußerst heterogenen regionalen Organisationsformen, die von unterschiedlichen Konzepten und internen Konflikten beeinflußt sind. Das beschränkt ihre eigenständige Handlungsfähigkeit, woraus sich eine dritte Schwierigkeit ergibt: Bei der Umsetzung sektorübergreifender Konzepte zwischen ungleichen organisatorischen Strukturen müssen die Interessen erst untereinander abgestimmt werden, um zu einem Konsens zu gelangen, der gemeinsame Forderungen und Vorschläge ermöglicht. Ein viertes Hemmnis liegt in der Identitätssuche,der ICIC. Einige ICIC-Mitglieder sehen in dieser Initiative eine ideologische Angelegenheit, die zur Einnahme von Positionen zwingt, wobei sie auf die Beteiligung der CCC-CA im CACI und auf einige Mehrdeutigkeiten der Nicht-Regierungsorganisationen anspielen. Ein fünfter Punkt ist ihre große soziale Basis. Dadurch werden im Vergleich mit dem Rhythmus der Integration die Beratungen mit der Basis relativ langwierig und kompliziert. Hier argumentieren jedoch die Mitglieder der ICIC, daß es um eine Integration mit strategischem Charakter geht (politisch, wirtschaftlich, gesellschaftlich) und nicht um eine konjunkturelle (auf den Handel bezogen), wie die Regierungen Mittelamerikas sie betreiben.Eine weiteres Problem liegt darin, daß es keine gefestigten technischen Strukturen gibt, die bei der Formulierung von Forderungen hilfreich wären. Hinzu kommt das Mißtrauen, das die sozialen Organisationen den technischen Instanzen entgegenbringen. Wenn man das mit den Möglichkeiten vergleicht, die den großen Unternehmern zur Verfügung stehen, die sich auf ihre eigenen produktiven Kapazitäten stützen und auf den ständigen finanziellen Zufluß durch ihre Regierungen zählen können und darüber hinaus über von den entwickelten Ländern bereitgestellte öffentliche Fonds verfügen, so ist der Unterschied groß. Die Mitglieder der ICIC hängen von der alternativen und beschränkten Finanzierung durch die internationale Kooperation ab. Ganz offensichtlich findet hier ein Wettbewerb unter ungleichen Bedingungen statt.

Mittel, Mechanismen und Instrumente der gesellschaftlichen Partizipation

Die Organisationen schlagen unterschiedliche Wege ein, um ihre Forderungen und Vorschläge einzubringen und zu verwirklichen. Einer der Wege war die direkte Beteiligung in revolutionären Prozessen. Dabei hat das politische Handeln die organisierte gesellschaftliche Aktion bestimmt wie in El Salvador, Nicaragua und Guatemala. Ein anderer Weg, die Forderungen auszudrücken, besteht in der Einbeziehung in nationale, von der Zivilgesellschaft ausgehende Forderungsplattformen, wie es zum Beispiel in Guatemala („Instancia Nacional de Consejo", „Asamblea de Sectores Civiles") und Honduras („Plataforma de Lucha", „Coordinadora de Organizaciones Populares") der Fall ist. Eine andere Möglichkeit besteht im Engagement in politischen Parteien, wie im Fall von Costa Rica und Panama, mit dem Ziel, volksnahe Vertreter durchzubringen. Auch in der Teilnahme an nicht-traditionellen politischen Parteien mit der Option der Regierungsübernahme, wie in Nicaragua und El Salvador. Ein weiteres Mittel, um Druck auszuüben, sind öffentliche Demonstrationen. Das ist ein wichtiges Instrument und wird in einem Land mehr, im anderen weniger benutzt, vor allem aber dort, wo die Regierbarkeit in die Krise geraten ist, wie in Nicaragua, Guatemala und Honduras. Regierungsfreundliche oder in das politischen System integrierte Organisationen optieren oft für den Weg der Institutionalisierung ihrer Forderungen und ihrer Organisationen, wie in Costa Rica, wo eine Reihe von Institutionen zur Kanalisierung der Forderungen gegründet wurden, oder wie in Honduras, wo parallel zu den Organisationen regierungsfreundliche Strukturen geschaffen wurden. Dazu gehört auch die Einbindung und Kooptation des Führungspersonals in den institutionellen Prozeß. Eine andere Möglichkeit ist die Kanalisierung sozialer Forderungen auf verdeckte Weise. Dazu gehört das sogenannte „padrinazgo", das System der Patenschaft, oder die Begleichung politischer Verpflichtungen aus den Wahlkampagnen und eine Unzahl anderer Mechanismen. Es werden auch verschiedene Instrumente benutzt, die je nach der gesellschaftlichen Gruppe anders aussehen, so etwa für die Kooperativen Vorschläge zur Gesetzgebung und neue Projekte, für die Bauernverbände bilaterale Beziehungen und Abkommen mit den Regierungen und für die Gewerkschaften Dreier-Foren und kollektive Verhandlungen. Es ist festzustellen, daß die gesellschaftlichen Organisationen zur Kanalisierung ihrer Ansprüche im allgemeinen auf die im politischen System institutionalisierten Mechanismen zurückgreifen. Man kann sogar sagen, daß auch die Bewegungen, die Druck ausüben (Demonstrationen, Arbeitsniederlegungen, Streiks, Straßensperren, Betriebsbesetzungen), Teil dieses institutionellen Zusammenhangs und der wenigen Möglichkeiten zum Dissens sind, die die „administrative Macht" zuläßt. Wie auch Habermas darlegt und wie es für Costa Ricas zutrifft, besteht der öffentliche Wille, die volle Herrschaft auszuüben und dissidente Positionen institutionell zu integrieren, wobei, wie derselbe Autor weiter feststellt, immer die Möglichkeit des kritischen Eindringens in das System besteht.[36] Allerdings sind die sozialen Organisationen gar nicht darauf aus, das System zu destabilisieren, und wenn das einmal geschah, dann durch eine Partei, die die Volksbewegung hierzu benutzt hat. Jedoch ist im Falle von El Salvador und Guatemala nicht zu leugnen, daß dort bereits die Einklagung der Forderungen revolutionär ist.[37] Aufgrund der „Ausdünnung und Informalisierung der Politik", wie Meinhold es nennt[38], die zur Schwäche der Institutionen, zur traditionellen politischen Kultur und der Wirtschaftskrise hinzukommen, wird der Verhandlungsspielraum für die traditionellen sozialen Bewegungen immer geringer. Für die Kanalisierung von Forderungen gibt es tatsächlich keinen angemessenen politischen Ort; ebensowenig kann der Markt, der den Staat als Organisator der Gesellschaft ersetzen soll, den sozialen Zusammenhalt und den Konsens herstellen, im Gegenteil, er schränkt beide ein. Die Strategie der alten und neuen sozialen Bewegungen Mittelamerikas bestand in der Schaffung regionaler Koordinationsinstanzen und der Artikulation unterschiedlicher sozialer Interessen. Die Auflistung dieser Forderungen bezweckt, im regionalen Raum größeren Einfluß zu gewinnen. Die Zusammenkünfte und Interessenartikulation und ihre Realisierung haben die Notwendigkeit der Herausbildung neuer Methoden und Formen des Kampfes zur Folge und verlangen auch die Neuformulierung der Forderungen und Vorschläge.

Die interne Demokratie

Repräsentation und Delegation

Bei den gesellschaftlichen Organisationen, vor allem den Volksorganisationen, sind die Führungspersonen, die im Integrationsprozeß konzertieren und an ihm teilnehmen, in diese Aufgaben delegiert worden. Man sieht oft, daß die Vertretungsaufgaben von technischen Kadern der Organisationen übernommen werden. Die Mitglieder der Basis delegieren die politische Vertretung und begründen das mit Mangel an Zeit, an Sachkenntnis und Sprachgewandtheit; sie wählen aus der Basis die besser ausgebildeten Kader aus und wenn sie solche nicht finden, entscheiden sie sich für qualifizierte oder technisch gebildete Kader, die der Organisation nahestehen. Meiner Ansicht nach versucht man vor allem, das technische Problem zu lösen und weniger das politische. Allerdings gibt es viele, die ihren Auftrag mit dem klaren Bewußtsein ausführen, daß sie nur Vertreter sind. Die Angelegenheit ist verwickelter, wenn man in Betracht zieht, daß die Mitgliedschaft schwankend ist und normalerweise schwerlich genau bestimmt werden kann, zumal der quantitative Faktor als ausschlaggebend betrachtet wird, um politische Beteiligung und Berücksichtigung der jeweiligen Interessen einzufordern. Dafür ist die Gewerkschaftsbewegung ein Beispiel, die in Honduras in mindestens drei und in Nicaragua sogar in zwölf Dachverbände gespalten ist. Die Angelegenheit ist noch komplizierter, wenn man bedenkt, daß 60% der Gewerkschafter unabhängigen Gewerkschaften angehören. Dabei ist anzumerken, daß nur 8% bis 14% der arbeitenden Bevölkerung gewerkschaftlich organisiert sind. Es ist offensichtlich, daß es sich hier um Organisationen handelt, die wenig repräsentativ sind, aber dadurch, daß Instanzen wie die ICIC entstanden sind, die regionale Organisationen unterschiedlicher gesellschaftlicher Gruppen vereinen, ist eine größere politische Beteiligung und ein höheres Niveau an Repräsentativität gewährleistet. Außerdem ist das nicht nur ein Problem der Basisbewegung; auch die Regierungen, politischen Parteien und Unternehmerorganisationen haben normalerweise Probleme mit ihrem Vertretungsanspruch. Das politische System funktioniert über Delegation. Im staatlichen Bereich bestehen keine Mechanismen zur Partizipation und im gesellschaftlichen Leben sind sie ungeeignet und wenig funktional. Repräsentation und Partizipation stehen wiederholt in einem spannungsreichen Verhältnis, wie Günter Maihold darlegt; so im Schritt von der Legitimierung einer Übergangsregierung zur Legitimität der Leistungsfähigkeit der darauffolgenden Regierung[39], eine zweite Situation dieser Art ist das Spannungsfeld zwischen Demokratisierung und Modernisierung[40] und eine dritte zwischen politischer Repräsentativität und dem Bemühen um Regierbarkeit.[41] Diese Spannungsverhältnisse unterstreichen den Mangel an wirkungsvollen Vermittlungsmechanismen zwischen Staat und Gesellschaft und nicht selten bringt das die Regierung dazu, „hinter dem Rücken der politischen Parteien direkten Kontakt mit den sozialen Akteuren aufzunehmen", im allgemeinen über soziale Konzertation.[42]

Die Organisationsstrukturen

Die meisten gesellschaftlichen Organisationen weisen eine Vollversammlung und einen Vorstand oder Direktionsrat auf, der die Politik der Vollversammlung ausführen soll und deshalb in einzelne Sekratariate aufgegliedert ist. Diese sind für besondere Bereiche zuständig und stützen sich auf Arbeitskommissionen oder Arbeitsgruppen. Diese Kommissionen artikulieren sich in vielen Fällen über ihre Funktionäre, die den Entwürfen Form geben und diese bearbeiten. In der Praxis ist es diese mittlere Ebene – auf der im allgemeinen der Funktionär agiert –, wo direkte Partizipation möglich ist. Dieses organisatorische Handlungsmuster wirkt sich so aus, daß in der täglichen organisatorischen Arbeit auf diese technischen Kader zurückgegriffen wird. Obgleich sich also zeigt, daß die Voraussetzungen für eine ausreichende Partizipation nicht vorhanden sind, ist damit jedoch nicht ausgeschlossen, daß stattfindet, wenn sie intern eingefordert wird.

Eine genauere Betrachtung der Arbeitsweise der Organisationen nötigt zu einer kritischen Aussage über ihre grundlegenden Strukturen (Zentralismus, Vertikalismus, Avantgarde-Haltung, Distanz zwischen Führung und Basis). Diese Untugenden haben ihre Ursache darin, daß gern delegiert wird, wodurch die Probleme und die Suche nach deren Lösung an andere weitergegeben werden, nämlich an die, die im Vorstand sitzen, was in der Basis dann die allgemein verbreiteten Haltungen wie Apathie, Konformismus, Ökonomismus und immediatistische Sichtweisen zur Folge hat. Die logische Folge davon ist eine himmelweite Distanz zwischen Basis und Führung. Zum anderen, je mehr diese Strukturen auf nationale und regionale Ebene übergreifen, desto geringer wird die Partizipation und die Repräsentation tendiert dazu, ideologischen Charakter anzunehmen. Das führt dazu, daß sich das Führungspersonal in den leitenden Stellungen verewigt und die Verbürokratisierung wird zu einem allgemein verbreiteten Laster dieser Organisationen. Oft wird diese Situation absichtlich von den Führungskräften erzeugt, indem sie mittels beschränkter Programme verhindern, daß ein Potential politischer Kader heranwächst, das sie ablösen könnte. Aber auch die Spezialisierung und Technifizierung der Führung bringt es mit sich, daß man auf die erfahrenen Kräfte nicht mehr verzichten kann. So kommt es zum Nachrücken in Führungspositionen zumeist infolge interner Konflikte und weniger in Form einer Strategie zur Erneuerung der Kader, wozu die Mitglieder der Organisation hätten ständig weitergebildet werden müssen. Diese Abhängigkeitsstrukturen ermöglichen es den Machtinstanzen, Regierungen, Parteien, und sogar den Unternehmern, mögliche neue Führungspersonen ausfindig zu machen und zu kooptieren und damit die Aktivität der Organisation zu behindern.

Der Einfluß der Parteien

In der Beziehung Partei – Organisation liegt vermutlich der größte Engpaß für eine Demokratisierung der internen organisatorischen Strukturen. In den jeweiligen Ländern der Region ist die Verbindung von der Partei zu den Organisationen klar und direkt; die Unterschiede bestehen im politischen Selbstverständnis der Führungen der Organisationen. Aber wenn dies Phänomen auch in den sogenannten traditionellen sozialen Bewegungen weit verbreitet ist, so tritt es in den neueren Basisorganisationen dagegen zunehmend seltener auf. Die sozialen Bewegungen haben eine wenn auch beschränkte Möglichkeit gefunden, die politischen Parteien als Resonanzboden zu benutzen; jedenfalls bekommen viele dieser politischen Gruppierungen, die bei ihrer Entstehung einen deutlichen Klassencharakter aufwiesen, allmählich einen klassenübergreifenden Charakter. Sie wenden sich dem Gesamtinteresse zu und entfernen sich damit unweigerlich von den besonderen Interessen der sozialen Organisationen. Meiner Ansicht nach hat das mit dem Rückgang des politischen Klientelsystems und insofern mit organisatorischem Pragmatismus zu tun, und zwar dann, wenn die Verbindung mit den Parteistrukturen klar definiert und die Kanalisierung der Forderungen möglich ist. In einigen sozialen Organisationen ist es tatsächlich üblich, die Führung auszuwechseln, wenn die Regierung wechselt, wie zum Beispiel in Guatemala, Costa Rica und Panama. Manchmal ändern sich auch nur die Formen der Auseinandersetzung und weniger die Organisationsstrukturen. Dieser Sachverhalt mag auch mit dem stillschweigenden Einverständnis über das Entwicklungsmodell zu tun haben, das offenbar viele, vor allem die traditionellen sozialen Organisationen, (Gewerkschaften, Kooperativen, kommunale Organisationen), haben und auf welches sie sich gelegentlich in ihrer Beziehung zu den politischen Parteien berufen.

In Mittelamerika gibt es zwei interessante Extreme, was die Politisierung der Führungen angeht, Costa Rica und El Salvador. Costa Rica ist ein typischer Fall von politischem Klientelsystem, was meiner Meinung nach ein Ausdruck der starken Integration des politischen Systems ist, die vorwiegend von den Führungskadern betrieben wird, die den Mehrheitsparteien angehören. Aber auch die Organisationen der Unterschichten richteten sich nach den Interessen der linken Parteien – die Schwächung der Gewerkschaften der Bananenarbeiter ist ein beklagenswerter Ausdruck davon. Dabei muß man aber die zunehmende Enttäuschung über die politischen Parteien und die Suche nach anderen Identifikationsmöglichkeiten sehen; diese „Unliebe"[43] entstand, weil die Regierenden mit ihren Wahlversprechen ständig Schindluder treiben und weil in der politischen Machtausübung die Trennung von Regierung und Partei praktiziert wird. El Salvador ist das Beispiel für die entgegengesetzte Tendenz; trotz aller politischen Veränderungen sind fast alle Basisorganisationen Anhängsel der verschiedenen Parteien, die der „Frente Farabundo Martí para la Liberación Nacional" (FMLN) angehören. In der vorangegangenen politischen Periode plazierten die Parteien viele ihrer politischen Kader in die Führungen der sozialen Organisationen, um auf diese Weise eine Massenfront für die Insurrektion zu schaffen. Dadurch ist es ziemlich schwierig geworden, daß anerkannte Mitglieder der Basisbewegungen die Führung übernehmen können. Zum andern erweist es sich dadurch als schwierig, die interne Einheit der Organisationen aufrechtzuerhalten, wenn das Bündnis mit der Frente beendet werden soll.

Schlußfolgerungen

1. Die Erfahrungen mit der wirtschaftlichen und sozialen Konzertation in den verschiedenen Ländern Mittelamerikas bestätigen eine Schwächung der traditionellen Strukturen, die zwischen Gesellschaft und Staat vermittelten (die politischen Parteien). Es erscheint dringend notwendig (nicht unbedingt, um Konsens zu erreichen, sondern um die Spannungen des Dissenses zu verringern), Übereinkommen zu erzielen, die über das Aktionsfeld der administrativen Macht hinausgehen.
2. Die regionale Integration, die sich in Mittelamerika vor allem als eine Integration des Markts darstellt, erzeugt die paradoxe Situation, daß im wirtschaftlichen Bereich ein sozialer Ausschluß praktiziert wird, während auf der politischen Ebene die soziale Kohäsion angestrebt wird. Diese Integration hat, absichtlich oder unabsichtlich, den sozialen Akteuren die Möglichkeit gegeben, auch auf regionaler Ebene zu agieren.
3. Eine Schlußfolgerung aus der vorliegenden Arbeit ist, daß die Gründe und Ursachen für Mobilisierung und Organisierung vielfältiger geworden sind (nicht unbedingt andere, wie wir hypothetisch formuliert hatten), auch herrschen nicht mehr ausschließlich Klassenkriterien vor, sondern die Identifikationsoptionen sind erheblich vielfältiger geworden.
4. Die Organisationen sehen sich dazu gezwungen, ihre spezifischen Probleme in eine Konstellation globalen Charakters einzubringen. Es geht nicht darum, daß die spezifischen Forderungen als Teil des Globalisierungsprozesses betrachtet werden sollten, sondern darum, daß konkrete Forderungen auf diesen Kontext hin bezogen werden müssen, und das bedeutet, daß unter anderem das Thema der regionalen Integration aufgenommen werden muß.

5. Die organisatorische Erfahrung zeigt, daß eine zunehmende Regionalisierung der Organisationen und ihrer Forderungen oder Positionen stattgefunden hat. Das ist Ergebnis der allgemeinen Tendenz der Wirtschaft, aber auch Produkt einer inneren Erstarkung der Organisationen
6. Die Tendenz zur Regionalisierung macht politische Bündnisse und Kooperationsabkommen zwischen unterschiedlichen Organisationen erforderlich, seien es Basisbewegungen oder andere nicht-unterschichtsorientierte Vereinigungen sozialer Akteure. Wir haben in diesem Text Beispiele für Bündnisse gebracht, die zwischen Unterschichtsorganisationen und Unternehmerkreisen hergestellt wurden, wie auch für sehr viel breiter gefächerte horizontale Allianzen zwischen gesellschaftlichen Organisationen.
7. In Verbindung mit den vorangehenden Schlußfolgerungen stellen wir fest, daß für die sozialen Organisationen Demokratie regionale Bedeutung erhält und diese sich nicht nur darin zeigt, daß es von der Bevölkerung gewählte politische Systeme gibt, sondern auch darin, daß die Organisationen an der Diskussion und den Entscheidungen über die regionale Entwicklung beteiligt sind. Die spannungsreichen Beziehungen zwischen sozialer Bewegung, Markt und administrativer Macht finden als Aktionsraum ein sehr viel größeres Territorium vor.
8. Anfangs hatten wir hypothetisch angenommen, daß in den sozialen Organisationen eine scharfe Trennung zwischen „externer" und „interner" Demokratie besteht. Das heißt, der demokratische Anspruch der Organisationen bezieht sich auf eine offene und autonome Beteiligung der verschiedenen sozialen Akteure an den nationalen Entscheidungen, an Produktion und Güterverteilung, sowie an der Ausübung öffentlicher Ämter. Die eigene Praktizierung von Demokratie dagegen ist eingeschränkt und von oben dirigiert, die Organisationen haben hierarchische Strukturen und Herrschaftsstränge. Dieses Phänomen existiert zwar tatsächlich, aber es erscheint vor allem deshalb so, weil das Problem der Beziehung Partei – Organisation nicht gelöst ist und weil es organisatorische Schwierigkeiten gibt, Information und Sachkenntnis zu verbreiten; was dazu führt, daß Vertreter nach fachlichen (technischen) Kriterien delegiert werden und dadurch die Führung einen vertikalen Charakter bekommt.
9. Wir sehen, daß sich die sozialen Organisationen um eine regionale Perspektive bemühen und ihre Forderungen in diesem Kontext zu formulieren versuchen; dabei stoßen sie jedoch auf eine Reihe von Hindernissen:
a. die Bedeutung des Nationalstaats nimmt ab und es entstehen zusammen mit transnationalen Unternehmen „transnationale Staaten". Das wirft die Frage auf, an wen sich die Forderungen richten können und wem man sie präsentiert.
b. Es entsteht ein kompliziertes institutionelles und juristisches Geflecht, dem man die Vorschläge anpassen muß, was die realen Möglichkeiten zur Einflußnahme beschränkt.

c. Die Forderungen und Vorschläge der verschiedenen gesellschaftlichen Gruppen müssen auf nationaler und supranationaler Ebene eingebracht werden, was ebenfalls die Möglichkeiten zur Einflußnahme schwächt.
d. Die Krise progressiven Denkens. Der Untergang der Utopien hat die Beschränkung auf organisatorische Fragen und Forderungskataloge zur Folge.
e. Zum andern stellen die organisierten Aktionen im allgemeinen eine Antwort auf gegebene Veränderungen dar, was eine strategische Perspektive und weiterreichende Vorschläge behindert.

10. Die Modernisierung, die die Wirtschaftssysteme Mittelamerikas durchlaufen, bewirkt eine Segmentierung der Gesellschaft und verstärkt den sozialen Ausschluß. Die „soziale Ausgrenzung" wird damit gerechtfertigt, daß sie angeblich vorübergehend bzw. die Begleiterscheinung der „neuen Marktbedingungen" sei. Das führt zur Fragmentierung der Gesellschaft und macht organisatorische Anstrengungen nötig, den Zusammenhalt zu stärken. Die Wiedererrichtung eines Gemeinschaftsgefühls und die Förderung der „Bereitschaft der Bürger, sich zu assoziieren" stellt für die gesellschaftlichen Organisationen ihren klarsten Beitrag zur Demokratisierung Mittelamerikas dar.

Übersetzung: Ana Maria Stobbe

Anmerkungen

1 Jürgen Habermas, Volkssouveränität als Verfahren. Ein normativer Begriff der Öffentlichkeit. In: Ders., Die Moderne – ein unvollendetes Projekt. Leipzig 1990. S. 201
2 Menjívar Larín, Rafael, La concertación en la estrategia de desarrollo de Centroamérica. In: Democracia sin pobreza: Alternativas de Desarrollo para el Istmo Centroamericano. San José, Costa Rica (DEI-CADESCA) 1992. S. 307
3 Regional ist hier und im weiteren supranational gemeint und bezieht sich auf die Region Mittelamerika (Anm. d. Ü.)
4 Der ICIC gehören außerdem die „Confederación Centroamericana de la Pequeña Empresa" (CONCAPE), die „Union de Productores de Café" (UPROCAFE), die "Frente Continental de Organizaciones Comunales" (FECOC-capítulo Centroamérica) und die „Concertación Centroamericana de Organismos de Desarrollo" (CONCERTACION) an.
5 Das trifft auf die Gewerkschaften zu, die seit den 80er Jahren über regionale Instanzen verfügen, wenn sie auch keine große Bedeutung gewonnen haben. Erst in den 90er Jahren gelingt es ihnen, zu klaren Vereinbarungen zu gelangen, um die regionalen Strukturen zu reaktivieren und funktionsfähig zu machen.
6 Habermas, op. cit.

7 Ríos Valdés, Ivana. In diesem Band.
8 Die UNTS ist eine unabhängige Organisation, in der die Parteien der FMLN, vor allem die FPL, RN und PRTC, über Einfluß verfügen.
9 Die UNOC ist eine Organisation, die vom American Institute for Free Labor Development (AIFLD) unterstützt wird. Die CTD (Confederación de Trabajadores Democráticos), die Mitglied der UNOC ist, ist auf internationaler Ebene der ORIT (Organización Regional Interamericana del Trabajo) angeschlossen.
10 Die FMLN gliedert sich ins Zivilleben ein und nimmt an den Wahlen teil, während die wiedergewählte Regierung von ARENA (1994) ihren konfrontativen Ton anscheinend etwas mäßigt.
11 US-amerikanische Gewerkschaftsorganisation, die der ORIT angeschlossen ist, zu der wiederum auch die CTRN gehört. Die AFL-CIO beschuldigte die Regierung Costa Ricas vor der Regierung der USA, die Gewerkschaftsfreiheit zu verletzen. Die Regierung Costa Ricas erhält die Einnahmen aus der Zollsenkung im Rahmen des „Sistema Generalizada de Preferencias"; Bedingung dafür war, daß sich die Regierung Costa Ricas dazu verpflichtet, die gewerkschaftlichen Rechte zu respektieren.
12 Eine Organisation sozialdemokratischer Richtung auf nationaler Ebene, die der ORIT angeschlossen ist.
13 Nationale Organisation der öffentlichen Angestellten, die mehrere Jahre lang mit der unabhängigen Linken verbündet war und der Coordinadora Centroamericana de Trabajadores (COCENTRA) angeschlossen ist.
14 Der FETRAL sind mehrere Gewerkschaften angeschlossen, die strategischen Bereichen angehören, wie der Erdölraffinerie und der Hafenbetriebe der Atlantikregionen Mittelamerikas. Die Mehrheit ihrer Mitglieder ist der ORIT angeschlossen, aber es gehören ihr auch unabhängige Organisationen an, die der unabhängigen Linken nahesetehen.
15 Im Diskurs der sozialen Akteure Mittelamerikas wird als „Zivilgesellschaft" der Privatsektor bezeichnet: Unternehmer, Gewerkschaften, Kooperativen, Bauern; also allgemein alles, was nicht der Staat ist. Diese Definition der Zivilgesellschaft nähert sich der folgenden Beschreibung: „Alle die Formen des sozialen Lebens, die nicht vom Staat reguliert werden, das heißt, die privaten Charakter haben". Kebir, Sabine, Gramsci y la Sociedad Civil. Génesis y contenido conceptual. In: Nueva Sociedad, Nr. 115, September-Oktober 1991. Caracas. S. 127.
16 Castells, Manuel, Lo local y lo global: El papel de los nuevos movimientos vecinales en el nuevo orden mundial. In: El Salvador en Construcción, Nr. 11. San Salvador 1993. S. 14.
17 Habermas, Jürgen, op. cit. S. 187.
18 Lechner, Norbert, Los Nuevos Perfiles de la Política: un bosquejo. In: Nueva Sociedad, Nr. 130. Caracas 1994 (März-April). S. 36.
19 Lechner, Norbert, op. cit., S. 37.
20 Amin, Samir, El problema de la democracia en el Tercer Mundo Contemporáneo. In: Nueva Sociedad. Nr. 112. Caracas 1991 (März-April). S. 35

21 Habermas, Jürgen, op. cit., S. 209
22 Lechner, Norbert, op. cit., S. 41.
23 ASOCODE, Estrategia Productiva de los Pequeños y Medianos Productores del Istmo Centroamericano. Honduras, Juli 1991. San José, Costa Rica (Vervielfältigt) 1991.
24 CIOSL/ORIT/CEE, La Integración Centroamericana. La posición sindical. In: Cuaderno, Nr .3. San José, Costa Rica 1992 (September). S. 41
25 CIOSL/ORIT/CEE, op. cit., S. 43
26 Ibid., S. 58 und 59.
27 ORIT/COCENTRA, Memorandum des Koordinationstreffens. Tegucigalpa, September 1992. San José, Costa Rica 1992 (Vervielfältigt)
28 ASOCODE-COCENTRA-ORIT, Memo des Koordinierungstreffens. San Salvador, Oktober 1992. (Vervielfältigt)
29 ORIT, Memo des Treffens der ORIT-Mitgliedsgewerkschaften und Dr. Roberto Herrera Cáceres, Sekretär des „Sistema de Integración Centroamericana" (SICA). San José, Juli 1993.
30 CIOSL/ORIT/CCC-CA/FES/UID, Cooperativismo y Sindicalismo: Protagonista del Cambio Social. Memorandum del „Primer Encuentro Centroamericano y del Caribe del Movimiento Sindical y Cooperativo". San José, Costa Rica 1991 (September).
31 Dabei ist zu berücksichtigen, daß die ICIC erst vor kurzem enstanden ist und verschiedene soziale Sektoren umfaßt; auch hat ihre Führung noch wenig Erfahrung in diesen nationalen und regionalen Zusammenhängen.
32 Dem „Comité Centroamericano de Coordinación Intersectorial" (CACI) gehören unter anderen die FEDEPRICAP an, sowie das „Movimiento Solidarista Centroamericano", das die regionale Struktur der „Confederación Latinoamericana de Trabajadores" (CLAT) ist, die sozial-christlicher Tendenz ist, und die „Asociación de Universidades de la Empresa Privada" (AUPRICA).
33 Die umfassendste Struktur der Integration Mittelamerikas ist das „Sistema de Integración Centroamericana" (SICA), das formal aus mehreren spezialisierten Sekretariaten besteht, von denen aber nur das wirtschaftliche Sekretariat SIECA aktiv ist. Einige Regierungsfunktionäre und Unternehmerorganisationen haben die Absicht, das SIECA so zu organisieren, daß nur Unternehmer an ihm teilnehmen und daß es nichts mit dem Beraterkomitee zu tun habe. Die ICIC dagegen will, daß das Beraterkomitee für alle bestehenden und zukünftigen Sekretariate zuständig sein soll.
34 ICIC, Brief an die Präsidenten Mittelamerikas, 19. August 1994. San José, Costa Rica.
35 Ibid.
36 Habermas, Jürgen, op. cit., S. 205
37 Samour, Héctor, Marco Teórico político para la construcción de un orden democrático en El Salvador. In: Estudios Centroamericanos (ECA), Nr. 543-544. San Salvador 1994.

38 "Ausdünnung" bezieht sich auf jene Erfahrungen, in denen die gesellschaftlichen Bezugspunkte der traditionellen Politik verschwunden sind und „Informalisierung der Politik" beinhaltet, daß neue Muster politischer Präsenz entstanden sind, die die traditionell institutionalisierten Aspekte der Politik an den Rand drängen". In: Maihold, Günther, Representación Política y Sociedad Civil. In: Carballo y Maihold (Hg.), Qué será de Centroamérica? Gobernabilidad, Legitimidad Electoral y Sociedad Civil. Fundación Friedrich Ebert und CEDAL. San José, Costa Rica 1994. S. 211.

39 Für Maihold „hat die Legitimität der Leistungsfähigkeit der Regierungen der zweiten und dritten Demokratisierungswelle in Mittelamerika damit zu tun, daß die Regierungen der Übergangsperiode darin gescheitert sind, die Kontinuität ihrer Politik zu sichern; sowie am strukturellen Widerspruch zwischen einer wachsenden politischen Demokratie und der Tatsache, daß die Wege zur Lösung der wirtschaftlichen Wachstumskrise, die aus der sozialen Ungerechtigkeit resultiert, versperrt sind." Maihold, Günther, op. cit., S. 209.

40 Der Autor weist darauf hin, daß „die Globalisierung und die partielle Integration in den internationalen Markt die traditionellen Muster sozialer und nationaler Integration zerschlagen hat" (Maihold, Günther, op. cit., S. 209). Das führte zum Entstehen zersplitterter Gesellschaften und erschwert soziale und politische Organisierung. Siehe: Lechner, Norbert, Modinización y Modernidad: La búsqueda de ciudadanía. In: Centro de Estudios Sociológicos (Hg.), Modernización Económica, Democracia política y Democracia social. México D.F. 1993 (Colegio de México). S. 65.

41 In dem folgenden Sinne: „Das staatliche Modell politischer Repräsentation drückte sich in der Behandlung der Forderungen durch administrative und bürokratische Verfahren und nicht durch solche der Pluralität der Parteien aus und überließ die gesellschaftlichen Organisationen den Interessen des Staates und der politischen Parteien, die weder in der Bevölkerung verankert waren, noch klare gesellschaftliche Bezugspunkte hatten." Maihold, Günther, op. cit., S. 210.

42 Maihold, Günther, op. cit., S. 211.

43 So benennt Paramio diesen Zustand. Paramio, Ludolfo, Consolidación Democrática, Desafección política y neoliberalismo. In: Steichen, Régine (Hg.), Democracia y democratización en Centroamérica. San José, Costa Rica 1993 (Ed. UCR). S. 264

Luís H. Serra Vázquez
Eine eigentümliche Demokratisierung: Nicaragua in den 80er Jahren

Die Vorgeschichte

Die aus einem Staatsstreich 1936 hervorgegangene Diktatur der Somozas gründete sich auf die Kontrolle über die Nationalgarde, auf die Unterstützung durch die nordamerikanische Regierung und das US-Kapital[1] und war außerdem mit der liberalen Fraktion der Bourgeoisie sowie mit der Katholischen Kirche liiert. Sie alle verbündeten sich Anfang der 30er Jahre gegen die drohenden strukturellen Umwälzungen, die von der von A. C. Sandino angeführten bewaffneten Volksbewegung ausging[2]. Außerdem wurde Somoza von einem Teil der Arbeiter- und Bauernbewegung unterstützt, nachdem er einige ihrer Forderungen befriedigt zufriedengestellt und deren Führer kooptiert hatte.[3]

Hinter der juristischen Fassade einer Verfassung, die ein republikanisches demokratisches Regime begründet, fanden gefälschte Wahlen statt, aus denen stets die National-Liberale Partei als Siegerin hervorging. Auf diese Weise blieb die Familie Somoza ununterbrochen an der Regierung und benutzte den Staat zur persönlichen Bereicherung. Die Konservative Partei, die von der in Granada ansässigen Oligarchie beherrscht wurde, spielte die Rolle einer zaghaften Opposition. Sie kritisierte die manipulierten Wahlen und unterstützte sogar einige bewaffnete Aufstände, aber im Tausch gegen eine Teilnahme an der politischen Macht zeigte sie sich schließlich immer wieder zu politischen Übereinkünften bereit.[4]

Die Schwächen des Parteiensystems wurzelten in der Rückständigkeit der politischen Kultur, in den Interventionen der US-Regierung, in der Vorherrschaft von Caudillismus und lokaler Beschränktheit in der Politik sowie schließlich im Mangel an politischen und bürgerlichen Freiheiten während der 44 Jahre Diktatur.[5]

Die Strategie Somozas bestand darin, die Führer der Opposition zu bestechen und die Unbestechlichen zu unterdrücken. Die wiederholten Wahlfälschungen, die Pakte zwischen den Parteiführungen der Liberalen und Konservativen sowie die Beschränkungen der Ausdrucks- und Organisationsfreiheit brachten viele Jugend-

liche zu der Überzeugung, daß der bewaffnete Weg die einzige politische Alternative darstellte. So entstand 1961 die „Nationale Sandinistische Befreiungsfront" (Frente Sandinista de Liberación Nacional, FSLN).
In der Geschichte Nicaraguas hatte zwischen arm und reich immer eine Art feudaler Beziehung des „patronazgo" (Schutzverhältnis) oder des „clientelismo" bestanden. Das beinhaltete gegenseitige Verpflichtungen: im Tausch gegen einen Arbeitsplatz, Landpacht oder Darlehen boten die Arbeiter ihre Arbeitskraft und politische Treue. Die politische Kontrolle wurde von einem Netz somozatreuer Gehilfen ausgeübt, die mit der Nationalgarde in Verbindung standen und auf dem Land gab es den „Capitán de Cañada", das war der reichste Landbesitzer der Gegend, und es gab in jeder Gemarkung die „Jueces de Mesta", eine Art Dorfrichter, die über bewaffnete Helfer verfügten. Die wichtigsten Großgrundbesitzer übernahmen die Rolle des „Kaziken"[6], des Vermittlers gegenüber der Gemeinde- oder Provinzverwaltung, mit dem Ziel, Vorteile (Straßen, Schulen, Strom) für ihre soziale Basis zu erlangen und sie waren bei Wahlen oder in Auseinandersetzungen mit anderen Kaziken in der Lage, eine große Zahl Bauern und Landarbeiter zu mobilisieren. Ebenso wie in anderen Agrargesellschaften Lateinamerikas „setzt der 'compadrazgo', das System der Gevatterschaft, die Strukturen der sozialen Ungerechtigkeit fort, konsolidiert sie, schwächt aber gleichzeitig deren Auswirkungen auf individueller Ebene ab."[7]
Ende der 70er Jahre beschäftigte der Staatsapparat ungefähr 20.000 öffentliche Bedienstete. In der Wirtschaftspolitik fand eine gewisse Koordination über die Zentralbank vermittelt statt, während das Büro des Staatspräsidenten einen Großteil der Entscheidungen an die jeweiligen Ministerien delegierte. Die meisten Ämter wurden aus Gründen politischer oder persönlicher Treue vergeben, so daß die fachliche Qualifikation gering war. Einige Institutionen wie die Zentralbank oder das Elektrizitätswesen waren die Ausnahme. Einige Dienstleistungsbereiche wurden von der Nationalgarde (Guardia Nacional, GN) kontrolliert, so das Radio, der Telexdienst, die Post, die Einwanderungs- und die Steuerbehörde.
Bis in die 70er Jahre hinein hielt die Katholische Kirche mit der Somoza-Regierung eine „christliche Beziehung" aufrecht, die von gegenseitiger Anerkennung gekennzeichnet war. Ebenso verhielten sich die protestantischen Kirchen.[8] Die traditionellen religiösen Vorstellungen malten das Bild einer vertikalen Beziehung zwischen einem allmächtigen Gott und einem ohnmächtigen Menschen und Diener; das Erdenleben hatte erst nach dem Tod, im ewigen Leben einen Sinn, und die soziale Wirklichkeit wurde in Funktion des Übernatürlichen interpretiert. Diese Situation ändert sich in den 70er Jahren, als die „Theologie der Befreiung" Raum gewinnt, während gleichzeitig die Diktatur immer mehr an Reputation verliert, vor allem, als diese sich nach dem Erdbeben (1972) die humanitären Hilfsgüter aneignet und als die Repression zunimmt.

Die politische Situation änderte sich ab 1974, als die FSLN ihre militärischen Aktionen verstärkte und die Oppositionsparteien sich in der Unión Democrática de Liberación (UDEL) zusammenschlossen. Deren charismatischer Führer war P. J. Chamorro, Direktor der Tageszeitung „La Prensa", dessen Ermordung 1978 den allgemeinen Aufstand auslöste. Der UDEL folgte der Frente Amplio de Oposición (FAO), der aber nur eine zweitrangige Rolle innerhalb des gegen Somoza gerichteten Aufruhrs spielte, der von der „Tercerista"-Tendenz der FSLN[9] angeführt wurde. Letztere stützte sich auf ein breit gefächertes Bündnis in der Bevölkerung, an dem unterschiedliche Organisationen teilnahmen, die sich ihrerseits zum im „Movimiento Pueblo Unido" zusammengeschlossen hatten, und auf die „Gruppe der Zwölf", die aus zwölf einflußreichen Personen bestand.

Die wichtigsten Faktoren, die schließlich zum Fall Somozas führten, waren: Verschlechterung der wirtschaftlichen Situation, die mit der weltweiten Wirtschaftskrise 1973 begonnen hatte, die wachsenden Widersprüche innerhalb des bürgerlichen Lagers, die grausame Repression gegen die Landbevölkerung in den Gebieten, in denen die Guerrilla operierte, die zunehmende städtische Basisbewegung und die politisch-militärischen Fähigkeiten der FSLN sowie die wachsende internationale Isolierung der Diktatur.

Zusammenfassend kann man sagen, daß sich die politische Beteiligung der Bevölkerung innerhalb dieses oligarchischen Systems mit Miniaturparteien und verkümmerten Basisorganisationen darauf beschränkte, an manipulierten Wahlen teilzunehmen und in den Machtkämpfen zwischen liberalen und konservativen Eliten als Kanonenfutter zu dienen. Daneben äußerte sie sich noch in den legalen oder gewalttätigen Protesten, die gelegentlich aufflackerten und lokal beschränkt blieben, in einer Art „sozialem Banditenwesen" sowie in der ländlichen Guerrilla.

Der Aufbau eines neuen Staates

Nach dem revolutionären Sieg (Juli 1979) ging es um die schwierige und doppelte Aufgabe, einerseits eine neue zivile Gesellschaft zu schaffen, die in der Lage sei, sich zu organisieren, um die Herausforderungen der Entwicklung zu meistern, und andererseits um die Errichtung eines demokratischen Nationalstaats.[10] Die FSLN mußte sich ihrerseits als Partei organisieren, ihre bisher geringfügige Mitgliedschaft erhöhen und ihre bis 1979 in drei Tendenzen aufgespaltenen Mitstreiter einen. Zusammen mit A. Somoza verließen die hohen Regierungsbeamten das Land und wurden durch die siegreiche Koalition ersetzt, die von der FSLN angeführt wurde. Ein Großteil der unteren Beschäftigten wechselte ins Lager der neuen Regierung über und nutzte das großzügige Angebot der sogenannten „Anpassung". Die

Mehrheit des technisch qualifizierten Personals dagegen, der sich im Ausland Arbeitsmöglichkeiten bot, verließ das Land. Nach 1979 tauchten Konflikte zwischen den Angestellten auf, die aktiv für die Revolution eintraten und anderen, die die Politisierung der Ämter kritisierten und die Geringschätzung technischer Aspekte monierten. Die neue Regierung versuchte, in der öffentlichen Verwaltung neue Haltungen einzuführen: Ehrlichkeit, Dienstbereitschaft und Leistung waren die Richtlinien.[11]

Die Flucht der Fachleute verstärkte den Personalmangel des neuen Staates, der sich rasch ausbreitete, und zwar aus vier Gründen:
— aufgrund der Übernahme produktiver Aufgaben durch den Staat nach der Verstaatlichung der Unternehmen des Somozaclans (400)
— aufgrund der Ausweitung der Grundversorgung der Bevölkerung
— wegen der staatlichen Funktion der Förderung und Planung der sozioökonomischen Entwicklung des Landes
— nach 1983 wuchs der militärische Verteidigungsapparat an, bis er 1986 50% des Staatshaushalts beanspruchte.

Die Prioritäten, die der entstehende Staat 1979 setzte, waren, die innere Ordnung herzustellen, die Versorgung der Bevölkerung mit den notwendigsten Gütern und Dienstleistungen zu sichern, die vom Krieg zerstörte Wirtschaft wiederaufzubauen und anzukurbeln und internationale Anerkennung und Kooperation zu erlangen. Um diese Ziele zu erreichen, verfügte man über junge Guerrilleros in den Führungspositionen, die weder Erfahrung noch fachliche Ausbildung besaßen. Sie leiteten zerfallene und von bürokratischen Lastern zersetzte Institutionen. Wie M. Bernales feststellt:

„Die unzulänglichen Maßnahmen der Verwaltung, der Mangel an Gewohnheit, für und mit der Bevölkerung und deren Organisationen zu arbeiten, die fehlende Dienstbereitschaft, alle Arten von Korruption, Opportunismus, Aufsteigertum und Bürokratismus – das alles konnte nicht per Dekret oder mit Gewalt ausgerottet werden".[12]

Die wesentlichen Richtlinien des neuen Staats waren eine gemischte Wirtschaft, ein politischer Pluralismus und die internationale Blockfreiheit. In der Praxis dominierte auf wirtschaftlichem Gebiet das Privateigentum an den Produktions- und Zirkulationsmitteln, aber unter staatlicher Aufsicht[13], der politische Pluralismus war durch den Krieg und durch die Avantgardehaltung der FSLN beschränkt und in der Blockfreiheit machte sich eine Tendenz zum sozialistischen Block bemerkbar, weil die USA Nicaragua boykottierten, während die Sowjetunion ein großzügiges Angebot machte und weil mit den Sandinisten eine ideologische Verwandtschaft bestand.[14]

Die nationale Einheit, die im Kampf gegen die Diktatur postuliert worden war, wurde nach 1979 als Rahmen für den wirtschaftlichen Wiederaufbau[15] ausgegeben und später gegen die Agression von außen angerufen. Für die FSLN bestand die Grundlage dieser Einheit im „Arbeiter- und Bauernbündnis", zu dem auch „patriotische Unternehmer" zugelassen wurden, die wirtschaftlich aktiv blieben und sich nicht mit dem bewaffneten Widerstand einließen und sich hierbei in eine politische Unterordnung begeben mußten, die ein Großteil der Bourgeoisie nicht zu akzeptieren bereit war. Der heterogene Charakter dieser nationalen Einheit war für die neue Regierung eine große Herausforderung, denn es war schwierig, Sektoren mit gegensätzlichen Interessen zufriedenzustellen. Die Regierung mußte zwischen den unterschiedlichen Gruppen aufgetretene Widersprüche schlichten, was der FSLN solange gelang, wie sie über Mittel aus dem Ausland verfügte und die unbestrittene Vormachtstellung innehatte, was bis Mitte der 80er Jahre der Fall war. Schwierig wurde es, als beides zurückging. Auf der anderen Seite wurde die Losung der nationalen Einheit oft dazu benutzt, um die Kritik von links oder rechts zum Schweigen zu bringen und um die spezifischen Forderungen der verschiedenen sozialen Sektoren hintanzustellen.

In ihrem Verständnis von Demokratie legte die FSLN 1980 großen Wert auf die Beteiligung der Bevölkerung in allen Bereichen des sozialen, wirtschaftlichen, kulturellen und politischen Lebens: „Die Demokratie findet nicht nur auf politischer Ebene statt und beschränkt sich nicht auf die Beteiligung an den Wahlen ... sie bedeutet Beteiligung des Volks an den politischen, wirtschaftlichen, sozialen und kulturellen Angelegenheiten."[16]

Als die Opposition nach 1979 sofortige Wahlen forderte, verwies die FSLN auf folgende Bedingungen, die erfüllt sein müßten, um eine demokratische Beteiligung der Bevölkerung zu ermöglichen: das Analphabetentum abzubauen, die Wirtschaft wieder in Gang zu bringen, damit die Bevölkerung über das zur Befriedigung ihrer grundlegenden Bedürfnisse erforderliche Einkommen verfügt, und die Einübung in die politische Beteiligung durch die Basisorganisationen. 1980 wurden Wahlen auf das Jahr 1985 festgesetzt. Zweifellos mißtrauten die FSLN-Führer den liberalen politischen Systemen wegen des Risikos der historisch hinreichend erlebten propagandistischen Manipulation durch die bürgerlichen Parteien und gaben einem Einparteiensystem den Vorzug, in dem die politische Beteiligung über gewerkschaftliche und berufsbezogene Organisationen stattfand, die sich auf eine Avantgardepartei orientierten. Zugleich wurde die Demokratisierung auch als eine der sozioökonomischen Entwicklung nachfolgende Etappe begriffen. Diese Auffassung führte dazu, daß die Beteiligung auf die von den sandinistischen Führern festgelegten Entwicklungspläne beschränkt blieb.

Das von der FSLN geschaffene politische System gründete sich auf ein leninistisches Avantgardekonzept und wies anfangs deutlich korporative Züge auf. Das drückte sich in der Schaffung von Organisationen aus, die die Regierung als die einzigen Vertreter der unterschiedlichen gesellschaftlichen Gruppen anerkannte und denen die Regierung materielle und symbolische Güter im Tausch gegen die Kontrolle über ihre Führer und gegen die politische Loyalität ihrer Mitglieder erbrachte.[17] Die massive Beteiligung der Bevölkerung am Kampf gegen Somoza Ende der 70er Jahre und der allgemeine Enthusiasmus Anfang der 80er wurde von der FSLN nach und nach in institutionelle Kanäle geleitet, die eine vertikale Befehlsstruktur begünstigten. Später, mit den Wahlen von 1984 und der neuen Verfassung von 1987, tauchten die alten schwachen Parteien wieder auf und schoben sich im legalen politischen Bereich in den Vordergrund, während sie die Basisorganisationen in den Hintergrund abdrängten: das liberale Demokratiemodell gewann gegenüber dem der partizipativen Demokratie die Oberhand.

Der juristische Rahmen des neuen Staates wurde im Estatuto de Derechos y Garantías festgelegt und von der Regierung verabschiedet (August 1979). Es setzte die bisherige Verfassung außer Kraft. Dieses Gesetz erkennt die Freiheit der Meinung, der Religionsausübung und der politischen und gewerkschaftlichen Organisation an. Mit der Verhängung des allgemeinen Notstands im Mai 1981 wurden diese Rechte jedoch eingeschränkt. Daneben bestimmte das Statut die drei Gewalten des Staates: die ausführende Gewalt, die von einer Regierungsjunta ausgeübt wurde, die gesetzgebende mit einem Staatsrat und die richterliche Gewalt mit dem Obersten Gerichtshof und seinen Gerichten.

Das wichtigste staatliche Organ war bis 1985 die Junta de Gobierno de Reconstrucción Nacional (JGRN), der sowohl ausführende wie gesetzgebende Funktion zukam. Die JGRN hatte gesetzgebende Gewalt in Haushalts- und Verwaltungsfragen und hatte Vetorecht über Gesetze, die vom Staatsrat verabschiedet worden waren. Diesem kam ein solches Recht gegenüber der JGRN nicht zu. Bis Mai 1980 regierte die Junta mittels Dekreten. In den ersten zehn Monaten erließ die JGRN über 700 Dekrete, die die wesentlichen Richtlinien des neuen Staates bestimmten.[18]

Die JGRN bestand ursprünglich aus fünf Mitgliedern, drei gehörten der FSLN und zwei anderen Parteien an. Später wurde sie auf drei Mitglieder verkleinert, von denen zwei der FSLN angehörten. Praktisch war die JGRN der Nationalen Leitung (Dirección Nacional, DN), dem obersten Parteiorgan der FSLN[19], untergeordnet. Diese gründete eine Sonderkommission, die über die politische Einheit und Kohärenz der staatlichen Instanzen wachen sollte. Zu den die JRGN unterstützenden Instanzen zählten das Sekretariat, das Informationsbüro, das Planungsministerium (das später zum Sekretariat wurde) und der Consejo Económico, an dem die wichtigsten Ministerien teilnahmen. Nach 1985 wurde die JGRN durch den Präsidenten ersetzt.

Im ersten Jahr wuchs der Staatsapparat mit 16 neuen und der Erweiterung der bestehenden Ministerien stark an. Das Personal vervierfachte sich auf ungefähr 80.000 Angestellte. Die Mitglieder der FSLN-Leitung übernahmen die Leitung der wichtigsten Ministerien: Verteidigung, Inneres, Planung, Landwirtschaftliche Entwicklung, außerdem hatten sie den Vorsitz im Staatsrat. Die neue Armee, die aus der antisomozistischen Guerrilla rekrutiert worden war, erhielt besondere materielle und personelle Zuwendung und stieg von ungefähr 13.000 Angehörigen im Jahr 1980 auf 75.000 im Jahr 1986. Diese Zahlen beziehen sich auf Armee und Innenministerium[20], zusammen mit den der Wehrpflicht unterliegenden Rekruten und der Freiwilligenmilizen beliefen sie sich auf ungefähr 100.000. Mit der Ausweitung des Kriegs militarisierte sich die Gesellschaft und es entstanden vertikale und Gefolgschaftsstrukturen, die die kritische Debatte und die Initiative der Basis erstickten. Dadurch erlitt das anfängliche Projekt der Demokratisierung schwere Störungen.

Der Staatsrat (Consejo de Estado, CE) war das co-legislative Organ und zählte 47 Mitglieder. Acht von ihnen vertraten Parteien, drei Volksorganisationen, sieben Gewerkschaften, sieben berufsbezogene und soziale Organisationen und fünf Un-

Schaubild 1
Struktur des Staates (1984)

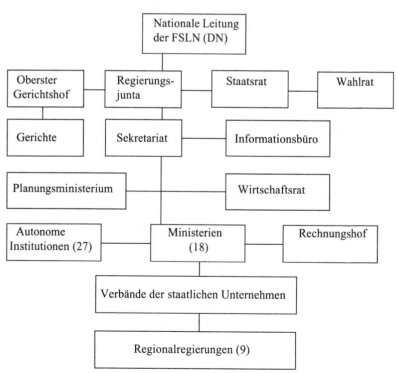

ternehmerverbände. Im April 1980 hatte die JGRN beschlossen, den Staatsrat von 33 auf 47 Mitglieder zu erweitern, wobei die Vertreter der der FSLN nahestehenden ärmeren Bevölkerungsschichten (sectores populares) die Mehrheit erhielten. 1981 wurde er auf 51 Ratsmitglieder erweitert.[21]
Der Staatsrat stellte eine unmittelbare Vertretung der verschiedenen sozialen Gruppen und Organisationen dar, wogegen die politischen Parteien als Vermittler von Bürgerinteressen in den Hintergrund gedrängt wurden. Dieses politische Modell sui generis verband korporative mit parteilichen Zügen, wurde jedoch später durch das traditionelle Modell westlicher Demokratien ersetzt. Das geschah infolge internationalen Drucks und um die Anerkennung der sandinistischen Regierung durch das Ausland zu erlangen; außerdem war dies eine Forderung der Oppositionsparteien. 1985 wurde der Staatsrat durch eine 90-köpfige Nationalversammlung ersetzt, an der Vertreter der sieben erfolgreich aus den Wahlen hervorgegangenen Parteien teilnahmen.
Was die richterliche Gewalt betrifft, so wurden der Oberste Gerichtshof und die nachgeordneten Gerichte mit Richtern antisomozistischer Herkunft besetzt. Daneben wurden Sondergerichte geschaffen, die vom Obersten Gericht unabhängig waren, so die Gerichte für Angehörige der Nationalgarde Somozas, Agrargerichte zur Regelung von Landstreitigkeiten sowie Arbeitsgerichte. Zwischen ihnen und dem Obersten Gericht ergaben sich zahlreiche Widersprüche. Außerdem wurde ein Justizministerium geschaffen, das der JGRN unmittelbar unterstand und somit die Autonomie der richterlichen Gewalt noch mehr einschränkte, die zudem mit einem äußerst geringen Haushalt auskommen mußte.[22] In diesem Jahrzehnt wurden eine Unmenge von Änderungen im Zivil-, Straf- und Arbeitsrecht vorgenommen, während gleichzeitig die alten Gesetzbücher weiterbestanden und somit eine Vielzahl von Widersprüchen und blinden Flecken auftraten.
Aus Delegierten verschiedener Ministerien und Volksorganisationen waren interinstitutionelle Ausschüsse mit beratender Funktion geschaffen worden, die sowohl auf nationaler wie regionaler Ebene operierten. Diese Ausschüsse hatten Koordinationsaufgaben und holten die Meinung der organisierten Unterschichtbevölkerung ein. Der Ausschuß der Agrarreform, die Ausschüsse der unterschiedlichen Zweige der landwirtschaftlichen Produktion und das Komitee für die Landwirtschaftskredite sind die wichtigsten Beispiele dafür.[23]

Planung und Wirtschaftspolitik

Die sandinistische Regierung hielt den Mechanismus des Marktes nicht für geeignet, um eine gerechte Güterverteilung nach sozialen oder geografischen Kriterien oder nach Wirtschaftsbereichen zu gewährleisten. Im Gegenteil, man ging davon aus, daß die Planung den rationalen, effizienten und gerechten Einsatz der Ressourcen erlaubte, um bestimmte Entwicklungsziele und -strategien zu verfolgen. Einige Faktoren erleichterten die Wirtschaftsplanung der neuen Regierung: die Verstaatlichung des Finanzsystems und des Außenhandels, der Aufbau staatlicher Unternehmen und die Schaffung eines Planungsministeriums (MIPLAN). Nachteilige Faktoren waren: der Mangel an zuverlässiger statistischer Information, die schlechte Koordinierung unter den Ministerien, der Mangel an qualifiziertem Personal, das Gewicht des privaten Sektors und Abhängigkeit der Wirtschaft vom Ausland.

Drei Etappen der Wirtschaftspolitik lassen sich unterscheiden:

a. Eine erste Periode (1979-1984), in der der Staat die zentrale Rolle in der Wirtschaftsplanung einnimmt, sowie im Bereich kapital- und technologieintensiver Investitionen in Großunternehmen und in der Kontrolle des Handels und des Bankwesens. Es wird die Kollektivierung der bäuerlichen Bevölkerung und des landwirtschaftlichen Kredits betrieben, Arbeitslosigkeit wird abgebaut und der städtische Konsum ausgeweitet. Das alles gelingt aufgrund der Finanzierung aus dem Ausland.

b. In einer zweiten Periode (1985-1988) werden einige staatliche Kontrollen gelockert und staatliche Zuschüsse reduziert, die Verteilung von Land und Landtiteln an die Bauern wird beschleunigt und die Versorgung auf dem Land wird verbessert. Das findet unter Bedingungen des Krieges und in einer von Hyperinflation begleiteten Wirtschaftskrise statt.

c. In der dritten Periode (1988-1989) wird eine Politik der Anpassungs- und Stabilisierung eingeleitet, unter der dem Agrarexport Vorrang eingeräumt und der Kredit, Löhne und Staatsausgaben eingeschränkt werden. Diese Periode ist von wirtschaftlicher Rezession und einer Verringerung des Krieges gekennzeichnet.

Die Wirtschaftsplanung verlief zwischen Zentralregierung und Landesebene zweiseitig: Gemäß der Vorgaben der Regierung erarbeitete das Sekretariat für Planung und Haushalt (SPP, zuvor MIPLAN) einen Vorschlag, der territorial und branchenspezifisch aufgegliedert wurde, bis er zu den (staatlichen) Unternehmen und Gemeinden gelangte. Dort wurden die Produktionsziele und Arbeitsvorschläge mit den tatsächlichen Möglichkeiten verglichen, dann auf höherer Ebene bestätigt und schließlich wurde der Plan von der Zentralregierung per Dekret genehmigt. Seine Ausführung überwachte das SPP auf zentraler und regionaler Ebene.

Es geschah allerdings häufig, daß die Ministerien Pläne und Projekte zentral ausarbeiteten, ohne die regionalen inter-institutionellen Ausschüsse oder die betroffenen Basisorganisationen zu konsultieren. Das war schwerwiegend, da ja die Ministerien einen Großteil der öffentlichen Investitionen in den Regionen planten und durchführten. Im Jahr 1986 waren nur 15% der Projekte für öffentliche Investitionen von den Gemeinden erarbeitet worden, während 85% von den Ministerien stammten.[24] Verschiedene Beobachter sahen im „institutionellen Feudalismus", der in der politischen Macht der Minister-Kommandanten und Aufteilung der Ressourcen nach Wirtschaftssektoren wurzelte, das Hindernis für eine Kohärenz der staatlichen Politik. Eine weitere Unzulänglichkeit lag im Fehlen einer integrierten, über die theoretischen Bemühungen hinausgehenden territorialen Planung, die in zwei Institutionen angestellt wurden, dem Wohnungsbauministerium und dem Institut für territoriale Studien. Sonst wurden nur noch die „einheitlichen Generalpläne" für die Kriegsgebiete erstellt, die auch sozioökonomische Aspekte enthielten.

Andererseits war es in der Regel so, daß die Gemeinden ihre Projekte unter unmittelbarer Einbeziehung der sandinistischen Volksorganisationen erarbeiteten. Diese Projekte waren stärker von den unmittelbaren Bedürfnissen als von einer lokalen Entwicklungsstrategie bestimmt. Die Knapphait der lokalen Mittel schränkte die Möglichkeiten der Gemeinde- und Kreisverwaltungen ein. Zur Behebung dieses Mangels gründeten einige Gemeinden eigene Unternehmen unterschiedlicher Art und bemühten sich um internationale Unterstützung.

Die Bevorzugung des staatlichen Sektors im Rahmen einer auf intensive Technologien in großen Produktionseinheiten gestützte Entwicklungsoption schloß den kleinen ländlichen und städtischen Produzenten als wichtige Wirtschaftskraft aus dem System der gemischten Wirtschaft aus. Als privatwirtschaftliche Partner blieben große „patriotische" Unternehmer übrig. In dieser Entwicklungsstrategie stimmten die liberalen Fachleute, die an den nordamerikanischen Universitäten ausgebildet worden waren, mit jenen orthodoxen Marxisten überein, die aus den Ländern des „realen Sozialismus" kamen, von denen die meisten agrarindustriellen Großprojekte beraten und finanziert wurden.

Die sandinistische Revolution betrieb die Umverteilung des Einkommens zugunsten der armen Bevölkerung, was deren politische Beteiligung begünstigte. Diese Umverteilung fand über Subventionierung von Dienstleistungen statt (Wasser, Strom, Erziehung, Gesundheit, Transport, Nahrungsmittel), über die Erhöhung der Beschäftigung im staatlichen Bereich, über die Vergabe von Land und städtischen Grundstücken sowie über massive Kredite. Aber die wahllose Ausgabe von Zahlungsmitteln zum Ausgleich des Haushaltsdefizites führte Mitte der 80er Jahre zu einer Hyperinflation, die diese wirtschaftlichen Vorteile wieder aufhob. Die Wirtschaftspolitik war gelegentlich heftiger Kritik ausgesetzt. So zwang z.B. die Bauern- und Landarbeiterbewegung 1984-1985 die Regierung zu einer Kursänderung in der Landreform. Die Bauern übten mit ihren gewerkschaftlichen Organisationen Druck aus, besetzten Land, verringerten die Produktion, boykottierten das staatliche Handelsnetz, wählten 1984 gegen die FSLN und unterstützten auch die bewaffnete Konterrevolution. Auch 1988, als der Anpassungsplan und die Währungsumstellung überraschend und ohne Konsultationen der Volksorganisationen verfügt wurden, antwortete die betroffene Bevölkerung mit heftigem Widerstand. Der Protest mündete schließlich in die Erarbeitung eines Gegenvorschlags durch die verschiedenen Gruppen und Organisationen, ebenso wie er den Ausgangspunkt für die Wirtschaftspolitik hätte darstellen können, wenn eine partizipative Einstellung vorgeherrscht hätte.

Politische Parteien

Anfang der 80er Jahre bildeten sich zwei Parteienbündnisse: die Nationale Patriotische Front, die die die Regierung unterstützte und der die FSLN, die Sozialchristliche Volkspartei (Partido Popular Social Cristiano, PPSC), die Unabhängige Liberale Partei (Partido Liberal Independiente, PLI) und die Sozialistische Partei (Partido Socialista, PSN) angehörten. Die mit der FSLN verbündeten Parteien unterstützten die Regierung gegen die ausländische Intervention und stellten das Personal für Staatsämter. Allerdings konsultierte die FSLN sie selten, die eine sektiererische und selbstherrliche Position einnahm, was die Auflösung der Patriotischen Front vor den Wahlen 1984 zur Folge hatte.

Auf seiten der Opposition bildete sich 1983 die Demokratische Koordination (Coordinadora Democrática, CD). Zu ihr zählten die Sozialchristliche Partei (Partido Social Cristiano, PSC), die Sozialdemokraten (Partido Social Democrata, PSD), die Demokratische Bewegung (Movimiento Democrático, MDN), die Liberale Konstitutionelle Partei (Partido Liberal Constitucionalista, PLC), fünf Unternehmerverbände und zwei Gewerkschaften. Die CD beteiligte sich nicht an den Wahlen von 1984 und einige Jahre später bildete sie zu den Wahlen von 1990 die Nationale Union der Opposition (Unión Nacional Opositora, UNO), der sich die ehemaligen Mitglieder der CD und der Patriotischen Front anschlossen. Das bedeutete, daß die FSLN im Laufe der 80er Jahre ihre einstigen Verbündeten verloren hatte und im politischen Raum isoliert war. Das begünstigte ihre Wahlniederlage von 1990 und zeigte, daß eine Koalition kleiner Parteien (UNO) eine sehr viel größere Partei besiegen kann, genau so wie es die US-Regierung vorgezeichnet hatte.

Ab 1979 zeichneten sich drei Positionen unter den Parteien ab:
- einige Parteien der äußersten Rechten, wie z.B. die CD, stellten sich der neuen Regierung frontal entgegen und ersuchten um ausländische Unterstützung, um sie international zu isolieren und mit Waffengewalt zu besiegen;
- andere Parteien wie die PLI, PSN, PPSC und PCD unterstützten einige Maßnahmen und lehnten andere ab, wie etwa das Modell der partizipativen Demokratie oder die Machtkonzentration in der Exekutive und verlangten mehr politische Beteiligung und die Abschwächung einiger Maßnahmen;

- kleine Linksparteien wie beispielsweise die MAP, PRT und PCN verlangten eine Radikalisierung des revolutionären Prozesses, kritisierten das Bündnis mit bürgerlichen Sektoren und bezeichneten die FSLN als „kleinbürgerlich".[25]

In Anbetracht der politischen Rolle, die die FSLN in jenem Jahrzehnt spielte, wollen wir etwas näher auf sie eingehen. Die FSLN hat eine grundlegende Veränderung durchgemacht. Aus einer winzigen Guerrillaorganisation, die mit Waffengewalt an die Macht gelangt war, wurde eine Regierungspartei, die den Aufbau des neuen Staates leitete, die sich zwei Mal freien Wahlen unterwarf und die schließlich 1990 ihre Wahlniederlage akzeptierte und die Macht auf friedlichem Wege abgab. Sie brach auf diese Weise mit der politischen Tradition, sich an die Macht zu klammern und festigte die neuen demokratischen institutionellen Mechanismen.

Man muß daran erinnern, daß die FSLN vom Denken und Handeln A. C. Sandinos, von der kubanischen Revolution, dem Marxismus und der Theologie der Befreiung inspiriert worden war. Die FSLN ist 1961 von jugendlichen Abtrünnigen anderer Parteien gegründet worden und übernahm die bewaffnete Strategie des „ländlichen Focus" entsprechend des in den 60er Jahren in Lateinamerika sehr verbreitetenden und schließlich gescheiterten Modells Ché Guevaras.

1975 spaltete sich die FSLN in drei Tendenzen, von denen eine an der ländlichen Option festhielt, während sich eine andere der Gewinnung des Proletariats widmete und eine dritte ein breites klassenübergreifendes und die antisomozistischen Gruppen einbeziehendes Bündnis verfolgte, das sich beim Sturz Somozas letztlich als erfolgreich erwies. Nachdem sich im März 1979 die drei Tendenzen wieder vereint hatten, wurde die aus drei Mitgliedern pro Tendenz bestehende Nationale Leitung gebildet (DN). Sie war die höchste Autorität innerhalb der FSLN und blieb in den zehn Jahren unverändert. Erst spät, 1985, wurde die Institution einer Parteiversammlung mit 105 Mitgliedern unterschiedlicher sozialer Bereiche eingeführt. Ihre Mitglieder wurden von der Nationalen Leitung ernannt und hatten rein beratende Funktion.

In der Hierarchie der Parteiorganisation standen unterhalb der Nationalen Leitung sieben Nebenabteilungen[26] mit ungefähr 600 Beschäftigten, es folgten die regionalen und die zonalen Komitees, schließlich die Basiskomitees, die in den Arbeits-und Ausbildungsstätten und in den Wohnvierteln angesiedelt waren.[27] Die Komitees hatten kollektiven Charakter, aber die wesentliche Macht lag in den Händen der Parteisekretäre.

Die Zahl der Mitglieder stieg allmählich an. Man schätzt, daß die FSLN 1979 nicht mehr als 500 Mitglieder hatte, 1981 waren es 2.000, 1984 12.000 und 1987 ungefähr 20.000. Gemäß dem leninistischen Kaderprinzip wurde ein ein rigoroses Verfahren angewendet, nach dem die Anwärter auf Mitgliedschaft in der FSLN verschiedene Aufgaben erfüllen mußten, die Disziplin und Gehorsam erforderten. Die Partei nahm sich das Recht, das Leben ihrer Mitglieder einschließlich privater Aspekte zu kontrollieren, damit das Ideal des Sandinisten verwirklicht werde. Dieses Vorgehen in Verbindung mit der Geringschätzung des Familienlebens und der religiösen und privaten Auffassungen der Parteimitglieder provozierte zahlreiche Parteiaustritte und Konflikte. Es fand ein selektiver Prozeß statt, der aus der FSLN alle diejenigen ausschloß, die eine kritische oder unabhängige Haltung einnahmen.

Die FSLN hielt die Zentralisierung der Partei- und Staatsfunktionen für notwendig, um eine Kontrolle ausüben und Kohärenz herstellen zu können und um die Prinzipien der Revolution zu wahren. Darüber hinaus betrachtete sie dies als ein Recht, das ihr aufgrund ihrer Führungsrolle beim Sturz der Diktatur sowie aufgrund ihrer Haltung, die Interessen der armen Bevölkerung zu vertreten, legitimerweise zustehe. In bezug auf den Staat konzentrierte sich die Selbstkritik auf den Bürokratismus, den sie als Ausschreitung der Funktionäre, Langsamkeit der Instanzenwege, Unachtsamkeit und Mißachtung von Initiativen aus der Bevölkerung verstand. Damals sahen nur wenige, daß der Bürokratismus die Herausbildung eines neuen herrschenden sozialen Sektors darstellte, der seine Macht über die Kontrolle der staatlichen Ämter ausübte. Man schätzt, daß „1986 76% der Fachkräfte und Techniker in Regierungsbüros arbeiteten" und ein Wachstumsmodell vertraten, das kapitalintensive Investitionen unter der Leitung staatlicher Unternehmen förderte.[28]

Nach 1979 entstand ein politisches System, in dem eine einzige Partei dominierte, denn gegenüber der Unzahl kleiner Parteien hatte die FSLN den größten Teil der Wählerschaft hinter sich. In vielen peripheren Ländern hat ein solches System Stabilität und Kohärenz in der Regierungspolitik ermöglicht und zu nationaler Integration und sozioökonomischer Modernisierung geführt. Jedoch hat diese Vorherrschaft einer Partei in vielen Ländern eine Geringschätzung des institutionellen politischen Spiels bewirkt, etwa indem diese Vorherrschaft im Parlament die Debatte und das Bemühen um den Konsens mit den übrigen Parteien überflüssig macht.

Zum anderen bedeutete es, daß sich die vorherrschende Partei mit der Nation gleichsetzte und sich als deren einzigen Vertreter und Führer sah.

Die politische Rolle der Kirchen

Es ist bekannt, daß die von der Theologie der Befreiung geprägten Christen am Sturz der Diktatur und an der Revolution teilnahmen. Die Hierarchie der Katholischen Kirche dagegen distanzierte sich ab 1980. Sie kritisierte die Regierung wegen der Erhöhung der Zahl der sandinistischen Vertreter im Staatsrat, wegen der Beteiligung von Priestern an hohen Regierungsämtern, wegen der Kontrolle des Fernsehens und wegen „atheistischer und materialistischer Weltanschauungen". Die Erklärung der FSLN, daß sie die Religionsfreiheit respektiere, änderte daran nichts. Der Besuch des Papstes Johannes Paul II. im Jahr 1983 verschärfte den Konflikt mit den Befürwortern der Basiskirche. Diese war in den Prozeß der gesellschaftlichen Umwälzungen eingebunden und galt in der Hierachie als Gefährdung der kirchlichen Einheit sowie als Bedrohung ihrer Überzeugungskraft. Andere kritische Punkte waren die Umsiedlung der Miskitos, der Militärdienst, die Schulprogramme und der Notstand. Nachdem Erzbischof Obando y Bravo 1985 zum Kardinal ernannt worden war, entwickelte er sich zum wichtigsten Führer der Opposition. Seine regelmäßigen Erklärungen wurden zum Widerhall der antisandinistischen Forderungen und er entfachte eine Verfolgung der katholischen prosandinistischen Gruppierungen, die damit aus dem institutionellen Umfeld entfernt wurden. Es waren viele fortschrittliche Christen in der FSLN oder arbeiteten in der Regierung mit und hatten ihren religiösen Raum in den Kirche verlassen, der nun von den Gegnern der Revolution besetzt wurde. Diese fanden in der Kirche einen sicheren Hort für ihre politische Haltung, ebenso wie er das für die Sandinisten vor 1979 gewesen war.[29] Die Politik der USA förderte die Oppositionsrolle der Katholischen Kirche mit Finanzierung, Propaganda und Unterstützung der Institution.[30].

Die Beziehungen verschlechterten sich, als von beiden Seiten Geistliche des Landes verwiesen wurden: Obando zog die die pro-revolutionären und die Regierung die pro-oppositionellen zurück, darunter der Bischof Vega (1986), nachdem er vor dem US-amerikanischen Kongreß Unterstützung für die „Contra" gefordert hatte. Radio Católica wurde geschlossen und eine Zeitschrift konfisziert. Um den Konflikt zu besänftigen, schickte der Vatikan einen Abgesandten und es begann ein Dialog zwischen beiden Seiten. Die Beziehungen besserten sich, als 1987 in Esquipulas der Prozeß der Friedensverhandlungen begann. So kam es, daß die Regierung im selben Jahr den Kardinal zum Koordinator der Versöhnungskommission ernannte und im Jahr 1989 die Rückkehr der ausgewiesenen Geistlichen gestattete.

Die evangelischen Kirchen, die im „Hilfskomitee für die Entwicklung" (CEPAD) vertreten waren, behielten ihre kritische Unterstützung der Regierung bei und arbeiteten in verschiedenen Entwicklungsprogrammen. Der Kreis der Pfingstgemeinde nahm in den 80er Jahren unter der ärmsten Bevölkerung aufsehenerregend zu. So nahmen etwa die Asambleas de Dios („Gottesversammlungen") von 8.500 Gläubigen in 1980 auf 60.000 in 1987 zu. Diese „Sekten", die über flexible organisatorische Strukturen verfügten und eine wirksame propagandistische Kampagne betrieben, predigten die Allgegenwart Gottes, lehnten den Krieg ab und verbreiteten eine puritanische Moral, die eine Antwort auf die Krise darzustellen schien, in der die Armen lebten. Der Alleinvertretungsanspruch dieser Sekten schränkte die Teilnahme ihrer Mitglieder in den Volksorganisationen und die Beteiligung an kommunalen Aktivitäten ein. Man schätzt, daß die Mitgliedschaft in den evangelischen Kirchen in diesen zehn Jahren von 5% auf 15% der Gesamtbevölkerung anstieg.[31]

Wahlprozesse

1983 wurde im Zuge der Vorbereitung der Wahlen vom November 1984 das Gesetz über die politischen Parteien verabschiedet. Das Gesetz regelte das Recht auf Parteiengründung und Versammlungsfreiheit, die parteipolitische Betätigung und das Recht auf die Bildung von Allianzen zur Eroberung der Macht durch Wahlen. Gleichzeitig wurden eine Versammlung und ein Parteirat geschaffen, um über die Einhaltung des Gesetzes zu wachen. Der Notstand brachte die Einschränkung öffentlicher Versammlungen und die Pressezensur mit sich. Trotz alledem wurde die Kritik der Opposition in der Zeitung „La Prensa" und in anderen Medien veröffentlicht.
1984 wurde das Wahlgesetz verabschiedet, in dem der Oberste Wahlrat zur vierten Macht im Staat bestimmt wurde, es regelte die Direktwahl des Präsidenten und der Nationalversammlung, legte das Wahlalter auf 16 Jahre fest, bestimmte die gleichen Zugangsmöglichkeiten aller Parteien zu den Medien und die staatliche Wahlkampffinanzierung für die Parteien. Dieses Gesetz bestimmte eine den Wählerstimmen entsprechende Sitzverteilung in der Nationalversammlung, um damit den pluralistischen Charakter des gesetzgebenden Organs zu gewährleisten. Die Oppositionsparteien der „Demokratischen Koordination" (CD) beteiligten sich nur gelegentlich an den Beratungen dieser Gesetze im Staatsrat. Andere Oppositionskreise optierten für den bewaffneten Weg und fanden hierfür die Unterstützung durch die USA. Sie gründeten verschiedene militärische Gruppierungen wie die Frente Democrático (Demokratische Front, FDN) und die Alianza Revolucionaria Democrática (Revolutionäres Demokratisches Bündnis, ARDE). Vor den Wahlen von 1984 hatten der Erzbischof Obandos und einige lateinamerikanische Regierungen Vorschläge für einen Dialog vorgelegt. Die verschiedenen Oppositionsgruppen stellten folgende Bedingungen für eine Beteiligung an der Wahl: Aufhebung des Notstands, Ausübung aller bürgerlichen Freiheiten und Rechtsschutz, Trennung von FSLN und Staat, Autonomie der richterlichen Gewalt und umfassende Amnestie.
Im Verlauf des Wahlkampfs Ende 1984 vereinbarte die Regierung mit den Oppositionsparteien, den Notstand aufzuheben und alle bürgerlichen Freiheiten in Kraft zu setzen. Die Delegierten der PPSC und PCD wurden in den Wahlrat aufgenom-

men, der politische Pluralismus wurde bestätigt und sogar die Einschreibungsfrist für die Parteien wurde verlängert, um der Coordinadora Democratica (CD) Gelegenheit zur Teilnahme zu geben. Die Oppositionsparteien kamen ihrerseits überein, an den Wahlen teilzunehmen und die nationale Souveränität zu verteidigen.[32] Trotzdem nahm die CD nicht an den Wahlen teil und der Präsidentschaftskandidat der PLI trat im letzten Augenblick zurück. Damit folgten sie der Politik Reagans, die Wahlen zu boykottieren, so daß sieben Parteien im Wahlkampf verblieben. 1984 schrieben sich 1.560.580 Personen über 16 Jahren ein, ungefähr 94% der Bevölkerung über 16 Jahren. Das Wahlverfahren, das mit schwedischer Beratung durchgeführt wurde, wahrte die geheime Wahl und die Überwachung der Wahlergebnisse. Es wurden zur gleichen Zeit der Präsident, der Vizepräsident und 90 Abgeordnete für einen Zeitraum von 6 Jahren gewählt. Die Nationalversammlung hatte, außer der gesetzgebenden Gewalt, das Recht zur Ausarbeitung einer neuen Verfassung.

Die Wahlenthaltung lag bei 24,6% aller eingeschriebenen Wähler. Die Ergebnisse waren folgende: die FSLN erhielt 67% der gültigen Stimmen, die Konservative Partei (PCN) 14%, die Unabhängige Liberale Partei (PLI) 9,6%, die Sozialchristliche Volkspartei (PPSC) 5,6%, die Sozialistische Partei (PSN) 1,5%, die Kommunistische (PCN) 1,5% und die Bewegung der Volksaktion (Movimiento de Accion Popular, MAP) 1,5%. Alle diese Parteien erlangten eine proportionale Vertretung in der Nationalversammlung. Dieser Pluralismus wurde bei der Bildung der Führungsgremiums und bei der Bildung der Arbeitsausschüsse beibehalten.[33] Die Ergebnisse förderten interessante Aspekte zutage: eine Unzufriedenheit der Kleinbauern mit der FSLN, Kontinuität in der Hinwendung zu traditionellen Parteien (PCN, PLI, PSC) und äußerst geringe Anziehungskraft der nichtsandinistischen Linken.

Internationale Beobachter bewerteten die Wahlen übereinstimmend als sauber. Die Delegation der Latin American Studies Association etwa berichtete:

„Die Stimmabgabe war wirklich geheim. Wir haben keinerlei Unregelmäßigkeiten beim Wahlgang oder bei der Auszählung festgestellt. ... Die einzigen Parteien, die nicht zu den Wahlen erschienen, taten das aus eigener Entscheidung, sie waren nicht von der Regierung ausgeschlossen worden. ... Obwohl die Oppositionsparteien einige berechtigte Klagen über die Führung der Wahlkampagne durch die Regierung erhoben haben, war keine Partei daran gehindert worden, eine kräftige Wahlkampagne zu führen."[34]

Im Zusammenhang mit den regionalen Friedensverhandlungen, die 1987 mit dem „Plan Arias"[35] begannen, kam die nicaraguanische Regierung mit den mittelamerikanischen Präsidenten (Februar 1989) überein, das Wahlgesetz zu reformieren, die Wahlen von November auf Februar 1990 vorzuverlegen, internationale Beobachter einzuladen und Kriegsgefangene freizulassen. Das alles sollte im Tausch gegen die Demobilisierung der „Contra" geschehen.[36] Obwohl diese Bedingung aufgrund des Widerstands der nordamerikanischen Regierung nicht erfüllt wurde, wurden in Nicaragua Wahlreformen durchgeführt, um allen Parteien gleichen Zugang zu den Medien zu ermöglichen und es wurden ausländische Fonds für die Wahlkampagnen zugelassen, die jedoch über den Obersten Wahlrat kanalisiert werden mußten. Die Regierung der USA hielt sich jedoch daran nicht. Der Kongreß verteilte 7,5 Mio. US-Dollar und der CIA weitere 5 Mio. Dollar unter der Opposition.[37]

Im Oktober 1988 wurde auch das Gesetz über den Notstand erlassen[38], das parlamentarische und richterliche Kontrolle über die Befugnisse des Präsidenten mit dem Ziel einführte, die Rechte der Bürger zu wahren. In dieselbe Richtung zielte im November 1988 die Verabschiedung der Gesetze über Rechtssicherheit und habeas corpus, in denen die Möglichkeit geregelt wurde, bei Verletzung verfassungsmäßiger Rechte die Gerichte anzurufen.

Die Regierung und die 17 politischen Parteien erklärten sich in einem Wahlabkommen bereit, an den Wahlen teilzunehmen und die Entmobilisierung der „Contra" zu unterstützen. Die Regierung ihrerseits kündigte die Aussetzung des Militärdienstes während der Wahlen, die Freilassung von Gefangenen und die Vorbereitung der Machtübergabe an die neue Regierung an. Der 1989 von der Nationalversammlung gebildete Oberste Wahlrat, der aus zwei Sandinisten, zwei Oppositionellen und einem Unabhängigen bestand und während der Wahlen unabhängig und sachkundig arbeitete, wurde dennoch von der „Contra" in vielen ländlichen Gegenden boykottiert. An den Wahlen nahmen 23 Parteien teil, 14 davon waren in der Unión Nacional Opositora (UNO) vereint, die von der USA unterstützt wurde. Hunderte von Beobachtern überwachten die Wahlen, 240 waren von den Vereinten Nationen, 450 von der OEA und einige Dutzend von anderen eingeladenen Organisationen. Die Wahlbeteiligung lag bei 88%; von den gültigen Stimmen waren 55% für die UNO und 41% für die FSLN. Die beiden wesentlichen Gründe für die Ablehnung der FSLN waren die Wirtschaftskrise und der Militärdienst.

Eine neue Verfassung

1985 begann in der Nationalversammlung eine Sonderkommission aus Vertretern von fünf Parteien eine neue Verfassung zu entwerfen. Der Entwurf wurde veröffentlicht und in 73 offenen Foren in allen Regionen des Landes ausführlich diskutiert. Die dort entstandenen Vorschläge wurden berücksichtigt, so z.B. gleiche Rechte für Männer und Frauen, Überwachung des Staatshaushalts durch die Nationalversammlung, Respektierung der Kultur der indianischen Bevölkerung, ihrer Eigentumsformen und ihrer Nutzung der Naturressourcen.

Die Verfassung, die 1987 außer mit den sandinistischen mit 70% der Stimmen der Opposition verabschiedet wurde, begründete eine „demokratische, partizipative und repräsentative Republik" (Art. 7), die sich den Prinzipien des politischen Pluralismus, der gemischten Wirtschaft und der Blockfreiheit verpflichtet weiß (Art. 5). Die Trennung der vier Gewalten in gesetzgebende, ausführende, richterliche und wahlrechtliche wird beibehalten, wobei der ausführenden Vorrang eingeräumt wird, wie es dem in Hispanoamerika verbreiteten präsidentiellen Modell entspricht.

Die Präsidentschafts- und Vizepräsidentschaftswahlen, die Parlaments- (90 Abgeordnete) und die Gemeinderatswahlen finden alle sechs Jahre in allgemeiner, gleichberechtigter, direkter, freier und geheimer Form statt.

Es wird ein unabhängiger oberster Rechnungsprüfer der Republik eingesetzt, dem der Haushalt und die staatlichen Einkünfte unterstehen. Der Oberste Gerichtshof wacht über die Verfassungskonformität der Gesetze und kann auf Antrag eines jeden Bürgers tätig werden (amparo), um die Bürgerrechte zu sichern. Das Kapitel über Rechte, Pflichten und Schutzgarantien nimmt die Normen des Statuts von 1979 wieder auf und gehört in den Bereichen des Sozial-, Arbeits- und Familienrechts sowie bei den ethnischen Rechten zu den fortschrittlichsten seiner Art weltweit. Den atlantischen Regionen wird die Autonomie zuerkannt und ihre ethnisch-kulturelle Besonderheit wird anerkannt. Auch den Gemeinden wird Autonomie gewährt, die als „Grundeinheit der politisch-administrativen Unterteilung des Landes" (Art. 176) bezeichnet werden.

Es fällt ins Auge, daß die Macht bei der Exekutive konzentriert ist – so liegt dort z.B. die Entscheidung über den Staatshaushalt, die Ernennungen am Obersten Gerichtshof, die Verkündung von Gesetzen, wenn die Nationalversammlung in den Ferien ist. Diese Konstruktion setzt die zentralistische und autoritäre Landestradition eines starken Präsidenten unter republikanischer Verkleidung fort. So jedenfalls war es gegen Ende der Dekade, als die Nationalversammlung sich mehr damit beschäftigte, die Entscheidungen der herrschenden Partei zu ratifizieren als Vorschläge der Bevölkerung zu diskutieren.

Andrerseits wurde eine Reihe von sozialen und politischen Rechten verabschiedet, die den demokratisch-partizipativen Aspekt unterstrichen – z.B. der Art. 111, der den Bauern das Recht gibt, über ihre Organisationen an der Festlegung der Agrarpolitik teilzunehmen. In der Praxis widerspricht das der Macht der Exekutive, die Minister und hohen Beamten zu ernennen und „die Wirtschaft des Landes zu lenken", ohne daß legale Regeln festgelegt worden wären, die die oben genannten Rechte absicherten.

Dezentralisierung und lokale Regierungen

Während der ersten Monate nach dem Sieg der Sandinisten wurden Gemeinderegierungen (Juntas de Gobierno Municipal, JGM) gebildet, die als oberste örtliche Behörde zusammen mit den Basisorganisationen vielfältige Funktionen ausübten. Auf der zentralstaatlichen Ebene wurde das Sekretariat für Gemeindeangelegenheiten geschaffen, um die JGM zu koordinieren und zu unterstützen. Die Macht der JGM nahm nach und nach ab, als sich die zentralen Institutionen des Staats und der FSLN konsolidierten.[39]
Die politische Gliederung des Landes wurde ab 1982 von 16 Departements und 136 Gemeindebezirke auf 9 Regionen umgestellt.[40] Das geschah aus zweierlei Gründen: die Leistungsfähigkeit des wachsenden Staatsapparats zu verbessern und die örtlichen Regierungen zu stärken.
Die Regierung beabsichtigte, staatliche Funktionen, materielle Mittel und Macht allmählich an die Regionen, Gebiete und Gemeinden zu übertragen. Die regionale Regierung wurde von einem Delegierten des Präsidenten geleitet, der gleichzeitig oberste Autorität der FSLN in der Region war. Die wesentlichen Aufgaben der Regionalregierung bestanden darin, die von den Ministerien abhängigen Ämter zu koordinieren und die Gemeinden und Gebiete[41] in ihren Investitionsplänen zu unterstützen.
Die beiden wichtigsten Instanzen der Regionalregierung waren:
a. der Planungsrat, an dem die Delegierten zentraler staatlicher Institutionen und örtlicher Basisorganisationen mittels zweier Kommissionen teilnahmen: einer für die Produktion und einer für die Versorgung,
b. das Sekretariat für Gemeindeangelegenheiten. Seine Aufgabe war es, die lokalen Regierungen in der Ausarbeitung, Finanzierung und Durchführung von Entwicklungsprojekten zu beraten.
Die Gebietsregierung wurde von einem durch den regionalen Delegierten ernannter Vertreter geleitet, der zugleich die Parteileitung der FSLN innehatte. Außerdem bestanden inter-institutionelle Komitees, die Produktion, Versorgung, Kredit und Verteidigung koordinierten. Der Militärbehörde kam eine Schlüsselrolle in der Struktur der lokalen Macht zu. Was die finanzielle Seite betrifft, nahm das Realeinkommen der Gemeinden drastisch ab, während sich die Zentralregierung den Haushaltsüberschuß der reichsten Gemeinden, wie etwa Managua, aneignete. In dieser Hinsicht war die Rolle der Gemeindebehörden auf die Verwaltung von Dienstleistungen beschränkt, wie eine Untersuchung der Regierung selber feststellt:

„Für die Rathäuser gab es immer weniger Möglichkeiten, ein Ort politischer Partizipation und lokaler Macht zu sein, da sie personell und finanziell beschränkt wurden und ihre politische Rolle nicht klar definiert war."[42]

Die hauptsächliche Schwierigkeit lag darin, daß die regionalen Ämter der Politik und den Anordnungen der Zentralregierung unterstellt waren, denn dort wurde ihr Haushalt gehandhabt. Diese Situation, die je nach Ministerium und Institution variierte, schränkte die „konzertierte Planung" auf regionaler oder Gebietsebene ein. Einige Ministerien maßten sich Funktionen der Gemeinden an, ohne dies mit deren Behörden abzusprechen. So entschied etwa das Ministerium für Agrarentwicklung (MIDINRA) über kommunale Ländereien, das Wohnungsbauministerium (MINVAH) errichtete Wohnprojekte und die Wasserwerke (INAA) legte Wasserleitungen. Weitere Hindernisse, die auch bei anderen Dezentralisierungsversuchen auftreten, bestanden in

„der Wirtschaftskrise, dem Krieg, der noch nicht konsolidiertenpolitischenMacht und der Furcht aller Regierungen vor dem Verlust der Kontrolle ihrer zentralen Instanzen."[43]

Mit der Verabschiedung der Verfassung (1987) und des Gemeindegesetzes (1988) änderte sich diese Situation. Das Gemeindegesetz führte die Direktwahl des Gemeinderats als oberste lokale Behörde ein (Wahlperiode 6 Jahre). Dieser hat pluralistischen Charakter, seine Mitglieder wählen aus ihrem Kreis den Bürgermeister und können ihn wieder absetzen. Jedes Bürgermeisteramt kann die interne Organisationsform wählen, die seiner Situation am besten angemessen ist. Das Gesetz verleiht der Gemeinderegierung viel mehr Kompetenzen als es deren magere personellen und finanziellen Mittel erlauben. Da sind einmal die traditionellen Zuständigkeiten wie Stadtreinigung, Hygiene, Parks, Friedhöfe, Märkte, Straßen, während andere Funktionen mit den Instanzen der Zentralregierung geteilt werden, so z.B. Standesamt, Steuern, Umweltschutz. Die Beteiligung der Bevölkerung läuft über „offene Bürgerversammlungen" (cabildos abiertos), die informativen Charakter haben und die der Bürgermeister mindestens zweimal im Jahr einberufen muß. Der Gemeinderat legt die Gemeindeeinnahmen und den Jahreshaushalt fest, der aber von der Zentralregierung bestätigt und kontrolliert wird. Dieses Gesetz wurde nach den Wahlen 1990 in die Praxis umgesetzt. Es gab Vorschläge zur Verbesserung dieses Gesetzes. Dazu gehörte, gewisse Steuern zu dezentralisieren, d.h. auf Gemeindeebene einzutreiben und zu verwenden, einen Unterstützungsfonds für die ärmsten Gemeinden zu bilden, die sechsjährige Amtsperiode der Gemeinderäte zu verkürzen, die bezahlte Anstellung von Gemeinderäten in den Bürgermeisterämtern zu verbieten und der Gemeinde die Stadtplanung zu übergeben.[44]

Eine besondere Art regionaler Autonomie erhielten die indianischen Gemeinschaften der Atlantikküste. Das geschah nach einem mühseligen Kampf, der schließlich den Kurs der ethnozentrischen und nur nach wirtschaftlichen Kriterien ausgerichteten Politik der ersten Revolutionsjahre veränderte. Parallel zur Diskussion um die Verfassung fand an der Atlantikküste ein partizipativer Prozeß statt (1985-87), in dem die Bewohner ein Autonomie-Statut entwarfen, das von der Nationalversammlung verabschiedet wurde. Es wurden zwei autonome Regionen geschaffen, Nordatlantik und Südatlantik, mit jeweils eigenen Behörden: ein für vier Jahre gewählter Regionalrat mit 45 Mitgliedern als gesetzgebender Instanz, der die Nutzung der Ressourcen, Haushalt und Investitionen bestimmen sowie Steuern eintreiben kann. Der Rat wählt einen Vorstand (7) aus Vertretern der verschiedenen Ethnien, der das ausführende Organ unter der Leitung eines Koordinators darstellt. Den juristischen Fortschritten der Autonomie wurden in der Praxis Hindernisse in den Weg gelegt, da die Zentralregierung nicht die notwendigen Mittel freigab und viele Beamte der Pazifikküste eine ablehnende Haltung einnahmen.

P. Wilson vergleicht die Dezentralisierung der nicaraguanischen Regierung der 80er Jahre mit anderen Erfahrungen und zieht eine positive Bilanz:

„Verglichen mit ähnlichen Bestrebungen in Lateinamerika hat das 1982 in Nicaragua begonnene Regionalisierungsprogramm große Fortschritte gemacht, vor allem in 1. der Entwicklung und den Gemeindefinanzen, 2. der Beteiligung der Bevölkerung und, wenn auch in geringerem Maß, 3. in der Koordinierung der einzelnen Sektoren."[45]

In der zweiten Hälfte der 80er Jahre wurde schließlich ernsthaft die Dezentralisierung des Staatsapparats angegangen. Dies fand in mehreren Gesetzen seinen Niederschlag, aber in der Praxis wurde sie aufgrund verschiedener Umstände eingeschränkt, vor allem aufgrund des Kriegszustands, der hierarchische Befehlsstrukturen erforderte, und aufgrund der in Managua konzentrierten Macht der Ministerien. Wie vergleichende Studien aufzeigten, erwies sich die staatliche Zentralisierung wirtschaftlich als ineffizient, verschärfte die soziale Ungerechtigkeit und brachte ein autoritäres politisches Modell zum Tragen, das auf der Macht der Bürokratie beruhte.[46]

Krieg und Demokratisierung

Es ist bekannt, daß sich Nicaragua in den 80er Jahren im Krieg befand befand und daß dieser Verluste an Menschen und Material verursachte. Dieser Krieg war aufgrund der Unterstützung durch die US-Regierung und der Komplizenschaft der Nachbarstaaten möglich. Aber die Gründe dafür, daß sich die Bauern und Indios der „Contra" anschlossen, liegen in der einheimischen Kultur und der Politik der sandinistischen Regierung.

Aus der Sicht der Bauern reproduzierten sich nach 1979 parallel zur neu entstehenden Gesellschaft die alten Strukturen: der Repressionsapparat wurde aufgelöst, es gab freie Meinungsäußerung, es kamen Kredite und Alphabetisierungsbrigaden, aber die armen Bauern forderten weiter Land und Produktionsmittel, die in den großen staatlichen oder privaten Ländereien konzentriert waren. Wenn sie vorübergehend Arbeit fanden, mußten sie weiter um bessere Löhne kämpfen und gerechte Preise für ihre Erzeugnisse fordern, während der staatliche Zwischenhandel den städtischen Konsumenten den Vorrang gab.

Paradoxerweise hatten die Bauern in beiden Kriegsfronten ähnliche Motivationen: beide Seiten kämpften um Land (die einen, um das durch die Agrarreform erlangte zu verteidigen, die andern aus Furcht, das zu verlieren, was sie besaßen); sie kämpften für ein Ideal von Gerechtigkeit und Freiheit, das religiöse Züge trug; sie kämpften, weil sie von ihrer Familie oder von charismatischen Führern beeinflußt waren oder weil sie dazu gezwungen wurden (durch Militärdienst die einen, Entführungen die andern).

Man muß sich dabei vor Augen halten, daß Ende der 70er Jahre im Innern Nicaraguas, wo Neuland erschlossen wurde, die Landwirtschaft blühte. Das hatte eine aufsteigende soziale Mobilität zur Folge, denn der Zugang zu Neuland war relativ leicht und die Besiedlung dünn, das politische System war einigermaßen gefestigt und es gab keine wesentlichen Klassengegensätze. Dort brach die sandinistische Revolution wie eine fremde Macht ein, die wenige Vorteile brachte (Alphabetisierung und Kredite), die aber in den Augen der Kleinbauern die wirtschaftlichen Nachteile (Krise der Viehzucht, Handelskontrollen, Versorgungsmangel) keineswegs kompensierten.

Dazu kam das bedrohliche Bild, das die herrschenden Klassen, ihre religiösen Ideologen und die „Contra" von der Revolution malten. Viele Großbauern waren vor 20 Jahren Landarbeiter und „colonos"[47] gewesen und dieser gesellschaftliche Aufstieg war es, den die armen Bauern anstrebten. In einer solchen langfristigen Strategie war die gute Beziehung zum „patrón" der Schlüssel zum Erfolg, denn das erlaubte dem armen Bauern, dessen Land und Vieh zu benutzen und ein Arbeitskapital zu schaffen, mit dem er sich selbst später unabhängig machen oder zum wohlhabenden Bauern werden konnte. Nachdem die anfängliche Politik der sandinistischen Regierung, vor allem durch die Enteignung von Ländereien oder deren Androhung, sich in einer Verschlechterung der wirtschaftlichen Lage der Großbauern niedergeschlagen hatte, sahen die abhängigen Klassen darin eine Vereitelung ihrer Strategie des sozialen Aufstiegs und daß man ihre sozialen Beziehungen und ihre Kultur vor den Kopf stieß.[48]

Mit der Einbeziehung der Basisorganisationen in den Krieg erlangten die militärischen Aufgaben Vorrang vor der Vertretung der Interessen der Mitglieder. Da alle Mittel in die Verteidigung investiert wurden, konnten die materiellen Bedürfnisse der Bevölkerung nicht angemessen befriedigt werden. Die politische Polarisierung nahm derart zu, daß jede Kritik als Rechtfertigung des Feindes interpretiert wurde und das beeinträchtigte die freie Meinungsäußerung erheblich. In den Medien wurde die politische Analyse durch Sentimentalität, Kritik am Feind und

Selbstverherrlichung ersetzt. Die militärische Logik mit vertikaler Führung und strikter Disziplin machte sich auch in den Organisationsmethoden breit. Nach der Wahlniederlage erkannte die FSLN dies selbstkritisch an:

„Autoritarismus. Mangelnde Sensibilität gegenüber den Forderungen der Basis. Ersticken jeder Kritik. Bürokratischer Führungsstil und die Oktroyierung von Führung und Organisationsformen."[49]

Der Demokratisierungsprozeß wurde außerdem durch die Haltung beeinträchtigt, die die FSLN angesichts des Kriegs einnahm, worauf Carlos Vilas hinweist:

„Das demokratische basisorientierte Projekt, das anfangs die Politik der revolutionären Regierung bestimmt hatte, verlor immer mehr Raum. Die Regierung legte vor allem Wert auf die Konzertation mit den Privatunternehmern und der internationalen Gemeinschaft, während gleichzeitig Vorteile und Opfer zwischen Elite und Basis sehr ungleich verteilt waren."[50]

Die sandinistischen Basisorganisationen

Die wichtigsten Basisorganisationen Nicaraguas entstanden während der letzten Phase des Kampfs gegen die Diktatur Somozas (1976-79), der unter Leitung der FSLN geführt wurde. Nach dem Krieg konsolidierten sie sich im Schutz des neuen Staats. Allerdings muß man auch die langjährige Erfahrung der gewerkschaftlichen Arbeiterbewegung sehen, die in den vorangegangenen Jahrzehnten von der Sozialistischen Partei angeführt wurde.

Wir wollen in diesem Kapitel näher auf diese sandinistischen Basisorganisationen (organizaciones populares sandinistas, OPS) eingehen, denn sie hatten eine hohe Mitgliederzahl und spielten in den sozialen Veränderungen der 80er Jahre eine führende Rolle[51]. Wir meinen damit die Sandinistischen Verteidigungskomitees (Comités de Defensa Sandinista, CDS), eine wohnviertelbezogene Anwohnerorganisation; den Verband der Landarbeiter (Asociación de Trabajadores del Campo, ATC), in dem Landarbeiter und Bauern organisiert waren; aus ihm entstand 1981 die Nationale Union der Landwirte und Viehzüchter (Unión Nacional de Agricultores y Ganaderos, UNAG), die kleine und mittlere Produzenten erfaßte; die Vereinigung der nicaraguanischen Frauen (Asociación de Mujeres Nicaragüenses Luisa A. Espinoza, AMNLAE) und die Sandinistische Arbeitergewerkschaft (Central Sandinista de Trabajadores, CST), in der Industriearbeiter und Angestellte organisiert waren.

Repräsentativität und Partizipation

Zahlenmäßig war die formale Mitgliedschaft dieser sandinistischen Basisorganisationen (OPS) außerordentlich hoch, sie lag bei schätzungsweise 40-60% der Gesamtbevölkerung in jedem gesellschaftlichen Sektor . Die Daten, die sie 1989

selbst veröffentlichten, geben für die UNAG 125.000 Mitglieder an, wobei die Gesamtzahl der Bauern bei 280.000 lag; in der CST wurden 120.000 Mitglieder bei einer Gesamtzahl von 214.000 Industrie- und Agrarindustriearbeitern gezählt; in der ATC waren es 50.000 bei einer Gesamtzahl von 70.000 Landarbeitern.
Die tatsächliche Mitgliedschaft war jedoch wesentlich geringer, d.h. was die aktive Beteiligung an den Aktionen der OPS und gewerkschaftliches Bewußtsein angeht. In vielen Fällen wurden die Leute automatisch als Mitglieder registriert; in den Staatsbetrieben z.b. waren alle Arbeiter in der CST oder ATC organisiert und der Gewerkschaftsbeitrag wurde vom Lohn abgezogen. Dasselbe geschah bei den Mitgliedern der Kooperativen, die von der UNAG organisiert waren oder wenn man in einem Viertel oder Stadtteil wohnte, in dem ein CDS existierte.
Der Eintritt in die Organisation des jeweiligen sozialen Sektors war für alle offen, unabhängig von Geschlecht, Religion oder politischer Überzeugung. Diese Regel aus den Statuten der OPS war in Wirklichkeit nur begrenzt gültig, da diejenigen ausgeschlossen waren, die Kritik an der Regierung übten, anderen politischen Parteien angehörten oder einfach aufgrund einer persönlichen Feindschaft mit örtlichen Führern einer bestimmten OPS. Eine Umfrage Ende der 80er Jahre ergab als Hauptmotiv für den Eintritt in eine OPS materielles Interesse, d.h. um die Lebensbedingungen zu verbessern und die eigenen Interessen wirksamer zu vertreten. Die Arbeiter wollten ihren Arbeitsplatz sichern und ihr Lohnniveau anheben, die Bauern Zugang zu Land, Kredit, Produktionsmitteln, Werkzeug und gerechte Preise; die Wohnbevölkerung wollte die Versorgung mit Grundnahrungsmitteln und öffentlichen Dienstleistungen. Politische Gründe, d.h. Identifizierung mit der sandinistischen Ideologie oder mit der Revolution wurden seltener erwähnt.[52]
Die aktive Beteiligung der Basis äußerte sich in der Teilnahme an Versammlungen und Mobilisierungen, freiwilliger unbezahlter Arbeit zu wohltätigen Zwecken, präventiven Gesundheitskampagnen, Wachdienst und Verteidigungs- und Erziehungsaufgaben. Die Partizipation hing im wesentlichen von drei Faktoren ab: direkten oder indirekten Vorteilen, Beliebtheit und Überzeugungskraft der unteren Führer, Dringlichkeit und Organisationsgrad der jeweiligen Aufgabe.
Der Grad der Beteiligung war in den einzelnen OPS unterschiedlich, in den letzten Jahren nahm zum Beispiel die Beteiligung in den CDS und in AMNLAE rapide ab. Es war auch je nach Gebieten verschieden, die höchste Beteiligung der Basis wurde im Norden des Landes registriert (Jinotega, Matagalpa, Segovias, Esteli). Der Grund war, daß der Sandinismus dort geschichtlich Tradition hatte und daß es Kriegsgebiete waren. Auch innerhalb einer OPS gab es Unterschiede, z.B. war die Beteiligung in den Gewerkschaften ATC und CST in den staatlichen Betrieben höher als in den privaten. Was die UNAG betrifft, war die Beteiligung in den mit der Agrarreform entstandenen Kooperativen höher als unter den privaten Erzeugern.

Die Frauen befanden sich in einer besonderen Situation. Sie waren unter den Arbeitern, Bauern und der Wohnbevölkerung demographisch von Bedeutung, aber ihre formale Zugehörigkeit zu den OPS war gering und noch geringer ihre tatsächliche Beteiligung, denn sie hatten einen doppelten Arbeitstag und wurden in einer vom Machismus geprägten Gesellschaft diskriminiert. Ende der 80er Jahre gab es z.B. 13% Frauen unter den UNAG-Mitgliedern und 30% in der ATC, wobei die Führungspositionen selten von Frauen besetzt waren. Zweifellos blieben die Veränderungen im privaten Bereich weit hinter denen im öffentlichen Leben und hinter dem revolutionären Diskurs zurück. Aufgrund ihrer Diskriminierung und ihrer häuslichen Isolierung hatten die meisten Frauen auch nach 1990 wenig Zugang zu Machtpositionen und zu wirklicher politischer Beteiligung.

Die Beziehung zwischen Führung und Basis

Man muß zwischen der Basisleitung und den oberen regionalen und nationalen Führungspositionen der OPS unterscheiden. Normalerweise wurde die Basisleitung in einer Vollversammlung öffentlich und in Direktwahl – durch Erheben des Arms – von den Mitgliedern der OPS gewählt oder abgesetzt. Es waren Mitglieder, die das Vertrauen des Basiskollektivs gewonnen hatten, weil sie bestimmte persönliche Qualitäten hatten (Ehrlichkeit, Kameradschaft, Fleiß) und weil sie Erfahrung in der Verteidigung der Interessen des Sektors hatten.
Sie übten ihr Amt freiwillig und unbezahlt aus und behielten ihre normale Lohnarbeit bei, so daß oft wenig Zeit und Energie für die OPS blieb. Die Opferbereitschaft, die die Basisführer haben mußten, brachte es mit sich, daß nur wenige diese Verantwortung tragen mochten und aus diesen und andern Gründen, die wir später erwähnen, gab es eine hohe Fluktuation.
Die mittleren und oberen Führungskräfte dagegen wurden normalerweise vom nationalen Vorstand der OPS oder der FSLN-Führung ernannt. Sie erhielten einen Arbeitsvertrag, Lohn und arbeiteten Vollzeit. Das brachte es mit sich, daß sie weniger der Basis sondern vor allem ihren Vorgesetzten gegenüber Rechenschaft ablegten. Die Beziehung zur Basis fand in Vollversammlungen und Sitzungen statt, auf denen sie über die bisherige Arbeit und die zukünftige Linie informierten und die politische Lage kommentierten. Gleichzeitig nahmen sie Sorgen der Basisführung und der restlichen Mitglieder zur Kenntnis. Sehr selten legte die oberste Führung vor ihrer Basis Rechenschaft über die Verwendung der OPS-Fonds ab oder bewertete selbstkritisch ihre Arbeit.
Was Führungsstil und -methoden betrifft, so war die Entscheidungsmacht vor allem in der oberen Führung konzentriert, obwohl es kollektive Instanzen und demokratische Verfahren gab. Diese Zentralisierung der Entscheidungbefugnis bedeutete nicht unbedingt, daß sie zur persönlichen Machtausübung benutzt wur-

de, denn in vielen Fällen ging es ja darum, kollektive Probleme zu lösen und Aufgaben der OPS zu unterstützen, aber die fehlende Kontrolle seitens der Basis machte den Machtmißbrauch möglich. Interessanterweise gab es jedoch kaum Beschwerden über den Zentralismus der Führung und wenn das einmal vorkam, war es meistens deswegen, weil Fehlentscheidungen getroffen worden waren.

Die Aktivitäten der OPS wurden regelmäßig nach Jahresplänen oder Organisationsplänen organisiert, die wiederum in kürzere Zeitabstände aufgeschlüsselt wurden. Zu Jahresanfang fanden Vollversammlungen statt, die den vorangegangenen Plan auswerteten und den kommenden erstellten. In diesen Arbeitsplänen wurde versucht, die wichtigsten Forderungen der Basis mit den Richtlinien, die die FSLN für alle gesellschaftlichen Bereiche gab, in Übereinstimmung zu bringen. In der Praxis wurden jedoch die Forderungen der Mitglieder den Arbeitsplänen hintangestellt, die die nationalen Vorstände der OPS „erließen", wobei diese wiederum der FSLN-Führung untergeordnet waren.

Dieses vertikale Vorgehen stellte ein Abhängigkeitsverhältnis her, das es der Basis erschwerte, Projekte vorzuschlagen, auszuarbeiten und durchzuführen, die der eigenen Situation entsprachen. Außerdem stellte der Vertikalismus die Basisführer vor die schwierige Aufgabe, die Leute für Aktionen zu mobilisieren, die sie sich nicht selber ausgesucht hatten während ihre spezifischen Forderungen hintangestellt wurden. Die eignen Pläne verschwanden in den Schubladen und aktualitätsbedingte Aktivitäten wie Gedenktage oder Feiern nahmen deren Platz ein. Das führte zu einer Art von Betriebsamkeit und Mobilisierung, die die OPS verausgabte. Abgesehen von der FSLN gaben auch andre staatliche Institutionen Richtlinien an die OPS weiter, so daß sich eine Unmenge an Aufgaben anhäufte, die im einzelnen gar nicht erfüllt werden konnten. Die Folge war, daß viele Basisführer von ihrem Amt zurücktraten.

Bei einer Befragung der Mitglieder der OPS, welche Lösungen sie vorschlagen können, um die Partizipation zu erhöhen, nannten sie: stärkere Bindung zwischen Führung und Basis, Diskussion und Entscheidungsbefugnis in Fragen, die die Basis direkt betreffen, Lösung der dringendsten Probleme und die Schaffung eines Bewußtseins für die Notwendigkeit der Organisierung.

Die Beziehung zum Staat

Die OPS waren in der Lage, die Forderungen derjenigen gesellschaftlichen Sektoren zu formulieren, die sie vertraten, Lösungsvorschläge zu machen und aktiv an deren Durchführung teilzunehmen. Vor allem in den ersten Jahren, als es noch ausreichende ausländische Kooperation gab und der Krieg sich noch in Grenzen hielt, wurden viele ihrer Forderungen erfüllt, denn das Kräfteverhältnis war der einfachen Bevölkerung günstig. Ob eine OPS mit der Interessenvertretung ihres

Sektors Erfolg hatte, hing einmal von internen Faktoren ab, z.B.der Beteiligung der Basis an der Erstellung des Arbeitsplans, der organisatorischen Effizienz, der verfügbaren Mittel und einer schlüssigen Strategie. Zum andern hing es von äußeren Faktoren ab wie dem gesellschaftlichen Kräfteverhältnis, der Fähigkeit, auf die Entscheidungen des Staats und der FSLN Einfluß zu nehmen, der wirtschaftlichen Situation und der nationalen Politik.
Die OPS nahmen eine entscheidende Rolle bei der Verknüpfung der Basis mit obersten Regierungsstellen ein. Dafür gab es direkte Kommunikationswege, wie die Fernsehprogramme „De cara al pueblo", „Cabildos abiertos" und „Línea directa". Diese Erfahrungen stärkten die Ausdrucks- und Kritikfähigkeit der Bevölkerung und gaben ihr das Bewußtsein, daß sie ein Recht darauf hatte, gehört zu werden, auch wenn die Forderungen manchmal unbeantwortet blieben.
Die Beziehung zwischen den OPS und dem Staatsapparat waren in der Tat recht zwiespältig. Einerseits verteidigten die OPS die revolutionäre Regierung gegenüber der Opposition, andrerseits kritisierten sie deren Bürokratie, verlangten Einfluß auf Politik und Entwicklungspläne und forderten finanzielle Mittel, um eigene Pläne durchführen zu können. Es wurden mehrere staatliche Instanzen geschaffen, in denen die OPS über die politischen Linien für ihren sozialen Sektor mitdiskutieren konnten. Diese Beteiligung hatte jedoch eher beratenden Charakter oder wurde mit weniger Stimmen als die der Regierungsvertreter ausgestattet.
Was die Beteiligung der Arbeiter an der Unternehmungsführung angeht, so erwies die vergleichende Untersuchung einer staatlichen und einer privaten Zuckerfabrik, daß die Probleme bei beiden im wesentlichen dieselben waren: die Arbeiter hatten unzureichende Fachausbildung, Erfahrung und Information. Viele wünschten oder forderten diese Rechte auch gar nicht und die Geschäftsführer und Fachleute, die an eine unumstößliche hierarchische Ordnung gewöhnt waren, ließen das auch nicht zu. Weitere Faktoren, die der Unternehmensbeteiligung der Arbeiter entgegenstanden, waren der Fall der Reallöhne, das Streikverbot und die fehlende gewerkschaftliche Autonomie.[53]
Abgesehen von der mangelhaften technischen Fachausbildung vieler OPS-Führer, trug die Vielzahl der inter-institutionellen Kommissionen und der Mangel an eigener Information und Forschung dazu bei, daß die OPS immer weniger zur Diskussion und zur Erarbeitung von Vorschlägen fähig waren. Daher wurden viele Regierungspläne von den staatlichen Fachleuten erstellt und der Beitrag der OPS blieb darauf beschränkt, daß diese die freiwillige Arbeitskraft stellten, um sie durchzuführen. Da die staatlichen Institutionen über finanzielle Mittel und qualifiziertes Personal verfügten, konnten sie unabhängig von den OPS handeln oder diese einfach ihren Institutionen unterordnen. Diese Situation brachte viele Beobachter dazu, die OPS als „halbstaatliche Organisationen" zu bezeichnen, etwa die landwirtschaftlichen Kooperativen, die direkt mit dem Ministerium für

Agrarentwicklung (MIDINRA) oder in Kriegsgebieten mit der Armee arbeiteten, was deren eigentlichem Charakter als Basisorganisation der UNAG Abbruch tat. Im Vergleich zu anderen zivilen Organisationen wurden die OPS vom Staat normalerweise besonders bevorzugt. Die anderen wurden manchmal diskriminiert oder unterdrückt, wenn sie sich der Regierungspolitik widersetzten, z.B. wenn die nicht-sandinistischen Gewerkschaften streikten oder für die Regierung unannehmbare Forderungen stellten.

Eine weitere Beschränkung für die politische Beteiligung der OPS bestand in der Tatsache, daß die spezifischen Forderungen der OPS den generellen Richtlinien der FSLN und der Regierung untergeordnet waren: der nationalen Einheit, der Verteidigung, der Produktion. Dieser Widerspruch schadete den OPS, vor allem, wenn die übernommenen Verpflichtungen dem unmittelbaren Interesse ihrer Mitglieder entgegenstanden, wie z.B. die Rekrutierung zum Militärdienst, der Verkauf der bäuerlichen Produktion zu Niedrigstpreisen an den staatlichen Zwischenhandel ENABAS, die Erhöhung der Arbeitsleistung und die freiwilligen Arbeitstage bei gleichem Lohn.

Aufgrund der gemischten Wirtschaft, die der Bourgeoisie ein erhebliches ökonomisches Gewicht beließ und die auf politischer Ebene eine Politik der nationalen Einheit und politischen Pluralismus zur Folge hatte, waren sehr genau die Grenzen bestimmt, die den Forderungen der Bevölkerung nach gerechter Einkommens- und Güterverteilung gesetzt wurden. Auf der einen Seite verbot die Regierung den Arbeitern Streiks und Landnahmen, auf der anderen konfiszierte sie Unternehmen, aus denen Kapital abgezogen oder die „Contra" unterstützt wurde. Die nicaraguanische Erfahrung zeigt, daß die Strategie der FSLN-Tendenz der „Terceristas" – eine breite anti-somozistische Einheit – zwar beim Sturz des Tyrannen erfolgreich war, aber nicht dabei, inmitten einer Wirtschaftskrise und in einem armen Land, wo schwerlich alle sozialen Sektoren zufriedengestellt werden können, die Hegemonie der armen Bevölkerung zu gewährleisten.

In einer ersten Phase (1980-85) nahmen die OPS über ihre Vertreter an der Gesetzgebung teil und unterstützten mehrere Gesetze, die ihren Interessen entsprachen (im Consejo de Estado). Nach den Wahlen von 1984 waren die Abgeordneten der Nationalversammlung Vertreter der Parteien und das führte dazu, daß die Interessen der OPS der Parteilogik der FSLN untergeordnet waren. Dringende Forderungen der verschiedenen Sektoren wurden in den Hintergrund gedrängt, so z.B. diejenige nach einer Reform des Arbeitsgesetzes; der Vorschlag der Landwirte, den Viehdiebstahl ernsthaft zu bestrafen; die Forderung der Frauenbewegung, die Strafen für Vergewaltigung zu erhöhen; das Mietgesetz, das die kommunale Bewegung vorschlug um den Mietern größere Sicherheit zu geben; oder die Universitätsautonomie, die die Studentenbewegung forderte. Alle diese Forderungen wurden während der sandinistischen Regierungszeit nicht erfüllt.

Das Verhältnis zur FSLN

Bezüglich der Beziehung zur FSLN muß man sich vor Augen halten, daß die OPS diese als ihre führende Partei anerkannten und respektierten, hatte sie doch erfolgreich den Kampf gegen die Diktatur angeführt und die OPS gegründet und gefördert. Die FSLN hat die OPS aus drei Gründen gefördert: erstens, um die Beteiligung der Bevölkerung an der Lösung der Probleme des jeweiligen sozialen Sektors zu unterstützen, zweitens, um einen Kern von revolutionären Kadern zu schaffen, die die Partei festigten und drittens, um die Bevölkerung für die Regierungsprogramme und die Verteidigung des revolutionären Projekts zu mobilisieren. Mir scheint, daß die beiden letzten Ziele über das erste Oberhand gewannen, vor allem, als der Krieg und die Wirtschaftskrise zunahmen. Die in den 80er Jahren vorherrschende Art der Beteiligung der Bevölkerung kann deshalb als „gelenkte Mobilisierung" bezeichnet werden.

Was die problematischen Seiten dieser Beziehung angeht, so ist darauf zu verweisen, daß viele OPS-Führer Parteimitglieder oder -anwärter waren, so daß sie eine doppelte Rolle hatten, die oft zu Verwirrungen führte, so z.b. der Respekt gegenüber dem in den Statuten festgelegten Pluralismus der OPS, die Prioritätenfestlegung bei bestimmten Aufgaben und die Unterordnung unter die Machtinstanzen.

Der von der FSLN anerkannte Zentralismus und Vertikalismus einer politischmilitärischen Organisation, der sich auf die leninistische Avantgarde-Theorie gründete, wurde auf die OPS übertragen und schränkte den demokratischen Charakter beider Organisationen ein. Die Parteikomitees, die es in den OPS gab, nahmen oft die Führungsrolle ein, die eigentlich den Instanzen der OPS zustand und schwächten damit deren Entwicklung. Zum andern wurden oft Parteimitglieder aus den OPS für andere Aufgaben abgezogen, ohne die Meinung der Basis oder die dadurch verursachte Schwächung der OPS zu berücksichtigen. Die besten Führer der OPS wurden in Partei- oder Regierungsinstanzen versetzt und da diese ihren Platz meistens in den Städten hatten, wirkte sich das negativ auf die Kommunikation mit der Basis aus und schwächte die OPS in Managua und den Bezirkshauptstädten.

Man muß die praktischen Folgen sehen, die diese Konzeption nach sich zog und die dem ursprünglichen demokratischen Ideal widersprach: die Verewigung der Macht einer Parteielite als angeblichen Garanten für den revolutionären Weg; die Unterordnung der Interessen der verschiedenen sozialen Gruppen unter das von der Avantgarde entworfene revolutionäre Projekt; der soziale und wirtschaftliche Unterschied zwischen der Bürokratie und der einfachen Bevölkerung.[54]

Abschließende Überlegungen

Die sandinistische Revolution entwarf ein neuartiges politisches Modell, das in der Verfassung von 1987 als „eine demokratische, partizipative und repräsentative Republik" bezeichnet wird (Art.7) und das versuchte, Elemente des liberalen und des sozialistischen Modells miteinander zu verbinden: auf der einen Seite politischer Pluralismus mit regelmäßigen Wahlen; ein Gefüge von bürgerlichen, politischen, sozialen, Familien- und Arbeitsrechten; Trennung von Exekutive, Legislative, richterlicher Gewalt und Wahlnormen; eine gemischte Wirtschaft in der das Privateigentum die Vormachtstellung innehat.

Zum anderen gab es eine führende Partei (FSLN), die als Avantgardepartei das Projekt der nationalen Befreiung und des Übergangs zum Sozialismus vertrat und die dem Staatsapparat und den Basisorganisationen übergeordnet war; ein Staat, der „die nationale Wirtschaft lenkt und plant" (Art. 99) und der darum bemüht ist, die Produktivkräfte zu entwickeln und die notwendigen materiellen Grundlagen für die politische Beteiligung der Bevölkerung zu schaffen, wobei dieser Staat aber gleichzeitig von einer bürokratischen Logik bestimmt war, der die Kontrolle durch das Volk fremd ist.

Jedoch überwog schließlich der repräsentative Charakter vor dem der direkten Partizipation. Das liberale Modell wurde letztlich zum entscheidenden Wesenszug des neuen politischen Systems, indem regelmäßige allen Parteien offenstehende Wahlen eingeführt wurden, d.h. auch denjenigen Zugang zur Regierung gewährt wurde, die gegen die Direktbeteiligung der Bevölkerung waren und die dann auch 1990 an die Macht kamen. Aber das liberale Modell, das in Nicaragua Ende der 80er Jahre zur Geltung kam, stand auf tönernen Füßen, denn es gründete sich auf das Kräftespiel von Parteien, die keine innere Demokratie kannten, von persönlichen Machtkämpfen zerrüttet waren und denen die Auseinandersetzung aus ideologischen Gründen wichtiger war als nationale Interessen. Sie waren daran gewöhnt, den Staat für Parteiinteressen zu benutzen, ihre Führer an der Macht zu verewigen und waren seit jeher allergisch gegen Toleranz, Dialog und die Suche nach Konsens. Außerdem läßt der zentralisierte Staatsapparat den Regionen und Gemeinden wenig Autonomie und es ist eindeutig, daß dies die direkte Beteiligung der Bürger in Fragen kollektiven Interessen begrenzt, wie wir das schon beim Thema der lokalen Macht analysiert haben.

Man muß auch feststellen, daß sich die Bemühungen der sandinistischen Regierung um Demokratisierung auf das öffentliche Leben beschränkten, während der private Raum allenfalls drittrangig war. Die Frauen nahmen Arbeit an, studierten, nahmen an der Stadtteilarbeit und in öffentlichen Institutionen teil und verteidigten die Gleichberechtigung gegenüber den Männern, aber da sich die Beziehungen im Privatleben nicht veränderten, bedeutete die öffentliche Beteiligung eine zusätzliche Last neben der Hausarbeit und war oft der Auslöser für Familienkrisen. Gegen Ende der 80er Jahre gelang es der Frauenbewegung, mit Nachdruck ihre eigenen Forderungen mit dem Ziel zu stellen, in allen sozialen Bereichen gleichberechtigte Beziehungen zwischen den Geschlechtern zu schaffen. Das gelang ihnen auf unterschiedliche Art und Weise und mit Organisationen, die sich der Zwangsjacke entledigen konnten, die ihnen die FSLN auf dem Weg über AMNLAE überziehen wollte. Das war ein entscheidender Fortschritt im damals stattfindenden Demokratisierungsprozeß.

Der Weg der politischen Demokratisierung, der 1979 begonnen hatte, war durch die Tatsache des Kriegs entscheidend eingeschränkt. Ein großer Teil der Bevölkerung war in die Militärstruktur eingebunden, die auf der ganzen Welt durch ihren hierarchischen Charakter gekennzeichnet ist, wie wir schon oben festgestellt haben. Ein anderer Faktor, der die Einschränkung der politischen Beteiligung der armen Bevölkerung erklärt, ist die Tatsache, daß gesellschaftliche Unterordnungsverhältnisse aus dem vorherigen System, die mit „clientelismo" und „patronazgo" bezeichnet werden, reproduziert wurden. In diesen Beziehungen, die für Agrargesellschaften charkteristisch sind, ist die politische Macht hinter einer persönlichen und affektiven Bindung verborgen, z.B. der Patenschaft, dem „compadrazgo". Diese Beziehungen erfüllen eine Doppelrolle: den Untergebenen dienen sie dazu, inmitten des Elends und des Wettbewerbs um die kargen Mittel zu überleben. Den Herrschenden dienen sie dazu, ihre Macht zu legitimieren und zu verhindern, daß die unerfüllten Forderungen der Unterdrückten zur Explosion führen.

Die paternalistischen oder Klientelbeziehungen setzen sich solange fort, solange materielle Güter, Ausbildung und politische Macht unterschiedlich verteilt sind. Das traf auch auf die sandinistische Revolution zu, wo Techniker und Fachleute Forschung und Planung zentralisierten und oft in einer staatlichen oder Parteifunktion über Macht und Mittel verfügten, die das Volk nicht besaß. Diese Art von Unterordnung war nicht einfach Ergebnis des „Machthungers" der Führung, sondern war die Fortsetzung der Rollen, die im „System der sozialen Aktion"[55] festgelegt und im Staatsapparat und anderen gesellschaftlichen Bereichen gültig waren: zweifellos war die Gewohnheit der Basis sich unterzuordnen ebenso groß wie die Gewohnheit der Avantgarde, die führende Rolle einzunehmen.

Die Reproduktion dieser Beziehungen ist nicht einfach eine von den Herrschenden geplante Aktion, sondern ein struktureller Prozeß, zu dessen Fortbestand die Unterworfenen beitragen. In den Unterschichten verankerte Gewohnheiten und Vorstellungen wie z.B. das Fünf-Gerade-Sein-Lassen, Passivität, Geringschätzung der eignen Fähigkeiten sowie fatalistische und magische Vorstellungen über die gesellschaftliche Wirklichkeit tragen zur Fortsetzung der Herrschaftsbeziehungen bei und widersprechen einer demokratischen politischen Kultur.

Revolutionen sind heftige und rasch voranschreitende Prozesse, die im politischen System und in den sozioökonomischen Strukturen tiefe Veränderungen bewirken.[56] In Nicaragua waren, ebenso wie bei anderen Revolutionen, die in unserer Zeit in Ländern der Peripherie stattfanden, Demokratie, nationale Unabhängigkeit und soziale Gerechtigkeit die wesentlichen Forderungen der verschiedenen gesellschaftlichen Sektoren, die sich in den Befreiungsbewegungen zusammenschlossen. Sie wählten den Weg des bewaffneten Kampfs, da sie autoritären Regimes gegenüberstanden, die von anderen Weltmächten abhängig waren und keine institutionellen Alternativen für eine Veränderung zuließen.[57]

Trotzdem verwiesen viele siegreichen Bewegungen die Frage der Demokratie auf die zweite Stelle und bemühten sich vorrangig darum, die wirtschaftliche Rückständigkeit zu überwinden und eine nationale Identität zu schaffen. Das hat mehrere Ursachen. Abgesehen von der fehlenden demokratischen Tradition und der hier dargestellten Kriegssituation, spielte auch das Scheitern der existierenden politischen Modelle eine Rolle wie auch die Tatsache, daß diese Problematik in der marxistischen Theorie, von der die Führung vieler dieser Bewegungen beeinflußt ist, unterschätzt wird.

Die sandinistische Revolution, die in der letzten Etappe der Konfrontation zwischen den USA und der UdSSR stattfand, hatte angesichts der Macht der USA keine andere Wahl, als in ihrem Kampf um nationale Selbstbestimmung die Hilfe des Ostblocks anzunehmen. Dessen großzügige Unterstützung brachte es mit sich, daß viele Kader der FSLN, die in jenen Ländern ausgebildet wurden, ein Gesellschaftsmodell importierten, das wenige Jahre später wegen Verrats an den sozialistischen und demokratischen Idealen gestürzt wurde. Viele „sozialistische" Konzepte erschwerten das Begreifen der nicaraguanischen Wirklichkeit und deren Veränderung: so setzten die Lehrbücher Sozialismus mit Verstaatlichung gleich, und das in einem Land, in dem die kleine einfache Warenproduktion vorherrschte; sie stellten den Marxismus als „revolutionäre Ideologie" der Religion als „bürgerlicher Ideologie" entgegen, während doch Nicaragua Vorreiter in der Zusammenarbeit von Christen und Marxisten war; nach dieser Vorstellung mußten Partei und Staat die wissenschaftliche Führung beim Übergang zum Sozialismus innehaben, während die Gesellschaft das „angeleitete Objekt" darstellte, was einem pluralistischen Projekt repräsentativer und partizipativer Demokratie widersprach.[58] Wie Mattelard feststellt, gab es in den Medien einerseits einen „gut geschmierten Agitations- und Propagandaapparat nach dem Modell der realsozialistischen Länder und andrerseits eine Reihe neuartiger, wenn auch vereinzelter, Erfahrungen in partizipativer Kommunikation".[59]

Wenn man vom Konzept ausgeht, daß die politische Beteiligung „Praxis" ist, d.h. praktisches und überlegtes Handeln, das die gesellschaftliche Wirklichkeit verändert und die Fähigkeit und die kollektive Identität des Subjekts entwickelt, sieht man, daß es in den Basisbewegungen Spannungen zwischen diesen beiden Aspekten ihrer politischen Praxis gab. Es existierte eine Art Aufspaltung zwischen dem Subjekt, das reflexiv tätig war und dem, das die praktischen Aktivitäten unternahm. Ersteres fiel vor allem den führenden Kadern der FSLN, den Organisationen und dem Staat zu, während die praktischen Aufgaben der gesellschaftlichen Transformation der Basis zufiel. Die sandinistische Führung setzte eine Maschinerie aktualitätsbezogener Aktivitäten in Gang, was an der Vielzahl der Institutionen, die auf die Basisbewegung Einfluß nahmen, und an der voluntaristischen und agitatorischen Einstellung der FSLN lag. Die politische Beteiligung der Bevölkerung hatte vorwiegend den Charakter einer „gelenkten Mobilisierung" die von der sandinistischen Führung in Staatsämtern und OPS bestimmt wurde. Da die Reflexion in der Führung zentralisiert war und die Basis sich in ständiger Betriebsamkeit befand, wurde die dialektische Entwicklung beider Elemente politischer Praxis verhindert: Die praktische Aktivität ging dem Bewußtsein weit voraus. Und da die Führungsspitze die politische Reflexion und den Strategieentwurf für sich reserviert hatte, blieb den unteren Chargen nur die Aufgabe, die Richtlinien zu befolgen und Probleme zu lösen. Auf diese Weise wurden Disziplin, Gehorsam und unmittelbare Nützlichkeit zu den wesentlichen Kriterien politischer Effizienz.

Die traditionellen klientelistischen Beziehungen setzten sich unter neuem, sandinistischen, Gewand fort und damit schließt sich der Teufelskreis des Paternalismus: diejenigen, die die politische Entwicklung der Basis verhindern, sind oft diejenigen, die von dieser zu ihren Vertretern gewählt werden. Eine Möglichkeit, die wenige in der FSLN in Betracht zogen, war, daß die Aufgabe einer Partei in der Förderung der autonomen gesellschaftlichen Bewegungen in einem demokratischen Projekt bestehen könnte, das im Konsens von der Basis ausginge und daß die unterschiedlichen Interessen, die Kultur und die Überzeugungen der einzelnen gesellschaftlichen Unterschichtssektoren respektiert würden. Obwohl sich die Basisbewegung im Widerspruch befand zu einer Bourgeoisie und einer imperialen Regierung, die ihr die Existenzberechtigung absprach, wie auch zu einer Techno-Bürokratie[60], die ihr eine untergeordnete Rolle und Modernisierung anbot, schuf sie sich Raum.

Aus heutiger Sicht betrachtet, könnte man die sandinistische Revolution als ein kurzes vom Volk getragenes nationales Zwischenspiel ansehen, das zwischen der Machtausübung zweier Fraktionen der Bourgeoisie stattfand: einmal vor 1979, der somozistischen Bourgeoisie und zum anderen nach 1989, der neoliberalen mit der sandinistischen verbündeten, wobei sich in diesem Machtblock eine starke staatliche Bürokratie und eine professionelle politische „Klasse" ergänzten.

Trotz der aufgezeigten Grenzen hat die Bevölkerung in den 80er Jahren einen Fortschritt im Demokratisierungsprozeß erreicht, der im Vergleich zur Zeit vor der Revolution riesengroß ist. Nach 1990 ist in Mittelamerika das Vermächtnis der Revolution deutlich zu erkennen: die Nicaraguaner sind fähig, ihre Grundrechte zu verteidigen, haben ein Gefühl für persönliche Würde und Nationalbewußtsein und sind in politischen Fragen und der Regierung gegenüber offen und kritisch. Zweifellos haben die in der Hitze des revolutionären Prozesses gemachten Erfahrungen zur Ausdrucks- und Kritikfähigkeit der Bevölkerung beigetragen, sie hinterlassen ein Bewußtsein von den erlangten Rechten und eine beachtliche organisatorische Fähigkeit, gemeinnützige Aktionen durchzuführen und für die Interessen kollektiv einzutreten.

Übersetzung: Anna Stobbe

Anmerkungen

1 Abgesehen von der Intervention W. Walkers (1857-58) unternahmen die USA zwischen 1912 und 1933 mehrere Invasionen in Nicaragua. Die USA erhielten die exklusive Lizenz fuer einen Kanal und sie stellten die Nationalgarde auf.
2 Gregorio Selser: Sandino, General de Hombres Libres. San José 1974 (EDUCA). Humberto Ortega S.: 50 Años de Lucha Sandinista. La Habana 1980 (Ed. Ciencias Sociales).
3 Amalia Chamorro: Algunos rasgos hegemónicos del somocismo y la revolución sandinista, in: Cuadernos de Pensamiento Propio, INIES, Managua 1983. J. L. Gould: To lead as equals: rural protest and political consciousness in Chinandega, Nicaragua 1912-1979. University of North Carolina Press 1990.
4 Amaru Barahona: Estudio sobre la Historia Contemporánea de Nicaragua. In: Revista del Pensamiento Conservador, Nr. 157, Oct.-Dic. 1977.
5 Die Unabhängige Liberale Partei (Partido Liberal Independiente, PLI) enstand 1944, um die Wiederwahl A. Somozas zu verhindern, der die Liberale Partei beherrschte. Im selben Jahr entstand die Sozialistische Partei (Partido Socialista, PSN) als Ausdruck der aufkommenden Arbeiterbewegung. Die Sozialchristliche Partei (Partido Social Cristiano) entstand 1957 in Mittelstandskreisen und stand der damaligen weltweit verbreiteten Haltung des Vatikans nahe. In den 70er Jahren tauchen neue Parteien auf, die aus internen Spaltungen der vorherigen enstanden: aus der PSN entsteht die Kommunistische Partei, aus der FSLN entsteht die „Bewegung der Aktion des Volkes" (Movimiento de Acción Popular, MAP) und die „Revolutionäre Trotzkistische Partei" (Partido Revolucionario Troskista, PRT) und aus der PSC entsteht die „Sozialchristliche Volkspartei" (Partido Popular Social-Cristiano).
6 R. Bartra et al.: Caciquismo y poder político en México rural. Mexico 1986. Siglo XXI.
7 P. Van der Berghe, G. Primov: Inequality in the Peruvian Andes. Univ. Miss., Columbia 1977.

8 Enrique Dussel: Historia general de la Iglesia en America Latina, Tomo I/1. Salamanca 1983. Sígueme.
9 Anm. d.Ü.: Die dritte und als letzte entstandene Tendenz der FSLN, auch „tendencia insurreccionista" (Aufstandstendenz) genannt.
10 José L. Coraggio: La hegemonía popular en la Revolución Sandinista. In: Revista Encuentro, Nr. 23. Managua 1986. UCA.
11 Beispielsweise wurde im September 1979 ein Dekret über die moralische Integrität der Beamten erlassen.
12 M. Bernales Alvarado: La transformación del estado: problemas y perspectivas, in R. Harris, Carlos Vilas: La revolución en Nicaragua. Mexico 1985. Era. S. 145.
13 In der Landwirtschaft besaß der Staat zum Beispiel 21% des Landes (1981).
14 Man muß aber auch die Vielfalt der internationalen Beziehungen anerkennen, die die sandinistische Regierung trotz der US-amerikanischen Politik der Isolierung hergestellt hat. Die UdSSR stellte Ausrüstung, Maschinen, Fahrzeuge, Öl, Kredite, Waffen, Stipendien und technische Beratung zu günstigen Bedingungen oder gratis zur Verfügung und unterstützte die sandinistische Regierung in internationalen Foren.
15 Man schätzt die Zahl der zwischen 1978-79 Gefallenen auf 35.000, die der Verletzten auf 100.000 und die Sachschäden auf 500 Millionen US$, abgesehen von mehreren Millionen $, die die Beamten Somozas aus der Staatskasse geplündert haben.
16 DN-FSLN: Declaración sobre la Democracia. Managua, 23. 8. 1980.
17 P. C. Schmitter: Corporativism in the Peruvian Andes. In: F. Pike, T. Strich: The new corporativism. Notre Dame 1974. University of Notre Dame.
18 John Booth: The national governmental system. In: T. Walker (Hrg.): Nicaragua: the first five years. New York 1985. Praeger.
19 Sie bestand aus neun Kommandanten, die die drei Tendenzen vertraten, welche sich 1975 getrennt und 1979 wieder vereint hatten.
20 Thomas Walker: The Armed Forces. In: Revolution and Counterrevolution in Nicaragua. Colorado 1991. Westview, S. 86.
21 Die Erhöhung der Anzahl der FSLN-Vertreter verursachte im Mai 1980 den Bruch mit dem an der Regierung beteiligten Teil der Bourgeoisie.
22 Maria Molero: Nicaragua Sandinista: del sueño a la realidad (1979-88). Madrid 1988. Cries-Iepala-Bofil.
23 CIERA: La democracia participativa. Managua 1984.
24 Patricia Wilson: A comparative Evaluation of Regionalization and Decentralization. In: M. E. Conroy (Hrg.): Nicaragua: Profiles of the Revolutionary Public Sector. Colorado 1987. Westview.
25 Eric Weaver, William Barnes: Opposition parties. In: Walker 1991, op. cit., S. 123.
26 Ab 1985 waren es: Sekretariat, Politische Bildung, Organisation, Öffentlichkeit, Internationale Beziehungen, Finanzen, Institut für Studien des Sandinismus.
27 Gary Prevost: The FSLN as a ruling party. In: T. Walker 1991, op. cit., Kap.5.
28 Eduardo Baumeister: La reforma agraria en Nicaragua (1979-1989). Nijmegen 1994 (Dissertation an der Katholieke Universiteit). S. 139-148.

29 Luís Serra: Ideología, religión y lucha de clase en la revolución. In: Harris, Vilas 1985, op. cit., S. 258-286.
30 Ana M. Ezcurra: Agresión ideológica contra la revolución sandinista. México 1983. Nuevomar.
31 Michel Dodson: Religion and Revolution. In: Walker 1991, op. cit., S. 181.
32 Instituto Histórico Centroamericano: Update, 1. Nov., 12. Dez.. Managua 1984.
33 Die Sitzverteilung der 96 Abgeordneten in der Nationalversammlung war: FSLN 61, PLI 9, PCD 14, PPSC 6, PSN 2, MAP 2.
34 LASA: The Electoral Process in Nicaragua: Domestic and International Influences. Texas 1984. LASA.
35 Im Rahmen der Fortsetzung der Verhandlungsbemühungen der „Grupo Contadora" schlug der Präsident von Costa Rica, Arias, einen Friedensplan vor, der 1987 von den mittelamerikanischen Präsidenten unterzeichnet wurde. Darin verpflichteten sie sich zum Waffenstillstand, zur Amnestie der Gefangenen, zu einer pluralistischen Demokratie, zur Einstellung der ausländischen Unterstützung für bewaffnete Gruppen und dazu, nicht zu erlauben, daß ihr Hoheitsgebiet von bewaffneten Gruppen benützt würde, die gegen andere Regierungen kämpfen.
36 Für diese Demobilisierung wurde eine Internationale Untersuchungs- und Prüfungskommission eingerichtet (Comisión Internacional de Asistencia y Verificación, CIAV), der Abgesandte der Vereinten Nationen und der Organisation Amerikanischer Staaten (OEA) angehörten. Sie erreichte ihr Ziel einige Monate nach den Wahlen.
37 A. A. Reading: The evolution of Governmental Institutions. In: T. Walker, op. cit. 1991. S. 40.
38 Der Notstand wurde im Februar 1988 aufgehoben.
39 Gutiérrez Mayorga, A., Municipalidades y Revolución. Managua 1988 (Cinase).
40 Bei der Gliederung berücksichtigte man die ökonomische und gegografische Homogenität, militärische Kriterien, traditionelle Grenzen und die Meinung der Bevölkerung, die in offenen Bürgerversammlungen erfragt wurde.
41 Normalerweise bestanden die Gebiete (zona) aus zwei oder mehr Gemeinden. Die Beziehung zwischen Gemeinde und Gebiet war je nach Region verschieden. Nachdem 1988 das Gemeindegesetz verabschiedet wurde, gewann diese traditionelle politisch-administrative Einheit wieder ihre ursprüngliche Bedeutung zurück.
42 Ministerio de la Presidencia, Diagnóstico Municipal. Managua, März 1986 (mimeogr.).
43 Wilson, Patricia, A comparative evaluation of regionalization and decentralization, in: Conroy, M. E., op.cit.
44 Ortega Hegg, Manuel, La Ley de Municipios: estudio y propuesta de reforma, Managua 1992. Popol-Na.
45 Wilson, P., op.cit., S. 53.
46 Borja, J., Descentralización del estado, movimiento social y gestión local. Santiago 1986. FLACSO.

47 Auf den großen Kaffee-, Baumwoll- oder Zuckerrohrplantagen arbeitet der „colono" für den Plantagenbesitzer, den „patrón" und bekommt dafür eine Hütte zur Verfügung gestellt, Land schlechter Qualität und evtl. Weiderecht (Anm. d. Ü.).
48 Escuela de Sociología, UCA, Estudio sobre la contrarrevolución en la Región V. Managua 1987 (mimeo).
49 FSLN, Resoluciones de la asamblea nacional de militantes del FSLN, El Crucero, Juni 1990.
50 Vilas, Carlos M., Mercado, estados y revoluciones. Centroamérica 1950-1990. Mexico D.F. 1994. S. 246. UNAM.
51 ++++++++++++++
52 Serra, Luís, Democratización política y participación popular, Ponencia al 6. Congreso ACAS. Guatemala 1988.
53 Whiteford Scott and Hoops Terry, Labor organization and participation in the mixed exonomy: the case of sugar production, in: Conroy, op. cit., Kapitel 7.
54 Mandel, E., Teoría leninista de organizacion, Mexico D. F. 1984 (4. ed.) (ERA).
55 Crozier, M.; Friedberg, E., L'acteur et le système. Les contraintes de l'action collective. Paris 1977 (Seuil).
56 Dunn, J., Modern revolutions. Cambridge 1972 (Cambridge University Press).
57 Vilas, C., Transición desde el subdesarrollo. Revolución y reforma en la periferia. Caracas 1989 (Nueva Sociedad).
58 In der traditionellen Führung der FSLN herrschte Pragmatismus und Realismus vor, während die mittleren Kader, die in diesen zehn Jahren in den sozialistischen Ländern ausgebildet worden waren, eher dogmatisch waren.
59 Mattelard, Armando, Nicaragua: contribuciones prácticas a una teoría de la transformación de los medios de comunicación. In: Fagen, R. und andere, La transición difícil. Managua 1987, S. 338 (Vanguardia).
60 Als soziale Kategorie verstanden, die aus Technikern und Fachleuten besteht, die ihre wissenschaftliche Kompetenz und ihr öffentliches Amt dazu benutzen, politische Macht auszuüben, wobei Rationalität und Effizienz die wesentlichen Kriterien sind. Siehe: Paillet, M., Marx contre Marx. La société technobureaucratique. Paris 1973 (Daniel Goutier).

Ivana Ríos Valdés
Die politische Partizipation der Bevölkerung in Nicaragua: Die Veränderungen von 1990 bis 1994[1]

Einleitung

Die sandinistische Revolution errichtete ein politisches Modell, das – wie Luís Serra es in seiner Analyse der 80er Jahre bezeichnet – „versuchte, Elemente des liberalen und des sozialistischen Modells zu kombinieren".[2] Dieses Paradigma machte die Einbeziehung partizipativer Elemente möglich, wie sie die unteren Bevölkerungsschichten Nicaraguas in ihrer Geschichte noch nie erlebt hatten. Aber da dieses Modell zum einen in den Anfängen verblieb und sich zum anderen strukturelle Probleme des Landes hinzugesellten, hat es keine größeren politischen und sozialen Fortschritte gebracht. Im Gegenteil, in dem Zeitabschnitt, den wir hier untersuchen, geriet die nicaraguanische Gesellschaft in eine tiefe wirtschaftliche und politische Krise, die die Erfolge der 80er Jahre schwächte.
Die Veränderungen, die seit 1990 in den verschiedenen gesellschaftlichen Bereichen und Organisationen im Hinblick auf ihre politische Partizipation stattgefunden haben, sind das wesentliche Thema dieser Untersuchung. Deshalb beginnen wir den Text mit der Analyse der Übergangsperiode. Der Übergang der Macht von den Sandinisten an die Konservativen stellte den Auftakt einer neuen Regierungsepoche und den Beginn eines profunden Wandels dar. Das Übergangsprotokoll setzte in einer besonders unruhigen politischen Periode die Grundlage für eine friedliche Wende.
Es folgen drei Kapitel, die die wichtigsten wirtschaftlichen und politischen Veränderungen in der nicaraguanischen Gesellschaft zusammenfassen. Danach kommt ein Kapitel über die sozialen Implikationen, die die neue Politik für die unteren Bevölkerungsschichten und die Entwicklung der gesellschaftlichen Organisationen mit sich gebracht hat. Daraufhin werden die politischen Veränderungen untersucht, die in den Unterschichtsorganisationen[3] stattgefunden haben und wir schließen die Untersuchung mit einer kurzen Schlußfolgerung.

Die Transition

Bei den Wahlen vom 25. Februar 1990 gewann die „Union Nacional Opositora" (UNO) – eine Allianz aus 14 Parteien – und es verlor die „Frente Sandinista de Liberación Nacional" (FSLN).[4]
Nach diesen Wahlen fanden Verhandlungen statt, die am 27. März 1990 mit der Unterzeichnung des „Protokolls des Verfahrens zur Übergabe der Exekutivmacht der Republik Nicaragua", bekannt als „Übergangsprotokoll"[5], ihren Abschluß fanden. Es war der Beginn einer besonderen Art von Konsens zwischen der neuen Exekutivmacht und der Frente Sandinista und wurde vom zukünftigen Ministerpräsidenten Antonio Lacayo (formell: Präsidentschaftsminister, d. Hg.) und von den Mitgliedern der FSLN-Führung Humberto Ortega – Chef des Ejercito Popular Sandinista, der Armee – und Jaime Wheelock unterschrieben.
Dieser Prozeß begann drei Tage nach den Wahlen, dauerte zwei Monate und endete mit der Machtübernahme der Präsidentin Chamorro.
Im Protokollteil „Grundlagen für die Machtübergabe" wurden vier wesentliche Aspekte behandelt: Sicherheit, Versöhnung, Rechtsstaat und auswärtige Wirtschaftspolitik; diese Aspekte sollten die Übergabe der Macht von der einen an die nächste Regierung regeln und man kann sie in folgenden Punkten zusammenfassen:
1. Unterordnung der Streit- und Ordnungskräfte unter die Zivilmacht des Präsidenten und die Zusage, daß ihre Mitglieder keine Führungspositionen in politischen Parteien übernehmen.
2. Integrität und Unabhängigkeit der Staatsgewalten und Respektierung der Verfassung und der Gesetze.
3. Die Verpflichtung, jenen nicaraguanischen Familien Rechtssicherheit zu geben, die vor dem 25. Februar 1990 vom Staat städtischen oder Landbesitz erhalten hatten, was mit eventuellen legitimen Rechten der enteigneten Nicaraguaner in Einklang gebracht werden soll. Dabei solle gesetzmäßig vorgegangen und für die Geschädigten eine angemessene Entschädigung festgesetzt werden.
4. Garantien für den Erhalt der Arbeitsplätze der staatlichen Beamten und Angestellten, wobei die Kriterien von Effizienz und Ehrlichkeit in der Verwaltung und die Dienstjahre als Grundlage dienen.
5. Übereinkunft über gemeinsame Bemühungen zur Erlangung internationaler Gelder in der Übergangsperiode, um wirtschaftliche Stabilität und Wachstum zu fördern.

In der Praxis legte das Protokoll die Grundlagen für eine friedliche politische Transition, obwohl auf dem Land noch die irregulären militärischen Kräfte existierten. Im Verlauf seiner Umsetzung kam es zu widersprüchlichen Interpretationen, was zu großen politischen und wirtschaftlichen Spannungen führte. Obwohl die UNO 54,8% der Wählerstimmen bekommen hatte, tauchten bald ernste innere Gegensätze auf und als es um die Verteilung der Macht ging, wurde die zerbrechliche Einheit dieser Mehrparteienunion manifest. Die sichtbarsten und frontalen Auseinandersetzungen in diesem Kampf um die Kontrolle der Regierung[6] fanden zwischen der Präsidentin Chamorro und dem Vizepräsidenten Virgilio Godoy statt, als dieser die Mitglieder einiger ihm nahestehender Koalitionsparteien nicht im Regierungskabinett unterbringen konnte. Das führte von Anfang an zu Spannungen bei den politischen und wirtschaftlichen Veränderungen, die die verschiedenen Parteien innerhalb der Wahlallianz vorschlugen.

Diejenigen, die die Kontrolle des Machtapparats übernahmen, die Präsidentin Chamorro und Ministerpräsident Antonio Lacayo, befanden sich im gemäßigten Flügel der UNO. Sie betrieben eine konservative Wirtschaftspolitik, die weitgehend von den internationalen Finanzorganisationen bestimmt wurde. Ihre Politik führte zu einer drastischen Verringerung der öffentlichen Ausgaben, Arbeitsplatzabbau im staatlichen Bereich, Neufestlegung der staatlichen Funktionen und einem umfassenden Privatisierungsprogramm. Um all das zu erreichen, waren sie auf die Unterstützung der größten Partei, der Sandinisten, angewiesen, was auf politischer Ebene Verständigung mit der FSLN bedeutete, denn der soziale Rückhalt, den diese Partei hatte, sicherte die politische Stabilität.

Zur Durchführung dieses Programms verfügte die Regierung über Technokraten aus dem dynamischsten Sektor der Privatwirtschaft, von denen die meisten sich vorher politisch nicht betätigt hatten. Sie nahmen Positionen in den politisch-administrativen Entscheidungszentren ein, in Ministerien, staatlichen Unternehmen und Bereichen, wo die Wirtschaftspolitik des Staats entschieden wird.

Die FSLN ihrerseits, die sich mit 40,8% der Wählerstimmen als zweite Kraft im Land erwiesen hatte, blieb weiter die stärkste Partei. Zum Zeitpunkt der Wahlniederlage war sie auch die besser organisierte Partei, aber wirtschaftlich gesehen war sie schwach.[7] Sie war in der Bevölkerung verwurzelt und hatte die unbestrittene Hegemonie in der Mehrheit der mobilisierbaren Unterschichtsorganisationen. Im Übergangsprotokoll machte die FSLN in folgenden Punkten Zugeständnisse: 1. Unvereinbarkeit von Führungspositionen in der Partei und in Armee und Polizei, 2. Überprüfung ungerechtfertigter Konfiskationen in früheren Jahren.

Die Resultate der Übergangsabkommen waren durch die inneren Widersprüche der UNO ernsthaft bedroht. Das zwang die FSLN, ihre Strategie gegenüber der Regierung und den restlichen Parteien neu zu definieren, wie ebenso die Präsidentin Chamorro gegenüber ihren Ex-Alliierten. Damit entstand ein neues politisches Verhandlungsszenario.

Die Lösung, die beide Kräfte – die eine, die ihre dominante Position verlor und die andere, die die ihre aufbauen und absichern wollte – schließlich fanden, bestand im Weg des friedlichen politischen Aushandelns. Die Regierung gewann damit die politische Durchführbarkeit für ihre Wirtschaftspolitik, die der Angelpunkt ihres Projekts war. Für die FSLN-Führung bedeutete es, daß sie politische und wirtschaftliche Machtpositionen und Machtanteile wahren konnte.

Die Unterschichtsorganisationen und sandinistischen Gewerkschaften sahen die Situation anders und bildeten die hauptsächlichen Gegner der Wirtschaftspolitik der neuen Regierung.

Die nicht-sandinistischen Gewerkschaften ihrerseits unterstützten die neue Regierung in den ersten Auseinandersetzungen mit den sandinistischen Gewerkschaften, revidierten aber diese Position später, als die Regierung ihre Politik der wirtschaftlichen Anpassung begann. Dadurch kam es zu zwei bedeutsamen Konstellationen, die aus den Auseinandersetzungen zwischen den Unterschichtsorganisationen und der Regierung hervorgingen.

In den beiden Generalstreiks im Jahr 1990 fand das seinen ersten Niederschlag. Den Streik vom 11. bis 16. Mai begannen die öffentlichen Angestellten, die der „Union Nacional de Empleados" (UNE) angehörten. Sie forderten eine Lohnanpassung und protestierten gegen die Aufhebung des „Ley de Servicio Civil"[8]. Der Streik endete mit einem Abkommen zwischen der Regierung und der „Frente Nacional de Trabajadores" (FNT) und wurde als ein großer Erfolg der Gewerkschaften bewertet.

Der zweite Streik fand vom 27. Juni bis 12. Juli 1990 statt und er wurde von zwei Bereichen getragen: den Arbeitern der Textil- und Bekleidungsindustrie und den Bauarbeitern; es war ein abgestufter Streik, in dem finanzielle Mittel zur Reaktivierung der jeweiligen Branche eingefordert wurden. Außerdem protestierten die Landarbeiter dagegen, daß die staatlichen Unternehmen Baumwollplantagen an die ehemaligen Besitzer verpachten wollten.

Die Streikbewegung wuchs und weitere Branchen beteiligten sich. Auch die Beschäftigten des öffentlichen Dienstes nahmen daran teil, da die Regierung die Abkommen vom Mai-Streik nicht eingehalten hatte. Die Hauptstadt Nicaraguas war wie zu Zeiten des Aufstands von 1979 durch Barrikaden lahmgelegt. Die Regierung war zu einem Übereinkommen bereit, in dem elf der 18 Forderungen anerkannt wurden, was die FNT weiter konsolidierte.

Die Streikführung bewertete den Streik auf politischer Ebene als eine Anerkennung der gewerkschaftlichen Rechte, die sie durch die neue Regierung offensichtlich in Gefahr sah. Die hauptsächlichen Führer äußerten dazu: „Das Wichtigste daran ist, daß sich angesichts der Stärke und dem Reifegrad der Gewerkschaftsbewegung eine neue Beziehung zwischen Regierung und Arbeitern herstellen muß."

Auf diese erste Phase von Streiks und Auseinandersetzungen folgte eine Periode der Verhandlungen, die seitdem als „Wirtschaftliche und Soziale Konzertation" bekannt ist. Die Konzertation fand in zwei Etappen statt. Die erste war zwischen September und Oktober 1990. Zu den wichtigsten Abkommen gehörte die Anerkennung der Notwendigkeit einer Reduzierung des Finanzdefizits, und zwar über die Rationalisierung der Ausgaben, und eine Verbesserung in der Eintreibung der Steuern.
Die zweite Etappe fand zwischen Juli und August 1991 statt. Hierbei war der Angelpunkt die Eigentumsfrage. Die Gewerkschaften akzeptierten die Privatisierung der staatlichen Unternehmen, sofern sich die Regierung dazu verpflichtete, eine 25%ige Arbeiterbeteiligung zu garantieren; deren genaue Umstände später vereinbart werden sollten.[9]
Mit der Konzertation begann eine Art Co-Regierung zwischen FSLN und Regierung, die sich jedoch nicht in geteilter Verantwortung ausdrückte, sondern in Gemeinsamkeiten, über die Vereinbarungen abgeschlossen wurden. Damit sicherte die Regierung die Durchführung ihres Wirtschaftsplans und der institutionellen Reformen.
Die FSLN legte Wert darauf, daß die Umverteilung des Eigentums respektiert bleibe, die von der sandinistischen Regierung in der Übergangsperiode auf gesetzlichem Wege vorgenommen worden war; es war ihr auch wichtig, bei der Privatisierung des Staatseigentums den Arbeitern Garantien einzuräumen und daß die Besitztümer, die zu Beginn der Revolution von der „Regierungsjunta des nationalen Wiederaufbaus" mittels Dekreten von den Somozaanhängern konfisziert worden waren, nicht an die ehemaligen Besitzer zurückgegeben würden. Das alles geschah im Tausch gegen die Mäßigung der Widerstandsaktivitäten der Unterschichten, vorgeblich um die Stabilität der Nation zu wahren.

Die neue Politik

Die Politik der Regierung Violeta Barrios de Chamorro hatte drei Hauptachsen:
a. Frieden und nationale Versöhnung;
b. Stabilisierung und Wirtschaftsanpassung;
c. Demokratisierung, Betätigung der Parteien.
Im ersten Punkt (Frieden und Versöhnung) gab es beachtliche Fortschritte, während im zweiten und dritten (Stabilisierung und Demokratisierung) im hier behandelten Zeitraum keine Ergebnisse zu verzeichnen waren.

a. Frieden und nationale Versöhnung

Im Juni 1990 informierten die mit der Überwachung des Friedens- und Versöhnungsprozesses beauftragten Vereinten Nationen (UNO) und die Organisation Amerikanischer Staaten (OAS) über die Demobilisierung von rund 20.000 Bewaffneten. Die neue Regierung verpflichtete sich im Demobilisierungsabkommen zur Einrichtung von Hilfsprogrammen, um diesen Demobilisierten Rehabilitierung und Wiedereingliederung in die Gesellschaft zu ermöglichen. Da jedoch die Regierung dieses Abkommen nicht einhielt, verlief die Demobilisierung nicht ohne Schwierigkeiten.

1991 griffen viele demobilisierte Contras wieder zu den Waffen und wurden später Recontras genannt. Dasselbe tat auch ein Teil der demobilisierten Armee- und Polizeiangehörigen, die als Recompas bezeichnet wurden. Ende des Jahres tauchte eine Gruppe ehemaliger sandinistischer Aktivisten auf, die sich als „Fuerzas Punitivas de Izquierda", FPI (Strafende Einheiten der Linken) bezeichneten.

Anfang des Jahres 1992 kam die Regierung über eine Dreier-Kommission aus Vertretern der OAS, der katholischen Kirche und der Regierung zu ersten Abkommen mit den Recontras und Recompas. Auch diese Abkommen wurden nicht eingehalten. Seitdem existieren trotz des offiziellen Demobilisierungsprozesses weiterhin kleine bewaffnete Gruppen, die damit ihre Unzufriedenheit über die Nichteinhaltung der Abkommen seitens der Regierung zum Ausdruck bringen.

Der Krieg geht auf eine andere Art weiter, indem Kriminalität und Gewalt zunehmen, wie ebenso Überfälle, Entführungen und Morde an Führern sandinistischer und nicht-sandinistischer Organisationen und es ist offensichtlich, daß diese politisch motiviert sind. Wie eh und je geschieht das vor allem auf dem Land.

b. Wirtschaftliche Stabilisierung und Anpassung

Als die Präsidentin Chamorro an die Macht kam, setzte sie zwei Stabilisierungsprogramme in Gang, die von einem Programm der Strukturanpassung begleitet wurden. Das erste Stabilisierungsprogramm begann bereits im Mai 1990. In seinem Verlauf hob die Regierung das „Ley de Servicio Civil" auf, was ihr die rechtliche Grundlage für die Entlassung Tausender von Beschäftigten aus dem öffentlichen Dienst lieferte.

Das zweite Programm begann im März 1991. Diese Politik zielte auf eine Strukturveränderung der Wirtschaft ab und war auf das private Unternehmertum und die freie Marktwirtschaft ausgerichtet: „Die Politik der Strukturveränderung will dem Privatunternehmen seine führende Rolle in Produktion und Dienstleistung zurückgeben".[10] Auf diese Weise wurden die Grundlagen für die Zerstörung des alten Staatsapparats gelegt und für den Aufbau eines neuen, der einer neoliberalen Politik entsprach und dem Druck der internationalen Finanzorganisationen statt-

gab. Man gab öffentlich der Erwartung Ausdruck, daß sich die Wirtschaft mit dem Funktionieren dieses Modells erholen und den Weg des Wachstums einschlagen würde.
Die Wirklichkeit war jedoch anders. Auch fünf Jahre später hatte der erträumte Neustart nicht stattgefunden und schon nach drei Monaten war es zu den oben erwähnten Generalstreiks gekommen. Das brachte die Regierung unter anderem schließlich dazu, das erste Stabilisierungsprogramm abzubrechen. Das zweite Programm wurde Grundlage der dann folgenden Wirtschaftspolitik.

c. Privatisierung

Während der sandinistischen Regierung (1979-1990) stützte sich das Entwicklungsprogramm auf die 351 staatlichen Unternehmen (bekannt als Area Propiedad del Pueblo, APP, Bereich des Volkseigentums), die 77.824 Arbeiter und 9% der Beschäftigten umfaßten und rund 30% des Bruttoinlandprodukts erzeugten. Viele dieser Unternehmen waren während der sandinistischen Regierungszeit aus den damaligen Konfiszierungen entstanden und weiter ausgebaut worden.

Die Chamorro-Regierung ihrerseits betrieb ab 1990 die Rückgabe der Besitztümer, die sie als ungerechtfertigt konfisziert ansah und förderte deren Privatisierung. Das Eigentum Somozas war nicht davon betroffen und in den Fällen, in denen Kooperativen das Land von ehemaligen nicht-somozistischen Eigentümern erhalten hatten, wurde letzteren Entschädigung angeboten.

Dieser Prozeß verursachte ziemliche Konflikte in der nicaraguanischen Gesellschaft. In der zweiten Etappe der Konzertation (1991) gelang es den Arbeitern nach langen Verhandlungen ihrer Gewerkschaften, daß ihnen 25% der Staatsbetriebe zugesprochen wurden, die privatisiert werden sollten. Als 1992 die Privatisierung begann, entschieden die Arbeiter und die Führung der den Sandinisten nahestehenden Gewerkschaften ATC (Asociación de Trabajadores del Campo) und CST (Central Sandinista de Trabajadores), der Privatisierung und der Rückgabe des Eigentums Widerstand entgegenzusetzen. Diese Haltung wurde später revidiert und von den Gewerkschaftsführung verhandelt. Dadurch entstand eine sehr komplizierte und heikle Situation, vor allem für die einfachen Arbeiter, denn sie nahmen an den Verhandlungen nicht teil und wurden weder an Diskussionen beteiligt noch konsultiert.

In dieser Situation entstand die sogenannte „Area Propiedad de los Trabajadores", APT (Bereich des Arbeitereigentums), das industrielle und landwirtschaftliche Unternehmen umfaßte. Die Unternehmen des APT wurden als Aktiengesellschaften gegründet, deren hauptsächliche Gesellschafter die Arbeiter sind. Auf dem Land entstanden 39 Unternehmen mit 146 Gütern, die zusammen 170.435 manzanas[11] Land umfaßten und von 1.490 Gesellschaftern getragen wurden. In der

Stadt waren es 58 Unternehmen. 35 von ihnen hatten mit 2.670 Arbeitern eine 100%ige Arbeiterbeteiligung, in den übrigen 23 Unternehmen lag diese zwischen 20% und 80%.

Die Arbeiter des APT waren somit am wirtschaftlichen Demokratisierungsprozeß auf gewisse Weise mitbeteiligt, aber das bedeutete eine Umorientierung ihrer Interessen und Aktivitäten als Arbeiterklasse. In diesem Klima politischer und wirtschaftlicher Unsicherheit führte das unausweichlich dazu, daß sie an Mobilisierungsfähigkeit und Einfluß verloren.

Für die Landarbeiter bedeutete die Privatisierung, daß eine neue gesellschaftliche Gruppe von Landarbeiter-Aktionären enstand. Organisatorisch und politisch war das mit den Basisorganisationen kaum vereinbar. Die neuen Unternehmen aufrechtzuerhalten bedeutete, sie weiterzuentwickeln und wirtschaftliche Allianzen einzugehen, die für den Sektor nicht gerade von Vorteil waren. Lucío Jiménez, Generalsekretär der CST, meinte dazu: „Wir sind uns bewußt, daß man bei einem globalen Vorschlag wie bei allen Verhandlungen auch Konzessionen machen muß, sie waren unausweichlich. In Managua erhielten die Sandinisten dafür geringe politische Unterstützung, aber in den Regionen war sie sehr groß."[12]

Dem Führungsmitglied des APT José Adán Rivera zufolge haben die Kreditbeschränkungen dazu geführt, daß man nur 75% der insgesamt 18.437 Gesellschafter des APT eine permanente Anstellung geben konnte.[13] Es ist offensichtlich, daß der APT als Unternehmervereinigung bis heute nicht alle Landarbeiter und städtischen Arbeiter integrieren kann. Die Unternehmensorganisation zwingt sie dazu, die übrigen Arbeiter nicht zu berücksichtigen.

Das Verhalten der politischen Parteien

In Nicaragua herrscht ein politisches Klima, das eine freie Entwicklung der politischen Parteien ermöglicht. Die meisten Parteien erhielten ihren legalen Status praktisch erst in der Wahlkampagne von 1989-90, infolge der politischen Abkommen vom August 1989. Sie haben wenig oder keinen Einfluß, noch verfügen sie über eine organische Basis in der Gesellschaft. Aus dieser Art von Parteien enstand die „Unión Nacional Opositora" (UNO), mit der die Nicaraguaner auf eine Beendigung des Krieges und auf größere wirtschaftliche Stabilität hofften.

Fünf Jahre später, 1995, gab es schon 26 legalisierte Parteien, von denen vier nach 1990 gemäß den Bestimmungen des Wahlgesetzes entstanden waren; andere, die FSLN eingeschlossen, waren einfach dadurch legal, daß sie während der sandinistischen Revolution schon existiert hatten und mußten deshalb die Normen dieses Gesetzes nicht erfüllen; zwei weitere Parteien wurden durch eine ad hoc-Reform der Nationalversammlung legalisiert.

Mit Ausnahme der FSLN verfügen die meisten politischen Parteien über keine organisierte soziale Basis und ihr Einfluß ist gering. Eine Meinungsumfrage von 1995 ergab, daß die Bevölkerung die meisten Parteien gar nicht kannte. Die bekanntesten Parteien waren die FSLN, die UNO und die Unabhängige Liberale Partei mit 19% und mehr Stimmenanteil. Zwischen 4% und 10% Bekanntheitsgrad lagen die Konservativen Demokraten (PCD), die Sozialdemokraten (PSD), die Sozialchristlichen (PSC) und die Liberale Konstitutionalisitische Partei (PLC). Außerdem gab es noch eine Reihe von Parteien, deren Bekannheitsgrad bei 1% und darunter lag.[14]
Bei dieser Umfrage wurden nicht die 1994 vollzogenen Veränderungen berücksichtigt, zum Beispiel die Fusion der PCD mit der PSC zur Partido Conservador de Nicaragua, PCN; auch nicht die Vereinigung der Partido Popular Social Cristiano (PPSC) mit der Partido de Confianza Nacional, woraus die Unión Demócrata Cristiana (UDC) entstand.
Man muß aber hervorheben, daß die Ergebnisse der Umfrage, wenn sie sich auf die Hauptpersonen dieser Parteien konzentrieren, anders aussahen. Die meisten Wahlabsichten wurden für Arnoldo Alemán von der PLC mit 22,8% geäußert, für Daniel Ortega von der FSLN 15,8%, für Sergio Ramírez vom Movimiento de Renovación Sandinista 5,1% und für Violeta Chamorro, die über keine Partei verfügte, 4,1%. Das bedeutet, daß die nicaraguanische Bevölkerung das politische System hauptächlich mit dessen Führungspersonal identifiziert.
In der FSLN fanden große Veränderungen statt. Aus der Regierungspartei wurde sie mit 39 der insgesamt 92 Sitze in der Nationalversammlung und mit ungefähr 300.000 eingeschriebenen Mitgliedern zur stärksten Oppositionspartei. In Lateinamerika ist das wahrscheinlich die größte Mitgliederzahl einer Oppositionspartei. Im Jahr 1990 begann die FSLN, über die Ursachen ihrer Wahlniederlage zu diskutieren und über die Weise, wie sie sich in die neue politischen Landschaft integrieren werde. Es fand eine Auseinandersetzung statt, die auf den ersten Blick den Anschein erweckte, als sei sie auf die Forderung nach einer parteiinternen Demokratie gerichtet und darauf, den vorherrschenden vertikalen und zentralistischen Stil zu ändern. Wie wir im weiteren sehen werden, war dem aber nicht so.
Auf ihrem ersten Kongreß im Juli 1991 wurden die Widersprüche innerhalb der Parteiführung sichtbar, aber es kam nicht zum Bruch. Der Kongreß gab die Richtung für eine Neudefinition der Partei vor, denn es wurde betont, wie wichtig es sei, daß die FSLN eine wirtschaftlich starke Partei werde, um eine einflußreiche Stellung im politischen Kräfteverhältnis des Landes einzunehmen. Das war nicht nur ein Vorschlag. Es entstanden unzählige Unternehmen und Eigentumstitel mit unterschiedlichen Rechtsfiguren als Eigentum der Partei. Die Medien begannen, Unternehmen zu benennen, die Aktivisten oder FSLN-Führern gehörten, was diese jedoch nicht zugaben.

Die FSLN rechtfertigte ihren gesamten Verhandlungsprozeß mit der Regierung mit dem Hinweis auf die Verteidigung der wichtigsten gesellschaftspolitischen und institutionellen Veränderungen (Neustrukturierung und Demokratisierung des Eigentums, Fortschritte auf dem Gebiet der Verfassung, keine Rückkehr zum Somozismus usw.) des in den 80er Jahren errichteten Systems. Die Partei gab dies als Teil einer langfristigen Strategie zur Verteidigung eines alternativen Gesellschaftsprojekts aus.

Es kam jedoch weitere Kritik auf, die von unterschiedlichen gesellschaftlichen Kreisen an der FSLN geübt wurde. Die Partei wurde mit der sogenannten „Piñata sandinista"[15] und mit widerrechtlich angeeignetem Eigentum in Verbindung gebracht. Dabei wurde kein Unterschied zwischen den Ländereien und Häusern gemacht, die in der Übergangsperiode gemäß dem Gesetz 85 und 86 an Parteimitglieder, Aktivisten und andere Sektoren vergeben wurden und den Gütern, die auf illegale und obskure Weise erworben worden waren. Allerdings hat die FSLN bis heute die kontroverse Eigentumsfrage nicht aufgeklärt, obwohl sie sie die ganze Zeit für erstrangig erklärt hatte.

1992 präsentierte eine sogenannte „Gruppe des Zentrums" der Regierung und der FSLN ein Dokument mit dem Titel „Vorschlag für ein nationales Programm, ausgehend vom Sandinismus", worin dem nationalen Konsens große Bedeutung gegeben wird. Das Dokument kritisierte die FSLN-Führung wegen des Widerspruchs zwischen ihren Reden von der Konzertation und der Praxis der oft gewalttätigen Streiks und Gewerkschaftskämpfe, auf die die Regierung mit polizeilichen Maßnahmen und mit Nichteinhaltung der Abkommen der Konzertation reagierte. „Die Debatte muß im Geist der Parteieinheit und konstruktiv geführt werden. Hier werden destruktive Diskussionsformen angewendet"[16], tadelte ihr Generalsekretär den Vorschlag.

Zwei Umstände waren es, die dem Diskurs der FSLN 1993 eine andere Richtung gaben. Zum einen verfügt die der FSLN zugehörige Basisbewegung über immer weniger Ausdrucks- und Mobilisierungsmöglichkeiten und zum anderen war der wichtigste Gesprächspartner der FSLN, die Regierung, in der politischen Landschaft fast vollständig isoliert, was die FSLN im politischen Kräfteverhältnis in eine schwierige Lage brachte. Das veranlaßte sie, Verhandlungen mit anderen Parteien der UNO und auch mit der Regierung selbst zu suchen und sich von der sozialen Basis zu distanzieren, die sie in den Wahlen von 1990 zur zweitstärksten Macht ernannt hatte.

1994 kamen die parteiinternen Widersprüche an den Tag und es kam zur halboffiziellen Spaltung der FSLN, als die „Izquierda Democrática" (Demokratische Linke) und das „Movimiento de Renovación Sandinista" (Bewegung zur Erneuerung des Sandinismus) ihre Gründung bekannt machen. Die erstere (die mehrheitliche Tendenz der FSLN) hatte nicht genug Macht, um ihre Interessen in der

Nationalversammlung zu vertreten, aber sie übte die Kontrolle über eine Partei aus, die ausgezehrt war und an Einfluß verlor. Die „Erneuerer" ihrerseits entstanden fast ohne soziale Basis, aber sie erhielten große Unterstützung von den linken Intellektuellen.

Auf der außerordentlichen Sitzung des Kongresses vom Mai 1994 wurden die beiden Tendenzen innerhalb der Partei bestätigt, aber der einzig sichtbare Unterschied war der Kampf um die Präsidentschaftskanditatur für die kommenden Wahlen von 1996.

Die sozialen Implikationen dieser Politik für die Bevölkerung: Lohnkürzung, Arbeitslosigkeit und Zunahme derArmut

Lohnkürzung

Eines der wichtigsten Ziele des Stabilisierungsprogramms bestand darin, die Reallöhne im öffentlichen Sektor zu senken. Das gelang auf Kosten der Mehrheit der Beschäftigten und spiegelte sich in den Streiks um höhere Löhne im Gesundheits- und Erziehungsbereich wider. In den offiziellen Statistiken scheint sich der durchschnittliche Reallohn der Wirtschaft eine zeitlang zu erholen um dann wieder zu sinken.

In diesen Berechnungen sind weder die Auswirkungen auf das Realeinkommen der Arbeiter enthalten noch die Abschaffung der staatlichen Unterstützung, die die sandinistische Regierung geleistet hatte, wie Transport, Kantinen, Kindergärten und die sogenannten AFA-Pakete (Zucker, Bohnen, Reis), die 14tägig oder monatlich als Essenszuschuß ausgegeben worden waren.

Außerdem schuf der Prozeß der Anpassung der Beschäftigung eine statistische Illusion, denn er verringerte die Zahl der Niedriglohnempfänger, da es vor allem die Beschäftigten dieser Lohnkategorie waren, die dem Anpassungsprozeß unterlagen. Auch spielte die Tatsache eine Rolle, daß die Privatwirtschaft ihre Reallöhne aufwertete. Im Jahr 1992 betrug der Mindestlohn im öffentlichen Sektor 46 Dollar. 1993 und 1994 wiesen die Löhne der Staatsbediensteten, zum aktuellen Wechselkurs in Dollar berechnet, 8% bzw. 9% weniger Kaufkraft an Grundnahrungsmitteln auf. Man schätzt, daß der Durchschnittslohn der Staatsbediensteten ungefähr 60% seines Werts von 1980 beträgt.[17]

Mit der Chamorro-Regierung nahmen die Lohnunterschiede unter der Mehrheit der Arbeiter beachtlich zu. Noch größer waren sie zwischen hochqualifizierten Fachleuten und Regierungsbeamten, und am höchsten zwischen Arbeitern und qualifizierten Fachleuten in der Privatwirtschaft.

Nach vier Regierungsjahren gelang es schließlich, die Löhne der Regierungsbediensteten zu senken. Die Auswirkungen dieser Politik der Wirtschaftsanpassung waren in der Verringerung der Kaufkraft der Arbeitslöhne spürbar.

Arbeitslosigkeit

Aufgrund der Stabilisierungspolitik, die darauf abzielte, die öffentlichen Ausgaben zu senken, gab es eine drastische Verringerung der Arbeitsplätze in fast allen Ministerien, staatlichen Institutionen und Staatsbetrieben.
Die Beschäftigung im staatlichen Sektor war von mehreren politischen Maßnahmen betroffen. Zum Beispiel gab es indirekte und massenhafte Entlassungen Tausender von Beschäftigten, die für die vorangegangene Regierung gearbeitet hatten und in den sandinistischen Gewerkschaften organisiert waren oder sich mit den Sandinisten identifizierten.
Ende 1990 schätzte die „Unión Nacional de Empleados" (UNE), daß 3.200 Arbeiter des öffentlichen Dienstes aufgrund der Maßnahmen zur Wirtschaftsanpassung arbeitslos geworden waren. Aber das war nicht alles. Im Februar 1991 wurde eine weitere Verringerung der öffentlichen Ausgaben um 15% mittels Entlassungen aus der Verwaltung angekündigt. Von 66.837 Regierungsangestellten im Jahr 1989 kam man auf 60.273 im Jahr 1991.[18]
Die Entlassungen verursachten schwere Konflikte zwischen Regierung und den Arbeitern der sandinistischen Gewerkschaften und waren einer der Gründe für den ersten Streik von 1990. Im zweiten Generalstreik desselben Jahres schlossen die Arbeiter erneut das Abkommen mit der Regierung, die Arbeitsplätze zu sichern und das Gesetz des „Servicio Civil" zu respektieren. Es wurde eine Kommission gegründet, die dieses Gesetz überwachen sollte, was aber nicht funktionierte; das Abkommen bedeutete auch nicht, daß die Regierung von ihrer Politik des Arbeitsplatzabbaus abrückte, aber es wurden Wege gesucht, um die Auswirkungen dieser Maßnahmen zu lindern. So wurde zum Beispiel das Programm des freiwilligen Ausstiegs eingeführt[19], wobei den Arbeitern und Angestellten im öffentlichen Dienst vier verschiedene Rücktrittsmöglichkeiten angeboten wurden, um soziale Unruhen zu vermeiden.
Die Beschäftigten nahmen das Programm vor allem angesichts der niedrigen Löhne oder auch aufgrund des politischen Drucks an, der auf diejenigen ausgeübt wurde, die mit der vorherigen Regierung sympathisierten oder weil sie den Werbekampagnen glaubten, die eine bessere Zukunft und wirtschaftlichen Aufschwung versprachen.
Von März 1991 bis März 1992 schlossen sich 22.561 Beschäftigte dem Ausstiegsprogramm an und erhielten insgesamt 60 Millionen Córdobas Entschädigung.[20]
Sie kamen aus den folgenden Bereichen: 10.234 aus der Zentralregierung, davon

3.000 aus dem Gesundheitsministerium, die Hälfte von ihnen medizinisches Personal, und 2.000 aus dem Erziehungsministerium, die Hälfte davon Lehrer; des weiteren die Beschäftigten des Finanz- und des Landwirtschaftsministeriums. 1993 fand im Bereich der Staatsbediensteten ein noch stärkerer Abbau als 1991 auf 57.012 statt.
In den Streitkräften war die Wirkung noch drastischer. Von 100.000 aktiven Soldaten im Jahr 1989 blieben 1992 noch 20.000; bis Ende 1994 sank diese Zahl auf fast 15.000.[21]
Dabei ist zu beachten, daß sich die Demobilisierten nicht in das Zivilleben eingliedern konnten, weil sie keine sozialen und wirtschaftlichen Alternativen hatten, obwohl die Regierung diese zugesagt hatte. In den übrigen Bereichen war der Prozentsatz der von Entlassung Betroffenen laut den Zahlen des „Centro de Estudios de Asesoría Legal" (CEAL) in den einzelnen Bereichen folgender:

Staatlicher Sektor	%
Öffentlicher Dienst	30,7%
Industrie	12,0%
Landwirtschaft	11,0%
Handel	7,0%

Quelle: Rolando Membreño, Investigación sobre la Concertación y el Movimiento Sindical Revolucionario (1990-1992). Centro de Estudios de Asesoría Legal. Managua, Dezember 1992.

Nach Daten des Arbeitsministeriums hat Nicaragua die höchste Arbeitslosenquote Mittelamerikas. Bei einer Bevölkerung von 4,401 Mio. beträgt die erwerbsfähige Bevölkerung 1,543 Mio., davon haben 1,182 Mio. Beschäftigung; die offene Arbeitslosigkeit beträgt 23,5%.[22]
Der informelle Sektor, der normalerweise die Arbeitslosigkeit auffängt, hat neue Formen angenommen, die ihn bald nicht mehr als Alternative in Frage kommen lassen, „denn viele verkaufen ihre Arbeitskraft selbst innerhalb des informellen Sektors".[23]

Entwicklung der Armut von 1985 bis 1994

Zweifellos hat die Politik der wirtschaftlichen Stabilisierung und Wirtschaftsanpassung direkte und unmittelbare Auswirkungen auf den Lebensstandard, wobei die Armut in der einfachen Bevölkerung zunimmt.
In einer Untersuchung über die Armut, die vom Entwicklungsprogramm der Vereinten Nationen (UNDP) veröffentlicht wurde, leben 74,83% der nicaragua-

nischen Bevölkerung in Armutsbedingungen[24] und über 50% der Haushalte unterhalb der Armutsgrenze; davon sind vor allem die Jugendlichen unter 19 Jahren betroffen. 48% der Familien sind nicht in der Lage, den Mindestwarenkorb zu erwerben und 65% der städtischen Familien leben in Armut.

Auswirkungen der Stabilisierungs- und Anpassungspolitik auf die Unterschichtsorganisationen

Wie zu vermuten, traf diese Politik die Unterschichtsorganisationen ziemlich hart. Im Zug der Anpassungsmaßnahmen, vor allem während der beiden ersten Regierungsjahre, unterstützte die Regierung die nicht-sandinistischen Gewerkschaften. Es entstanden zwei Gewerkschaftsblöcke unterschiedlicher politischer Zugehörigkeit: die „Frente Nacional de los Trabajadores" (FNT), die den Sandinisten zuzuordnen ist, und der „Congreso Permanente de los Trabajadores" (CPT), dem vorwiegend nicht-sandinistische Gewerkschaften angehören. Daneben besteht die „Central de Trabajadores de Nicaragua" (CTN).

Auch wenn man die neuen Gewerkschaften berücksichtigt, stellt man fest, daß das Hauptgewicht der Gewerkschaftsbewegung im öffentlichen Bereich liegt und dort sind die sandinistischen Gewerkschaften die stärksten. Von insgesamt 790 registrierten Gewerkschaften befanden sich 62% im öffentlichen Sektor und von den 51.859 registrierten Mitgliedern sind 66% beim Staat angestellt. Von den 486 im öffentlichen Sektor registrierten Gewerkschaften gehören 53% zur FNT, 24% zur CPT und 13% zur CTN.[25]

Aber die Verringerung der Zahl der im öffentlichen Dienst Angestellten und die Privatisierung verminderte die Zahl der Gewerkschaftsmitglieder und die Unterschichtsorganisationen verloren an Handlungs- und Mobilisierungsfähigkeit. Die Mitglieder der CST gaben an, daß in ihren Verbänden die Zahl der Arbeitsplatzinhaber um 50% gesunken war, und zwar von 89.071 Arbeitern im Jahr 1989 auf 41.012 im Jahr 1992.[26]

Mit dem Arbeitsplatzabbau im Staat und mit der Privatisierung verschwanden auch die Aktivitäten, die die Gewerkschaft der öffentlichen Angestellten (UNE) und die Angestellten der Privatwirtschaft während der sandinistischen Regierungszeit durchgeführt hatten, so zum Beispiel die Mobilisierung an die Kriegsfronten, Arbeit in den Elendsvierteln und Fabriken, Beteiligung in den oberen Instanzen der Betriebe usw. Außerdem versiegte die hauptsächliche Einnahmequelle der Gewerkschaften, als die Mitgliedsbeiträge nicht mehr automatisch vom Lohn abgezogen wurden. Die Gewerkschaftsbewegung nahm der Regierungspolitik gegenüber eine defensive Haltung ein. Abgesehen von den beiden großen Generalstreiks von 1990 verringerte sich die gewerkschaftliche Mobilisierung

ständig. Das betraf die sandinistischen Gewerkschaften, aber noch mehr die nichtsandinistischen; da sie in Konfrontation zu den ersteren entstanden waren, war ihnen keine Zeit geblieben, ihre Organisationen zu festigen.[27]
Gegenwärtig engagieren sich die Arbeiter hauptsächlich für:
— die Verteidigung des Arbeitsplatzes
— die Verteidigung der Löhne
— die Reorganisierung und Legalisierung der Gewerkschaften aller politischer Tendenzen.

Veränderungen in der Partizipation der Unterschichtsorganisationen

Die neue Wirtschaftspolitik hat beträchtliche Auswirkungen auf die Aktivitäten der Unterschichtsorganisationen gehabt. Die dem Sandinismus nahestehenden Organisationen setzten sich anfangs das Ziel, die sozialen und wirtschaftlichen Vorteile, die sie während der sandinistischen Regierungszeit erlangt hatten, zu erhalten. Das änderte sich im Lauf der Zeit aufgrund der Krise, die durch die Politik der Stabilisierung und Wirtschaftsanpassung hervorgerufen worden war. Die Gewerkschaftsbewegung und die sozialen Organisationen im allgemeinen besaßen keine klare Strategie und blieben in der Defensive; Ausnahme waren die Streiks im ersten Jahr, die bedeutende Erfolge erzielten, da die Regierung gerade erst angetreten war und die Streiks in wirtschaftlich und für den Staat sensiblen Bereichen stattfanden wie Post- und Fernmeldewesen, Grenzen, Flughafen usw. Aber da sich die verschiedenen Sektoren nicht absprachen und keine gemeinsame Verhandlungsstrategie gegenüber der Regierung entwarfen, gerieten die Arbeiter immer mehr in Nachteil.

Mobilisierung der Bevölkerung

Die Stabilisierungspolitik begann nicht erst mit der konservativen Regierung, sondern bereits 1988 hatte die sandinistische Regierung ein Stabilisierungsprogramm begonnen, das im Januar 1989 endete. Abgesehen vom Entsetzen der eigenen Parteimitglieder und einer kleinen Demonstration der „Confederación General de Trabajo" (CGT), denen mit Sondereinheiten der Polizei begegnet wurde, wurde das Programm ohne besondere Zwischenfälle durchgeführt. Das ist nur damit zu erklären, daß die Mehrheit der Unterschichtsorganisationen von der Regierungspartei beherrscht wurde oder ihr nahestand.
Der erste Protest (Mai 1990), der unter der neuen Regierung weniger als zwei Wochen nach deren Regierungsantritt stattfand, legte die staatlichen Funktionen

und die Unternehmen des öffentlichen Bereichs (Transport, Energie, Post- und Fernmeldewesen) vollkommen lahm. Der Streik war von der sandinistischen Gewerkschaft der Angestellten des öffentlichen Dienstes UNE ausgerufen worden, um Lohnanpassungen und die Erhaltung der Arbeitsplätze zu fordern und um gegen die Aufhebung des Gesetzes des „Servicio Civil" zu protestieren.

Der zweite Protest entstand, als sich aufgrund der Wirtschaftspolitik die Lebensbedingungen der Bevölkerung weiter verschlechterten und erreichte die Aufhebung der Regierungsmaßnahmen. Diese Dekrete sahen die Überprüfung und Rückgabe der während des Sandinismus konfiszierten und enteigneten Güter an ihre ehemaligen Eigentümer vor, und man wollte die in Staatsbesitz befindlichen Ländereien sofort verpachten. Dazu traten nun die Forderungen der Arbeiter aus dem staatlichen Bereich, dem Bauwesen, der Textilindustrie und die Landarbeiter.

Beide Streiks wurden durch Verhandlungen beendet, deren Kommissionen vom Generalsekretär der FSLN, Daniel Ortega, auf der einen Seite und dem Ministerpräsidenten Antonio Lacayo auf der anderen geleitet wurden. Der zweite Streik mündete in die nationale Konzertation, von der schon die Rede war.

Beidemale war die Mobilisierung außerordentlich hoch. Das kam in Teil- oder Vollstreiks verschiedener Berufsgruppen und Unternehmen zum Ausdruck, wie auch in Protesten der Bevölkerung in den Stadtvierteln. Trotzdem hat infolge des Stabilisierungs- und Anpassungsprogramms die Mobilisierungsfähigkeit abgenommen. So gab es beispielsweise den Daten des Arbeitsministeriums zufolge zwischen Mai 1990 und April 1995 329 Streiks, an denen 82.802 Beschäftigte teilnahmen. Die folgende Tabelle des Arbeitsministeriums zeigt, wie die Auseinandersetzungen in den einzelnen Branchen abgenommen haben.[28]

Ein weiterer Grund bestand im Fehlen einer Antwort seitens des politischen Systems. Das führte in der Basisbewegung zu Ermüdung und Zerfall.

Es gibt über die Konflikte der letzten vier Jahre weder zahlenmäßige noch systematisierte Daten. Das Centro de Estudios y Análisis Socio-Laborales, CEAL, veröffentlichte jedoch bis 1993 Aufstellungen über Konflikte wie Streiks, De-

Zwischen März und April 1995 registrierte Streiks[29]

Branchen	1990	1991	1992	1993	1994	1995	Total	%
Landwirtschaft	8	5	14	9	—	—	36	11,0
Industrie	18	36	19	9	4	—	86	26,1
Bau	3	5	1	4	2	—	15	4,6
Dienstleistung	23	86	50	21	4	3	187	56,8
Transport	3	1	1	1	—	—	6	1,5
	55	133	85	44	10	3	330	100,0

monstrationen, Arbeitsniederlegungen, Besetzungen, Anklagen usw., die aufzeigen, daß die Auseinandersetzungen fast immer in den Verwaltungshauptstädten wie Managua, Matagalpa und Jinotega, stattfanden.
Die meisten Auseinandersetzungen sind in Streitigkeiten um Land oder Räumungen begründet. Die Proteste gingen weiter, aber mit Ausnahme des Transportstreiks vom September 1993 erreichten sie nie wieder die Durchschlagskraft der ersten Streiks. Trotz der Proteste führte die Regierung ihr Wirtschaftsprogramm weiter durch. Ihre Taktik bestand darin zu verhandeln sowie Abkommen zu unterschreiben und diese nicht einzuhalten, während die Bewegungen sich immer mehr verausgabten und an Stärke verloren. Auf die Straße zu gehen, wurde zur wichtigsten Form des Kampfes, aber diese blieb auf den jeweiligen Bereich isoliert und darin auf die einzelne Arbeitsstätte. Das heißt, die Beschäftigten kämpften immer innerhalb des Wirtschaftszweiges und bezogen auf das Unternehmen. Auf diese Weise verlor die Bewegung an Einfluß auf die Auseinandersetzungen, die mit der nationalen Politik zu tun hatten. Es ist kein Zufall, daß es abgesehen von öffentlichen Erklärungen keinerlei Widerstand gab, als die Regierung mit dem Internationalen Währungsfonds das ESAF-Abkommen unterschrieb.[30]

Organisatorische Dynamik

Nach der Wahlniederlage von 1990 existierten die Unterschichtsorganisationen der 80er Jahre (CST, ATC, Movimiento Comunal, UNAG etc.), die Serra in diesem Buch behandelt, weiter. In einigen Fällen veränderten sich ihre Organisationsform und ihr gesellschaftlicher Einfluß.
Was zum Beispiel vorher die „Comités de Defensa Sandinista", CDS, waren, wurde zum „Movimiento Comunal".[31] Was vorher eine unflexible und durchorganisierte Struktur aufwies, ist heute eine sehr flexibel organisierte Bewegung, die die Anwohner eines Stadtviertels im Kampf um ihre konkreten Probleme wie Sicherheit, Gesundheit, Verteidigung des Eigentums organisiert.
Die sandinistischen Gewerkschaften änderten sich in Struktur und Funktionsweise. Die Föderationen, Dachverbände und Branchenvertretungen, die mit dem Bewußtsein gewerkschaftlicher Identität an den Aktionen der OPS (Organizaciones Populares Sandinistas, sandinistische Volksorganisationen) teilgenommen hatten, organisierten sich in der „Frente Nacional de los Trabajadores" (FNT). Die CST, die früher alle sandinistischen Gewerkschaften umfaßte, vertrat nunmehr nur noch die Industriegewerkschaften und blieb Mitglied der FNT. Die „Asociación de Trabajadores del Campo" (ATC), die Landarbeiter und Bauern organisierte, vertritt heute hauptsächlich die Arbeiter der „Area Propiedad de los Trabajadores" (APT) und vernachlässigt die restliche Mitgliedschaft und die Arbeiter anderer Bereiche.

Die Organisation der Frauen, deren Mittelpunkt früher die „Asociación de Mujeres Luisa Amanda Espinoza" (AMNLAE) war, blüht heute mit einer großen Zahl neuer lokaler, manchmal nationaler Gruppen auf, die sich um konkrete Themen wie die Gewalt gegen Frauen, Gesundheitsprobleme oder allgemeine Themen wie die Geschlechterfrage organisieren.
Gewerkschaftsorganisationen wie die „Confederación General del Trabajo" (CGT), die „Central de Trabajadores de Nicaragua" (CTN), „Comité de Acción y Unificación Sindical" (CAUS) und die „Confederación de Unificación Sindical" (CUS), die früher organisatorisch und zahlenmäßig wenig entwickelt waren, verfügen heute über eine gewisse Präsenz in der politischen Landschaft, obgleich ihre Vertretungskompetenz noch sehr gering ist.
Man muß dabei hervorheben, daß die zahlenmäßige Vertretung und der gesellschaftliche Einfluß der sandinistischen Organisationen weit höher ist als der anderer Organisationen, sowohl derer, die sogar älter sind, wie auch derer, die erst nach dem Regierungswechsel entstanden. Vor kurzem bildeten sich Vereinigungen wie die „Juntas Comunitarias" (JCOP) der Liberal-Konstitutionalistischen Partei (PLC), die auch ziemlich großen Einfluß haben.

Repräsentativität der Unterschichtsorganisationen

Keine der sandinistischen Organisationen veröffentlicht aktualisierte Mitgliederzahlen. Man kann annehmen, daß aufgrund der Programme des Staatsabbaus und der Privatisierung die formelle Mitgliedschaft gegenüber den 80er Jahren gesunken ist. Die CST z.B. spricht von einer Verringerung um ungefähr 50%; dasselbe trifft auf die Gewerkschaften der Angestellten im öffentlichen Dienst (UNE) zu. Die „Union Nacional de Agricultores y Ganaderos" (UNAG – der sandinistische Bauernverband, d. Hg.) hält weiter ihre offizielle Zahl von 120.000 aufrecht; aber einer ihrer Angehörigen schätzte auf 90.000 Mitglieder. Außerdem ist es schwierig, die Information auf dem neuesten Stand zu halten, da sich der Abbau fortsetzt. In den nicht-sandinistischen Gewerkschaften, die in der CPT zusammengeschlossen sind und bis Ende der 80er Jahre geringe Mitgliederzahlen aufwiesen, wurde eine gewisse Zunahme registriert, nachdem die Regierung sie anfangs unterstützte; aber aus denselben Gründen wie bei den anderen Gewerkschaften ging diese Entwicklung allmählich zurück.[32]
Die tatsächliche Mitgliedschaft[33] ist in der Praxis bedeutend geringer als es die Führer der einzelnen Organisationen angeben. Das hat verschiedene Gründe. Einer davon ist, daß die sandinistischen Gewerkschaften nach dem Regierungswechsel nicht mehr die Möglichkeit haben, die Zugehörigkeit über den Staat und seine Unternehmen automatisch zu regeln – wie Serra es in seinem Artikel beschreibt. Die Gewerkschaftsbeiträge können nicht mehr einfach vom Lohn abgezogen

werden und die Arbeiter der Unternehmen oder Kooperativen werden nicht mehr automatisch Mitglieder der CST oder ATC, stattdessen wird die Mitgliederwerbung zu einer zusätzlichen Aufgabe für die Organisation, die diese oft nicht erfüllen kann. Die Gewerkschaftsführer etwa müssen eine direkte und persönliche Beziehung aufbauen, um die Arbeiter zur Mitgliedschaft zu bewegen. Einige Gewerkschafter äußerten[34], daß der Eintritt in die Gewerkschaft vom Arbeiter die Bereitschaft verlange, monatlich einen Teil seines Lohns als Gewerkschaftsbeitrag zu zahlen, was unter den gegenwärtigen Bedingungen ein großes wirtschaftliches Opfer darstelle. Diese Gewerkschaftsarbeit müsse jetzt durchgeführt und aufrechterhalten werden.

Die sogenannte „Piñata sandinista" verunsicherte und demotivierte viele Mitglieder der Organisationen; viele verloren das Vertrauen und zogen sich zurück. Die fehlende Transparenz bezüglich des Eigentums und der Unternehmen, die die Gewerkschaftsführer im Namen der Organisationen erworben hatten, verstärkte das Mißtrauen unter den Leuten. Die Mitglieder der sandinistischen Vereinigungen wurden ganz allgemein als an der „Piñata" Beteiligte angesehen, d.h. man beschuldigte sie, sich Staatseigentum angeeignet zu haben.

Ein weiterer Faktor, der den Mitgliederstand beeinflußte, war, daß bei Beginn der Privatisierung viele Gewerkschaftsführer der nationalen Ebene, die in den Verhandlungen die Arbeiter zu vertreten vorgaben, beschuldigt wurden, deren Positionen zu verwässern. In einer Unzahl von Fällen machten die Arbeiter und Basisführer in den Medien auf diesen Gegensatz aufmerksam.

Und schließlich war es auch die Wirtschaftskrise, die eine Mitgliederwerbung erschwerte, da für die Aktivitäten der sandinistischen Unterschichtsorganisationen kaum Mittel zur Verfügung standen.

Gegenwärtig bemühen sich die unteren Führungen der einzelnen Organisationen darum, die Interessen ihrer Körperschaft oder ihres Wirtschaftszweiges wirkungsvoll zu vertreten, und zwar im Gegensatz zum vorangehenden Jahrzehnt ohne nach politischer Zugehörigkeit zu unterscheiden. Sie verstehen sich nicht mehr als Transmissionsriemen. Darin besteht vielleicht einer der größten Fortschritte dieser Organisationen in der letzten Zeit.

Der Beitritt steht jetzt allen offen, die dem gesellschaftlichen Bereich angehören, für den die Organisation zuständig ist. Wer Kritik an der Regierung übt, was normal ist, wird nicht mehr zurückgewiesen, und auch immer weniger diejenigen, die anderen Parteien angehören. Das wesentliche Motiv der Arbeiter zur gewerkschaftlichen Organisierung ist der Kampf um die Sicherheit ihrer Arbeitsplätze und die Verbesserung ihrer Löhne. Den Bauern geht es um die Verteidigung ihres Besitzes und um die Erhöhung und „Demokratisierung des Kredits"; bei den Anwohnern der armen Stadtviertel ist es der ständige Kampf um die Legalisierung ihres Eigentums, das sie in den Jahren der Revolution erhalten haben.

So ist die politische Partizipation, die früher in der Teilnahme an Versammlungen, Mobilisierungen, freiwilliger unbezahlter Arbeit, Gesundheitskampagnen usw. ihren Ausdruck fand, aus den Gewerkschaften und generell den Unterschichtsorganisationen verschwunden. Heute nehmen die Leute an Aktivitäten teil, die mit ihren konkreten Problemen zu tun haben und die sie als Interessenvertretung oder gesellschaftliche Gruppe direkt betreffen.[35]
Dabei spielen zwei Umstände eine Rolle. Zum einen wird die Führung und oft auch das politische Projekt selbst, um das man sich früher organisierte, in Frage gestellt[36]. Die Leute kämpften nicht nur darum, die Diktatur Somozas zu stürzen, sondern auch um eine Verbesserung ihrer Lebensbedingungen. Das geschah aber in den zehn Jahren nicht, im Gegenteil, Anfang der 90er Jahre verschlechterten sich die Lebensbedingungen der Arbeiter aufgrund der Politik der neuen Regierung weiter. Die unzähligen politischen und gewerkschaftlichen Aktionen und Mobilisierungen, mit denen nichts erreicht wurde, führten zu einem Vertrauensverlust und demotivierten die politische Beteiligung. Wie schon erwähnt, gelang es nicht, wichtige politische Forderungen der Arbeiter einzulösen. Das hat erhebliche Auswirkungen auf die Verhandlungen und politischen Bündisse gehabt, an denen die FSLN beteiligt war. Die Kämpfe der Unterschichtsorganisationen waren den Verhandlungen der FSLN immer untergeordnet.
Zum andern bewirkten die Maßnahmen der Wirtschaftsanpassung eine Dynamik, in der die Bevölkerung zuerst die eigenen Probleme zu lösen sucht und sich ums Private kümmert. Das schränkt das Interesse an politischer Beteiligung und Mobilisierung ersichtlich ein.
Auch aus den Stadtvierteln verschwanden Aktivitäten wie Häuserblockversammlungen, Sauberkeitskampagnen usw. Das Movimiento Comunal von heute befaßt sich vor allem mit Eigentumsproblemen.
Im Gegensatz dazu hat das Entstehen der JCOP – die Bewegung der PLC – allgemein gesagt die Mobilisierung der Bevölkerung übernommen, denn die JCOP gehen von praktischen Problemen und Aktivitäten aus wie Straßenbau, Gesundheitskampagnen usw. Heute sagen die Leute, daß es sie nicht interessiert, ob die eine oder andere Partei etwas unternimmt, sondern wann immer es der eigenen Gemeinde zugutekommt, nehmen sie daran teil. Aber wie im Fall der CDS, ist die Auffasung von politischer Beteiligung und Mobilisierung auch dieser Bewegung in Frage zu stellen, denn die Führung der JCOP nimmt die Bedürfnisse der Leute zum Ausgangspunkt, um sie für die Person des Bürgermeisters von Managua, Arnoldo Alemán[37], und für dessen Partei, die PLC, einzubringen.
Die Tatsache, daß in der Frauenbewegung die Zahl der Organisationen beachtlich zunimmt, weist darauf hin, das die sandinistische AMNLAE nicht den ganzen Bereich vertritt und ihr bisheriger Einfluß praktisch verschwunden ist. Bei den Frauen kann man nicht von einer Abnahme der politischen Beteiligung und

Mobilisierung sprechen; ganz im Gegenteil, die Aktivitäten nehmen zu, und zwar heute mit großer Autonomie und eigenen Vorschlägen, die allerdings noch unzusammenhängend sind. Es ist ihnen in dieser Zeit (1990-1994) gelungen, in den Medien und auf institutioneller Ebene des politischen Systems und der Regierung Präsenz zu erlangen.

Im Jahr 1992 kämpften sie darum, Organe zu schaffen, um Frauen vor gesellschaftlicher und familiärer Gewalt zu schützen. Das gelang ihnen mit der Einrichtung von Kommissariaten für Frauen, die zur Nationalpolizei gehören und in den verschiedenen Provinzen des Landes funktionieren.

Die „Unión Nacional de Agricultores y Ganaderos" (UNAG) ist weiterhin als legitime Vertretung der Bauern anerkannt. Aber in der Praxis vertritt diese Organisation eher die Interessen der mittleren und großen Produzenten und vernachlässigt die armen Bauern. Auf einem Workshop im Norden des Landes[38] betonten die armen Bauern, daß die Existenz der UNAG wichtig sei, weil sie die Vertretung der FSLN auf dem Land sei und daß sie während der Revolution die einzige Organisation gewesen sei, die sich um die Probleme der Bauern wie Produktionsmittel, Kredit, Werkzeug usw. gekümmert habe, aber heute in fast keinem Departement präsent sei. Das erkläre sich teilweise aus der Bündnispolitik, die auch in dieser Organisation betrieben werde.

Im Fall der CST und der ATC scheint alles darauf hinzuweisen, daß ihr Bemühen um die Organisierung der „Area Propiedad de los Trabajadores" (APT) sie dazu gebracht hat, die übrigen Mitglieder zu vernachlässigen, denn ein Großteil der Landarbeiter ist nicht in der APT beschäftigt und besitzt keine gewerkschaftliche Organisation, die ihn noch vertritt.

Die sandinistischen Organisationen, ihre Führer und ihre Basis

Die unteren Führungen der sandinistischen Organisationen werden meistens weiterhin auf öffentlichen Versammlungen von den Mitgliedern dieser Organisationen in Direktwahl gewählt oder abgesetzt. Das Basiskollektiv hat weiter Vertrauen in seine Vertreter, sofern sie ehrlich sind und sich für die Interessen des Gremiums oder des sozialen Bereichs einsetzen. Die Leute legen mehr Wert darauf, daß es jemand aus ihrem Kreis ist, der sie vertritt und nicht, daß er von der Partei, der FSLN, ist.

Die Aktivisten der Stadtviertel und der übrigen Unterschichtsorganisationen, des öffentlichen Dienstes, der Gewerkschaften und die Landarbeiter üben ihre Aufgaben noch freiwillig und unbezahlt aus. Aus Angst, ihren Arbeitsplatz in den Unternehmen oder Institutionen zu verlieren, führen sie die politische Organisationsarbeit aber mit sehr viel Diskretion aus und in den Wohnvierteln bleibt ihnen meistens wenig Zeit für die Aktivitäten ihrer Organisation.

Die gegenseitigen Beziehungen zwischen der Basis und ihrer unmittelbaren Führung sind besser. Die Basis übt sehr starken Druck auf letztere aus, damit diese sich mit den konkreten Problemen des sozialen Bereichs befassen. Um über die Aktivitäten zu informieren, scheinen Wandtafeln und persönlicher Kontakt der direkteste Weg zu sein.

Dagegen werden die Führungen auf mittlerer und oberer Ebene weiterhin von den nationalen Vorständen der Unterschichtsorganisationen oder der FSLN-Führung ernannt. In fast allen diesen Organisationen steht dieselbe politische Führung, die in den 80er Jahren ernannt worden war, an der Spitze. Diese Vorgehensweise schafft einere größere Abhängigkeit und dient mehr den Vorgesetzten als der Basis.

Die Beziehung zur Basis findet in sporadischen Versammlungen und Sitzungen statt, auf denen die Führer der mittleren und oberen Ebene weiterhin in ihrer Art fortfahren, den Basisorganisationen die Parteidirektiven zu verkünden. Früher gab es noch die Möglichkeit, Kritik zu üben oder die organisatorische Arbeit zu überprüfen, und die Führung mußte der Basis gegenüber Rechenschaft ablegen, für welche Zwecke sie die Geldmittel der Organisation benutzt hatte, oder mußte ihre Arbeit selbstkritisch bewerten. Das alles gibt es heute nicht mehr.

Auch sind die Unterschichtsorganisationen zu Instanzen geworden, die sich als Verhandlungspartner gegenüber der Regierung und anderen Sektoren präsentieren. So ist etwa zum wiederholten Male die oberste Führung erschienen, um mit der Regierung zu verhandeln und die Standpunkte der Arbeiter oder der Bevölkerung zu vermitteln.

Angesichts der neoliberalen Politik und der Ernüchterung bezüglich ihrer Partei denken die unteren Führer eher in Kategorien von Überlebensstrategien. Sie sind daher der höheren Leitung gegenüber sehr viel kritischer. Die Basis besitzt eine relative Autonomie ihrer obersten Führung gegenüber und sie fordert heute transparente Beziehungen ein.

Wie es der ehemalige Leiter eines staatlichen Unternehmens in Managua ausdrückt, sind die CST-Führer heute „Besitzer der Unternehmen der Arbeiter und vergessen deren Probleme". Die Forderung nach Transparenz und die Infragestellung der Führung wird in den letzten Jahren immer wieder in den verschiedenen sandinistischen Unterschichtsorganisationen laut. Die Generalsekretärin von UNE im Landwirtschaftsministerium tat das z.B. öffentlich: „Bei den großen Verhandlungen der FNT sind nie die Forderungen der staatlichen Arbeiter zufriedengestellt worden; die Abkommen wurden nie zugunsten des öffentlichen Bereichs abgeschlossen".

Das schwerstwiegende an diesem Prozeß war jedoch, daß sich die oberste Führung von der Basis entfernt hat und schlimmer noch, sie in schweren Konflikten allein gelassen hat vor allem dann, wenn sie sich infragegestellt fühlte. Aus mehreren Gründen haben diese Bekundungen von Unzufriedenheit aufgrund der ge-

gebenen Führungsmethoden neben den schon erwähnten Faktoren zu einer wachsenden Erschöpfung geführt.
Die Entscheidungsmacht ist nach wie vor in der obersten Führung konzentriert. Die Arbeit der Unterschichtsorganisationen wird jedoch nicht mehr nach Jahresdirektiven geplant und ausgewertet. Die Kraft der unteren Führer zur Einbringung eigener Forderungen hat durch die Kluft zwischen ihren Interessen und ihren tatsächlichen Möglichkeiten der Einflußnahme noch weiter nachgelassen.

Die Beziehungen zum Staat

Obwohl die Unterschichtsorganisationen in der Lage waren, die Forderungen ihres Sektors angemessen einzubringen, wurden aufgrund des nachteiligen Kräfteverhältnisses die meisten dieser Forderungen nicht befriedigt.
Die frühere Rolle der Organisationen, über verschiedene Kommunikationskanäle die Verbindung zwischen Basis und obersten Regierungsinstanzen herzustellen, besteht nicht mehr. Nur ihre öffentlichen Medien erfüllen noch solch eine Funktion (vor allem Presse, Fernsehen und Rundfunk). Die direkte Kommunikation zwischen Unterschichtsorganisationen und Staat findet heute in Verhandlungen und Übereinkommen umfassenderen Charakters statt, die zumeist branchenübergreifend sind und denen vor ihrem Zustandekommen oftmals große öffentliche Mobilisierungen vorausgehen müssen.
Es gibt auch nicht mehr die offiziellen Instanzen, in denen über die Politik gegenüber einem gesellschaftlichen Bereich oder Unternehmen beraten wird. 1995 kündigte die Regierung per Dekret an, daß neue Institutionen für die Beteiligung an staatlichen Entscheidungen gegründet würden. Man schuf einen Vorstand für die Sozialbehörde INSSBI, in dem Vertreter des Movimiento Comunal und Mitarbeiter des öffentlichen wie des privaten Sektors teilnahmen. Es wurde auch eine Agrarkommission gegründet um den politischen Aspekt der Agrarfrage zu diskutieren, außerdem die Kreditkommission, die zur nationalen Entwicklungsbank BANADES gehört und die Kreditprobleme der kleinen Produzenten betreuen soll. Diese Kommissionen befinden sich eben erst in der Gründungsphase und es ist noch zu früh, um Ergebnisse auswerten zu können.
Organisationen wie die UNAG, CST, ATC, die an diesen Kommissionen teilnehmen sollen, äußerten sich jedoch nicht, oder zumindest nicht öffentlich, über diese neuen Instanzen. Das läßt vermuten, daß die Kommissionen mit sehr viel Skepsis betrachtet werden. Die brüske Einführung der neoliberalen Politik, bei der die Organisationen und andere Bereiche der Bevölkerung von den Verhandlungen ausgeschlossen waren, schuf zwischen ihnen und dem Staat ein konfrontatives und konfliktives Klima. Die Nichteinhaltung der Abkommen mit den Organisationen durch die Regierung hat die Kluft zwischen beiden weiter vergrößert.

Außerdem sind die Erfahrungen der Arbeiter mit der Partizipation, die für sie eine Herausforderung dargestellt hatte, in bezug auf die Unternehmensleitung immer mehr eingeschränkt worden. Mit der Schaffung des APT geht es nicht nur um das Problem der Arbeiterbeteiligung, sondern auch darum, einem Staat gegenüberzustehen, der mit seiner Wirtschaftspolitik das Großkapital begünstigt, innerhalb dessen viele Unternehmer über eine viel fortschrittlichere Vision verfügen als der Durchschnitt der nicaraguanischen Unternehmer.

Dazu kommen die Probleme der beschränkten fachlichen Ausbildung vieler Führer der Unterschichtsorganisationen, die Serra in seinem Kapitel beschreibt. Das hat eine geordnete Unternehmensführung, die Arbeiterbeteiligung und die Verbesserung der Lebensbedingungen der Arbeiter erschwert, so daß viele die erworbenen Aktien ihrer Unternehmen verkauft haben.

In der Praxis ließ die neoliberale Politik der Regierung Violeta Chamorros der politischen Beteiligung keinen Raum; dazu kam, daß die Co-Regierung die Forderungen der Bevölkerung noch weiter in die Schranken wies und es entstand eine defensive Beziehung, die für die Unterschichten und selbst für den Staat wenig von Vorteil war.

Das Verhältnis zur FSLN

Ab 1990 haben die Anerkennung und der Respekt, die die Bevölkerung im allgemeinen und die Mitglieder der Unterschichtsorganisationen im besonderen gegenüber der FSLN als führender Partei und Interessenvertretung der Bevölkerung bislang entgegengebracht hatten, schwere Einbußen erlitten.

Mehrere Gründe spielten dabei eine Rolle. Einer davon, den die übrigen Parteien mit Nachdruck gegen die FSLN benutzten, war die „Piñata". Sie verursachte bei der Bevölkerung, vor allem auch durch die dabei benutzte Vorgehensweise, große Enttäuschung; überdies hatte die FSLN ihren Kritikern niemals das Gegenteil der Vorwürfe bewiesen.

In der Bevölkerung bewirkte dieses Vorgehen einen Widerspruch zwischen der ethisch-moralischen Achtung gegenüber der FSLN und deren Verhalten am Ende ihres Mandats; dieser Widerspruch hat sich nach und nach in Mißtrauen verwandelt und dazu geführt, daß die gemeinsamen Probleme nicht mehr kollektiv angegangen wurden, wie es in den 80er Jahren geschehen war. Man muß dabei hervorheben, daß in Nicaragua der ethische Aspekt von besonderer Bedeutung ist. Eines der wesentlichen Elemente im Kampf des Sandinismus war die Kritik an der Geschichte der traditionellen politischen Parteien mit ihrer ethisch-moralischen Dürftigkeit ihres Verhaltens gegenüber den Interessen der Unterschichten. Ein weiterer Faktor ist die Änderung der politischen Strategie der FSLN, die die staatlichen Bediensteten, die Unterschichten und die Arbeiter und Bauern, die sich

nicht im „Area Propiedad de los Trabajadores" befanden, an die zweite Stelle verwies, während das Arbeiter- und Bauern-Bündnis gleichzeitig zur wesentlichen Bündnisstrategie für die Wahlen wurde.
Darüber hinaus hat die FSLN ihre Entwicklungsstrategien so formuliert, daß wichtige gesellschaftliche Bereiche nicht unter den Entwicklungsachsen figurieren. Mónica Baltodano, eines der neuen Mitglieder der Nationalen Führung der FSLN, beschrieb die neuen Bündnisse folgendermaßen:

„...für uns ist die wichtigste zukunftsweisende Allianz über 1996 hinaus diejenige mit den Bauern, und zwar denen, die mit der Agrarreform Land erhalten haben, mit den Kooperativen, den Demobilisierten der Armee, des Innenministeriums[39] und der „resistencia", sowie mit den Arbeitern, die Eigentümer ihrer Unternehmen sind. Das sind unsere wichtigsten Freunde."

Wie es aussieht, baut die politische und Entwicklungsstrategie der FSLN nicht mehr auf die breite Mobilisierung der Bevölkerung, um diese an der Lösung der Probleme in allen gesellschaftlichen Bereichen zu beteiligen, sondern auf die wirtschaftliche Macht, die die genannten Sektoren darstellen. In dieser Definition der Bündnisse sehen sich viele gesellschaftlichen Bereiche ausgeschlossen. Das haben die Unterschichten wahrgenommen und leisten den Aufrufen ihrer Organisationen keine Folge mehr. Bei der FSLN ist das am auffälligsten.
Ein weiteres Element ist die Tatsache, daß die Führung der FSLN die Chamorro-Regierung politisch unterstützte und dies damit rechtfertigte, daß die Alternative eine weiter rechts stehende Regierung wäre. Damit rechtfertigte sie auch ihre sehr gemäßigte Kritik an der Wirtschaftspolitik. Die sandinistischen Abgeordneten unterstützten diese Politik, indem sie 1991 mit der einzigen Ausnahme eines Gewerkschaftsvertreters, für das Stabilisierungsprogramm stimmten.
Das Verhalten der FSLN in diesem ganzen Prozeß hat dazu geführt, daß der Zugang zum politischen System für die Organisationen versperrt war, während die wirtschaftliche und soziale Verarmung zunahm. Zusammenfassend kann man sagen, daß die FSLN für einen wichtigen Teil der Bevölkerung keine Alternative mehr darstellt.

Schlußfolgerungen

Man kann mit Recht annehmen, daß – wie Serra in diesem Buch darlegt – die partizipativen Elemente des liberalen und sozialistischen Modells, über die die Unterschichten und ihre Organisationen in den 80er Jahren verfügten, mit der neuen Regierung geändert wurden.
Zu Anfang der Periode von 1990 bis 1994 schien es, als ob die politische Beteiligung der Bevölkerung den Weg der Zusammenstöße und Kämpfe nähme, deren

wichtigstes Ziel es wäre, das unter der sandinistischen Regierung Erreichte zu wahren. Aber nach den beiden Streiks zu Anfang der neuen Regierung wurde dieser Raum für politische Beteiligung immer kleiner, bis er sich schließlich ins Gegenteil verkehrte: in einen langsamen und allmählichen Weg zur Demobilisierung. Die sandinistische Partei, Vorhut der Arbeiter in ihrem Anpassungsprozeß an die neue politische Konjunktur, gab anderen gesellschaftlichen Bereichen den Vorzug und schlug eine Politik ein, deren Richtung noch nicht ganz klar ist. Offensichtlich sind jedoch die unteren Schichten der Bevölkerung und ihre Organisationen, die Arbeiter und Bauern, nicht länger der hauptsächliche Orientierungspunkt ihrer politischen Strategie. In den ersten Monaten der neuen Regierung unterlag die politische Beteiligung und Mobilisierung der Bevölkerung und der Arbeiter einem bestimmten Interesse: die Partei, die die Wahlen verloren hatte, mußte ihren Gegnern zeigen, daß sie – die sandinistische Führung – die Bevölkerung mobilisieren konnte, um damit einen möglichst bedeutenden Machtanteil zu erreichen. Das bedeutete in der Praxis, daß die FSLN die Verwurzelung in der Bevölkerung, die sie in früheren Jahren gehabt hatte, verlor. Ebenso schwand auch ihre Hegemonie in den meisten Unterschichtsorganisationen.

Andererseits verfügen die übrigen politischen Parteien über erst junge Beziehungen zur Unterschicht und den entsprechenden Organisationen, was die Möglichkeiten dieser politischen Verbände schmälert, deren Interessen auf diese Weise zu kanalisieren.

In diesen Jahren (1990-1994) hat der repräsentative Charakter des politischen Systems denjenigen Kräften Zugang zur Regierung ermöglicht, die der politischen Partizipation der Bevölkerung negativ gegenüberstehen. Und wie Serra erwähnt, fand die Partizipation zumeist in Form einer von den Sandinisten „gelenkten Mobilisierung" statt, wie sie in den sandinistischen Unterschichtsorganisationen (organizaciones populares sandinistas, OPS) praktiziert wurde. Die Partizipation und die gelenkte Mobilisierung war von den politischen Interessen der sandinistischen Partei bestimmt und von den politischen Gegebenheiten abhängig. Tatsächlich hat die Bevölkerung in diesem Hin und Her von Widersprüchen und Interessen der FSLN auf dieses neue ausschließende politische Spiel entsprechend reagiert: Die Beteiligung an den Mobilisierungen wird immer selektiver, ist nicht mehr massenhaft und hat keine große Bedeutung mehr, denn die Unterschichtsorganisationen haben keine Führung und sind zersplittert. Es herrscht ein Klima von Gleichgültigkeit, Trostlosigkeit und Beklemmung. Das Schlimmste dabei ist, daß fast alle allgemeinen Probleme wie z.B. die Arbeitslosigkeit zum persönlichen Problem werden und es nicht mehr die Möglichkeit gibt, auf die Unterschichtsorganisationen zurückzugreifen, die sich in den 80er Jahren um die Verteidigung oder in nationalen Produktions- und Alphabetisierungskampagnen organisiert hatten. Im gegenwärtigen politischen und sozialen System ist die Zunahme von Kriminalität und Gewalttätigkeit unter der armen Bevölkerung der herausragendste Charakterzug. Die übrigen politischen Bereiche sind mit ihren eigenen Problemen beschäftigt und sorgen sich um die Wahlen.

Übersetzung: Anna Stobbe

Anmerkungen

1 Der Text ist im Herbst 1995 geschrieben worden.
2 Serra, Luís, Eine eigentümliche Demokratisierung: Nicaragua in den 80er Jahren (in diesem Buch).
3 Für Bezeichnungen wie „sectores populares" und „organizaciones populares" oder „organizaciones sociales" gibt es keine zufriedenstellenden deutschen Übersetzungen. Sie werden im folgenden mit „untere Bevölkerungsschichten" und „Unterschichtsorganisationen", gelegentlich mit „gesellschaftliche Organisationen" übersetzt. Der gemeinte Bevölkerungskreis besteht aus Unterschichtsangehörigen und dessen Organisationen. In Mittelamerika sind zwischen zwei Dritteln und drei Vierteln der Bevölkerung diesen Schichten zuzurechnen, die unterhalb der Armutsgrenze leben.
4 Siehe Cortés Domínguez, Guillermo, La lucha por el poder. Managua 1990 (Vanguardia).
5 Barricada, 23. April 1990, Managua.
6 Der Machtkampf und die Unzufriedenheit werden deutlich, wenn der Vizepräsident der Republik erklärt: „Bisher habe ich nur ein Fahrzeug und eine Tankfüllung Benzin erhalten. In diesen Monaten hat mein Fahrzeug mehr als sechstausend Kilometer zurückgelegt ... Ich denke, wenn man mir Benzin zugeteilt hätte, wäre ich sehr viel weiter gekommen." El Seminario, Nr. 1, Managua, 6. September 1990, S. 12
7 Vor der Machtübergabe hatte die Nationalversammlung mit sandinistischer Mehrheit mehrere Gesetze verabschiedet, die Mitgliedern und Aktiven der FSLN Besitztümer übertrugen. Dabei handelte es sich nicht nur um Immobilien, die bis dahin als Staatsbesitz galten.
8 Ein Gesetz, das den Arbeitern den Arbeitsplatz sicherte.
9 Vgl. die Abkommen der 2. Phase der wirtschaftlichen und sozialen Konzertation vom 13. August 1991 in bezug auf das Arbeitereigentum: Una nueva forma de propiedad social en Nicaragua, Cuadernos de CIPRES, Nr. 10, Dezember 1991, anexo 3, Managua.
10 Für weitere Einzelheiten siehe das Dokument der Regierung Nicaraguas zur Konferenz der Geberländer in Rom vom Juni 1990 sowie den Jahresbericht 1990 der Zentralbank Nicaraguas.
11 Eine manzana entspricht 0,7 Hektar.

12 Lucío Jiménez, Generalsekretär der CST, La cohesión sindical fue clave para negociar, Barricada vom 1.2.1993, Managua.
13 Adán Rivera, Trabajadores-empresarios: un reto y una esperanza, Barricada vom 9.2.1993, Managua.
14 Instituto de Estudios Nicaragüenses (IEN), La Gobernabilidad y el Acuerdo Nacional en Nicaragua. Investigación sobre la opinión publica. Resumen ejecutivo de la Investigación, Januar 1995, Managua.
15 Es gibt keine genaue Übersetzung dieses Ausdrucks. Im allgemeinen wurde er aber von den Gegnern der FSLN benutzt, die sich in ihrer Kritik daruf beziehen, daß staatliches Eigentum transferiert wurde, sei es auf legalisierte Weise, sei es, indem der Staat weiter Eigentümer blieb, aber andere die Nutznießer waren. Als „Piñata" bezeichnet man Fälle von Mißbrauch, etwa wenn eine Person mehrere Besitztümer erhält oder wenn jemand Land bekommt, ohne die Bedingungen des Agrarreformgesetzes zu erfüllen. Die Hauptkritik richtet sich an die Eigentumsüberschreibungen, die von den Sandinisten zwischen der Wahlniederlage (Februar 1990) und der Machtübergabe (April 1990) vorgenommen wurden (Anm. d. Hg.).
16 Barricada vom 22. August 1992.
17 Dazu bemerkt Trevor Evans: „Die Schätzung basiert auf den veränderten Lohnausgaben der Zentralregierung in Prozent des BIP ausgedrückt; dabei muß man den Fall des BIP (20%) und die Zunahme der Zahl der Beschäftigten (auch 20%) in Rechnung stellen. Eine zweite Art, die Veränderungen im Reallohn, die in dieser Zeit stattfanden, zu schätzen, ist in Dollar und führt zu einem ähnlichen Ergebnis: erstaunlicherweise ist zwischen 1980 und 1993 der Durchschnittslohn in Dollar fast gleich geblieben, ungefähr 130 US$. Aber man muß dabei beachten, daß der Dollar in dieser Zeit 50% seines Werts verloren hat, und zwar an den Verbraucherpreisen in den USA gemessen." Evans, Trevor, La Transformación Neoliberal del Sector Público. Managua 1995 (Latino Editores/CRIES), S. 221.
18 Evans, Trevor, ebd., S. 226 und 227.
19 Dieses Thema wird ausführlich behandelt in: Trevor Evans, op. cit., S. 226.
20 Ein US-Dollar entsprach zu dieser Zeit 5 Córdobas.
21 Die Zahl von 100.000 Soldaten umfaßt auch die wehrpflichtigen Jugendlichen und die aktiven Offiziere. Quelle: Oficina Nacional de Retiro Activo del Ejército. Managua, Oktober 1994.
22 Interview mit der Direktorin der Oficina de Empleos des Arbeitsministeriums in Managua. März 1995.
23 Siehe FIDEG, El Observador Económico, Nr. 8. Managua, August 1992, S. 22.
24 Ministerio de Acción Social, PNUD, UNICEF, Estudio de la Probreza en Nicaragua, Marzo-Junio 1993. Managua 1993.
25 Siehe Evans, Trevor, La transformación neoliberal del sector público, in: Ders., op. cit., S. 197.
26 Centro de Estudios de Asuntos Laborales (CEAL), Boletín, S. 2. Managua, Februar 1992.

27 Interview mit Gloria María Hernández, Generalsekretärin der (sandinistischen) Gewerkschaft des Landwirtschaftsministeriums. Managua, 11. Februar 1995.
28 Quelle: Unveröffentlichte Aufstellung des Arbeitsministeriums. Managua, Juni 1995.
29 Arbeitsministerium. Dirección General de Empleo y Salarios, März-April 1995. Managua.
30 ESAF: Enhanced Structural Adjustment Facility (Erweiterte Strukturanpassungsfazilität des IWF).
31 Eine Entwicklung, die sich seit 1987 abzeichnete.
32 Unveröffentlichtes Dokument der Central Sandinista de Trabajadores. Managua 1993.
33 Tatsächliche Mitgliedschaft, wie sie Luís Serra in seinem Artikel definiert: Aktive Beteiligung an den Aufgaben der Basisorgansiation mit gewerkschaftlichem Bewußtsein.
34 Interview mit Gloria María Hernández, a.a.O.
35 Interview mit Gewerkschaftsführern. Managua, September 1994.
36 Umfragen ergaben, daß die Leute sich in den 80er Jahren hinter der Regierung und um die sandinistische Partei organisierten, um gerechtere Lebensbedingungen zu erreichen. Das hat sich in der Gegenwart geändert.
37 Inzwischen Staatspräsident von Nicaragua.
38 Ein von der UNAG im Juli 1994 im nördlichen Chinandega abgehaltener Workshop.
39 Das Innenministerium unterhält eigene bewaffnete Kräfte. Mit der „resistencia" ist der anti-sandinistische bewaffnete Widerstand gemeint, die „Contra" (Anm. d. Hg.).

Die Autorinnen und Autoren

Klaus-Dieter Tangermann, geb. 1947, studierte Politologie und Geschichte in Marburg, Berlin und Madrid; Mitbegründer und bis 1985 Redaktionsmitglied der taz; danach Redaktionsmitglied der PROKLA, 1992-1997 Stiftungsvertreter des grün-nahen Buntstift in Mittelamerika, seit 1997 für die GTZ in Kamerun.

Victor Hugo Acuña Ortega, Historiker aus Costa Rica, Wissenschaftler am Zentrum für Historische Forschungen in Mittelamerika der Universität von Costa Rica. Direktor der Historischen Fakultät an der Universität von Costa Rica.

Manuel Rojas, Soziologe aus Costa Rica, wissenschaftlicher Koordinator des Programms FLASCO in Costa Rica. Professor an der Universität von Costa Rica, San José, Cost Rica.

Juany Guzmán, Politologin aus Costa Rica, Lehrerin und wissenschaftliche Mitarbeiterin am Fachbereich Politikwissenschaften an der Universität von Costa Rica.

Cristina Eguizabal, Politologin aus El Salvador, Lehrerin und wissenschaftliche Mitarbeiterin am Fachbereich Politikwissenschaften an der Universität von Costa Rica. Funktionärin der Ford-Stiftung.

Rolando Rivera, Soziologe aus Costa Rica, Geralsekretär des Mittelamerikanischen Institut Juristischer Beisitzer (ICAL) und Professor am Institut für Mittelamerikanische Arbeitsbeziehungen, San José, Costa Rica.

Luis Serra, Soziloge aus Argentinien, Wissenschaftler und Mitglied der Stiftung Zwischen Vulkanen.

Ivana Ríos, Soziologin aus Panama, Wissenschaftlerin und unabhängige Beraterin.

Ronald Köpke
Nationaler Wettbewerb und Kooperation
Auswirkungen der Freien Produktionszonen in Zentralamerika
(Honduras, El Salvador, Nicaragua)
(Schriftenreihe Hans-Böckler-Stiftung)
1997 - 248 S. - DM 39,80 - ÖS 291 - SFR 37,00 - ISBN 3-89691-414-6

Boy Lüthje/Christoph Scherrer (Hrsg.)
Zwischen Rassismus und Solidarität
Diskriminierungen, Einwanderung und Gewerkschaften in den USA
1997 - 309 S. - DM 42,00 - ÖS 307 - SFR 39,00 - ISBN 3-89691-404-9

Boy Lüthje/Christoph Scherrer (Hrsg.)
Jenseits des Sozialpakts
Neue Unternehmensstrategien, Gewerkschaften und Arbeitskämpfe in den USA
1994 - 2. Aufl. - 205 S. - DM 29,80 - ÖS 218 - SFR 27,50 - ISBN 3-924550-69-7

Norbert Malanowski (Hrsg.)
Social and Environmental Standards in International Trade Agreements:
Links, Implementations and Prospects
(Schriftenreihe Hans-Böckler-Stiftung)
1997 - 176 S. - DM 39,80 - ÖS 291 - SFR 37,00 - ISBN 3-89691-400-6

Manfred Wannöffel (Hrsg.)
Bruch der Arbeitsbeziehungen in Amerika
(Schriftenreihe Hans-Böckler-Stiftung)
1996 - 243 S. - DM 44,00 - ÖS 321 - SFR 41,00 - ISBN 3-929586-51-7

WESTFÄLISCHES DAMPFBOOT
Dorotheenstr. 26a · 48145 Münster · Tel. 0251/6086080
Fax. 0251/6086020 · e-mail: dampfboot@login1.com · http://www.login1.com/dampfboot